KB096890

한국 학교혁신의 역사

한국 학교혁신의 역사

펴 낸 날/ 초판1쇄 2022년 5월 15일
지 은 이/ 박승배

펴 낸 곳/ 도서출판 기역
펴 낸 이/ 이대건
편   집/ 책마을해리
출판등록/ 2010년 8월 2일(제313-2010-236)
주   소/ 전북 고창군 해리면 월봉성산길 88 책마을해리
            경기도 파주시 회동길363-8
문   의/ (대표전화)070-4175-0914, (전송)070-4209-1709

ISBN 979-11-91199-35-2 93370

학교혁신역사 도슨트

한국 학교혁신의 역사

박승배 지음

ㄱ

과거에는 현재의 씨앗이 들어 있고, 현재에는 과거의 열매가 들어 있다

이 책은 학교를 바꾸려는 노력에 관한 이야기다. 이 이야기는 크게 세 부분으로 나뉜다. 첫째는 이 땅에 서구식 학교와 교과가 처음 등장하는 시기에 벌어진 이야기다. 둘째는 광복 후 미군정기 및 한국전쟁 후에 학교를 재건하는 시기에 펼쳐진 이야기다. 셋째는 21세기 들어 학교를 좀 더 즐거운 곳으로 만들려는 노력에 관한 이야기다.

우리 역사에서 오늘 우리에게 익숙한 학교가 처음 등장한 것은 1885년 ~1895년 경이다. 이 시기에 우리 선조들은 우리 역사상 가장 급진적인 학교개혁 관련 조치 두 가지를 취했다. 첫째는 고려시대인 958년에 시작되어 900년 이상 지속된, 중국 고전 암송 정도를 테스트하는 과거제도를 폐지하고 서구식 학교를 도입했다. 둘째는 4서3경으로 대표되는 중국 고전을 학교에서 가르쳐야 할 공적 지식(official knowledge)의 위치에서 내리고, 그 자리에 서구지식을 넣었다. 교과서에서는 한문을 버리고 한글을 채택했다.
이러한 개혁조치에 대한 기득권층의 저항은 이루 말할 수 없이 컸다. 《독립신문》을 만든 서재필은 《독립신문》 제26호(1896년 6월 4일자)에 당시 교육부 장관 신기선의 반발을 이렇게 생생히 기록했다.

> 학부대신(교육부 장관) 신기선 씨가 임금께 이렇게 상소하였다. "머리 깎고 양복 입는 것은 야만이 되는 시초입니다. 국문(한글)을 쓰고 청국 글(한문)을 폐하는 것은 옳지 않고 외국 태양력을 쓰고 청국 황제가 주신 달력을 폐하는 것은 도리가 아닙니다. 정부에 규칙이 있어 내각 대신(장관)이 국사를 의논하여 일을 결정하는 것은 임금의 권리를 빼앗는 것이요 백성에게 권리를 주는 것이니, 이는 모두 이전 정부에 있던 역적들이 한 일입니다. 학부대신(교육부 장관)으로 임명받았지만 정부 학교 학생들이 머리를 깎고 양복을 입으니 장관직을 수행하기 어렵습니다. 국문(한글)을 쓰는 것은 사람을 짐승으로 만드는 것이고 청국 글(한문)을 폐하는 것이며 나라를 망하게 하는 것입니다. 이런 때에 교육부 장관직을 수행하기 어려워 사표를 제출하오니 받아 주십시오."

기득권층의 반발이 거세었지만 우리의 선배 교육자들은 학교를 개혁하려는 노력을 멈추지 않았다. 이들은 비록 일본의 책을 참고하기는 했기만 한글로 된 교과서를 꾸준히 펴냈다. 이러한 우리의 노력을 조선에 도착한 지 3년 만에 한글을 완벽하게 익혀 1891년 "사민필지"(학자와 일반인이 반드시 알아야 할 지식)라는 세계지리 교과서를 순한글로 집필한 교사이자 저술가, 독립신문 영문판 책임자이자 고종의 정치 고문이기도 했던 호머 헐버트(Homer Hulbert, 1863~1949)는 이렇게 응원했다.

만일 한국인이, 지적 과부하를 낳고, 시간을 낭비하고, 계급제도를 고착시키고, 편견을 부추기고, 게으름을 조장하는 한문을 내던져 버리고 자신들의 새로운 소리글자 체계인 한글을 한글 창제 직후부터 받아들였더라면 한국인에게는 무한한 축복이 있었을 것이다. 하지만 허물을 고치는 데 너무 늦었다는 법은 없다.

— 한국평론 1896년 6월호

우리의 선배 교육자들은 가난한 국가를 대신해 학교를 세웠다. 양정의숙, 휘문의숙, 보성학교, 대성학교, 오산학교 등이 대표적인 예이다. 그러나 선배 교육자들의 노력은 조선이 일제의 식민지배를 받기 시작하면서 멈출 수밖에 없었다.

이 책의 제1부는 바로 이 시기의 이야기를 이 시기에 편찬된 교과서의 내용과 편찬자의 삶을 살피는 방법으로 자세히 다룬다.

35년간의 일제강점기를 지낸 후 우리나라에는 또 한 번의 학교개혁 운동이 일어났다. 1945년 8월 15일부터 1960년경까지 약 15년간 우리의 선배 교육자들은 일제가 남긴 '범죄보다 더 나쁜 학교교육'을 청산하고 '민주시민을 기르는 학교교육'을 건설하고자 했다. 1954년 9월~1955년 6월까지 우리나라에 머물며 한국전쟁 후 우리나라 학교교육 재건 작업을 도운 엘리자베스 윌슨(Elizabeth Wilson)은 일제가 남긴 학교교육을 이렇게 평가하였다.

일본은 권위를 수동적으로 수용하고, 특권, 연장자 우선 의식, 권력에 복종하는 국민을 양성하는 데 관심을 가지고 있었다. 복종은 최상의 미덕이었고 체면을 잃는 것은 치명적인 악이라는 의식을 한국인에게 심었다. 일본은 공포가 이성을 마비시킨다는 것을 잘 알고 있었다. 그리하여 학습동기를 유발하는 수단으로서 공포를 종종 사용했다. 질문하지 않는 사람, 고분고분한 시민을 양성하기 위해 세뇌와 엄격하고 광신적인 군사훈련을 고안했다.

같은 시기에 우리나라의 중·고등학교 수학 수업을 여러 차례 자세히 관찰한 메리 툴록(Mary Tulock)은 다음과 같이 결론내렸다.

수학 시간에 대부분의 학생들은 심한 긴장 속에서 교사가 칠판에 적는 내용을 광적으로-이따금 틀리게-노트에 베끼고 있다. 왜 긴장해서 광적으로 베끼고 있는가? 수학의 의미를 배우기 위해서 그렇게 하는가? 아니다. 외우기 위해서다. 어째서 외울 필요가 있다고 생각하는가? 의미 있는 수학을 배우기 위해서인가? 아니다. 시험에 합격하기 위해서다.

이러한 남의 지시에 고분고분 따르는 노예를 기르기 위한 학교교육, 교과 지식을 그저 암기시키는 학교교육을 개선하기 위해 오천석을 비롯한 개혁가들은 미국의 진보주의 철학자 존 듀이(John Dewey, 1859~1952)의 생각을 도입했다. 미국에서 우리나라에 보낸 자문단의 의견도 최대한 수용했다. 그러나 '민주시민을 기르는 학교교육'은 결코 쉽지 않았다. 권위적이고 획일적인 일본식 교육에 익숙한 교사와 국민은 '민주시민을 기르는 학교교육'을 원치 않았다. 이러한 분위기 속에서 지금은 잊힌 오천석(1901~1987)이라는 우리의 선배 교육자는 1956년 이렇게 고뇌했다.

우리가 옛 교육을 박차고 나와 이른바 민주교육을 뜻하고 첫걸음을 내디딘 지 이미 10년이 되었다. 10년이란 세월이 흘렀으니 이제 우리는 옷깃을 가다듬고 우리의 걸어온 길을 돌아볼 시기가 왔다고 생각한다.

- 우리의 교육은 주입식 전통을 벗어나 아동 계발을 목표로 자라가고 있는가?
- 교과서를 가르치는 것으로 우리는 교육이 완수되는 것으로 생각하고 있지는 않은가?
- 아동의 자유와 흥미와 창의는 무시되고 억압과 통제로 팟쇼식 교육을 행하고 있지는 않은가?
- 교실 내에서는 정숙과 부동자세만이 요구되고 운동장에서는 프러시아식 행진이 강요되고 있지 않은가?
- 벌의 위협과 구령의 위엄만이 아동지도의 요체가 되어 있지 않은가?
- 우리의 교육이 입학준비를 그 목표로 하는 교육이 되어가고 있지 않은가?
- 교사와 학생의 우열은 학생의 훌륭한 인격 양성에 의하여 판단되지 않고 그 졸업생의 상급학교 입학률에 의하여 결정되고 있지는 않은가?
- 자라나는 아동의 개성은 제도란 구속으로 말미암아 유린되어 오지는 않았는가?

새 교육을 꿈꾸며 나선 지 10년이 된 오늘, 우리는 손을 가슴에 얹고 이러한 질문을 생각하며 양심적인 반성을 하여야 할 것이다.

이 책의 제2부는 여기까지, 즉 미군정기(1945. 8. 15~1948. 8. 15)와 한국전쟁 후 약 10여 년간 미국의 도움을 받아 학교를 개혁하려는 노력이 어떻게 펼쳐졌는지를 자세히 다룬다.

시간이 흘러 20세기를 보내고 21세기를 맞았다. 한없이 이어질 것만 같던 군사독재정권도 끝났다. 우리의 경제 형편은 눈에 띄게 나아졌다. 인터넷과 스마트폰으로 대표되는 정보·지식사회에 접어들었다. 웬만한 지식과 정보는 스마트폰으로 검색 가능한 시대가 되었다. 그러나 학교는 여전히 즐거운 곳이 아니다. 교과서를 외우는 일은 전혀 개선되지 않고 있다. 학교의 구조는 여전히 협동을 억압하고 경쟁을 응원하고 있다. 학교에서 교과성적이 우수한 사람은 학교를 빛낼 인재로 취급되어 특별대우를 받고 있다. 학교의 현실은 오천석이 1956년에 한 묘사와 크게 다르지 않다. 44년이 흘렀는데도 말이다.

2000년대 초엽 경기도 지역 일군의 진보적인 교사들은 이러한 현실을 바꾸려는 노력을 시작했다. 이들은 작은 학교에 모여 학교를 즐거운 곳으로 만드는 작업을 시작했다. 이들이 한 일은 결코 새로운 일이 아니었다. 오천석을 비롯한 우리의 선배 교육자들이 50여 년 전에 이미 시행해본 것들이었다. 이들은 교과지식 암기를 통한 앎보다는 체험을 통한 앎을, 동료와 경쟁하는 법보다는 협동하는 법을, 교사 편의의 획일적인 커리큘럼보다는 학생의 개성을 존중한 다양한 커리큘럼을, 교사의 통제와 지시보다는 학생의 자율과 토론을, 교장의 지시보다는 교사의 의견을, 짧은 쉬는 시간보다는 충분히 쉴 수 있는 시간을 허용하는 문화를 조심스레 만들었다.

이들이 바꾼 학교문화는 처음에는 효과가 없는 듯했으나 시간이 지나면서 성과가 나타났다. 학생들은 방학보다는 개학을, 토요일보다는 월요일을 기다릴 만큼 학교를 즐거운 곳으로 인식하기 시작했다. 이렇게 성과가 나타나자 2009년 전국에서 처음으로 도민의 직접선거로 교육감이 된 경기도 교육감은 혁신학교를 제도화하여 13개의 혁신학교를 시작하였다. 그 이듬해에는 김승환 전북대 법대 교수가 전라북도 민선 교육감으로 당선되자 경기도의 사례를 참조하여 20개의 혁신학교를 시작하였다.

이 책의 제3부는 바로 이 혁신학교 운동이 내가 사는 전라북도에서 어떻게 진행되었는지를 자세히 다룬다.

끝으로 이 책의 배경과 성격에 대하여 잠시 언급하겠다. 나는 2010년부터 이런저런 직함을 가지고 전라북도교육청에서 펴는 혁신학교 정책에 참여하였다. 혁신학교추진위원회 위원장, 교육감출범준비위원회 위원장, 교육거버넌스위원회 위원장, 혁신학교 선정 및 심사위원장 등을 하면서 회의를 주관했고, 다양한 사람을 만났으며, 많은 학교를 방문했다. 전라북도 제1기 혁신학교 중의 하나인 진안 장승초에는 3년간 꾸준히 출입하며 참여관찰도 했다. 혁신학교 관련 논문도 썼다.

혁신학교에 대한 나의 관심은 자연스레 학교혁신의 역사 전반을 돌아보는 학문적 작업으로 이어졌다. 우리 역사에서 서구식 학교와 교과는 언제 등장했을까? 암기식 교육은 언제 시작되었을까? 우리 선조들은 암기식 교육을 극복하기 위해 어떤 노력을 했을까? 왜 학교는 즐거운 곳이 되지 못할까? 등과 같은 질문에 답하기 위해 다양한 문헌을 읽었다. 수많은 교사들 앞에서 이 주제를 놓고 강의도 하고 대화도 했다. 이런 과정에서 나는 내가 알아낸 것, 명료화한 것을 논문이란 형식으로 붙잡아 학술지에 발표했다. 이 책은 바로 내가 지난 10여 년간 이런저런 학술지에 실은 학교혁신의 역사와 관련된 글을 모아 수정하여 엮은 것이다.

잘 팔릴 것 같지 않은 이 책을 선뜻 출판해 주신 책마을해리 이대건 대표께 진심으로 감사드린다. 이 책의 내용을 교정하듯 꼼꼼히 읽어준 이윤미 박사께도 감사드린다. 이름을 나열할 수는 없지만 혁신학교 운동에 헌신한 다수의 교사에게도 감사드린다.

2022. 4.

전주교육대학교 박승배

I
개화기의 학교혁신

제1부에서는 우리 역사상 가장 급진적인 학교개혁이 단행된 개화기 (1876~1910)의 학교혁신에 대하여 다룬다.

　　첫 번째 글 「고종의 학교제도 개혁」에서는 갑오개혁기에 이루어진 학교개혁을 살펴본다. 갑오개혁기 우리나라에는 역사상 처음으로 교육을 담당하는 부처가 '학부'라는 이름으로 정부조직에 편제되었다. 고종은 1895년 2월 당시 조선의 학교제도를 개혁하기 위해 <교육조서>를 발표하였고, 학부는 이를 뒷받침하기 위한 각종 법령을 만들고 교과서를 편찬하였는데, 첫 번째 글에서는 고종과 학부의 노력을 살핀다.

　　두 번째 글 「갑오개혁기 '소학' 교과서에 나타난 교육과정학적 이념 연구」에서는 갑오개혁기 학부 편찬 교과서 중에서 '소학'이라는 단어가 붙은 교과서의 내용을 살피면서 『국민소학독본』과 『신정심상소학』에 깃든 교육과정학적 이념을 분석한다.

　　세 번째 글 「갑오개혁기 학부 교과서 편찬자가 활용한 문헌 고증」에서는 갑오개혁기에 학부에서 국민계몽을 목적으로 한글로 펴낸 교과서 『국민소학독본』과 『신정심상소학』의 편찬자가 어떤 문헌을 활용하였는지를 자세히 살핀다.

　　네 번째 글 「갑오개혁기 교과서 편찬자 이상재의 삶과 사상」에서는 갑오개혁기 학부 학무국장을 맡아 서구식 학교제도 도입 실무를 담당한 이상재 (1850~1927)의 삶과 교육사상을 자세히 살핀다.

　　다섯 번째 글 「개화기 교과서 내용 및 편찬 세력에 관한 연구」에서는 1895년에서 1910년까지 학부(오늘날의 교육부), 국민 계몽활동에 헌신한 개화 사상가, 학교, 사회단체 등이 출판한 교과서의 내용을 그림을 중심으로 살피면서, 이 교과서 편찬자들의 특징을 간략히 분석한다.

제1장. 고종의 학교제도 개혁

1894년 7월 27일, 김홍집, 유길준 등의 소위 갑오개혁파 세력은 그들이 평소 구상했던 개혁을 추진하기 위해 최고 의사 결정 기구 성격의 군국기무처를 설치하였다. 군국기무처에서는 1894년 7월 30일, 조선의 의정부 산하 6조(이조, 호조, 예조, 병조, 형조, 공조) 중앙정부 조직 체제를 8아문(내무, 외무, 탁지, 군무, 법무, 학무, 공무, 농상무)으로 바꾸는 개혁안을 공포하였다. 우리 역사상 처음으로 교육담당 기구가 중앙정부 관제에 독립, 설치되는 순간이다.

1895년 4월에 단행된 중앙정부 조직개편으로 인해 학무아문은 그 명칭이 학부로 바뀌었다. 학부는 서양식 학교를 설립하고 교과서를 편찬하는 등 대대적인 학교개혁 작업을 추진하였다. 학부 내에 학무국과 편집국을 두어서 '학교제도 개혁'과 '교과서 및 서적 편찬'을 각각 담당하도록 하였다.

갑오개혁기에 학부 편집국에서는, 〈표 1〉에 제시되어있는 것처럼, 총 18종 20권의 교과서를 편찬하였다. 연도로 구분해 살펴보면, 1895년에 7종, 1896년에 11종을 간행하였다. 책의 내용은 역사, 지리, 국어, 수학 교과와 관련된 것들이 대부분이었다. 책의 본문은 대부분 한글과 한자를 혼용하여 작성되었으며, 일부 책에서는 띄어 읽을 곳을 표기하기도 하였다.

<표 1> 갑오개혁기 학부에서 펴낸 교과서

책 이름		쪽수	가격	발행년도	특징
조선역대사략(3책)		330	50전	1895	한문
조선역사(3책)		264	40전	1895	한글한자 혼용
국민소학독본		150	20전	1895	한글한자 혼용
소학독본		60	10전	1895	한글한자 혼용
숙혜기략		78	14전	1895	한글한자 혼용
조선약사		46	8전	1895	한글한자 혼용
조선지지		*	20전	1895	한글한자 혼용
신정심상소학	1	68	34전	1896	한글한자 혼용
	2	72	36전	1896	한글한자 혼용
	3	52	16전	1896	한글한자 혼용
유몽휘편		*	8전	1896	한글한자 혼용
만국지지		*	24전	1896	한문
만국약사 상·하		*	40전	1896	한글한자 혼용
여재촬요		*	40전	1896	한글한자 혼용
지구약론		*	8전	1896	한글한자 혼용
동여지도		*	8전	1896	한글한자 혼용
근이산술 상·하		*	80전	1896	한글한자 혼용
간이사칙산술		*	40전	1896	한글한자 혼용
사민필지한문		*	32전	1896	한문
서례필지		*	20전	1896	한글한자 혼용

* 이 표는 『신정심상소학』 제3권, 학부 편집국 발행 서적 정가표를 기초로 작성했다.

당시 학부에서 이렇듯 다양한 교과서 편찬에 심혈을 기울인 이유는 당시 왕 고종의 〈교육조서〉에 따른 것이었다. 1895년 2월, 조선의 왕 고종은 학교에서 가르칠 공적 지식이 더 이상 중국고전이 아니라는 〈교육조서〉를 발표하였다. 오천석(1901~1987)은 이 〈교육조서〉를 우리 학교교육 역사에서 가장 중요한 문서라 평가하였다.[1] 좀 따분할 수도 있겠지만, 이 조서를 한 번 음미하면서 천천히 읽어볼 필요가 있다. 독자의 편의를 위하여 이해하기 힘든 단어에 뜻풀이를 첨가하였다.

짐이 생각하건대, 조종(시조가 되는 조상)께서 업을 시작하시고 통을 이으사 이제 504년

이 지냈도다. 이는 실로 우리 열조(여러 대의 임금의 시대)의 교화와 덕택이 인심에 젖고, 우리 신민이 능히 그 충애(임금에게 충성을 다하고 나라를 사랑함)를 다한 데 있도다. 그러므로 짐이 한량없이 큰 이 역사를 이어나가고자 밤낮으로 걱정하는 바는 오직 조종의 유훈을 받들려는 것이니, 너희들 신민은 짐의 마음을 본받을지어다. 너희들 신민의 조상은 곧 우리 조종이 보육한 어진 신민이었고, 너희들 신민은 또한 자기 조상의 충애를 잘 이었으니 곧 짐이 보육하는 어진 신민이로다.

짐과 너희들 신민이 힘을 같이하여 조종의 큰 터를 지켜 억만년 평안함을 이어가야 할지로다. 아아! 짐이 교육에 힘쓰지 아니하면 나라가 공고하기를 바라기 심히 어렵도다.

세계의 형세를 살펴보건대, 부강하고 독립하여 웅시(위세를 가지고 남을 내려다 봄)하는 모든 나라는 모두 다 그 인민의 지식이 개명하였도다. 이 지식의 개명은 곧 교육의 선미(선과 미를 아울러 이르는 말)로 이룩된 것이나, 교육은 실로 국가를 보존하는 근본이라 하리로다. 그러므로 짐은 군사(임금과 스승)의 자리에 있어 교육의 책임을 몸소 지노라. 또 교육은 그 길이 있는 것이니, 헛된 이름과 실제 소용을 먼저 분별하여야 하리로다. 독서나 습자로 옛사람의 찌꺼기를 줍기에 몰두하여 시대의 대국(일이 벌어져 있는 대체적인 형편이나 사정)에 눈 어두운 자는, 비록 그 문장이 고금(예전과 지금을 아울러 이르는 말)을 능가할지라도 쓸데없는 서생에 지나지 못하리로다.

이제 짐이 교육의 강령을 보이노니, 헛이름을 물리치고 실용을 취할지어다.

첫째, 덕을 기를지니, 오륜(유학에서, 사람이 지켜야 할 다섯 가지 도리. 부자유친, 군신유의, 부부유별, 장유유서, 붕우유신을 말함)의 행실을 닦아 속강(풍속과 강령)을 문란하게 하지 말고, 풍교(교육이나 정치의 힘으로 풍습을 잘 교화하는 일)를 세워 사회의 질서를 유지하며 향복(복을 누림)을 증진시킬지어다.

둘째, 몸을 기를지니, 동작을 떳떳이 하고 근로와 역행(힘써 행함)을 주로 하며, 게으름과 평안함을 탐하지 말고, 괴롭고 어려운 일을 피하지 말며, 너희의 근육을 굳게 하고 뼈를 튼튼히 하여 건강하고 병 없는 낙을 누려 받을지어다.

셋째, 지(사물의 이치를 밝히고 그것을 올바르게 판별하고 처리하는 능력)를 기를지니, 사물의 이치를 끝까지 추궁함으로써 지를 닦고 성(사람이나 사물 따위의 본성이나 본바탕)을 이룩하고, 아름답고 미운 것과, 옳고 그른 것과, 길고 짧은 데서 나와 남의 구역을 세우지 말고 정밀히 연구하고 널리 통하기를 힘쓸지어다. 그리고 한 몸의 사익을 꾀하지 말고 공익을 도모할지어다.

이 세 가지는 교육의 강기이니라. 짐은 정부에 명하여 학교를 널리 세우고 인재를 양성하여 너희들 신민의 학식으로써 국가 중흥의 대공(토목이나 건축 따위의 큰일)을 세우게 하려 하노니, 너희들 신민은 충군(임금에게 충성을 다함)하고 위국(나라를 위함)하는 마음으로 너희의 덕과 몸과 지를 기를지어다.

왕실의 안전이 너희들 신민의 교육에 있고, 국가의 부강도 또한 너희들 신민의 교육에 있도다. 너희들 신민이 선미의 경지에 다다르지 못하면 어찌 짐의 다스림을 이루었다 할 수 있으며, 정부가 어찌 감히 그 책임을 다하였다 할 수 있고, 또한 너희들 신민이 어찌 교육의 길에 마음을 다하고 힘을 다하였다 하리오. 아버지는 이것으로써 그 아들을 고무하고, 형은 이것으로써 아우를 권면하며, 벗은 이것으로써 벗의 도움의 도를 행하고 분발하여 멈추지 말지어다.

나라의 분한(분하고 한스러움)을 대적할 이, 오직 너희들 신민이요, 국가의 모욕을 막을 이, 오직 너희들 신민이니, 이것이 다 너희들 신민의 본분이로다.

학식의 등급으로 그 공효(공을 들인 보람이나 효과)의 고하를 아뢰되, 이러한 일로 상을 쫓다가(신분이 높은 사람의 말을 따르다가) 사소한 흠단이 있더라도, 너희들 신민은 또한 이것이 오직 너희들의 교육이 밝지 못한 탓이라고 말할지어다. 상하(신분이 높은 사람과 낮은 사람)가 마음을 같이 하기를 힘쓸지어다.

너희들 신민의 마음이 곧 짐의 마음이니, 힘쓸지어다. 진실로 이와 같을진대 짐은 조종의 덕광(베풀어 준 은혜나 도움)을 사방에 날릴 것이요, 너희들 신민 또한 너희들 선조의 어진 자식과 착한 손자가 될 것이니, 힘쓸지어다.

고종의 〈교육조서〉에 나타난 혁신정신을 한마디로 요약하면, 기울어져 가는 나라를 일으키기 위해서는 중국고전 중심의 교육에서 벗어나 서구지식 중심의 지, 덕, 체 교육이 필요하다는 것이다.

〈교육조서〉에 나타난 고종의 학교혁신 정신은 서구식 학교를 설립하는 법규의 형태로 구체화된다. 1895년 4월부터 1899년 6월까지 약 4년에 걸쳐 공포한 서구식 학교의 설립과 운영을 규정한 관제(Administrative Law, 국가가 세운 기관의 행정 조직 및 권한을 정하는 법규)를 시간순으로 정리하면 아래 표와 같다. 건너뛰지 말고 한번 천천히 읽어보기 바란다.

〈표 2〉에 제시된 관제와 법령은 비록 그것이 일본의 학교제도를 모방하여 제정된 것이기는 하지만, 조선의 교육이 유학경전 암기 중심의 교육에서 벗어나 서구식 교육으로 바뀌는 데 전환점 역할을 하였다.[2] 특히 한성사범학교 관제, 소학교령과 한성사범학교 규칙 등은 초등교육이 국민 모두가 받아야 할 보편교육이라는 생각을 확산하는 중요한 계기가 된다. 다음 〈표 3〉 한성사범학교 관제, 〈표 4〉 1895년 7월 19일 공포된 소학교령 요약, 〈표 5〉 한성사범학교 규칙을 한번 자세히 살펴보기 바란다.

<표 2> 고종의 <교육조서>에 따른 서구식 학교 설립

관제의 명칭	제정일
한성사범학교 관제	1895년 4월 16일
외국어학교 관제	1895년 5월 10일
소학교령	1895년 7월 19일
한성사범학교 규칙	1895년 7월 23일
소학교 규칙 대강	1895년 8월 12일
보조 공립소학교 규칙	1896년 2월 20일
의학교 관제	1899년 3월 24일
중학교 관제	1899년 4월 4일
상공학교 관제	1899년 6월 24일
외국어학교 관제	1899년 6월 27일

<표 3> 한성사범학교 관제[3]

1. 목적
　한성사범학교는 교관을 양성하는 곳이다.

2. 편제
　한성사범학교에는 본과와 속성과를 두되, 본과는 2년, 속성과는 6개월로 한다.

3. 부속학교
　한성사범학교에 심상과와 고등과를 가진 부속 소학교를 두되, 그 수업연한은 어느 것이나 3년으로 한다.

4. 교원
　한성사범학교에는 학교장 1인, 교관 2인 이하, 부교관 1인, 교원 3인 이하 및 서기 1인을 둔다. 교관은 생도의 교육을 담당하고, 부교관은 이를 보좌하며, 교원은 부속 소학교 아동의 교육을 맡는다.

5. 학과와 정도(수준)
　본과, 속성과 및 부속 소학교의 학과와 정도(수준)는 학부대신이 따로 정한다.

6. 시행일
　개국 504년(1895) 5월 1일부터 이를 시행한다.

<표 4> 1895년 7월 19일 공포된 소학교령 요약

1. 소학교의 목적
　소학교는 아동 신체의 발달에 비추어 국민교육의 기초와 그 생활상에 필요한 보통 지식 및 기능을 줌을 목적으로 한다.

2. 소학교의 종류
　소학교는 관립, 공립, 사립의 3종으로 하고, 관립은 국고, 공립은 부 또는 군, 사립은 사인의 부담으로 한다.

3. 편제와 수업연한
　소학교를 나누어 심상과 고등 2과로 하고 수업연한은 심상과 3개년, 고등과 2~3개년으로 한다.
4. 교과목
　심상과의 교과목은 수신, 독서, 작문, 습자, 산술 및 체조로 하고, 시기에 따라 학부대신의 허가를 얻어 체조를 빼고 조선지리, 역사, 도화, 외국어 중에서 1개 또는 여러 개를 더할 수 있다.
5. 교과용 도서

소학교의 교과용 도서는 학부에서 편집한 것 또는 학부대신의 검정을 거친 것을 써야 한다.

6. 학령 및 취학
만 8세부터 만 15세까지의 8개년을 학령으로 하고, 각 부·군은 그 관내의 학령 아동을 취학시킬 공립소학교를 세우지 않으면 안 된다.

7. 교원의 자격과 임면
소학교 교원은 교원 면허장을 가져야 한다. 면허장은 검정에 합격함을 요한다. 관립소학교 교원은 학부대신, 공립소학교 교원은 각기 해당 관찰사가 임용하고, 어느 경우나 판임관(하위 관직, 오늘날의 9급 공무원에 해당)이 된다.

<표 5> 한성사범학교 규칙[4]

---

1. 학과
본과의 학과목은 수신, 교육, 국문, 한문, 역사, 지리, 수학, 물리, 화학, 박물, 습자 및 체조로 하되, 형편에 따라 학과목 중에서 한 개 또는 여러 개를 뺄 수 있다.

속성과의 학과목은 수신, 교육, 국문, 한문, 역사, 지리, 수학, 지리, 습자, 작문, 체조로 하되, 형편에 따라 과목을 뺄 수 있다.

2. 정도(수준)
<본과의 학과와 정도(수준)>
- 수신: 인륜도덕의 요지와 그 교수법
- 국문: 강독
- 한문: 강독
- 교육: 조선교육의 연혁과 저명한 교육자의 전기와 교육 및 교수의 원칙을 가르치는 동시에, 부속 소학교에서 실제 교수의 방법을 연습한다.
- 역사: 조선역사 및 세계사
- 지리: 조선지리 및 세계 정치지리와 지문(자연 지리학)의 초보
- 수학: 산술 및 대수, 기하 초보와 교수법
- 박물: 동식물의 생리 및 위생
- 물리: 물리상의 긴요한 현상 및 법칙
- 체조: 보통 체조 및 군대식 체조
- 화학: 보통 화학상의 현상, 긴요한 원소 및 무기화합물의 성질
- 습자: 해서, 행서, 초서 및 교수법
- 작문: 일용서류 기사문 및 논설문
<속성과의 학과와 정도(수준)>
- 수신: 인륜도덕의 요지와 그 교수법
- 국문: 강독
- 한문: 강독

- 교육: 교육사와 저명한 교육자의 전기와 실제 교수의 방법을 연습
- 역사: 조선역사와 세계사 큰 줄거리
- 지리: 조선지리와 세계지리 큰 줄거리
- 이과: 큰 줄거리
- 수학: 산술
- 체조: 보통 체조 및 군대식 체조
- 습자: 해서, 행서, 초서 및 교수법
- 작문: 일용서류 기사문 및 논설문

3. 교육 요지

가. 정신의 단련과 품성 함양은 교육자에 있어 중요함으로 평소 이에 유의하여야 한다.

나. 존왕애국의 자세는 교육자에 있어 중요함으로 평소에 충효의 대의를 밝히고 국민의 지조를 힘써 기른다.

다. 규칙을 지키고, 질서를 보전하며, 사표의 모범을 갖추는 것은 교육자에 있어 중요함으로 평소에 웃어른의 명령 및 훈계에 복종하고 행동을 바르게 해야 한다.

라. 신체의 건강은 직무수행에 매우 중요함으로 평소에 위생에 유의하고 체조에 힘써 건강을 증진시킨다.

마. 교수의 방법은 교육자에게 중요함으로 소학교 규칙에 맞도록 힘써야 한다.

4. 입학 및 정원

본과에 입학할 수 있는 자는 연령 20세 이상 25세 이하로 하고, 속성과는 22세 이상 35세까지로 한다. 정원은 본과 100명, 속성과 60명으로 한다.

제2장. 갑오개혁기『소학』교과서에 나타난
   교육과정학적 이념 연구

1. 서론

"각 시대는 독특한 꿈을 안고 있으며, 그 꿈이 그 시대 교육의 모습을 결정한다." 스푸트닉 사건으로 인해 시작된 미국의 교육개혁 운동의 한 가운데에 서서 브루너(Bruner)가 한 말이다.[1] 이 말은 우리 역사에서 갑오개혁기라불리는 시기에 나타났던 일종의 교육개혁 운동을 가장 잘 설명하는 말이다. 갑오개혁기란, 역사가들이 대체로 동의하기를, 우리나라가 중국의 정치, 문화적 영향력에서 벗어나기 시작하는 시기를 가리킨다. 시간으로는 1894년 7월부터 1896년 2월까지이다.[2] 이 시기에 개혁가들은 당시 조선을 지리적으로 가까운 일본이나 미국 또는 유럽의 여러 국가와 같이 소위 '개화'된 나라로 만들기 위해 온 힘을 쏟았다. 특히 일본은, 당시 우리 개혁가들의 눈에비치기를 개화에 일찍 눈을 떠서 아주 짧은 시간 내에 성과를 낸, 모방해야할 대상으로 보였다. 이에 비하여 청국은, 과거의 영화에 집착한 나머지 개화에 미온적이다가 유럽의 조롱거리로 전락하고 있는 나라, 더 이상 모방하지 말아야 할 나라로 비쳤다. 한마디로 요약하면, 개화기의 꿈은 청국의 영향에서 벗어나고 일본을 모방하여 조선의 근대화를 이룩하는 것이었다.

그렇다면 이러한 갑오개혁기의 꿈은 당시 교육에 어떤 영향을 미쳤을까? 이 꿈은 갑오개혁기 교과서에 어떤 모습으로 반영되어 나타났을까? 갑오개혁기를 살았던 우리 선조들은 당시 막 설립하기 시작한 근대식 교육기관인 학교에서 가르쳐야 할 가장 중요한 지식으로 무엇을 생각하였을까?

이런 질문은 교육과정학에 관심을 가진 학자들에게 매우 흥미로운 질문이다. 그럼에도 불구하고 교육과정학자들은 갑오개혁기 우리 교육의 모습을 교육과정학적 이념 측면에서 분석하는 작업에 소홀하였다. 갑오개혁기 교육에 대한 일반적인 연구는 그동안 교육사학자들이 자세히 정리하였지만,[3] 교육과정학적 이념 측면에서 갑오개혁기 교육을 조명한 연구는 아직 찾아보기 힘들다.

갑오개혁기 교육을 교육과정학적 이념 측면에서 분석하고자 할 때 사용할 수 있는 방법은 크게 두 가지를 생각할 수 있다. 첫째는 갑오개혁기에 활동했던 인물 중에서 교육에 관심을 가졌던 사람들의 삶을 전기적으로 살피면서 이들의 교육과정학적 이념을 분석하는 방법이다. 이는 역사학자들이 즐겨 쓰는 방법으로서 역사학의 방법론을 교육학에 원용하는 경우에 해당한다.[4] 둘째는 갑오개혁기 교과서의 내용을 살펴보는 방법이다. 1894년 갑오개혁의 결과물로 탄생한 '학부'에서는 1895년부터 1896년까지 약 20종의 교과서를 편찬하였다.[5] 이와 같은 교과서의 내용을 분석하면 당시의 교육과정학적 이념을 어느 정도 파악할 수 있을 것이다.

그동안 여러 분야의 연구자들이 개화기 교과서를 분석하는 작업[6]과 개화기 교육개혁 또는 과정개발에 대한 연구[7]를 하였지만, 교육과정학적 이념에 초점을 맞춘 연구는 아직 시도되지 않았다. 이것이 바로 이 연구를 시도하는 이유이다. 이 연구에서는 20여 권의 갑오개혁기 학부편찬 교과서 중에서 특히 '소학'이라는 단어가 붙은 교과서를 분석하여 당시의 교육과정학적 이념을 추적하고자 한다. 그 이유는, '소학'이라는 단어가 붙은 책이 성격상 당시 학교에 다니는 모든 학생이 읽어야 할 책이어서 당시 우리 선조들을 지배한 교육과정학적 이념이 가장 잘 녹아들어 갈 수 있는 교과서라고 생각하였기 때문이다.

2. 갑오개혁기 '소학' 교과서의 내용 분석

제1장의 〈표 1〉에 나타난 것처럼, 갑오개혁기 학부편찬 교과서(이하 '학부교과서'라 표기함)에는 '소학'이라는 단어가 제목에 붙은 책이 3권 포함되어 있다. 『소학』은 조선 시대에 가장 널리 읽힌 유학입문서를 가리키는 책명이다. 따라서 갑오개혁기 소학 교과서에 대한 자세한 논의를 하기에 앞서 유학 입문서로서의 『소학』에 대한 간략한 설명이 필요하다.

『소학』은 본래 중국 송나라 시절인 1187년 주자(1130~1200)가 그의 친구인 유청지(1134~1190), 제자인 유자징 등과 공동으로 고대 원전에서 발췌하여 완성한 책이지만, 보통 주자가 단독으로 편찬한 것으로 알려져 있다.[8] 우리나라에는 고려 말에 유입되어 읽히기 시작하다가, 조선 초기에 과거시험 과목의 하나로 편입되었지만, 중요한 서책으로 인식되기 시작한 것은 조선 중종 때인 16세기 초엽 조광조(1482~1519)를 중심으로 하는 정치세력이 등장하면서이다.[9]

『소학』은 내편 4권과 외편 2권의 총 6권으로 구성되어 있다. 내편은 태교에서부터 시작하여 교육의 과정, 목표, 자세 등을 밝히고 있는 '입교', 도덕의 중요성을 언급하면서 인간사회에서 지켜야 할 다섯 가지 원칙을 설명하고 있는 '명륜', 학문하는 사람의 몸가짐, 마음자세, 옷차림, 식사예절 등을 설명하는 '경신', 본받을 만한 옛 성현의 이야기 기록하여 놓은 '계고' 등 4권으로 구성되어 있다. 외편은 한나라 이후 송나라까지 현인들의 명언을 역사서 등의 책에서 발췌하여 놓은 '가언', 후세가 본받을 만한 선조의 행적을 모아 정리한 '선행' 등 2개 항목으로 구성되어 있다. 요약하면, 내편에는 유교사회의 도덕규범과 생활예절이, 외편에는 유학교육에 막 입문한 어린이들이 마음에 새겨야 할 교훈이 수록되어 있다.[10]

유학교육 입문서 성격의 이『소학』은 조선 시대에 널리 읽혔음에도 심각한 문제를 늘 안고 있었다. 가장 큰 문제는 무엇보다 그 내용이 너무 어렵다는 것이었다. 문자해독서인『천자문』을 뗀 어린이가『소학』에 접근하기란 결코 쉬운 일이 아니라는 인식이 당시 우리 지식인들 사이에 있었다.[11] 또 하나의 문제는『소학』의 내용이 조선의 현실과 맞지 않는다는 것이었다. 『소학』이 안고 있는 이런 문제를 해결하고자 노력한 대표적인 사람이 율곡 이이(1536~1584)다. 율곡의 눈에는, 중국에서 약 400여 년 전에 유입된『소학』은 조선의 현실에 맞지 않을 뿐만 아니라『천자문』을 마친 어린이가 접근하기에는 너무 어려워 보였다. 『천자문』과『소학』을 이어주는 징검다리가 필요했다. 이런 필요에서 율곡이 집필한 책이『소학』 선수서 성격을 지닌 『격몽요결』('어리석음을 깨우치는 간략한 요령'이라는 뜻)이다.[12]

그렇다면, 학부교과서에 수록된 '소학'이라는 단어가 붙은 교과서는 어떤 성격의 책일까? 주자의『소학』과 비슷할까? 아니면 이이의『격몽요결』과 그 체제가 유사할까? 갑오개혁기에 '소학'이라는 제목을 붙여 출판된 책에는 어떤 내용이 담겨 있으며, 그 책을 출판한 목적은 무엇이었을까? 이러한 흥미로운 질문에 답하기 위해서는 학부교과서에 포함된, '소학'이라는 제목이 붙은 교과서 3종,『국민소학독본』,『소학독본』,『신정심상소학』을 모두 살펴보아야 한다.

1) 국민소학독본

『국민소학독본』은 1895년 당시 교육을 관장하던 부서인 학부에서 펴낸 책이다. 책의 속표지에 발간일이 '대조선 개국 504년 오추'라 표기된 것으로 추정하면, 1895년 양력 9월경에 책이 출판되었을 것이다. 총 41개 과로 구성되어 있으며, 분량은 152쪽 정도이다. 개화기 교과서의 영인본을 펴낸 한국학문헌연구소에서는 이 책을 국어교과서로 분류하였지만, 사실 그 내용을 자세히 살펴보면 국어교과서로 보기는 어렵다. 교과서 연구자 이종국은 그 이유를 다음과 같이 말한다.[13]

> 본문을 국한문 혼용으로 배열한 것 외에 특별히 국어교과서라 할 만한 내용이 보이지 않고 있다. 이 교과서의 내용을 주제별로 나누어 보면 그러한 현상이 잘 나타난다. 즉 애국심에 관한 것, 교육(면학), 국제이해, 역사, 지리, 과학기술, 동식물, 경제, 사회, 윤리, 이렇게 10개 분야로 그 내용이 편제되어 있기 때문이다. 그런 점에서 이 교과서는 여러 분야의 내용을 취합, 학생들에게 다양한 신지식을 전해주고자 했다.

이종국의 지적처럼, 『국민소학독본』은 당시 학생들에게 최신 지식을 전달하기 위해 집필한 것으로 보인다. 그렇다면, 『국민소학독본』에 당시로써는 최신 지식을 담아 전달하고자 했던 학부당국의 진정한 의도는 무엇이었을까? 학부당국은 어떤 지식을 『국민소학독본』에 담고 싶었을까? 달리 표현하면, 『국민소학독본』 편찬세력은 당시의 어린이에게 가르칠 가장 중요한 지식이 무엇이라고 생각하였을까?

이 질문에 답하는 데 이종국의 『국민소학독본』 내용 분석은 너무 평면적, 표층적이어서 별 도움이 되지 못한다. 『국민소학독본』의 각 과별 제목과 주제를 요약, 제시하면 〈표 1〉과 같은데, 이들을 이종국이 제시한 10개 영역으로 나누는 일은 그리 어렵지 않다. 예를 들어, 제1과 대조선국은 '애국심에 관한 내용'으로, 제12과 조약국, 제14과와 제15과의 런던, 제21과의 뉴욕, 제31과에서 제35과까지의 아메리카 대륙의 발견과 독립은 '국제이해에 관한 내용'으로 분류할 수 있다. 그리고 제5과 세종대왕 기사, 제3과 한양, 제10과 시계, 제11과 낙타, 제6과 상사 또는 교역, 제9과 이덕보원 등은 각각 역사, 지리, 과학기술, 동식물, 경제, 윤리 등의 내용으로 분류할 수 있다. 그러나 이러한 표층적 분류는 『국민소학독본』에 담긴 그 당시 개혁세력의 이념을 추적하는 데 한계가 있다.

　『국민소학독본』편찬세력의 교육과정학적 이념을 추적하기 위해서는 다른 분류기준이 필요하다. 〈표 1〉에 요약한 것처럼, 『국민소학독본』의 내용은 '조선은 독립국'이라는 내용으로 시작하여 '칭기즈칸의 세계 정복'을 기술한 내용으로 끝이 난다. 이 책에는 산소, 탄소, 원소, 바람에 대한 과학적 설명 같은 자연과학적 지식도 포함되어 있고, 뉴욕과 런던을 소개하는 과도 있으며, 유럽인이 아메리카 대륙을 발견하는 과정과 미국의 독립과정을 설명하는 과도 있고, 세종대왕과 을지문덕을 소개하는 과도 있다. 이처럼 외현상 서로 아무런 관련이 없는 지식의 나열로 구성되어 있는 이 책을 유의미하게 분류할 수 있는 기준, 즉 이 책 집필자의 교육과정학적 이념을 추적하는 작업에 유용하게 활용될 수 있는 모종의 기준이 있을까? 만일 있다면 그것은 무엇일까?

　그 기준은 '우리에 대한 새로운 인식(청국으로부터의 독립·애국심)', '미국에 관한 내용', '신지식의 필요성', '교육을 통한 의식·사회 개조', '위대한 인물 소개', '품성계발' 등 여섯 가지라고 생각한다. 이 여섯 가지 중에서 '품성계발'의 비중은 아주 낮으므로 다섯 가지에 대하여만 자세히 살펴보도록 하겠다.

과	제목	주제(내용)
1	대 조선국	조선은 독립국
2	넓은 지식	경험, 관찰의 중요성
3	한양	서울에 대한 설명
4	우리 집	건축 자재의 변화
5	세종대왕 기사	세종대왕 업적 설명
6	상사 또는 교역	상업과 무역의 중요성
7	식물 변화	기후와 토양에 따른 식물변화 설명
8	서적	저술의 중요성
9	이덕보원	진정한 선행
10	시계	시계 발명에 대한 설명
11	낙타	낙타에 대한 설명
12	조약국	조선과 조약을 맺은 8개국 언급
13	지식1화	지식 응용의 중요성
14	런던1	영국 런던에 대한 설명
15	런던2	영국 런던에 대한 설명
16	바람	바람의 발생에 대한 과학적 설명
17	면학	시간을 아껴 공부하라
18	벌집	꿀벌의 세계 설명
19	차이나1	중국의 쇠잔 이유 기술
20	돈	화폐의 유용성
21	뉴욕	뉴욕시에 대한 설명
22	을지문덕	을지문덕에 대한 설명
23	고래잡이	고래잡이 설명
24	노농석화	근로의 중요성
25	시간 잘 지키기	시간을 잘 지켜라
26	차이나2	중국의 쇠잔 이유 추가 기술
27	가필드1	제20대 미국대통령 가필드 전기
28	가필드2	제20대 미국대통령 가필드 전기
29	기식1(숨쉬기)	산소, 탄소에 대한 과학적 설명
30	기식2(숨쉬기)	산소, 탄소에 대한 과학적 설명
31	아메리카발견1	유럽인의 아메리카 대륙 발견 설명
32	아메리카발견2	유럽인의 아메리카 대륙 발견 설명
33	아메리카독립1	미국 독립과정 설명
34	아메리카독립2	미국 독립과정 설명
35	아메리카독립3	미국 독립과정 설명
36	악어	악어에 대한 설명
37	동물천성	여러 동물의 특성 설명
38	합중국 광업	미국의 광업, 제철업 설명
39	원소	원소에 대한 과학적 설명
40	칭기스칸1	칭기즈칸의 세계 정복 설명
41	칭기스칸2	칭기즈칸의 세계 정복 설명

① 우리에 대한 새로운 인식

『국민소학독본』을 자세히 읽어보면 이 책의 집필에 관여한 학부 관료는 청국과 조선 사이의 전통적인 관계를 재정립하려는 의지, 즉 청으로부터의 독립 의지가 아주 강함을 느낄 수 있다. 『국민소학독본』 제1과 「대조선국」의 내용은 이렇다.

> 우리 대조선국은 아시아 대륙의 한 왕국이다. 그 형태는 서북에서 동남으로 나온 반도 국이니, 기후가 서북은 찬 기운이 심하나 동남은 온화하며, 토지는 비옥하고 물산은 풍족하다. 세계 만국 중에는 독립국의 수효가 매우 많은데 우리 대조선국도 그중 한 나라이다. 단군, 기자, 위만, 삼한과 신라, 고구려, 백제와 고려를 거쳐 온 오래된 나라이고, 태조 대왕이 개국하신 후 5백여 년에 걸쳐 왕통이 이어진 나라이다. 우리는 이러한 나라에 태어나 오늘에 와서 세계 만국과 수호 통상하여 부강을 다투는 때를 만났으니, 우리 왕국에 사는 신민의 가장 시급한 일은 다만 학업을 힘쓰는 데 있다. 또한 나라의 부강이며 빈약은 한 나라 신민의 학업에 달렸으니 너희 학도들은 예사로 알지 말아라. 학업은 다만 독서와 습자와 산수 등의 과목을 닦고 익힐 뿐 아니라 평상시에 부모와 교사와 윗사람의 교훈을 좇아 언행을 바르게 함이 가장 필요하고 중요하다.[14]

역사적으로 우리는 우리나라를 가리키는 용어로 '동국(중국의 동쪽에 있는 나라)' 또는 '해동(바다의 동쪽)'이라는 용어를 주로 사용하였다. 『동국여지승람』, 『해동지지』 등과 같은 책명을 우리는 자연스럽게 받아들였다. 이런 자연스러운 용어가 지극히 중국 중심의 용어라는 사실에 눈을 뜨고 이를 극복하려는 노력이 이 책에 나타나 있다. 우리나라를 중국의 동쪽에 위치한 자그마한 한 왕국으로 묘사하던 방식에서 벗어나 아시아 주에 위치한 한 왕국, 그리고 영토상으로는 서북쪽(간도 지방)에서 시작하여 남동의 부산에 이르는 반도국으로 묘사한 것은 중국의 영향권에서 벗어나려는, 중국과의 관계를 재정립하려는 당시 학부교과서 집필진의 독립의식의 표현이었다. 달리 표현하면, 우리의 정체성에 대한, 우리의 역사에 대한, 우리의 영토에 대한 새로운 인식이 이 책에 스며있는 것이다.

특히 제19과와 제26과에서는 중국의 쇠망과정을 자세히 묘사하고 있는데, 이때 중국을 가리키는 용어로 '차이나'의 한자식 표기인 '지나'를 사용한 것은 유럽인이 중국을 바라보듯이 우리도 그렇게 바라보아야 한다는 의식의 표현이라 할 수 있다. 제19과 '지나국1'에는 이렇게 쓰여 있다.

> 지나국은 우리나라와 같이 아시아 주 중의 한 나라이고 우리나라의 이웃이다. 그 면적과 인구는 세계 속의 한 대국이다. [······] 지나국은 대국이고 오래된 나라이고 또한 문화의 선진국이지만, 지금은 점점 쇠잔하여 다른 사람을 업신여기고 자기를 높여 거만하게도 외국과 서로 사이가 벌어져서 아편전쟁에서 영국에 패한 바 되었다. 또한 어리석고 미련하여 깨치지 못하더니 또 사이가 벌어져 영불 동맹군과 싸워 회복할 수 없을 정도로 패하여 북경의 성곽 위에 백기를 세워 원명원을 태워버리고, 역대 보물을 빼앗기고 성곽 아래에서 맹세를 구걸하여 허다한 상금을 내주었다. 만주 일부는 러시아에 할양하여 주고, 홍콩은 영국에 점령되고, 베트남, 타이 등 남방의 여러 나라는 서양인에게 유린당하여 나라의 형편이 날로 쇠락하였으나, 지금도 중화라 스스로 과대하고 타국을 오랑캐라 멸시하여 무식하고 무의하여 세계의 비웃음과 능욕을 받으니, 가련하고 가소롭구나.[5]

이처럼 『국민소학독본』에는 탈중국을 강조하는 내용이 상당수 포함되어 있다. 내용도 내용이지만, 『국민소학독본』을 포함한 갑오개혁기 학부편찬 교과서에 사용된 문장 자체가 전통적인 순한문이 아니라 한글한자혼용체인 것도 바로 당시의 탈중국 이념과 관련되어 있다.

② 미국에 관한 내용

『국민소학독본』에는 미국에 관한 내용이 상당히 많이 실려 있다. 제21과에는 미국 뉴욕 주에 있는 대도시인 뉴욕 시에 대해서 다음과 같이 소개하고 있다.

> 뉴욕은 북아메리카합중국 뉴욕 주의 무역 대도시이고, 합중국 중 제일의 도시이다. 그 서쪽에 흐르는 허드슨 강 건너편 언덕에는 '저지'라 하는 시가 있고, 그 동편에 흐르는 이스트 강 건너편에 '브루클린'이라 하는 도시가 있는데, 이 두 도시는 뉴욕의 외곽이다. 시내와 외곽 도시의 인구를 합하면 200만 명 남짓 된다. 도시 남쪽 끝에는 배터리(Battery)라 부르는 공원이 있으니, 바닷물이 침입하는 것을 긴 제방으로 막고, 공원 내부의 풍경이 아름답고, 그 북동에 '브로드웨이'라 하는 큰 거리가 있어, 길이가 3.2킬로미터가 더 되고 폭이 24미터나 된다. 호텔과 상점이 즐비하고, 마차와 행인이 북적북적 복잡하다. 그 동편에는 있는 버엔가 또한 아름다운 거리이고, 그 북쪽으로 600여 미터 정도 가면 새로 만든 도로가 있는데 길이가 3.2킬로미터 정도 되고 넓이는 30미터 정도 된다. 월가(Wall St.)는 증권을 매매하는 집이 연속 이어져 있고, 사우스가(South St.)에는 해운업을 하는 집이 많다.[16]

『국민소학독본』 제27과와 제28과는 미국의 제20대 대통령을 지낸 가필드 (James Abram Garfield, 1831~1881)의 일생에 대한 설명이다. 제27과에서는 아버지 없이 어머니, 형과 함께 가난한 어린 시절을 농촌에서 보내면서도 공부를 열심히 하는 가필드의 모습을 묘사하고 있다. 제28장에서는 가필드가 중학교와 대학을 졸업하는 과정, 남북전쟁에 군인으로 참여한 후 대통령에 당선됐다는 사실, 그리고 재임기간 중에 저격당해 사망했다는 사실을 소개하고 있다.

『국민소학독본』에 실린 가필드에 대한 기록에는 상당한 오류가 있다. 민을만한 기록에 의하면(예, 위키백과), 가필드는 그의 모교인 메사츄세스 주에 위치한 윌리암스 컬리지에서 강연을 할 예정이었다. 이를 위해 기차를 타려고 워싱턴 역(the Sixth Street Station of the Baltimore and Potomac Railroad in Washington)에 간다. 거기에서 차알스 키토가 쏜 총에 맞는다. 급히 병원으로 후송되어 수술을 받았지만, 합병증으로 폐렴이 발생한다. 주치의는 공기 좋은 곳에서 요양하는 것이 좋겠다고 판단하고 대통령 가필드를 뉴저지 주의 조그마한 휴양도시인 롱브랜치로 치료 장소를 옮긴다. 그러나 가필드는 끝내 회복되지 못하고 이 도시에서 숨을 거둔다. 그런데, 교과서 필자는 가필드가 마지막 숨을 거둔 장소인 롱브랜치를 그가 가고자 했던 행선지로 잘못 표기하고 있다.

> 대통령 된 후에 4개월을 지나서 부인을 만나러 롱부례인(롱브랜치, Long Branch)으로 가고자 워싱턴 기차역에 갔는데, 자아질 지류깃더(차알스 기토, Charles J. Guiteau)라 하는 사람이 단총으로 저격 2회 하니 중상을 입었다. 의사의 치료를 받아도 효험이 없어 그해 9월에 서거하니 사람마다 그 소식을 듣고 슬퍼하지 않는 사람이 없었다.
>
> — 『국민소학독본』 제28과에 실린 Garfield 소개글 일부

왜 이런 오류가 발생했을까? 『국민소학독본』의 필자는 당시로부터 약 14년 전인 1881년에 미국에서 일어난 대통령 저격 사건에 대한 기록을 읽고, 그 기록에 근거하여 제27과, 제28과를 집필한 것은 아니었을 것이다. 아마도, 집필자는 모종의 경로를 통하여 미국 제20대 대통령 가필드의 삶에 관한 이야기를 전해 들었을 것으로 추정된다. 그 이야기를 전해 듣는 과정에서 화자 또는 청자의 오류로 인하여 이러한 오류가 발생한 것으로 보인다.

『국민소학독본』 제31과와 제32과는 콜럼버스의 아메리카 대륙 발견 과정

에 대한 설명이다. 제31과는 '구리스도와 거론부스(크리스토퍼 콜럼버스)'가 유럽의 한 왕국인 스페인의 팔로스 항구에서 배 세 척을 이끌고 대서양 방향으로 항해를 하다가 6일 만에 아프리카 앞바다에 있는 스페인 영토인 캐너리 제도에 도착했다는 설명, 캐너리 제도에서 배를 수리한 콜럼버스가 익숙한 땅을 떠나 미지의 땅으로 떠나는 과정을 포함하고 있다. 제31과 끝부분을 제시하면 다음과 같다.

> 콜럼버스가 이 섬에서 배를 수리하고 세상 사람들이 귀신의 지역이라고 부르는 큰 바다로 다시 나아가니 억세고 용감한 선원들 모두 눈물을 흘렸다. 그 이유는 자신이 가장 사랑하는 나라로 다시는 돌아가지 못하지 않을까 염려했기 때문이다. 그러나 콜럼버스는 의연하여 흔들리지 않았고, 따뜻한 말로 선원들을 위로하기도 하고 정색한 표정으로 선원들의 비굴한 태도를 꾸짖기도 하였다. 동풍이 불어 이를 타고 서쪽으로 계속 나아갔다. 캐너리 섬을 떠난 지 1개월쯤 흘렀을 때 항해한 거리를 측량해보니 스페인으로부터 약 800킬로미터 정도 되었다.
>
> —『국민소학독본』 제31과 끝부분

제32과는 제31과의 연속이다. 따라서 아메리카 발견과정에 대한 내용을 2개 과로 나눌 필요는 없어 보인다. 그럼에도 불구하고 내용을 나눈 이유는, 추측건대, 1개 과로 처리하기에는 내용이 상당히 많아서 편의상 나눈 듯하다.

제32과의 내용은 콜럼버스 일행이 '산 살바도르'에 도착하는 과정을 자세히 묘사하고 있다. 제32과 끝부분에서는 마침내 육지를 발견한 콜럼버스가 행한 의식이 자세히 묘사되어 있다. 그리고 콜럼버스가 그 섬의 이름을 '산 살바도르'라 붙였으며, 그때부터 그 부근의 여러 섬을 서인도 제도, 그 지역 사람을 '인디언'이라 부르게 되었다는 사실을 설명하고 있다.

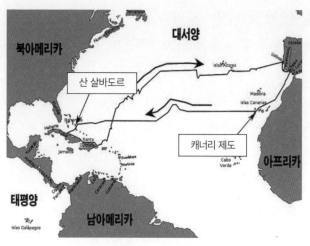
콜럼버스의 1492년 탐험경로

콜럼버스가 몸에 예복을 입고 스페인 국기를 들고 배에서 내려 땅에 무릎을 꿇고 하나
님께 감사한 다음, 장검을 빼어 거기에 국기를 달아 땅에 꽂고 이를 스페인 영토로 삼아
'산 살바도르'라고 이름 붙였다. 당시에는 이 섬을 인도의 한 섬으로 알기로 서인도 제도
라 이름 붙였는데 지금도 그 근처 여러 섬을 서인도 제도라 부른다. 그리고 그 지역에 사
는 사람들을 인도인(인디언)이라 불렀다. 이상이 아메리카 주 발견의 개략이다.

—『국민소학독본』제32과 끝부분

『국민소학독본』 제33과에서 제35과에는 미국 독립과정에 대한 설명이 실
려 있다. 제33과에는 영국이 식민지 아메리카 대륙 거주민들에게 과다한 세
금을 물리자 이에 격분한 식민지 거주민들이 보스턴 항구에 정박 중인 영국
배를 습격하여 배에 실려 있던 홍차를 모두 바다로 내던지는 사건(1773년 12
월 16일에 일어난 '보스턴 차 사건')을 묘사하고 있다.

제34과에서는 계속되는 영국의 압력에 대항하기 위해 식민지인들의 대
표가 모인 1774년의 '제1차 대륙회의(First Continental Congress)', 1776년 7

월 4일에 선포된 독립선언으로 이어지는 '제2차 대륙회의(Second Continental Congress)', 그리고 조지 워싱턴이 총사령관이 되어 영국과의 독립전쟁을 수행하는 과정이 묘사하고 있다.

제35과에서는 1783년 프랑스 파리에서 열렸던 '파리조약'을 통해 영국이 마침내 식민지의 독립을 인정하면서 전쟁이 끝나는 과정, 그리고 조지 워싱턴과 존 애덤스가 초대 미국 대통령과 부통령으로 선출되었다는 사실을 기술하고 있다.

마침내 영국의 여러 장관이 전쟁으로 인한 피해를 견디다 못해 왕에게 미국 독립을 허가하자고 건의하였다. 국회에서도 또한 정책의 잘못을 후회하였다. 그리하여 1783년(정종 8)에 영국, 미국, 프랑스가 프랑스의 수도 파이에 모여 전쟁을 끝내기로 합의하고, 미국 13개 지역의 독립을 인정하였다. 프랑스와 스페인에 땅을 나누어 주고, 네덜란드에 빼앗은 땅을 도로 돌려줌으로써 싸움은 끝이 났다.

— 『국민소학독본』 제35과 앞부분

13개 지역 대표자들이 모여 나라의 헌법을 정하고, 상원과 하원을 설치하고, 대통령의 임기는 4년으로 하는 공화정치를 시행하였다. 모든 사람이 조지 워싱턴을 추대하여 대통령으로 삼고 존 애덤스를 부통령으로 삼았다.

— 『국민소학독본』 제35과 중간 부분

『국민소학독본』 제38과에서는 미국의 철광산업에 대해 통계를 제시하며 자세히 소개하고 있다. 미국에 제철소는 300여 개가 있고 그 직공은 27,000여 명에 달하며, 무기인 대포를 제작하는 공장이 2,000개에 직공이 50,000명쯤 되고, 각종 농기구를 만드는 공장이 300여 개에 직공은 40,000여 명에 달한다고 기술하고 있다. 또한 제철산업이 특히 발달한 곳으로는 필라델피아와 피츠버그라고 적고 있다.

③ 신지식의 소개

『국민소학독본』에는 '신지식의 필요성'이 아주 강조되어 있다. 조선의 전통적인 유학교육과정에서 중요시하던 내용을 모두 삭제하고 마땅히 배워야 할 새로운 지식을 제시하고 있다. 예를 들면, 식물의 변화(제7과), 바람(제16과), 화폐(제20화), 고래잡이(제23과), 호흡(제29과, 제30과), 원소(제39과) 등이다. 주목할 만한 것은 자연과학적 지식이 매우 강조된 점이다. '신지식의 필요성'을 강조하는 내용은 『국민소학독본』의 41퍼센트를 차지한다.

『국민소학독본』 제29과와 제30과는 오늘날의 '호흡'에 해당하는 '기식'이라는 단어를 제목으로 삼고 있다. 입에서 공기를 뱉는 것을 '호'라 하고, 들이마시는 것을 '흡'이라 하면서, 이 호흡을 통해 우리 몸속에 산소가 들어가고 이산화탄소가 배출된다는 과학적 사실을 설명하고 있다. 또한 산소는 몸에 좋고 이산화탄소는 몸에 해로우므로 창문을 열어 자주 환기를 하는 것이 건강에 좋다는 사실을 지적하고 있다.

> 사람의 호흡에서 흡(들숨)은 순수하지만 호(날숨)는 순수한 공기가 아니다. 날숨에는 탄산가스가 섞여 있다. 이를 알아보려면, 빨대를 통해 석회수에 날숨을 불어 넣어보면 된다. 이때 석회수가 우유처럼 변하는데 이는 탄산가스가 석회와 결합하여 탄산석회를 만들기 때문이다. 탄산석회는 칠판에 사용하는 백묵과 같은 것이다. 산소는 불을 일으키고 탄소는 불을 꺼지게 한다.
>
> ─『국민소학독본』 제29과 기식 일부

『국민소학독본』 제39과에서는 원소와 화학에 대해 자세히 설명하고 있다.

원소란 화학상의 원소를 말한다. 원소의 발견은 아주 놀라운 것이다. 모든 만물은 65종의 물질 중 하나 또는 둘 이상으로 구성되어 있다. 이 60여 종의 물질은 어떤 수단으로도 도저히 나눌 수 없다는 것을 발견했다.

여러 원소와 화합물의 구별 없이 물체의 성질을 연구하는 학문을 화학이라 하고, 화학을 연구하는 사람을 화학자라 한다. 옛날에는 화학자가 연금술에 관심을 가졌으나 오늘날에는 납을 금은으로 바꾸는 연금술에 관심이 없다.

— 『국민소학독본』 제39과 원소의 앞부분과 끝부분

④ 교육을 통한 의식·사회 개조

『국민소학독본』에는 교육을 통한 의식, 사회 개조에 관한 내용이 들어 있다. 특히 시간을 잘 지키는 것이 개인과 국가의 발전에 매우 중요하다는 사실을 지적하고 있다. 제10과에서 시계에 대해 설명한 다음, 제25과에서는 시간을 잘 지키는 것의 중요성을 이렇게 설명하고 있다.

사람의 귀천을 논하지 말고 직업에 종사하여 성취를 이루고자 한다면 부디 시간을 지켜야 한다. 사람이 세상에 입신을 못 하는 것은 시간을 지키지 않았기 때문이고, 또 자신의 직업을 조심성 없이 행하는 사람은 남의 시간을 방해하는 일이 많은 것이다. 세상에서 믿을 바는 다만 만사에 시간을 굳게 지키는 일이다. [……] 너희들은 어릴 때 정성스러운 마음으로 근면하여 시간을 지키는 습관을 길러서 정한 시간에 정한 곳으로 가서 각기 제 업무의 시간을 엄격히 지키고 실천해야 할 것이다.[7]

당시 조선인은 시간관념이 매우 부족했던 것 같다. 조선인의 이러한 특성은 서양인과 개화에 성공한 일본인의 눈에 조선인을 미개한 민족, 열등한 민족으로 인식하게 만드는 주요인으로 작용한 것으로 보인다. 그리하여 갑오개혁기 지식인들은 시간을 잘 지키는 국민을 만드는 것이야말로 조선을 개화된 나라로 만드는 지름길로 생각한 것 같다.

⑤ 위대한 인물 소개

『국민소학독본』에는 '위대한 인물 소개'로 분류할 수 있는 과가 여섯 개 정도 포함되어 있다. 특히 제22과 을지문덕에서는 고구려 장군 을지문덕이 수나라와 싸워 승리한 사실을 이렇게 기술하고 있다.

> 을지문덕은 고구려의 대신이다. 사람됨이 침착하고 용맹하며 겸하여 지혜가 있다. 당시 수양제는 중국의 천자였다. 130만 대군을 일으키고 천하의 재물을 다 모아서 고구려를 치니, 을지문덕이 그 허실을 엿보고자 하여 사신이 되어 수양제의 진을 찾아갔다. [……] 이 한 번의 싸움에서 수나라 100여만 명의 군사 중에서 2천7백 명이 살아남아 돌아가고, 수양제는 이로 인하여 나라까지 망하였다. 너희 학도들은 생각하여 보라. 고구려는 오늘날의 평안도와 요동을 합하여 가졌으나 수나라에 비하면 소국이로되 한 번의 싸움에서 이렇듯 승리했으니, 이를 보면 군사의 강약은 그 나라 사람의 마음과 기운에 있지 나라의 크고 작음에 있지 아니하다. 고구려 때는 조선 사람이 그처럼 강하여 수나라 이기기를 고목을 부러뜨리듯 하였거늘, 어찌하여 지금에 이르러서는 약한 청나라 사람을 이기지 못하는가? 이는 아마도 조선 사람의 애국심이 옛날만 못하기 때문이다. 너희 학도들은 아무쪼록 힘써 공부하여 사람마다 을지문덕이 되기를 생각해야 할 것이다.[18]

『국민소학독본』에 위대한 인물을 소개하는 과를 포함한 것은 전통적인 『소학』의 「계고」나 「선행」편 등의 형식을 차용한 것으로 보인다. 하지만 그 내용은 청으로부터의 독립, 애국심 고양 등과 관련이 깊어 전통적인 『소학』과는 큰 차이가 있다.

요약하면, 1895년에 8월 학부에서 간행한 『국민소학독본』은 전통적인 유교경전입문서 『소학』과 그 이름만 비슷할 뿐 내용이 전혀 다른 책이다. 또한 『소학』의 선수서 성격인 『격몽요결』과도 그 유사성이 없다. 『국민소학독본』은 청국으로부터의 독립 이념을 전파하고 근대국가로 나아갈 필요성을 강조하는 계몽교과서이다. '신지식의 필요성'을 역설하는 내용이 41.1퍼센트를 차지하고 있다는 점은 이 교과서의 성격을 무엇보다 잘 보여주고 있다. 그러니까 『국민소학독본』은 당시로써는 매우 혁신적이고 급진적인 책인 셈이다.

이상과 같은 다섯 가지 기준, 즉 우리에 대한 새로운 인식(청국으로부터의 독립·애국심), 미국에 관한 내용, 신지식의 필요성, 교육을 통한 의식·사회 개조, 위대한 인물소개라는 주제어를 중심으로 『국민소학독본』의 내용을 분류하여 제시하면 다음과 같다.

<표 2> 『국민소학독본』 내용의 주제별 분류

주제	과 제목
우리에 대한 새로운 인식	①대조선국 ③한양 ⑤세종대왕 기사 ⑫조약국 ⑭런던1 ⑮런던2 ⑲차이나1 ㉒을지문덕 ㉕차이나2
미국에 관한 내용	㉑뉴욕 ㉛아메리카발견1 ㉜아메리카발견2 ㉝아메리카독립1 ㉞아메리카독립2 ㉟아메리카독립3
신지식의 필요성	②넓은 지식 ④우리 집 ⑥상사 또는 교역 ⑦식물변화 ⑪낙타 ⑬지식1화 ⑯바람 ⑰면학 ⑱벌집 ⑳돈 ㉓고래잡이 ㉙기식1 ㉚기식2 ㉟악어 ㊲동물천성 ㊳합중국광업 ㊴원소
교육을 통한 의식·사회 개조	⑧서적 ⑩시계 ㉔노농석화 ㉖시간 잘 지키기
위대한 인물소개	⑤세종대왕 기사 ㉒을지문덕 ㉗가필드1 ㉘가필드2 ㊵칭기즈칸1 ㊶칭기즈칸2

※ 일부 과는 여러 주제와 관련되어 있음.

2) 소학독본

『국민소학독본』을 출간한 지 3개월쯤 후인 1895년 12월, 학부에서는『소학독본』이라는 제목의 60쪽 분량의 또 하나의 '소학' 교과서를 출간한다. 문장은 한자·한글혼용체로 되어 있으나 그 문체는 오늘 우리에게는『국민소학독본』보다 읽기가 약간 더 불편하다.『국민소학독본』에 이어 왜 이 책을 출간하는지 그 의도가 책 어디에도 나와 있지 않아 출간 의도를 파악하기 어렵다. 그러나 책의 구성을 살펴보면 출간 의도를 추측해 볼 수는 있다. 추측건대, 당시 전통유학세력은『국민소학독본』의 급진적 성격을 매우 강하게 비판했을 것이다. 이러한 비판에 직면한 당시 학부 관료들은 이들의 비판을 잠재우기 위하여 이들의 요구를 어느 정도 수용한, 전통적인『소학』의 맥을 잇는 책을 출판했을 것이다.

『소학독본』이 집필되는 1895년 가을은 당시 학부대신 서광범의 정치적 입지가 매우 어려웠던 시기였다. 서광범은 1895년 10월 8일 명성황후 시해사건 직후인 10월 10일 소위 '민비폐서인' 문서에 법부 및 학부대신 자격으로 서명을 하는데, 이를 근거로 반대파는 서광범이 명성황후 시해에 가담했을 것이라는 공격을 가한다. 그리하여 3일 후인 1895년 10월 13일 서광범은 법부대신에서 면직되고 학부대신 직함만을 가지게 된다. 그러다가 1895년 12월 주미공사에 자원하게 된다.[19] 이러한 역사적 사실로 미루어볼 때 서광범은 정치적 입지가 매우 좁았고 전통유학세력의 비판을 무시할 수 없었을 것이다.

〈표 3〉에 요약·제시된 것처럼,『소학독본』은 전통적인『소학』의 체제와 내용을 따르고 있다.

<표 3> 『소학독본』의 과별 제목과 주제

과	제목	주제(내용)
1	입지	뜻 세우기
2	근성	근면 성실
3	무실	참되고 실속 있도록 힘씀
4	수덕	덕을 닦음
5	응세	세상형편 따르기

3) 신정심상소학

1896년 2월 초순, 학부에서는 '소학'이라는 단어가 들어간 또 하나의 책을 출간한다. 책의 제목은 『신정심상소학』이다. 평범 또는 보통을 뜻하는 심상이라는 일본 용어가 책 제목으로 붙은 것으로 미루어 볼 때 이 책은 일본의 문화적 영향을 아주 많이 받은 것으로 보인다.

총 3권으로 구성된 『신정심상소학』의 특징은 세 가지이다. 우선 가장 눈에

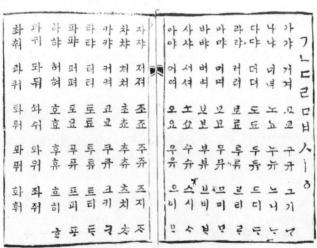

『신정심상소학』에 실린 한글 자모음 학습표

띠는 것은 한글 자모음표가 책머리에 실려 있다는 것이다. 오늘의 시각에서
는 평범해 보이지만, 당시로써는 한글 자모음표를 구상해서 책에 싣는다는
것은 매우 참신한 아이디어였을 것이다. 이종국은 『신정심상소학』이 우리나
라 근대 교과서 중에서 한글 자모를 소개한 최초의 책이라고 평가하였다.[20]

둘째는 책에 삽화가 많이 삽입되어 있
다는 것이다. 삽화를 사용한 이유는, 상
식적으로 추측해 볼 때, 글의 이해를 돕기
위함이었을 것이다.

셋째는 글을 읽을 때 띠어 읽을 곳을
표시했다는 점이다. 앞에서 살펴본 『국민
소학독본』에는 현대 한국어에 나타나는
띠어쓰기가 전혀 보이지 않는다. 그런데
『신정심상소학』에서는 띠어쓰기의 전 단
계라 할 수 있는 '띠어 읽을 곳'을 °으로
표시하였다.

『신정심상소학』 제1권 제1과

이종국은 총 3권으로 구성된 이 책의 두드러진 특징을 다음과 같이 말했
다.[21] 첫째, 우리나라 근대 교과서 중에서 한글 자모를 소개한 최초의 책이
다. 둘째, 책을 편찬하는 과정에서 일본인의 자문을 공식적으로 받은 탓에
당시 조선에 미친 일본의 영향이 책의 여러 곳에 스며있다. 특히 책에 삽입
된 삽화 67건 중 절반 정도가 일본식 풍물이나 일본인의 생활상을 소개한
것이다. 셋째, 로마숫자를 소개한 최초의 근대 교과서다.

『신정심상소학』에 깃들어 있는 핵심사상 역시, 『국민소학독본』과 마찬가
지로, 우리에 대한 새로운 인식(청국으로부터의 독립·애국심), 신지식의 필요성,
교육을 통한 의식·사회 개조 등이다. 이는 이 책을 펴내는 의도를 밝힌 서

문에 잘 드러나 있다.

배우는 사람은 한문만 숭상하여 옛것을 배울 것이 아니라 시대의 흐름을 헤아리고 국
문을 비교하여 오늘날의 것도 배워야 지식을 넓힐 수 있을 것이다. 우리나라의 세종대왕
께서 세계 각국은 다 국문이 있어서 백성이 사리를 알아듣되 우리만 홀로 없다 하시며
특별히 훈민정음을 만들어 민간에 널리 알린 것은 남녀노소가 쉽게 알고 깨닫게 하려는
까닭이었다. 지금 만국이 교류하여 문명의 진보에 힘쓰는바, 교육이야말로 현재의 급무
이다. 이에 일본인 보좌원 다카미 카메와 아사카와 마츠지로와 함께 소학 교과서를 편
집하는바, 천하만국의 문법과 시무가 적용된 것을 모양에 빗대고 물건으로 비유하며,
혹 그림으로 표현하여 국문을 상용함은 우선 여러 아이가 깨닫기 쉽게 하고자 함이요,
점차 한문의 단계로 나아가 교육하기 위한 것이다. 그러니 무릇 대중은 국가가 정성스
러운 마음으로 교육한 것을 본받아 부지런히 노력하여 모두 쓸모 있고 각국의 형세에
정통한 사람이 되어 우리나라의 기초를 태산과 반석같이 만들어 놓기를 바란다.[22]

『신정심상소학』 총 3권의 과별 제목과 주제를 제시하면 〈표 4〉, 〈표 5〉, 〈표
6〉과 같다. 이 표에서 알 수 있는 것은 『신정심상소학』의 주제도 6개월 전에
출판된 『국민소학독본』과 크게 다르지 않다는 사실이다. 시간관념을 강조하
기 위해 시계를 다루고 있는 것(제1권 6과, 제2권 22, 23과), 미국 대통령 일화
를 소개한 것(제3권 7과), 여러 새로운 지식을 설명한 것(제3권 25, 26과) 등은
이 두 책의 공통점을 쉽게 가늠하게 하는 요소들이다.

『신정심상소학』의 주제를 『국민소학독본』의 주제와 비교분석해 보면, '우
리에 대한 인식'이 『신정심상소학』에서 1/3 이상이 축소되었고, '신지식의 필
요성' 부분도 『신정심상소학』에서 상당수 감소했다. '위대한 인물 소개' 부
분도 『신정심상소학』에서 1/2 정도로 비중이 작아졌다. 『신정심상소학』에서

증가한 주제는 '교육을 통한 의식·사회 개조' 부분과 '품성계발'의 두 가지 인데, 특히 '품성계발' 주제가 급격히 증가한 것을 알 수 있다.

'우리에 대한 인식' 부분과 '신지식의 필요성' 부분이 『신정심상소학』에서 눈에 띄게 줄어들고 '품성계발' 부분이 크게 증가한 것은 이 책의 편찬과정에 일본이 깊이 개입하고 있었기 때문인 것으로 보인다. 청일전쟁에서 승리하여 한반도에 대한 정치적 지배력을 확보한 일본은 조선인의 독립의식이나 민족의식을 고취하는 내용보다는 조선의 민도가 일본에 비해 낮다는 것을 은연중에 강조하는 내용을 교과서에 삽입하여 일본인의 조선 진출에 대한 조선 내의 부정적인 여론을 누그러뜨리고 싶어 했을 것이다. 일본인 거류지 지도(제3권 20과), 경찰(제3권 5과), 위대한 업적을 남긴 일본인(제2권 12과, 제3권 3과)이 소개된 것은 모두 이러한 맥락에서라고 볼 수 있다.

이러한 분석이 설득력을 지닌다면, '당시 우리 측 관료들은 일본의 이러한 의도가 교과서에 표현되도록 왜 방관하고 있었을까?'라는 의문을 가질 수 있다. 이 의문에 대한 답은, 당시 일본으로 대표되는 식민세력의 이념과 우리 개화세력의 이념은 상당 부분 중첩되어 있었다는 사실에서 찾을 수 있다. 당시 우리의 개화 지식인들은 조선을 일본처럼 개화에 성공한 나라로 빨리 만들기 위해서 조선이 개선해야 할 사항을 적극적으로 지적하였는데, 이는 식민세력의 조선에 대한 인식과 상당 부분 일치하였다.[23]

요약하면, 『신정심상소학』의 편찬세력은 '학교에서 가르쳐야 할 가장 중요한 지식은 무엇인가?'라는 질문에 '개화에 필요한 지식'이라고 답하고 있다. '개화에 필요한 지식'의 세부 내용에 있어 일본의 영향을 받아 변화가 일어나고 있기는 하지만, 여전히 이 책에서 전달하고자 하는 이념은 『국민소학독본』과 마찬가지로 개화, 즉 청을 극복하고 일본을 모델로 삼아 조선사회를 재건하는 것이다.

<표 4> 『신정심상소학』 제1권 과별 제목과 주제

과	제목	주제
	한글 자모음 표	가갸 거겨 고교 구규 그기 등
	서문	책을 펴내는 이유 설명
1	학교	학교의 기능
2	면려(부지런히 힘씀)	부지런함의 중요성
3	개미	부지런함의 중요성
4	사대문과 사소문	서울에 관한 지식
5	동서남북	방위에 관한 지식
6	시간	시간/시계에 관한 지식
7	말과 소	말과 소에 대한 설명
8	농공상	직업에 관한 지식
9	새벽	부지런함의 중요성
10	무지개	무지개에 관한 지식
11	고생은 즐거움의 씨앗	부지런함의 중요성
12	참새	부지런함의 중요성
13	입은 하나	부지런함의 중요성
14	김지학	절약의 중요성
15	부엉이가 비둘기에게 비웃음을 사다	자신에 대한 반성 강조
16	먹거리	먹거리에 대한 설명
17	쥐 이야기	신중한 행동의 중요성
18	아들의 도리	자녀의 도리
19	정직한 아이	정직의 중요성
20	욕심 많은 개	욕심부리지 말 것
21	화목한 가정1	화목한 가정
22	화목한 가정2	화목한 가정
23	탐심은 몸을 망친다	욕심부리지 말 것
24	손가락 끝	개인위생의 중요성
25	청결하게 하라	개인위생의 중요성
26	파리와 불나방 이야기	욕심부리지 말 것
27	작은 양	양보의 중요성
28	우리나라	우리나라에 대한 설명
29	까마귀와 여우 이야기	칭찬에 속지 말 것
30	포도밭1	부지런함의 중요성
31	포도밭2	부지런함의 중요성

*각 장의 제목은 본래 대부분 한자어로 되어 있으나 이를 우리말로 번역 표기하였음.

<표 5> 『신정심상소학』 제2권 과별 제목과 주제

과	제목	주제
1	병사	국방의 중요성
2	운동	건강한 신체관리
3	지성이의 지혜	지혜
4	장유 이야기	정신 집중하여 공부할 것
5	누에	누에에 대한 설명
6	여우	여우에 대한 설명
7	나이테	나이테에 대한 설명
8	기름	기름의 종류 대한 설명
9	예와 신과 인	예, 신, 인에 대한 설명
10	동무 고르는 법	좋은 친구의 중요성
11	소금	소금 제조 방법 설명
12	소야도풍 이야기	노력의 중요성
13	익힐 '습'자 이야기	노력의 중요성
14	숯	숯 제조 과정 설명
15	두견새	두견새에 대한 설명
16	눈	눈 내리는 풍경
17	훈련	국방의 중요성
18	사마온공 어릴 때 이야기	지혜의 중요성
19	여우와 고양이 이야기	자신의 일에 충실
20	달팽이	달팽이에 대한 설명
21	물 소용돌이	물 소용돌이 설명
22	시계 보는 법1	시계 보는 법 설명
23	시계 보는 법2	시계 보는 법 설명
24	직업에는 귀천이 없다	노력의 중요성
25	까마귀가 조개 먹는 이야기	끈기의 중요성
26	무식한 사람1	끈기의 중요성
27	무식한 사람2	끈기의 중요성
28	노인	효도
29	메아리1	메아리에 대한 설명
30	메아리2	메아리가 주는 교훈
31	물에 비친 사슴	자신을 그대로 수용
32	생각할 일	지혜의 중요성

<표 6> 『신정심상소학』 제3권 과별 제목과 주제

과	제목	주제
1	만수성절	고종의 생일 축하
2	배우기를 힘쓰라	배움의 중요성
3	고보이일의 사적	일본인 고보이일의 업적
4	소경	문자해독의 중요성
5	경찰	경찰의 임무
6	호랑이와 여우	'호가호위'란 사자성어 설명
7	조오지 워싱턴 이야기	정직의 중요성
8	마음의 저울	욕심부리지 말 것
9	효성스런 쥐 이야기	효도
10	영조왕이 요를 돌려준 이야기	백성을 위한 정치
11	이시백이 꽃을 안 바친 이야기	뇌물을 받지도 주지도 말라
12	숙유 이야기	겉보다는 속이 중요하다
13	새가 되기를 원하는 문답	겉보다는 속이 중요하다
14	국화	교육을 거름에 비유함
15	기원절	조선건국일 설명
16	제비	제비에 대한 설명
17	참새가 제비집을 뺏을 이야기	남의 물건을 빼앗지 말 것
18	서책을 읽는 법	책 읽는 법
19	회와 도	그림과 도면의 차이점 설명
20	일본인 거류지 지도	지도의 중요성
21	산과 하	산과 하에 대한 설명
22	꿀벌	단결의 중요성
23	교활한 말	성실
24	지구의 회전	자전과 공전에 대한 설명
25	사계절	사계절에 대한 설명
26	1년의 월일	월별 일수 설명
27	사람의 일생	유년기에 열심히 공부하라
28	정성	정성의 중요성
29	동물의 왕	사자에 대한 설명
30	양생	건강관리의 중요성
31	순명의 비둘기	비둘기를 이용한 통신 설명
32	선	배에 대한 설명
33	무기	새 무기에 대한 설명
34	군사	군인의 직무 설명

3. 결론: 학부교과서 『소학』에 나타난 교육과정학적 이념

이 글의 목적은 갑오개혁기 교육개혁 세력의 교육과정학적 이념을 드러내는 것이었다. 이를 위해 갑오개혁기 학부편찬 교과서 중에서 '소학'이라는 제목이 붙은 교과서 세 권(『국민소학독본』, 『소학독본』, 『신정심상소학』)의 내용을 자세히 살폈다. 『국민소학독본』과 『신정심상소학』은 우리에 대한 새로운 인식, 미국에 관한 내용, 신지식의 필요성, 교육을 통한 의식·사회 개조, 위대한 인물 소개 등 다섯 가지 주제로 그 내용을 분류할 수 있음을 밝혔다.

지금까지 이 글에서 수행한 분석 작업을 토대로 결론을 내리면, 학부교과서에 나타난 교육과정학적 이념은 학교 교육을 통한 사회개조 또는 사회재건이라 볼 수 있다. 달리 표현하면, '학교에서 가르쳐야 할 가장 가치 있는 지식은 무엇인가?'라는 질문에 대하여 이들은 '사회를 개조하는 데 필요한 지식'이라고 말하고 있다. 이는 위 질문에 대해 '사회가 요구하는 지식' 또는 '고전'이라고 답하는 입장과 뚜렷이 구분되는 입장이다.[24]

갑오개혁기를 주도했던 조선의 지식인들은 일반 백성이 보지 못한 세상을 직접 관찰하고 경험한 사람들이었다. 역사학자들의 연구물[25]에 의하면, 이 시기에 총리대신과 학부대신을 지낸 박정양(1941~1905), 내부대신을 지낸 유길준(1856~1914), 학부대신을 지낸 이완용(1858~1926), 법부대신과 학부대신을 지낸 서광범(1859~1897), 내부대신을 지낸 박영효(1861~1939) 등은 모두 일본과 미국에서 유학 또는 체류한 경험을 가진 사람들이다.

유길준은 보빙사 수행원으로 1883년 가을 미국을 방문하여 보빙사 단장 민영익의 지시로 보스턴 근교에 머물며 유학생활을 하던 중, 국내에서 보빙사 동료들이 중심이 되어 일으킨 쿠데타(갑신정변)가 발생하자 귀국명령을 받았다. 귀국길에 그는 대서양을 건너 유럽을 관찰하는 등 세계 일주를 하여 1885년 12월 제물포(인천)에 도착했다. 귀국 직후 체포된 그는 1892년까지 7년 동안 가택연금을 당하였는데, 이 기간에 『서유견문』을 집필하였다.

조선 최초의 주미전권공사로 임명받은 박정양은 유길준이 가택연금 중이던 1887년 11월 조선을 출발 미국에 가서 약 10개월 동안 미국공사로 근무하였는데, 이 기간에 미국 문화 체험기 성격의 『미속습유』를 집필하였다.

서광범은 보빙사 단장인 민영익의 종사관(비서)으로 1883년 가을 미국을 방문하였고, 귀국길에 민영익과 함께 조선인 최초로 세계 일주를 한다. 1884년 6월 서울에 도착한 서광범은 같은 해 연말에 김옥균, 박영효, 서재필(서광범의 6촌 동생) 그리고 보빙사로 함께 미국에 갔던 홍영식, 변수 등과 함께 서구식 개혁을 꿈꾸며 쿠데타(갑신정변)를 일으켜 3일 동안 정권을 잡았으나, 청의 군사개입으로 실패, 도망자 신세가 된다. 서광범은 27세 때인 1885년, 박영효, 서재필 등과 함께 미국으로 망명하여, 34세 때인 1892년 11월 미국시민권을 취득, 교육국 서기로 근무하다가 36세 때인 1894년 7월 갑오개혁이 시작되자 박영효의 도움으로 귀국, 같은 해 12월 갑신정변에 대한 사면을 받은 직후 법무대신에 기용된다. 10년 만에 미국에서 귀국한 것이다.

이처럼 외국문물과 제도를 경험한 당시 지식인의 눈에 조선의 현실은 서구나 일본에 비해 한 참 뒤떨어져 있는 것으로 비쳤다. 이들은 조선을 바꾸고자 하는 강한 열망에 사로잡혀 있었다. 문제는 도구였다. 사회를 바꿀 도구가 필요했다. 이들이 선택한 도구는 학교였다. 그리하여 이들은 서구식 학교와 교과목을 도입하고자 했다. 이들은 서구식 교육제도와 내용을 먼저 도입한 일본에 주목하였고, 급한 대로 일본의 학교제도를 모방하였다.

서구식 교육제도와 내용을 도입하는 노력과 함께 중국의 것을 청산하려는 노력이 병행되었다. 전통적으로 조선에서는 중국 문화를 객관화하여 대상화시킨 적이 한 번도 없었다. 중국의 것이 곧 조선의 것이라는 정서가 있었다. 심지어 1636년 명나라의 멸망 이후에는 조선이 곧 중화라는 생각까지 할 정도였다. 이러한 분위기 탓에 갑오개혁 세력의 탈청을 위한 몸부림은 절대 수월하지 않았다. 외부의 강제 없이 스스로 받아들여 내면화한 중국 문화였기 때문에 이를 제거하는 작업은 일반 대중과 기득권층의 강력한 반대에 부딪혔다. 갑오개혁기 주도세력의 탈청을 위한 힘겨운 몸부림을 외국의 한 학자는 다음과 같이 정확히 표현하였다.

> 19세기 말에서 20세기 초 전환기 한국의 경우, 그들이 토착문화를 회복하기 위해 제거해야 했던 외래 문명은 다른 서구 식민지들의 대부분의 경우와는 달리, 직접적으로 피식민국을 점령했던 제국열강이 아니라 바로 그의 오랜 이웃이던 중국의 문명이었다. 한국의 경우, 문화의 잡종화는 제국주의의 착륙과 함께 시작된 것이 아니라 수 세기 동안 이미 동아시아에서 진행되어온 과정이었던 것이다. 한국의 민족주의자들에게는 토착문화를 회복하는 작업이 이 잡종적인 문화를 본래 자민족의 구성 성분이라고 믿는 문화로 해방하는 일이었으며, 하나를 부인하고 다른 하나를 간직하는 일이었다. [청일전쟁의 결과물인 일본과 청국 간의] 시모노세키 조약이 한국의 중국에 대한 속국으로서의 지위를 종식하는 형식적인 결말을 나타낸 것이라면, 이러한 노력은 중국문화를 자민족의 문화로부터 삭제하려는 시도였다.[26]

탈청을 위한 몸부림은 가장 먼저 우리나라, 우리글에 대한 새로운 인식을 가져왔다. 당시 학부대신을 지낸 박정양, 이완용, 서광범 등을 비롯한 개화세력은 일본, 미국, 유럽 등 세계 여러 나라를 여행하면서, 개화에 성공한 나라는 대개 자기만의 문자가 있음을 느꼈을 것이다. 이것이 바로 학부교과서가 대부분 한글·한자혼용을 출판되는 직접적인 원인으로 작용한 것으로 보인다. 또한 갑오개혁기에 학부에서 우리 역사를 다룬 여러 종의 교과서를 출간한 이유도 바로 이 탈청을 위한 몸부림과 관계가 깊다.

요약하면, 갑오개혁기 학부에서 편찬한 『소학』 교과서에 깃들어 있는 교육과정학적 이념은 사회재건이다. 당시 개혁세력은 뒤떨어진 조선 사회를 다시 반석 위에 올려놓는 일은 청을 넘고 일본을 모방하여 서구사회가 이룩한 문명의 경지까지 도달하는 것이라고 생각했다. 그러니까, 교육과정학사에서 진보주의의 한 분파인 사회 재건주의의 중심 사상가로 알려진 미국 사람 조지 카운츠(George Counts)가 가진 문제의식 −학교를 통하여 사회를 개혁하려는 생각[27]− 을, 비록 이 문제의식이 생성된 사회·문화적 배경은 달랐지만, 갑오개혁기를 살았던 우리 지식인도 동일하게 가지고 있었다.

갑오개혁기 개혁가들은 중국을 극복하고 서구 국가처럼 나라를 만들고 싶다는 꿈을 가지고 있었고, 이 꿈이 당시의 학교와 교과서의 모습을 결정하였다. 오늘 우리 주변에 '오래된 전통'처럼 존재하는 '낯익은' 학교와 교과서는 140여 년 전에 이 땅에 존재했던 '낯선' 꿈의 결과물이다. 오늘 우리는 그 꿈 위에 퇴적된 역사의 맨 겉층 위에서 살고 있다.

제3장. 갑오개혁기 학부 교과서 편찬자가 활용한 문헌

　갑오개혁기(1894.7~1896.8)에 학부에서는 국민계몽을 목적으로 한글로 교과서를 편찬하였다. 그 대표적인 교과서가 『국민소학독본』과 『신정심상소학』이다. 『국민소학독본』은 갑오개혁의 결과물로 탄생한 '학부'에서 발행한 최초의 근대식 교과서이다. 발행연도는 1895년 9월경이다. 『신정심상소학』은 『국민소학독본』보다 약 8개월 후인 1896년 2월경에 발행되었다.

　『국민소학독본』과 『신정심상소학』을 읽어보면 다양한 내용이 수록되어 있음에 놀란다. 4서3경과 같은 중국 고전을 주로 읽던 시기에 출판된 책이라고 믿기지 않을 만큼 다양한 내용이 수록되어 있다. 아메리카 대륙의 발견과정, 미국의 독립과정, 미국 대통령의 전기, 미국과 유럽의 도시 소개, 원소 등과 같은 신지식의 소개, 우리나라에는 없는 동물에 대한 설명 등 국제교류가 활발하지 않았던 당시로써는 아주 새로운 내용이 교과서에 실려 있다.

　갑오개혁기 교과서인 『국민소학독본』과 『신정심상소학』에 어떻게 해서 이러한 내용이 수록될 수 있었을까? 그 내용으로 미루어 짐작할 때 그 교과서 집필자들은 직접적으로든 간접적으로든 외국문물과 서구적인 지식에 접근 가능했던 사람으로 추정된다. 여기서 직접적이라는 말은 외국 여행을 했다는 뜻이고, 간접적이라는 말은 서책을 통하여 조선 밖의 사정을 파악했다는 뜻이다. 외국 문물을 직접 경험했든 간접 경험했든 간에 갑오개혁기 교과서 집필자들은 『국민소학독본』과 『신정심상소학』을 집필할 때 모종의 외국 서적을 옆에 놓고 참고했을 것으로 추정된다. 그 근거는 그 교과서의 내용이 너무 구체적이어서, 특히 교과서에 수록된 삽화가 너무 구체적이어서 단순한 외국 여행 또는 경험담 청취만으로는 이러한 형식의 교과서 집필이 가능해 보이지 않기 때문이다.

그렇다면, 외국의 어떤 교과서가 갑오개혁기 교과서 집필 시 참고문헌으로 활용되었을까? 이 제3장에서는 이 질문에 답하고자 한다. 즉 갑오개혁기 학부에 근무했던 교과서 편찬자들이 참고문헌으로 활용했던 외국 문헌은 어떤 것인지 그 참고문헌의 이름과 내용을 밝히고자 한다.

1. 『국민소학독본』과 『신정심상소학』 편찬자가 활용한 일본 및 국내 문헌

1) 『국민소학독본』 편찬자가 활용한 일본 및 국내 문헌

김소영은 『국민소학독본』이 일본 문부성에서 1888년에 출판한 『고등소학독본』을 '참고'하여 편찬된 것이라고 지적하였다.[1] 『국민소학독본』 편찬자가 참고한 일본의 책 이름을 분명하게 지적한 것은 김소영의 연구가 처음이다. 그러나 김소영의 연구에는 '참고'의 의미가 분명하게 나타나 있지 않다.

『국민소학독본』 편찬자가 일본의 『고등소학독본』을 '참고'한 방식을 구체적으로 밝힌 연구자는 강진호다.[2] 강진호는 『고등소학독본』(1888년 11월, 재판)을 어렵사리 구해 『국민소학독본』과 비교한 후, 『국민소학독본』은 『고등소학독본』을 거의 '베끼다시피' 했다고 결론지었다. 그리고 이러한 사실은 그에게 매우 큰 충격이었다고 고백하였다.

> 필자는 최근 여러 경로를 통해서『국민소학독본』의 저본이 되는 일본의『고등소학독본』을 구할 수 있었고, 두 책을 대조해 보았다. 살펴본 결과 놀랍게도『국민소학독본』은 『고등소학독본』을 거의 베끼다시피 해서, 수록 단원의 80퍼센트 이상이 동일한 것을 확인할 수 있었다. [……] '최초의 국어 교과서'로 평가되는 책에서 목격되는 이런 현상은 자못 충격적일 수밖에 없다.[3]

　강진호가 충격을 받은 이유는, 내가 판단하기에『국민소학독본』이라는 창작물을 생산하는 과정에서『고등소학독본』을 참고한 정도가 지나쳤기 때문일 것이다. 그래서 그는 '베끼다시피'라는 부정적인 용어를 사용한 것으로 보인다. 그러나, 조금만 차분하게 생각해보면 이는 그리 충격을 받을 만한 일이 아니다.『국민소학독본』이 편찬될 당시에는 '편역'이라는 개념도 없었고, 오늘날의 지식재산권 개념도 참고문헌 표기에 관한 상세한 규칙도 없었다. 따라서 국내외 이런저런 책을 참고하여 책을 저술하고 이를 '편찬'이라고 부른 것을 오늘날의 기준으로 '베끼기' 또는 '표절'이라고 재단하는 것은 정확한 평가가 아니다.『국민소학독본』에는『고등소학독본』에 나오지 않는 내용이 약 22퍼센트 정도 포함되어 있기 때문에 당시 학부교과서 편찬자들이 '편찬'이라는 용어를 사

일본 문부성에서 1888년 출판한
『고등소학독본』

용한 것은 적절했다고 평가할 수 있다. 그들이 사용한 '편찬'이라는 용어는 아마도 오늘날의 용어 '편역'을 포함한 것으로 보아야 한다.

『국민소학독본』 편찬자는 원서 『고등소학독본』의 내용을 요약하거나 축소하였고, 때로는 그 내용을 발췌하여 정리하기도 하였으며, 때로는 원서의 내용을 그대로 번역하면서 일부 인명이나 지명을 우리 실정에 맞게 바꾸었다.[4] 『국민소학독본』 41개 과 중에서 78퍼센트에 해당하는 32개 과가 일본의 『고등소학독본』과 일치하고, 22퍼센트에 해당하는 9개 과는 『고등소학독본』에는 없는 내용이다.

『국민소학독본』은 『고등소학독본』만을 편역한 책이 아니다. 『국민소학독본』에는 박정양(1888)이 집필한 『미속습유』에 나오는 내용이 약간 포함되어 있다. 『미속습유』란 초대 주미전권공사로 임명받아 1888년 1월부터 미국 영토에서 외교활동을 시작한 박정양(1841~1905)이 자신의 체험과 현지에서 입수한 자료를 바탕으로 작성한 우리나라 최초의 미국견문기이다.[5] 박정양은 미국이 영국으로부터 독립하는 과정을 『미속습유』에 기술하였는데, 이 내용이 『국민소학독본』 제33과~제35과에 '아메리카 독립 1, 2, 3'으로 실려 있다.[6]

1774년 9월 4일 미국 13개 주 대표가 펜실베니아 주 필라델피아에 모여 회의 끝에 의견을 모아 영국 왕에게 군대를 철수할 것을 요청하였다. 그러나 영국 왕이 크게 화를 내면서 병력을 증가하고 더욱 침략하였다. 거듭 병력철수를 요청하였으나, 영국 왕은 끝내 허락하지 않았다. 미국인은 일시에 화가 나서, '만약 이번에 독립하지 못하면 죽음만이 있을 뿐이다'라고 외쳤다.

— 박정양의 『미속습유』에 나타난 미국 독립과정

1774년(영조 50년) 9월 4일에 미국 13개 주 대표가 필라델피아에 모여 회의를 하고, 영국 왕에게 군대 철수를 요청하였다. 그러나 영국 왕이 오히려 화를 내며 전쟁 의지를 분명히 했다. 영국과 전쟁을 해야 할지 말지를 놓고 미국인 사이에 의견이 분분할 때 패트릭 헨리가 화가 나서 외치기를, '이번에 독립하지 못하면 죽음만이 있을 것이다. 여러 말 하지 말라' 하였다.

— 『국민소학독본』 제34과 아메리카독립2

요약하면, 1895년 9월경 학부에서 편찬 출간한 『국민소학독본』은 일본에서 1888년경에 총 7권으로 출판한 『고등소학독본』의 많은 부분을 편역하여 집필한 책이다. 『국민소학독본』에는 또한 초대 주미전권공사 박정양이 1888년에 저술한 『미속습유』에 나오는 내용이 일부 포함되어 있다. 따라서 『국민소학독본』 편찬자가 책을 편찬하는 과정에서 직접적으로 활용한 문헌은 일본의 『고등소학독본』과 『미속습유』라 할 수 있다.

2) 『신정심상소학』 편찬자가 활용한 일본 및 국내 문헌

김소영은 『신정심상소학』 편찬자가 참고한 문헌이 1893년에 편찬된 일본교과서 『신선소학독본』과 1892년에 편찬된 일본교과서 『소학국문독본』일 것으로 추정하였다.[7] 그러나 김소영의 연구에는 그 구체적 증거가 제시되어 있지 않다.

강진호는 『신정심상소학』이 일본의 『심상소학독본』(1887년 5월 일본문부성 출판, 총 8권)을 중요하게 참조했다고 말한다.[8] 그러나 강진호 역시 『신정심상소학』과 『심상소학독본』을 비교하는 작업을 수행하지 않았다. 그 이유는 그 작업이 연구의 범위를 벗어났기 때문일 것이다.

박승배는 『심상소학독본』과 『신정심상소학』을 비교하는 작업을 삽화 중심으로 수행하였다.[9] 박승배의 분석에 의하면, 총 3권으로 구성된 『신정심상소학』은 각각 31개 과, 32개 과, 34개 과 등 총 97개 과로 구성되어 있다. 이 97개 과 중에서 본문에 삽화가 수록된 과는 총 63개 과(약 65퍼센트)이다. 『신정심상소학』 제1권에는 총 31개 과 중에 20개 과(약 64.5퍼센트)에, 제2권에는 총 32개 과 중에 20개 과(약 62.5퍼센트)에, 제3권에는 총 34개 과 중에 23개 과(약 67.6퍼센트)에 삽화가 수록되어 있다.

『신정심상소학』 총 63개 과에 수록된 삽화 66점(제3권 2개 과에는 삽화가 2~3개 삽입됨) 중에서 일본의 『심상소학독본』 삽화와 일치하는 것은 모두 8개이다. 때에 따라서는 말보다 그림이 더 많은 정보를 제공하므로 그림을 제시하는 것으로 말을 대신한다.

<표 1> 삽화가 일치하는 『신정심상소학』과 『심상소학독본』의 과

조선의 『신정심상소학』	일본의 『심상소학독본』
제1권 제5과 동서남북	제2권 제25과 일출
제1권 제17과 쥐 이야기	제1권 제16과(제목 없음)
제1권 제20과 욕심 많은 개	제2권 제19과 욕심 많은 개
제2권 제1과 병사	제2권 제20과 병사
제2권 제12과 소야도풍 이야기	제1권 제30과(제목 없음)
제2권 제17과 훈련	제1권 제5과(제목 없음)
제2권 제20과 달팽이	제2권 제8과 달팽이
제2권 제22과 시계보는 법 1	제2권 제9과 시계 1

조선 〈신정심상소학〉 제1권 제5과 동서남북(왼쪽)과 일본 〈심상소학독본〉 제2권 제25과 일출

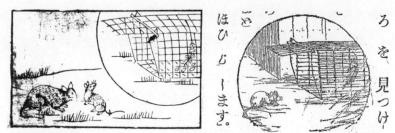

조선 〈신정심상소학〉 제1권 제17과 쥐 이야기(왼쪽)와 일본 〈심상소학독본〉 제1권 제16과(제목없음)

조선 〈신정심상소학〉 제2권 제1과 병사(왼쪽)와 일본 〈심상소학독본〉 제2권 제20과 병사

조선 〈신정심상소학〉 제2권 제17과 훈련(왼쪽)과 일본 〈심상소학독본〉 제1권 제5과(제목없음)

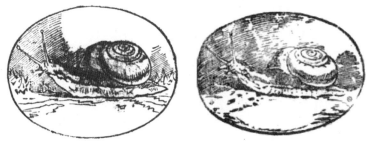

조선 〈신정심상소학〉 제2권 제20과 달팽이(왼쪽)와 일본 〈심상소학독본〉 제2권 제8과 달팽이

이상과 같은 증거에 비추어 볼 때, 『신정심상소학』 편찬자가 일본의 『심상소학독본』을 참조한 것은 분명하다. 그 참조의 범위는, 오늘의 용어로 표현하면, 『심상소학독본』을 편역한 것에 가까운 것으로 보인다.

『신정심상소학』 편찬자는 박정양의 『미속습유』도 참조한 것으로 보인다. 『신정심상소학』 제3권 제7과에는 조지 워싱턴의 일화가 실려 있다.

> 워싱턴의 이야기. 워싱턴(이름은 조지)은 백여 년 전 미국 사람인데, 진실로 지혜와 용기를 겸비한 영웅이다. 여러분은 훗날 이 영웅에 대해서 알게 될 것이지만 우선 이 사람과 관련된 이야기 하나를 소개하고자 한다. 워싱턴이 어릴 때 그의 아버지가 작은 손도끼를 선물로 주었다. 워싱턴은 기뻐서 이 손도끼가 얼마나 날카로운지 시험해 보고 싶었다. ……
>
> ― 『신정심상소학』 제3권 제7과에 실린 조지 워싱턴의 일화

그런데, 조지 워싱턴의 이 일화는 바로 박정양의 『미속습유』에 기록되어 있다. 내용의 구체성에 약간의 차이가 있지만, 이 두 책에 실린 일화는 동일하다.

> 워싱턴은 미 남부 버지니아 주 웨스트모어랜드 사람이다. 집안은 대대로 농업에 종사하고 있고, 어린 시절부터 마음이 바르고 거짓으로 꾸미질 않았다. 그의 아버지가 외출했을 때 워싱턴은 도끼를 집어 나무 한 그루를 그만 실수로 베었다. 이는 그의 아버지가 아주 아끼는 나무였다. 아버지가 돌아와서 힐난하는 어조로 누가 나무를 베었는지 묻자, 워싱턴이 정직하게 대답하였다. 그러자 그의 아버지가 매우 기뻐하면서, 내게 정직한 아들이 있으니 나무 천 그루가 없어져도 괜찮다 하였다.
>
> ― 박정양이 쓴 『미속습유』에 기술된 조지 워싱턴의 일화

2. 『국민소학독본』과 『신정심상소학』 편찬자가 활용한 미국 문헌

제2장에서 자세히 살폈듯이, 『국민소학독본』에는 미국에 관한 내용이 많이 들어 있다. 『국민소학독본』 제21과에서는 뉴욕을 자세히 소개하고 있고, 제27과와 제28과에서는 미국의 제20대 대통령인 가필드의 일생을 싣고 있다. 제31과에서 제35과까지는 아메리카 대륙의 발견과정과 미국의 독립과정을 자세히 기술하고 있으며, 제38과에서는 미국의 광업을 소개하고 있다. 『신정심상소학』 제3권 제7과에는 미국 초대 대통령 조지 워싱턴의 유년 시절 일화가 소개되어 있다.

『국민소학독본』과 『신정심상소학』 집필자들은 어떻게 미국을 자세히 소개하는 글을 작성할 수 있었을까? 필자 자신이 미국 여행을 한 경험이 있어 이를 기초로 글을 작성한 것일까? 아니면 미국 여행 경험자 또는 당시 조선에 체류하던 미국인으로부터 미국에 대해 자세한 이야기를 듣고 이를 바탕으로 글을 쓴 것일까? 낙타, 원소, 악어, 산소와 이산화탄소 등에 관한 지식은 또 어떻게 가지게 되었을까?

집필자의 직접적 경험을 기초로 또는 미국인에게서 들을 내용만을 기초로 책을 집필했다고 보기에는 『국민소학독본』과 『신정심상소학』의 내용이 너무 구체적이다. 따라서 『국민소학독본』과 『신정심상소학』의 집필자들은 모종의 책을 옆에 두고 이를 참고하였을 것이라는 추측은 결코 무리한 추측이 아니다. 해외여행이 자유로운 오늘날에도 그 정도의 구체성으로 책을 집필하려면 반드시 관련 문헌을 입수하여 참고하여야 한다.

그렇다면, 『국민소학독본』과 『신정심상소학』 집필자들이 참고할만한 미국 문헌으로는 어떤 것이 당시에 존재했을까?

선행연구에 의하면,[10] 1880년대 미국에서 초등학교 교과서로 널리 사용된 책으로는 찰스 J. 반즈(Charles J. Barnes)가 집필한 『New National Readers』
와 찰스 W. 샌더스(Charles W. Sanders)가 쓴 『The Union Reader』가 대표적
이다. 『The Union Reader』는 총 6권으로 구성된 책으로 1858년경 출판되었
다. 1883년경에 출판된 『New National Readers』는 총 5권으로 구성되었다.[11]

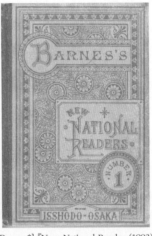

Sanders의 『The Union Reader』(1858)와 Barnes의 『New National Reader』(1883)

그렇다면, 이 대표적인 두 종류의 『Reader』 시리즈는 조선에 수입되어 활
용되었을까? 활용되었다면 어디에서 활용했을까? 이 질문에 대한 답은 박
부강과 박부강의 지도교수인 문용의 연구를 통하여 어렴풋이 찾을 수 있
다.[12] 박부강은 「한국의 영어교육사 연구(1883~1945)」라는 그의 석사학위 논
문을 작성하는 과정에서 우리가 1910년 경술국치를 당하기 전까지 서울에
존재했던 관립 한성외국어학교에 다녔던 사람을 추적하였다. 그가 찾은 사
람은 임병직(1893~1976)인데, 임병직과의 면담을 통해 알아낸 사실을 이렇
게 기록하고 있다. "이때에 사용한 교과서는 『Reader』라고 하는 시리즈였는
데 1권부터 6권까지 되어 있었으며, 이 책은 미국의 초등학교에서 사용되던
영어교과서라고 한다."[13] 『Reader』라는 책이 총 6권으로 구성되어 있었다는

임병직의 기억이 얼마나 정확한 것인지는 확인할 길이 없으나, 일단 그의 기억에 의존하여 추측한다면 이 책은 『The Union Reader』일 것이다.

문용은 「구한 말 영어교육고」라는 논문에서 역시 관립 한성외국어학교에 다닌 국어학자 이희승(1896~1989)의 기억을 이렇게 전하고 있다.[14]

> 당시 영어교과서로 썼던 것은 미국의 초등학교에서 썼던 『National Readers』였고, 프램튼 (Frampton)이 펴낸 회화책도 사용했는데 이 회화책은 그다지 언어적으로나 학습상 충분한 배려가 되었던 책은 아니었다. [……] 그 밖에 다른 과목은 영어로 교수되었다. 그런 데 학생들은 이 과목의 내용을 이해한다기보다는 마치 서당에서 한문공부를 하듯이 영문 자체를 읽고 암기하는 데 주력을 했다.

이 두 편의 선행연구물에 의존하여 추리해 볼 때『New National Readers』와 『The Union Reader』는 1886년 설립되어 1894년 흐지부지된 육영공원을 대신할 목적으로 1894년 2월 설립된 영어학교에서 교재로 사용한 것으로 보인다. 다시 말하면, 당시 미국의 대표적인 초등학교 교과서 2종이 조선의 영어학교에서 교과서로 활용되고 있었다는 추정이 가능하다.

이러한 잠정적인 추정에 기초하여 『New National Readers』와 『The Union Reader』의 내용을 살펴보자.

1) 자모음 제시 방식

『The Union Reader』와 『New National Readers』에는 제1권 첫 쪽에 로마자 알파벳이 제시되어 있다. 이러한 알파벳 제시방식은 『신정심상소학』 편찬자들에게 영향을 미쳐, 앞에서 이미 제시한 것과 같은 한글자모음표 (p.44 참조)를 책머리에 삽입한 것으로 추정된다.

『The Union Reader』(왼쪽)와 『New National Readers』(오른쪽)의 로마자 알파벳 표

2) 삽화의 활용

『The Union Reader』와 『New National Readers』에서는 모두 삽화를 사용하여 본문의 이해를 돕고 있다. 이러한 삽화 이용 방식은 『신정심상소학』에서도 그대로 나타난다.

『The Union Reader』(왼쪽)와 『New National Readers』(오른쪽)에 삽입된 삽화

3) 『New National Readers』 제2권 제29과 조지 워싱턴

『신정심상소학』 제3권 제7과에 미국의 초대 대통령 조지 워싱턴의 어린 시절 일화가 소개되어 있다.

> 워싱턴의 이야기. 워싱턴(이름은 조지)은 백여 년 전 미국 사람인데, 진실로 지혜와 용기를 겸비한 영웅이다. 여러분은 훗날 이 영웅에 대해서 알게 될 것이지만 우선 이 사람과 관련된 이야기 하나를 소개하고자 한다. 워싱턴이 어릴 때 그의 아버지가 작은 손도끼를 선물로 주었다. 워싱턴은 기뻐서 이 손도끼가 얼마나 날카로운지 시험해 보고 싶었다.
> ......
> — 『신정심상소학』 제3권 제7과

그런데, 이 조지 워싱턴 일화는 『New National Readers』 제2권 제29과 「GEORGE WASHINGTON」의 내용을 참조하여 작성한 것으로 추정된다.

> 어린이 여러분 조지 워싱턴에 대하여 들어본 일이 있습니까? 그는 오래전에 살았던 매우 훌륭한 인물입니다. 언젠가 여러분은 그분에 대하여 자세히 듣게 되겠지만, 오늘 그분 이야기를 짧게 들려드리겠습니다. 잊지 마시기를 바랍니다. 조지 워싱턴이 어렸을 때 그의 아버지가 작은 손도끼를 선물로 주었답니다. 조지는 그 선물이 아주 마음에 들어서 그 도끼로 나무를 얼마나 잘 벨 수 있는지를 뜰에 나가 시험해 보았습니다. 뜰에는 조지의 아버지가 매우 아끼는 작은 체리 나무가 있었는데, 조지는 이를 알지 못하고 그만 이 나무를 베어버렸습니다. 아버지는 이를 보고 마음이 상하여 아들에게 물었습니다. "조지야, 누가 내가 아끼는 체리 나무를 베어버렸구나. 누가 그랬는지 아니?" 조지는 거짓말하지 않고 정직하게 대답했습니다. "아버지, 그 나무는 제가 베었습니다. 선물로 주신 도끼가 얼마나 날카로운지를 알아보려고요." 이 정직한 대답을 들은 아버지는 조지를 껴안

으며 이렇게 말했습니다. "아들아, 내게 정직한 아들이 있으니 내가 아끼는 나무가 베어진 것이 하나도 서운하지 않구나."

내용도 내용이지만 삽화를 비교해 보면, 아래 그림처럼 삽화가 사실상 동일한 것을 알 수 있다.

『신정심상소학』 제3권 제7과에 수록된 삽화(왼쪽)와 『New National Readers』 제2권 제29과에 수록된 삽화(오른쪽) 비교

이러한 자료를 근거로 추정해 볼 때 『신정심상소학』 집필자는 『New National Readers』를 참조하였음이 분명하다.

4) 『New National Readers』 제3권 제38과 낙타
제2장에서 살펴본 것처럼 『국민소학독본』 제11과에는 낙타에 대한 설명이 수록되어 있다. 『New National Readers』 제3권 제38과에도 낙타에 대한 설명이 있다. 『국민소학독본』 집필자가 『New National Readers』를 참조한 것으로 추정된다.

5) 『New National Readers』 제4권 제30과 공기
제2장에서 『국민소학독본』 제29과, 30과에서는 「기식」이라는 제목으로, 들

숨으로는 맑은 공기(산소)를 들이마시고 날숨으로는 나쁜 공기(이산화탄소)를 배출한다는 사실을 설명하고 있음을 살핀 바 있다. 이러한 내용은 『New National Readers』 제4권 제30과에 그대로 실려 있다. 『국민소학독본』 집필자가 이 내용을 참조하여 맑은 공기와 나쁜 공기에 관해 설명한 것으로 추정된다.

> 우리는 모두 숨 쉬지 않고는 살 수 없음을 잘 알고 있다. 우리가 잘 모르고 있는 것은 좋은 공기의 필요성이다. 우리는 좋은 공기를 들이마시는 것을 당연한 것처럼 생각하지만, 공기에는 퀴퀴한 공기, 더러운 공기, 독이 들어 있는 공기도 있다. 놀라운 것은 우리가 숨을 쉬면서 공기를 더럽히고 있다는 사실이다. 우리가 문을 모두 닫으면 나쁜 공기는 나가지 못하고 신선한 공기는 들어오지 못해 병에 걸리기 쉽다. 스코틀랜드 지역에서 일어난 일인데, 손님들을 초대해 크리스마스 파티를 하면서 날씨가 추워 모든 문을 꽉 닫고 춤을 추기 시작했다. …….
> ─ 『New National Readers』 제4권 제30과에 실린 공기에 대한 설명

6) 『New National Readers』 제5권 제77, 78과 아메리카 발견 Ⅰ, Ⅱ

『국민소학독본』 제31과와 제32과에서는 콜럼버스의 아메리카 대륙 발견 과정에 대해 기술하고 있다. 『New National Readers』 제5권 제77과, 제78과에서도 아메리카 대륙 발견과정을 기술하고 있다. 제목도 '아메리카 발견'으로 동일하다. 2개 과로 나누어 기술한 것도 동일하다. 『국민소학독본』과 『New National Readers』의 내용을 비교해 보면, 『New National Readers』의 내용을 번역하여 그대로 『국민소학독본』에 수록한 것으로는 보이지 않는다. 하지만 『New National Readers』를 참조한 것은 분명해 보인다.

7) 『The Union Reader』제2권 제33과 시계 보는 법

제2장의 〈표 4〉, 〈표 5〉, 〈표 6〉에 제시하였듯이, 『신정심상소학』 총 3권의 목차를 살펴보면 『신정심상소학』 제1권 제6과의 제목은 '시간'이고, 제2권 제22과와 제23과의 제목은 각각 '시계를 보는 법 1'과 '시계를 보는 법 2'이다. 이 3개 과의 공통점은 시계를 보는 법을 자세히 설명하고 있다는 것이다. 이 3개 과의 내용 일부를 제시하면 다음과 같다.

하루 낮과 밤은 24시인데 이를 1일이라 칭한다. 1시간을 60으로 나누어 그 한 조각을 1분이라 말한다. 그 1분을 다시 60으로 나누어 이를 1초라 부른다.

시계에 씌어 있는 글자 I II III IV V VI VII VIII IX X XI XII는 옛날 로마에서 쓰던 숫자이다. 또 보아라 그 외에 시계에 무엇이 있느냐. 영복이가 대답하기를 그 속에 긴 바늘과 작은 바늘이 있습니다. 형이 말하기를 저 두 바늘은 각침(분침)과 시침이다. 그 바늘은 쉬지 않고 돌아가는데 그 바늘이 있는 자리를 보고 시를 알게 된다. 두 바늘 모두 XII에 오면 열두 시이다.

이 시침이 XII에서 I까지 갈 사이에 각침(분침)은 한 바퀴 돈다. 시침이 I을 가리킬 때 각침이 마침내 XII에 놓이게 되면 그때를 1시라 부른다.

『신정심상소학』에 실려 있는 이러한 시계 보는 방법에 대한 설명은 『The Union Reader』제2권 제33과에도 「HOW TIME IS MEASURED」라는 제목으로 실려 있다. 따라서 『신정심상소학』 집필자는 『The Union Reader』를 참조하였을 것이라고 추측할 수 있다.

3. 맺음말

『국민소학독본』과 『신정심상소학』 편찬자는 『고등소학독본』이나 『심상소학독본』등과 같은 일본 교과서를 주 텍스트로 삼아 이를 편역하면서, 미국의 초등학교 교과서인 『The Union Reader』와 『New National Readers』를 참고한 것으로 보인다. 이들은 또한 박정양의 책 『미속습유』도 참조한 것으로 보인다. 박정양 또한 『미속습유』을 쓰면서 『The Union Reader』나 『New National Readers』 같은 미국 교과서를 참조한 것으로 판단된다. 아래 그림은 『국민소학독본』과 『신정심상소학』 편찬자가 책을 집필하는 과정을 상상하여 그림으로 나타낸 것이다.

갑오개혁기 교과서 편찬자는 왜 일본 교과서와 미국 교과서를 참조하였을까? 이 질문에 답하려면, 갑오개혁기의 교육개혁 조치가 매우 급진적인 것이었음을 인식해야 한다. 갑오개혁기는 우리 역사에서 학교에서 가르칠 과목에 아주 급진적인 개혁이 일어난 시기다. 4서3경 중심의 중국 고전을 가르치던 일을 멈추고 어느 날 갑자기 서구식 교과목을, 그것도 지식인

갑오개혁기 학부편찬 교과서 편찬자의 집필 과정 상상도

의 문자인 한문이 아니라 일반인의 문자인 한글로 가르치기로 결정한 것은 우리 역사상 가장 급진적인 교육개혁이다. 일본 제도를 모방하기는 했지만, 서구식 소학교, 사범학교, 외국어학교를 세우고 또 이런 학교의 확대를 위하여 일련의 법률을 제정·공포하는 급진적인 개혁조치가 갑오개혁기에 일어났다. 고급관료 선발시험인 과거시험도 유예기간 없이 폐지되었다.

당시 지식인들의 엄청난 반대를 무릅쓰고 교육개혁작업을 추진했던 갑오개혁기 혁명가들에게, 서구식 소학교를 설치하기는 했으나 사용할 교과서가 없어 조롱을 당할 수밖에 없던 개혁가들에게, 일본과 미국의 교과서는 훌륭한 참고도서였다. 한시라도 빨리 한글로 된 교과서를 펴내야 하는 시간적 압박을 받았던 그들이 일본과 미국의 교과서를 참조한 것은 충분히 이해할 만한 일이다. 이는 오늘날 우리가 벤치마크라는 이름으로 미주와 유럽 여러 나라의 학교제도를 살피는 일과 크게 다르지 않다.

제4장. 갑오개혁기 교과서 편찬자 이상재의 삶과 사상

1. 머리말

갑오개혁기에 학부에서 한글로 편찬한 교과서로는 『국민소학독본』, 『신정심상소학』, 『조선역사』가 대표적이다. 이 세 권의 책의 공통점은 저자가 표기되어 있지 않고, 다만 편찬자가 학부라고 명기되어 있다는 것이다. 한국학문헌연구소에서는 1977년, 개화기에 출판된 책을 발굴·정리하여 『한국개화기교과서총서』(개총서)'라는 제목으로 펴냈는데,[1] 이 개총서의 서문에 의하면, 이 당시의 교과서를 집필한 사람들은 '개화사상가'들이다.

옛날이나 지금이나 교과서를 편찬하는 일에 총책임자(학부대신 즉 교육부장관) 입김이 작용하는 것은 분명한 사실일 것이다. 그러나 갑오개혁기의 긴박한 정치상황을 곰곰이 돌이켜보면, 학부대신이 교과서 편찬 작업 실무까지 관여하기에는 그 위치가 너무 가변적이었다. 초대 학부대신 박정양은 1894년 7월 30일부터 1895년 5월 중순까지 약 10개월 동안, 제2대 학부대신 이완용은 1895년 5월 중순부터 1895년 8월 하순까지 약 3개월 동안, 제3대 학부대신 서광범은 1895년 8월 하순부터 같은 해 말까지 약 4

개월 동안 재임했다.[2] 이처럼 장관이 자주 바뀌는 격변기에 교과서를 편찬하는 실무 작업은 장관 밑의 공무원이 담당하는 것이 상식에 비추어 마땅할 것이다.

나는 이 마땅한 일, 상식적인 일이 갑오개혁기에 일어났다고 추측한다. 다시 말하면, 당시 교과서를 편찬하는 실무 작업을 주도한 사람은 정치적 영향을 덜 받는 학부 고급관료들이었을 것이라고 생각한다. 그럼 갑오개혁기에 학부 고급관료를 지낸 사람은 누구일까? 선행연구에 의하면,[3] 이 시기의 학부 고급관료로는 다음과 같은 사람들이 있다.

- 고영희(1849~1916): 초대 학부협판(오늘날의 교육부 차관)
- 이응익(생년미상): 초대 학부 학무국장, 한성사범학교 교장
- 이경직(1841~1895): 초대 학부 편집국장, 궁내부 대신
- 이상재(1850~1927): 초대 학부 참서관, 후에 학부 학무국장

갑오개혁기 학부 학무국에서는 소학교 및 학령아동의 취학에 관한 사항, 사범학교에 관한 사항, 중학교에 관한 사항, 외국어학교 및 전문학교·기술학교에 관한 사항, 외국에 파견하는 유학생에 관한 사항 등을 관장하였고, 편집국에서는 교과·도서의 편집·번역 및 검정에 관한 사무를 관장하였다.

따라서, 편집국장 이경직이 교과서 편찬 실무를 지휘했을 가능성이 매우 높다. 그러나 이경직은 1895년 8월 21일 을미사변 때 저항하다가 명성황후와 함께 살해당한 관계로 그에 대한 기록이 거의 남아 있지 않다. 이런 이유로 이 글에서는 이경직과 함께 일했던, 갑오개혁기에 학부 학무국장을 맡아 서구식 학교제도 도입 실무를 담당한 이상재의 삶과 교육사상을 자세히 살펴보고자 한다.

2. 이상재의 삶과 교육사상

1) 이상재의 일생: 출생에서 갑오개혁기까지

이상재(1850~1927)는 1850년 10월 26일, 모시로 유명한 충청남도 한산에서 태어났다. 아버지는 이희택, 어머니는 그저 밀양 박씨 정도로 알려져 있다. 군이 가문을 추적하자면, 이상재는 고려 말 충신으로 알려진 목은 이색(1329~1396)의 13대손이지만, 이상재가 태어날 무렵 그의 집안은 남자들은 농사를 짓고 여자들은 모시를 짜서 팔아 겨우 생계를 유지하는 가난한 양반 집안일 뿐이었다. 이상재의 집안은 조선 시대 가장 주류

옥성득 미국 UCLA 교수가 공개한 이상재의 사진. 50대 후반에 촬영한 것으로 추정(출처: 국민일보 2020.04.28).

였던 전주 이씨가 아니고 한산 이씨 집안이었다.

조선 시대 가난한 양반 집안에서는 가문을 일으키는 거의 유일한 방법이 아들을 과거에 합격시키는 것이었다. 이상재의 아버지도 이런 전통적인 관습에 따라 큰아들 이상재를 7세경부터 동네 글방에 보내 한문을 배우도록 했다. 집안이 가난하여 책을 구입할 수 없었던 그는 한문 학습 초기에 읽는 천자문, 동몽선습 등의 책을 늘 남이 사용한 헌책을 구해 읽었다. 이상재는 9세경에 한문을 해독하는 대강의 이치를 깨달았고, 10세경부터는 남의 도움 없이 혼자 한문서적을 읽을 정도가 되었다. 14세 되던 겨울에는 친구들과 함께 집에서 약간 떨어진 봉서암이라는 작은 암자에 들어가 숙식을 하며 겨울 내내 글을 읽었다. 요즘 말로 표현하면, 서울 신림동 지역의 어느 고시원에 들어가 본격적으로 고시공부를 시작한 것이다. 15세경 그의 총명함이

인근 마을에 널리 퍼졌고, 딸을 둔 집안에서는 서로 사위를 삼으려 했다. 이상재 고향 주민들은 이상재가 과거에 합격할 가능성이 매우 높다고 판단한 듯하다. 이런 분위기 속에서 이상재는 15세 때인 1865년 강릉 유씨 집안의 딸과 혼인을 하였다.

과거에 응시할 준비가 어느 정도 됐다고 생각한 이상재는 17세 때인 1867년(고종4), 아버지의 허락을 받아 서울에서 과거를 치렀다. 결과는 불합격이었다. 이상재가 과거에 응시할 당시의 과거 풍경 및 불합격한 이상재의 심정을 어떤 책은 이렇게 묘사하고 있다.[4]

전국에서 몰려든 수많은 선비들이 그동안 갈고닦은 실력을 펴 보이고, 관직에 오르겠다는 커다란 꿈을 안은 채 시험장으로 모여들고 있었다. 그러나 당시의 과거제도는 실력대로 인재를 뽑는 공정한 제도에서 많이 벗어나 있었다. 이미 중앙에서는 많은 관직을 돈으로 사고파는 일이 공공연히 행해지고 있었으니 과거에도 그 여파가 미치지 않을 수 없었다. 시험이 끝나고 발표가 났을 때 이상재 선생은 크게 실망을 했다. 자신이 낙방했다는 사실보다도, 올바른 방법으로 훌륭한 인재를 뽑는 것이 과거인 줄 알았는데 전혀 그렇지 않다는 것을 알게 되었기 때문이었다. 그날 장원을 한 것은 서울의 명문세가의 어린 자제로, 그것도 자신이 시험을 본 것이 아니라 남이 대신 써준 답안지로 장원을 한 것이어서 더욱 기가 막힐 노릇이었다. 시험 치기 전에 이미 장원을 정해놓는다는 말이 참말이라고 이상재 선생은 생각했다.

"한심하다. 다시 들어갈 곳이 아니로군."

시험장을 빠져나오면서 이상재 선생은 어지러운 세태를 탄식했다.

"아니 이게 누구신가?"

이상재 선생이 힘없이 시험장을 빠져나오는데 뒤에서 누군가 아는 체를 했다. 이상재 선생이 뒤를 돌아다보니 뜻밖에도 집안사람인 이장직이 그곳에 서서 웃고 있었다.

"과거를 보러 왔던 모양이군?"

"다시 들어올 곳이 못 된다는 걸 깨닫고 가는 길일세."

"너무 상심 마시게. 아직 나이가 젊으니 또 기회가 있지 않겠나."

"다시는 과거에 응시하지 않을 걸세. 나라 전체가 탐관오리들에 의해 썩어가고 있다더니 내 오늘 그 꼴을 직접 두 눈으로 확인한 셈일세."

이 소설형식의 기록은 이상재가 과거를 치른 지 약 118년 후인 1985년에 집필된 책에 나오는 기록이다. 이 기록은 아마 이상재에 관해 구전되는 내용을 누군가 문자화한 내용에 기초하여 작성되었을 것이다. 구전이 늘 그렇듯이 그 내용에 어느 정도 윤색과 덧붙임이 있었을 것이다. 그렇다치더라도 이 기록에 나오는 다음과 같은 사실, 즉 이 시기의 과거시험이 그렇게 공정한 시험이 아니었다는 것, 과거 시험장에서 부정행위가 일상적이었다는 것, 시험답안을 미리 작성하여 가지고 가서 제출할 수 있었다는 것, 시험문제가 대개 미리 유출되었다는 것, 인맥으로 합격자를 결정했다는 것 등은 부정할 수 없는 역사적 사실인 것 같다. 당시의 과거시험이 공정한 시험이 아니었다는 역사적 사실은 육영공원 교사로 조선에 온 헐버트가 작성한 책에도 기술되어 있다.

해마다 서너 차례씩 과거합격이라는 청운의 뜻을 품고 8도에서 몰려드는 남자들로 서울은 가득 찬다. 그들 중에 어떤 사람은 몇 번씩이나 실패하여 이미 늙수그레한 사람도 있다. 경복궁 뒤뜰에는 황량한 과거시험장이 설치되고, 수험생들은 여기서 햇볕을 가리는 큰 양산 밑에 모여 앉아 열심히 글을 짓는다. 시험문제(논제)는 출제위원장이 출제하거나 왕이 직접 출제하기도 한다. 수험생들 간에 서로 대화를 하지 못하도록 하는 조치는 없었으며, 미리 작성한 답안지를 소매에 숨겨오는 경우도 많았다. 온갖 종류의 부정

행위가 성행했고, 최종합격자가 단 한 명인 때도 가끔 있었다. 이 시험에 합격하는 것은 운에 크게 좌우됐으나, 운보다 더 중요한 것은 끌어줄 '연줄'이라는 것이 공공연한 비밀이었다. 아닌 게 아니라, 과거시험 때마다, 합격자 20여 명 중에서 정당한 실력으로 합격한 사람은 2~3명에 불과했다. 전국에서 몰려든 수천 명의 수험생 중에서 이 2~3명에 안에 들어 과거에 정당하게 합격하는 것은 지극히 어려운 일이었다.[5]

과거에 불합격한 17세 청년 이상재는 고향으로 돌아가지 않는다. 과거합격 소식을 잔뜩 기대하고 있을 고향 사람들과 가족들을 뵐 낯이 없었는지도 모른다. 대신 이상재는 시험장에서 만난 이장직의 소개로 당시의 대표적인 개화 지식인 박정양(1841~1905)의 식객생활을 시작한다. 이 식객생활은 그의 나이 30세 때인 1880년까지 장장 13년 동안 계속된다.

이상재보다 9세 연상인 박정양은 사회·경제적으로 부유한 집안사람이었다. 박정양은 영조, 정조 시대의 실학자 박지원(1737~1805)의 손자인, 당대 개화 지식인들의 리더 역할을 한 박규수(1807~1876)와 친척 간이었다. 박정양은 25세 때인 1866년(고종3) 과거에 응시하여 합격하였는데, 이는 이상재가 과거를 치러 불합격하기 바로 1년 전의 일이다.

박정양의 집에서 17세에서 30세까지 13년 동안 식객으로 지내면서 이상재는 결코 과거에 다시 응시하지 않는다. 박정양이 과거에 합격한 나이가 25세이므로 17세의 나이에 과거에 불합격한 것은 결코 수치스러운 일이 아니라는 위로도 박정양을 비롯한 주변의 다양한 사람에게서 여러 차례 들었을 것이다. 박정양의 식객으로 지내면서 연줄 하나 없는 충남 한산의 시골 청년 이상재는 박정양의 집을 드나드는 서울 지역의 다양한 인물들과 교류하면서 소위 연줄도 만들었을 것이다. 그리고 이 연줄을 활용하여 과거에 합격시켜달라고 권력자에게 부탁할 수도 있었을 것이다. 그러나 이상재는 두 번 다시 과거에 응시하지 않는다. 박정양의 개인 비서 노릇을 하면서 묵묵히 13년을 지낸다. 요즘 언어로 표현하면, 고시에 응시하여 실패한 다음, 진로를 바꾸어 대학원에 진학, 학문을 한 셈이다. 이런 이상재를 박정양은 매우 아끼고 믿고 존중했다.

박정양의 식객으로 13년을 지내고 14년째 접어들던 해인 1881년 이상재는 말단 관직을 얻어 식객생활을 청산하게 된다. 그가 말단 관직을 얻게 된 것은 바로 박정양이 '조사시찰단'의 일원이 되었기 때문이다. 조사시찰단은 '신사유람단'으로 불리기도 하는데, 메이지유신(1868) 이후 일본의 변화와 발전상을 직접 조사하여 고종에게 보고하는 것이 그 임무였다. 조사시찰단이 일본에 머문 기간은 1881년 4월 초(음력)부터 7월 초(음력 윤달)까지 약 4개월이었다.

조사시찰단의 규모는 총 64명이었다. 구체적으로 살펴보면, 조사시찰단은 조사 12명, 수원(보좌관) 27명, 하인 13명, 일본인 통역 2명으로 구성되었다.[6] 박정양은 바로 12명의 조사 중의 한 명이었고, 이상재는 박정양의 수원, 즉 보좌관으로 임명받아 조사시찰단의 공식적인 일원이 된다.

이상재에게 주어진 박정양의 보좌관이란 관직이 조사시찰단 기간만 주어진 것인지, 아니면 조사시찰단이 귀국하여 보고서를 작성하는 과정까지 유지되었는지는 확실치 않다. 추정컨대, 보고서를 작성하는 기간까지 보좌관 직책이 유지되었을 것이다.

이상재에게 새로운 관직이 주어진 것은 1884년 4월이다.[7] 고종이 미국에 보낸 최초의 외교사절단 보빙사(1883년 9월부터 12월까지 미국을 방문한 외교사절단)의 부단장이었던 홍영식은 귀국 후인 1884년 4월 조선에 우체국을 설립한다. 그리고 홍영식은 3년 전 일본에 함께 갔던 이상재를 인천 우체국에 근무하도록 한다. 직책은 사사였다. 이 사사는 아마 오늘날 우체국 하위직에 해당하는 직책인 듯하다.

홍영식으로 인해 얻은 우체국 사사라는 직책은 오래가지 못했다. 그 이유는, 1884년 12월에 일어난 갑신정변을 주동한 인물 중의 하나가 홍영식이었기 때문이다. 실패로 끝난 갑신정변으로 인해 홍영식 일가는 모조리 처형되었다. 홍영식과 친분이 있는 사람들도 목숨을 부지하기 힘든 상황이었다. 홍영식의 추천으로 인천 우체국 직원이 된 이상재도 목숨을 걱정해야 할 분위기였다. 갑신정변 연루자 조사가 이루어지고 있을 때 이상재는 스스로 수사 총책임자 한규설을 찾아가 이렇게 말한다.

> 나는 홍영식과는 평소 친분이 두터웠으며, 그의 추천으로 우정국 일을 보기까지 했소. 내가 이번 일에 직접 가담하지는 않았다 해도 그 죄의 여파가 언제 내게 닥칠지 알 수 없는 일이오. 내 이제 벼슬을 하직하고 고향 한산에 계신 노부모님들께 최후의 고별인사를 드리러 가는 길이니, 후일 언제라도 나의 죄상이 드러나 체포의 명령이 떨어지더라도 결코 도망하여 불의의 목숨을 구하지는 않겠소.[8]

사직하고 고향 한산에서 지내던 이상재가 다시 관직에 오르게 된 것은 약 3년 후인 1887년이다. 이번에도 그를 끌어준 사람은 박정양이었다. 박정양은 당시 내무협판(오늘날의 내무부 차관에 해당함)이란 직위에 있었는데, 낙향해 있는 이상재를 불러 친군영문안이라는 직책을 맡겼다. '친군영'이란 병력 1천 명 미만의 군부대를 가리키는 이름이고, '문안'이란 이 군부대의 문서와 예산을 집행하는 직책이었다.

이상재의 멘토 박정양은 조선이 미국에 보낸 최초의 공식외교관 '주미전권공사'가 되어 1887년 11월 서울에서 출발한다. 이때 박정양은 이상재를 3등 서기관에 임명하여 데리고 간다. 초대 주미전권공사 박정양 일행 11명은 다음과 같다. 전권공사 박정양(1841~1905, 46세) 이종하(박정양의 경호원), 강진희(박정양의 보좌관), 이완용(1858~1926, 29세, 참찬관), 허용업(이완용의 개인 비서), 이헌용(이완용의 보좌관), 이하영(1858~1919, 29세, 2등 서기관), 이상재(1850~1927, 37세, 3등 서기관), 알렌(Horace Newton Allen, 1858~1932, 외무비서관~안내 책임자), 김노미(알렌의 개인 비서), 이채연(1861~1900, 26세, 번역관). 이 11명 외에도 하인들이 많아 총인원은 78명이었다.[9]

초대 주미전권공사 박정양은 우여곡절 끝에 미국에 도착하여 1888년 1월 17일 제22대 미국 대통령 클리블랜드에게 신임장을 제출하고 공식 외교활동을 시작한다. 그러나 박정양의 주미전권공사로서의 활동은 그리 오래가지 못했다. 그 이유는 청국의 강요에 의하여 조선이 마지못해 수용한 영약삼단이라는 외교조약 때문이었다. 영약삼단이란 ①조선공사가 미국에 가면 먼저 청국공사를 찾아보고 그 안내로 외무부에 같이 갈 것 ②공식 연회석상에서 조선공사는 마땅히 청국공사의 다음에 앉을 것 ③중대 사건이 있을 때 조선공사는 반드시 청국공사와 의논할 것 등이다.

미국에 도착한 후 이상재는 이 영약삼단을 들이대는 청국공사에게 곤란을 겪는 박정양에게 굴욕적인 자세를 취하지 말도록 조언하면서, 다른 한편으로는 청국공사를 논리적으로 설득하여 영약삼단을 지키지 않고 독자적인 외교활동을 벌여도 좋다는 합의를 이끌어내는 데 성공한다. 그러나 이런 상황을 파악한 청국 정부는 고종에게 박정양을 소환하라고 압력을 가한다. 압력을 이기지 못한 고종은 박정양을 소환한다. 이때 3등 서기관 이상재는 박정양을 따라 귀국한다.[10]

본국으로부터 소환명령을 받고 귀국을 준비하던 박정양은 미국 근무경험과 시찰을 통하여 얻은 지식을 바탕으로 『미속습유』라는 미국견문기를 작성한다.[11] 그리고 이상재는 옆에서 박정양의 집필을 돕는다.[12] 『미속습유』는

44개의 항으로 구성된, 미국의 역사, 지리, 정치, 경제, 사회, 교육, 종교 등을 자세히 소개한 책이다.[13] 역사학자 한철호는 단순한 경험만으로는 파악하기 어려운 미국의 지리와 역사 등이 『미속습유』에 자세히 기술되어 있다는 사실에 근거하여, 박정양이 미국의 교과서류나 역사책, 개인 전기 등을 입수하여 참고하였을 것으로 추정하고 있다. 박정양이 이와 같은 다양한 서적을 입수하였다면, 분명 이상재도 이러한 책의 내용을 통역관이나 알렌을 통하여 파악하였을 것이다.

미국에서 귀국한 이상재는 미국으로 가기 전에 맡았던 직책에 복귀한다. 얼마간의 시간이 흐른 후, 박정양이 '전환국 독판(오늘날의 조폐공사 총책임자)'으로 관직에 복귀하자 이상재는 박정양의 부름을 받아 전환국 위원으로 자리를 옮긴다.

1894년 7월 23일, 일본군의 지원을 받은 온건개화파(유길준, 안경수, 김가진, 김학우 등)는 정권을 잡는 데 성공한다. 이들은 4일 후에 대대적인 개혁을 단행할 기관으로 '군국기무처'를 설립한다. 군국기무처는 일종의 '개혁입법기관'이었다.

군국기무처는 우리가 '갑오개혁'이라 부르는 개혁조치를 시행한다. 정부의 조직을 개편하여 종래의 6조 체제를 8아문 체제로 바꾼다. 이때 우리 역사에서 처음으로 '학무아문'이라는 교육을 전담하는 부서가 설치된다. 1894년 7월 30일의 일이다. 이 '학무아문'은 약 4개월 후인 같은 해 연말에 '학부'로 그 명칭이 바뀐다.[14]

갑오개혁기에 학부대신은 세 차례 바뀐다. 서론에서 이미 언급하였듯이, 초대 학부대신(오늘날의 장관)은 박정양이 맡는다. 박정양은 1894년 7월 27일부터 1895년 5월 21일까지 약 10개월 동안 학부대신을 맡는다. 이때 박정양은 이상재를 학부 학무국장에 임명한다. 이후 학부대신은 박정양→ 이완용→ 서광범→ 이도재→ 신기선 등으로 자주 바뀌었지만, 이상재는 학무국장의 직책을 계속 유지하면서 갑오개혁기 교육개혁 조치를 입안하고 집행한다.

2) 이상재의 교육사상: 갑오개혁기 교육개혁조치를 중심으로

이상재의 일생을 출생에서 시작하여 갑오개혁기의 교육개혁 실무자로 임명될 때까지 살폈다. 이제는 이러한 삶을 산 이상재의 교육사상을 살필 차례이다. 지금까지 기술한 내용에 근거하여 이상재의 교육사상을 어느 정도 유추할 수 있으나, 보다 정확하게 추리하려면, 이상재가 입안 작업을 한 갑오개혁기의 교육개혁조치를 자세히 살피는 작업이 필요하다.

갑오개혁기에 이 땅의 전통적인 교육제도에 큰 변화가 일어났다. 제1장에서 자세히 살핀 것처럼, 1894년 7월 30일에 발표된 정부조직개편안에 따라 만들어진 '학무아문'(앞으로는 '학부'라고 표기함)에서는 소학교, 중학교, 사범학교, 외국어학교 등의 각종 학교를 설립하고, 뒤이어 이를 뒷받침할 법률을 공포한다. 역사학자 유영익은 이 당시의 교육개혁조치를 다음과 같이 기술하였다.[15]

초대 학부대신 박정양은 1894년 10월 15일을 기해 서울 교동에 사범학교와 소학교를 개설하고, 이어서 11월 5일과 11월 16일에는 주동에 일어학교, 그리고 전동에 영어학교를 각각 개설하였다. 1895년에 이르러 개화파 정부는 교육개혁에 박차를 가하여 5월 12일에 한성사범학교 관제를 공포하고, 5월 24일에는 서울 소천동에 학부직할 속성 사범학교를 세우는 등 교사 양성을 서둘렀다. 그 결과 11월 14일에는 서울의 매동, 정동, 혜동, 제동 등 네 곳에 소학교가 개설되었다.

학부의 이러한 개혁작업 실무는 바로 학무국장 이상재의 주관으로 진행되었다. 이상재의 주관하에 한성사범학교 관제, 한성사범학교 규칙, 소학교령을 공포되었고, 이 관제에 따라 편집국에서는 각종 교과서를 편찬하였다.

교과서 편찬 실무는 학무국장인 이상재 소관이 아니고 편집국장 이경직 소관이었지만, 일부 교과서에는 학무국장 이상재 또는 학부대신 박정양이 관여한 흔적이 남아 있다. 그 대표적인 예가 1895년 8월에 학부에서 편찬, 출간한『국민소학독본』과 1896년 2월에 역시 학부에서 편찬, 출간한『신정심상소학』이다.

제3장에서 자세히 살폈듯이『국민소학독본』은 1888년 일본 문부성이 출판한『고등소학독본』을 편역한 책이다. 강진호는『국민소학독본』편찬진이『고등소학독본』을 편역한 방식을 '모방과 조정', '요약과 축소', '발췌와 정리' 등의 세 가지로 구분하였다.

『국민소학독본』33과에서 35과까지에 기술된 '아메리카독립'에 관한 이야기는 이상재의 멘토였던 학부대신 박정양(1888)이 저술한『미속습유』에 나온다.

이상재의 멘토 박정양이『미속습유』에 기술한 내용은 또한『신정심상소학』에 나타난다.『신정심상소학』제3권 제7과에는 조오지 워싱턴의 일화가 소개되어 있는데, 이는 미국 교과서『New National Readers』제2권 제29과에 나올 뿐만 아니라, 박정양의『미속습유』에도 나온다.

지금까지의 내용을 요약하면, 이상재는 갑오개혁기에 이루어진 교육개혁의 중심인물이었다. 소학교를 설립하고, 소학교 교사를 양성할 사범학교를 설립하고, 또한 소학교에서 사용할 교과서를 한문이 아닌 한글로 편찬하는 작업에 깊숙이 관여했다.

이러한 일련의 개혁조치에서 우리는 이상재의 교육사상을 엿볼 수 있다.

이상재는 학교에서 가르쳐야 할 것은 중국의 것이 아니라 우리글, 우리나라에 대한 것이어야 한다고 생각했다. 당시 대부분의 지식인이 4서3경 중심의 중국 고전을 폐하고 서구 지식을 가르치는 방향으로의 교육개혁에 크게 반대하였지만, 이상재의 신념은 확고하였다. 부정과 부패의 뿌리인, 중국 고전 중심의 과거제도를 폐지하고, 서구 지식을 우리말로 기록하여 학교에 도입해야 조선이 발전할 수 있다고 보았다. 과거 외교관으로서 미국에 근무하던 시절 청(중국)의 부당한 압력을 온몸으로 체험한 이상재는 교육개혁이라는 카드로 청을 극복하고자 한 것이다. 이상재는 이 땅에서 이루어진 가장 급진적인 교육개혁조치의 입안자면서 실행자였다고 평가할 수 있다.

3. 맺음말

이상재는 과거제도가 존재하던 시절인 1850년에 태어났다. 당시 대부분의 양반가 자제들이 그리했던 것처럼, 이상재의 목표도 과거합격이었다. 이를 위해 10여 년 이상을 준비한 다음, 17세인 1867년 과거에 응시하였으나, 합격하지 못했다. 불합격의 원인은 이상재의 준비부족이라기보다는 합격자 대부분을 거의 내정해 놓고 실시하는 부패한 제도 때문이었다.

과거에 불합격한 이상재는 고향인 충남 한산으로 가지 않고, 서울에서 자신보다 9살 연상인 박정양의 식객생활을 시작한다. 박정양은 당시 개화 지식인의 리더격인 박규수의 친척으로서, 25세인 1866년에 과거에 합격한 사람이다. 박정양 집에서의 이상재 식객생활은 13년간 이어진다. 이 13년 동안 박정양은 이상재의 멘토 역할을 한다. 멘토 박정양이 과거에 합격한 나이가 25세이므로 17세에 과거에 응시하여 불합격한 멘티 이상재는 식객생활을 하면서 과거 준비를 계속할 수도 있었겠지만, 두 번 다시 과거에 응시하지 않는다.

이상재의 관직 진출은 모두 박정양의 배려와 추천으로 이루어진다. 1881년의 조사시찰단(신사유람단) 수행원, 1884년의 인천(제물포) 우체국 사사, 1887년의 초대 주미전권공사 3등 서기관, 그리고 갑오개혁기에 학부 고위직 공무원(학무국장)이 된 것 모두가 박정양과 직간접으로 연결되어 있다.

이상재는 갑오개혁기에 이루어진 교육개혁 조치의 핵심에 있었다. 한성사범학교령 제정, 한성사범학교 규칙 제정, 소학교령 제정, 외국어학교령 제정, 한글로 된 우리말 교과서 편찬 등이 모두 이상재의 업적이다. 이상재 혼자의 힘으로 한 것은 결코 아니지만, 때로는 책임자로, 때로는 실무자로 이러한 제도개혁을 이끌었다. 교과서를 편찬할 때에도 미국에서 보고 들은 내용을 교과서에 담으려고 노력하였다.

이상재의 일생과 갑오개혁기에 그가 이룩한 업적을 통하여 우리는 그가 청을 극복하려고 노력한 사람임을 알 수 있다. 그렇다고 그는, 당시의 대부분의 지식인과는 달리, 미국, 러시아, 일본 등과 같은 외세에 기대어 이러한 개혁조치를 밀고 나가려 하지 않았다. 당시 지식인이 빠지기 쉬웠던 '사회진화론(강대국이 약소국을 지배하는 것은 당연하다는 생각)'의 함정에도 빠지지 않았다. 이상재는 1895년 전후 이 땅에서 이루어진 가장 급진적인 교육개혁조치의 입안자면서 실행자였다.

제5장. 개화기 교과서 내용 및 편찬 세력에 관한 연구

1. 서론

교과서는 한 나라의 공적 지식을 담아 다음 세대에 전달하는 그릇이다. 우리가 일본의 교과서 왜곡을 문제 삼는 것은 바로 교과서의 이러한 성격 때문이다. 일본인이 신문이나 잡지, 학술서적 등에서 독도를 일본영토라고 주장해도 우리는 크게 신경 쓰지 않는다. 그러나 교과서에 독도가 일본영토라고 표기하는 것은 이야기가 다르다. 교과서에는 일본정부의 공식 입장이 반영되기 때문이다.

우리 학교교육의 역사에서 유교식 경전 중심 교육에서 서구식 교과 중심 교육으로 전환되는 최초의 시기는 1876부터 1910년까지이다. 우리는 이를 개화기라 부른다. 개화기 우리 조상들은 중국(청) 중심의 교육에서 벗어나 여러 외국의 교육내용을 받아들이려고 노력하였다. 당시 우리의 개혁가들은 열강의 틈바구니에 끼어서 날로 기울어가는 국운을 바로 세우기 위하여 학교를 세우고 교과서를 편찬하여 학생들을 가르쳤다. 19세기 말에는 특히 한반도에 대한 일본의 실질적 지배력이 날로 커가는 형편이어서 당시 우리의 개혁가들은 청국 및 일본의 영향에서 자주독립하는 운동의 한 방편으로 학교를 세웠고 교과서를 편찬하였다.

교과서에 실리는 내용은 동시대의 공적 지식을 반영한다고 볼 때, 교과서 내용에 대한 연구는 동시대, 즉 개화기의 공적 지식을 파악하는 작업이기도 하다. 그러나 개화기 교과서에 어떤 내용이 담겨 있는지에 대한 연구는 많지 않다. 개화기 교과서 저자에 대한 연구 또한 지극히 제한적이다. 따라서 이 글에서는 개화기 교과서의 내용을 분석하여 당시 우리 조상들이 어떤 내용을 중시했는지를 파악하고, 개화기 교과서 편찬 세력의 특성을 분석하고자 한다.

2. 개화기 교과서 내용 분석

1) 개화기 교과서 개요

개화기에는 수많은 교과서가 당시의 조선 정부, 개인, 각종 사회단체, 학교 등에서 출판되었다. 그러나, 이 당시의 교과서에 접근하기란 쉬운 노릇이 아니다. 지금으로부터 불과 약 120년~140여 년 전에 출판된 교과서이지만 이들이 대부분 여러 박물관에 흩어져 보존되어 있기 때문이다. 다행히 한국학문헌연구소에서는 개화기 교과서의 상당수를 모아서 1977년에 『한국개화기교과서총서』(이하 '개총서'라 표기함)라는 이름을 붙여 영인본 형태로 출판하였다.[1] 이 개총서는 1894년에서 1910년까지 출판된 교과서를 모아놓은 것으로서, 이들의 상당수는 학부를 저자로 하여 출판되었고, 일부는 국민계몽활동에 헌신한 개화사상가, 학교, 사회단체에 의해 출판된 것이다.

이 연구에서 분석의 대상으로 삼은 개화기 교과서는 바로 개총서에 포함된 교과서이다. 총 20권으로 구성된 개총서에는 개화기 교과서 45종이 포함되어 있다. 개총서 편집자는 제1권에서 8권까지에는 국어교과서로 생각되는 것을, 제9권과 제10권에는 윤리교과서를, 제11권에서 제20권까지에는 역사교과서를 수록하였다. 개총서의 전반적인 모습을 권별로 간략하게 요약하면 〈표 1〉과 같다.

<표 1> 개총서 20권에 포함된 교과서 이름과 특징

권 번호	책명		쪽수	저자	발행 년도	특징
제1권	국민소학독본		150	학부	1895	• 한글한자 혼용
	소학독본		60	학부	1895	
	신정심상소학	1권	68	학부	1896	• 한글한자 혼용 • 띄어 읽을 곳 표기(°)
		2권	72			
		3권	52			
제2권	유년필독	1권	44	현채	1907	• 한글한자 혼용 • 띄어 읽을 곳 표기(、) • 한자에는 한글첨자 표기
		2권	48			
		3권	62			
		4권	58			
	초등 여학독본		74	이원극	1908	• 한글한자 혼용하여 내용 서술 후, 순 한글로 다시 설명 • 띄어 읽을 곳 표기(、)
	몽학필독		104	최재학	?	• 한글 자모 읽힘 책
	노동 야학독본		96	유길준	1908	• 한글한자 혼용 • 한자에는 한글첨자 표기
제3권	유년필독석의	1권	18	현채	1907	• '유년필독'의 교사용 지도서 • 한글한자 혼용 • 띄어 읽을 곳 표기(、)
		2권	82			
		3권	146			
		4권 상	96			
		하	124			
제4권	초등소학	1권	70	대한 국민 교육회	1906	• 한글 자모 읽힘 책 • 띄어 읽을 곳 표기(、) • 마침표 표기(。)
		2권	66		1906	
		5권	74		1906	• 띄어 읽을 곳 표기(、) • 마침표 표기(。) • 한글한자 혼용
		6권	72		1906	
		7권	64		1907	
		8권	70			
	초목필지	상	62	정윤수	1909	• 띄어쓰기 실시 • 한글한자 병기
		하	63			

권 번호	책명		쪽수	저자	발행 년도	특징
제5권	고등소학독본	1권	76	휘문 의숙	1906	• 한글한자 혼용
		2권	86			
	최신초등소학	1권	63	정인호	1908	• 한글 자모 읽힘 책
		1권	63			• 띄어 읽을 곳 표기(、)
		2권	60			• 띄어 읽을 곳 표기(、)
		3권	61			• 한글한자 혼용
		4권	62			
	초등소학		46	보성관	?	• 한글 자모, 어휘 읽힘 책
제6권	국어독본	1권	58	학부	1907	• 한글 자모 읽힘 책 • 한글한자 혼용 • 마침표 표기(。) • '한국정부인쇄국'에서 인쇄
		2권	61		1908	• 한글한자 혼용 • 마침표 표기(。) • '일본도서주식회사'에서 인쇄
		3권	76			
		4권	73			
		5권	64			
		6권	70			
		8권	64			
제7권	신찬초등소학	1권	64	현채	1909	• 한글 자모 읽힘 책
		2권	65			
		3권	76			• 한글한자 병기
		4권	86			
		5권	88			
		6권	88			
제8권	여자독본		137	장지연	1908	• 한글 전용 • 주요 어휘에 한자 첨자 표기 • 띄어쓰기 실시
	부유독습		214	강화석	1908	• 한자 학습서 • 한글로 한문 뜻풀이
제9권	숙혜기략		78	학부	1896	• 한글한자 혼용
	초등수신		65	박정동	1909	
	중등수신	1권	38	휘문 의숙	1906	
		2권	49			
		3권	46			
		4권	52			
	고등소학수신서		91	휘문 의숙	1907	
	수신서 (보통학교학생용)	1권	66	학부	1907	• 마침표 표기(。) • 한글한자 혼용 • 일본 삼성당 서점 인쇄
		2권	74			
		3권	72			
		4권	64		1908	

권 번호	책명		쪽수	저자	발행 년도	특징
제10권	윤리학교과서	1권	120	신해영	1908	• 보성중학교 발행 • 한글한자 혼용
		2권	116			
		3권	106			
		4권	108			
	초등 윤리학 교과서		54	안종화	1907	• 한글한자 혼용
	여자소학수신서		46	노병희	1909	• 한글 전용 • 주요 어휘에 한자 첨자 표기 • 띄어 읽을 곳 표기(、)
제11권	조선역사		264	학부	1895	• 한글한자 혼용
	조선역대사략		330	학부	1895	• 순 한문 사용
제12권 ~ 제13권	동국역대사략(총 8권)		917	학부	1899	• 순 한문 사용 • 1~6권: 책명『동국역대사략』 • 7~8권: 책명『대한역대사략』
	조선약사		46	학부	1895	• 한글한자 혼용
제14권	보통교과 동국역사(총 5권)		712	현채	1899	• 동국역대사략을 한글·한자 혼용하여 풀어쓴 것 • 소학교 국사교과서
	초등대한역사		170	정인호	1908	• 한글한자 혼용
제15권	역사집략(총 11권)		564	김택영	1905	• 순 한문 사용
제16권	동국사략(총 4권)		423	현채 (역)	1906	• 한글한자 혼용 • 일본인이 쓴 책 번역한 것 • 식민사관 유입
	초등본국역사		66	안종화	1909	• 한글한자 혼용
제17권	대동역사		268	최경환	1905	• 순 한문 사용
	대동역사		164	정 교	1896	• 순 한문 사용
	초등 대동역사		81	박정동	1909	• 한글한자 혼용
제18권	대동역사략		222	국민 교육회	1906	• 한글한자 혼용
	대한역사		307	헐버트	1908	• 순 한글 사용
제19권	신정 동국역사		330	원영의 유 근	1906	• 한글한자 혼용 • 장지연이 서문 작성
	국조사		202	원영의	?	• 원영의가 구술, 필사한 책 • 한글한자 혼용
제20권	초등본국역사		60	유 근	1908	• 한글한자 혼용
	초등 대한역사		78	조종만	1907	• 순 한글 사용 • 주요 어휘에 한자 첨자 표기
	신선 초등역사(총 3권)		196	유 근	1910	• 한글한자 혼용 • 장지연이 교정
	초등 본국약사		100	박정동	1909	• 한글한자 혼용 • 한자에는 한글첨자 표기 • 띄어쓰기 실시

개총서에 수록된 개화기 교과서 45종의 두드러진 특징은 대부분의 책이 한글과 한자를 혼용하여 집필했다는 것이다. 일부 역사교과서는 오직 한문만을 사용하여 집필했고, 일부 교과서는 오직 한글만을 사용하여 책을 썼지만, 당시의 대세는 한글과 한문을 혼용하는 것이었다. 이는 중국의 영향을 벗어나기 위해서는 순 한문을 사용하던 기존의 관행에서 벗어나 우리의 문자를 널리 사용해야 한다는, 당시 지식인들의 의식이 잘 드러난 부분이라 해석할 수 있겠다.

2) 개화기 교과서의 내용

개총서를 중심으로 개화기 교과서의 내용을 살펴보면 크게 우리말 강조, 우리 역사 강조라는 두 가지 특징이 있다.

① 우리말 강조

개화기 교과서의 가장 큰 특징은 우리말을 강조한 데 있다. 1895년 8월, 당시 학부에서 펴낸 최초의 국정교과서인 『국민소학독본』은 우리말로 작성되었다. 비록 문장 속에 한자가 다수 사용되기는 하였지만, 문장 자체는 우리말 문장이다. 이는 당시 지식인들이 문자생활에서 모두 한문 문장을 사용하였다는 점에서 결코 사소한 변화가 아니다.

1896년 2월에 펴낸 『신정심상소학』에는 책머리에 한글 자모를 수록하여 한글을 좀 더 적극적으로 보급하려는 당시 개혁세력의 의지가 잘 드러나 있다.

1908년경에 출판된 교과서에는 한글이 좀 더 세련된 활자로, 그리고 삽화를 이용하여 좀 더 체계적으로 소개된다. 삽화를 이용한 이유는 한글 자모 음의 음가를 정확히 표현하기 위한 수단으로 해석된다. 다음의 삽화에서 알

『신정심상소학』(1896년 2월 발행)에 실린 한글 자모 소개

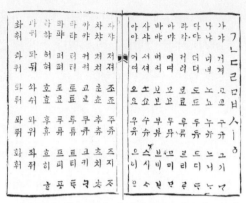

1908년 7월 발행한 『신찬초등소학』에 실린 한글 자음(왼쪽)과 모음 설명

수 있듯이 , 'ㅈ'의 음가를 나타내기 위하여 '지게' 그림을 사용하였고, 'ㅅ'의 음가를 가르치기 위해서 '시계' 그림을 삽입하였다. 이렇게 그림을 사용한 이유는 한자를 모르는 사람도 그림을 통해서 한글 자모의 음가를 알 수 있도록 하기 위한 것으로 해석된다.

한편, 한글 자모의 음가를 그림으로 나타내는 방식과 함께 한자를 이용하여 한글 자모를 표현한 경우도 있다. 『몽학필독』(최재학 편술, 출판연도 모름)이라는 책에는 한글 자모의 음가를 먼저 한자를 이용하여 나타내고 있다. 한글의 음가를 한자를 이용하여 가르치려 시도한 것으로 보아 『몽학필독』은 최소한 한자에 대한 어느 정도의 지식을 가지고 있는 사람을 대상으로 집필된 책으로 보인다. 『몽학필독』에서는 또한 그림을 이용하여 한글 단어를 가르친 다음, 뒷부분으로 가면서 상당히 긴 한글 문장을 제시하고 있다.

『몽학필독』에 실린 한글 자모음표와 삽화를 이용한 한글 단어 설명

『몽학필독』에 실린 한글 문장과 삽화.

유길준이 1908년 집필한 『노동야학독본』에도 한글이 주로 사용되었다. 유길준은 우리에게 널리 알려진 『서유견문』을 1886년부터 1889년 사이에 집필하여 1895년에 출판한 사람이다. 『서유견문』은 당시 지식인으로서는 보기 드물게 한글 문장을 사용하여 집필한 책이다. 책에 한자가 아주 많이 사용되기는 하였지만, 문장 구조 자체는 한문이 아니고 한글 문장이었다. 유길준의 이러한 한글 사랑은 『노동야학독본』에도 그대로 나타나 있다. 『노동야학독본』보다 약 20여 년 전에 집필한 『서유견문』에서는 한자를 많이 사용하였지만, 『노동야학독본』에서는 한자의 사용을 가급적 줄이고 주로 한글을 사용하고 있다. 한자를 사용한 경우에도 한글 첨자 표시를 하여 한자를 모르는 사람도 읽을 수 있도록 배려하였다. 삽화 부분에서는 배움의 중요성을 순 한글 문장으로 강조하고 있다.

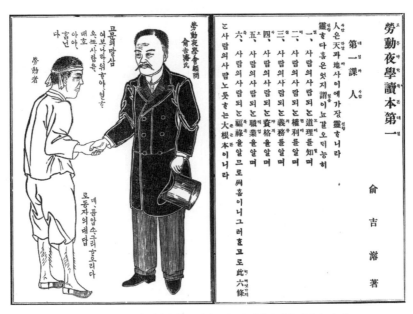

유길준이 1908년 7월 집필한 『노동야학독본』 첫 머리에 실린 삽화와 제1과.

② 우리 역사 강조

개화기 교과서의 두 번째 특징은 우리 역사를 강조한 데 있다. 개총서 제11권부터 제20권까지에는 총 20권의 역사교과서가 수록되어 있다. 이 20권의 역사교과서 중 5권(『조선역대사략』, 『동국역대사략』, 『역사집략』, 『대동역사』, 『대동역사』)은 순 한문으로 집필되었고, 13권(『조선역사』, 『조선약사』, 『동국역사』, 『초등대한역사』, 『동국사략』, 『초등본국역사』, 『초등 대동역사』, 『대동역사략』, 『신정 동국역사』, 『국조사』, 『초등본국역사』, 『신선 초등역사』, 『초등 본국약사』)은 한글과 한문을 혼용하여 집필되었으며, 2권은 순 한글(『대한역사』, 『초등 대한역사』)로 집필되었다.

개화기에 우리 역사를 강조하는 현상이 나타난 것은 당시에 우리 지식인들 사이에 널리 공유된 탈중국을 위한 노력의 일환이면서 동시에 청이나 일본에게서 문화적, 정치적 독립을 이룩하고자 하는 소망의 표현이었다. 당시지식인들은 우리의 역사가 단군조선부터 시작하여 당시까지 수천 년간 이어지고 있다는 사실을 강조하여 백성들에게 민족적 자긍심을 불러일으키고자 하였다. 그러나 이러한 과정에서 일본인이 집필한 역사책이 우리나라사람에 의해 인용되면서 불행하게도 일본에 의해 조작된 역사관이 그대로한반도에 유입되는 현상이 나타나게 된다.[2] 그 대표적인 사례가 김택영이 1906년에 집필한『역사집략』(개총서 제15권에 수록됨)이다. 김택영은 오늘날 일본학자들 대부분이 역사적인 실체가 없다고 믿고 있는 진구황후가 한반도의 상당부분을 정복하고 통치했다는, 당시 일본역사학자들의 주장을 한반도에 수입하는 역할을 하였다.

(김택영)은 고대사에서 일본이 한반도의 일부를 통치했다는 일본 측 역사가들의 주장을 근본적으로 수용했다. [……] 그리하여『역사집략』은 한일 고대사에 대한 일본 측의 지배적 신화화를 놀라울 정도로 재생산하는 결과를 낳았다. 이렇게 김택영의 역사 서술은

새로운 한국사 서술의 일부로 한국 학생들을 가르치는 교재가 된 것이다.[3]

　개화기에 출판된 역사교과서 중에서 특히 우리의 주목을 끄는 것은 미국인 헐버트(1863~1949)가 오성근과 함께 순 한글로 집필한 『대한역사』이다. 1886년 설립된 조선 최초의 근대식 교육기관인 육영공원(영어로 Royal English College로 번역, 표기된 것으로 보아 이 학교는 당시 외국인에게 대학의 성격을 가지고 있었던 것으로 보인다) 교수로 초빙되어 조선에 온 헐버트는 3년 만에 한글을 익혀 『사민필지』라는 세계지리 교과서를 순 한글로 집필하였다. 그는 또한 우리 역사에도 정통하여 오성근과 함께 『대한역사』라는 교과서를 집필하였다. 『대한역사』 서문에서 오성근은 헐버트가 어떤 사람이며, 왜 한글로 역사교과서를 집필하였는지를 다음과 같이 설명하고 있다.

> 북미합중국 문학박사 헐버트 씨는 학문이 고명하고 사상이 특수하여 우리나라 국민교육을 담임하여 수십여 년을 근로하시고, 특별히 우리나라의 고금 사적에 박식하고 겸하여 우리나라 말을 수년 동안 연구하여 통달한 박사이다. 늘 우리나라 한글의 발전이 더딤을 근심하여 우리나라 각종 교과서를 항상 우리말로 편찬하여 전국 남녀노소가 편히 쓰고 빨리 깨우치기를 도모하여 십여 년 전에 사민필지를 집필하였고, 각종 신문과 월보 등을 우리말로 편집하여 전국에 널리 보급하였다. 우리나라의 역사책이 한글로 집필되어 있지 않다는 점을 늘 근심하여 나에게 그 편찬역할을 위임하였다. 이제 비록 학문이 부족하고 지식이 짧지만 7~8년 동안 노력하여 단군기자 이래 4천 년의 역대 정사를 대강 편찬하였다. 우리나라 모든 사람이 이 책을 읽을 수 있도록 하기 위해 순 국문으로 집필하였으니 지식인들은 이런 마음을 헤아려 용서하기 바란다.[4]

　요약하면, 개화기에는 우리말과 우리 역사를 강조하는 현상이 당시 개화파 지식인들 사이에서 두드러졌는데, 이러한 현상은 개화기 교과서에 그대로 반영되어 나타나 있다. 갑오개혁기인 1894년 중국의 문화적 영향을 벗어나기 위해서 과거제도를 폐지하였는데, 이는 지식인들뿐만 아니라 일반대중에게도 한문공부의 필요성을 크게 약화시키고 한글의 입지를 넓히는 결과를 초래하였을 것이다. 문제는 당시 모든 지식이 한문으로 집필되어 있었기 때문에 한글을 익혔다 해도 이를 이용하여 습득할 수 있는 지식이 별로 없다는 것이었다. 이런 분위기를 바꾸기 위해서 당시 지식인들은 한글을 사용하여 지식을 생산하고자 하였던 것으로 보인다. 책의 대중 접근성을 높이기 위해 헐버트처럼 순 한글을 사용하였든, 보수지식인층의 반발을 최소화하기 위해 유길준처럼 한글한자 혼용체를 사용하였든지 간에 이들의 공통점은 우리말을 사용하여 지식을 생산하고자 하였다는 것이다.

3. 개화기 교과서 편찬 세력

개화기 교과서 편찬 세력을 규정할 때에 반드시 당시 교과서 저자나 편찬자에게만 국한할 필요는 없다. 비록 개총서에 포함된 교과서를 집필하지 않았다 하더라도 개화기의 개혁적 분위기에 힘을 보탠 사람을 모두 교과서 편찬 세력이라고 보아야만 한다. 그 대표적인 인물이 바로 박정양(1841~1905)이다. 박정양은 26세 때인 1866년 과거에 합격하여 관직을 시작한 정통관료이지만, 1887년 초대 주미전권공사로 임명받아 미국에 가서 약 10개월 정도 근무하다가 귀국하였다. 귀국 후 그는 갑오개혁기에 총리대신과 학부대신을 역임하면서 당시의 교육개혁을 지휘한 사람이다.[5]

박정양 외에도 개화기 교과서 편찬에 직간접적으로 영향을 미쳤을 것으로 추정되는 인물을 역사학자들의 연구물[6]을 참고하여 간추리면 다음 연표와 같다.

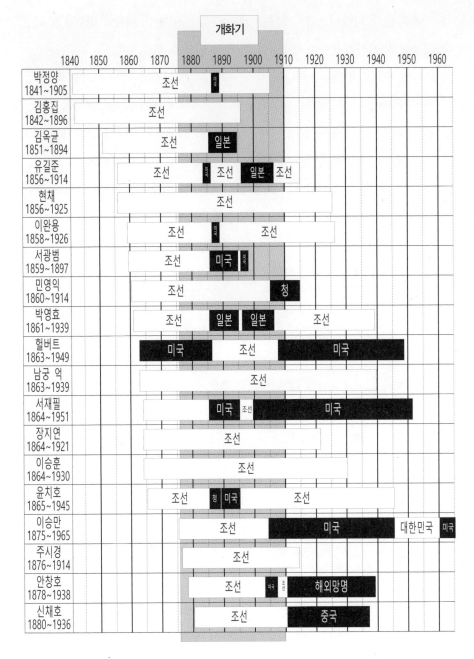

개화기 교육개혁 세력 연표

연표에 잘 나타나 있는 것처럼, 개화기 교과서 편찬 세력의 대부분은 외국문물을 직간접적으로 경험하였다. 특히 연표에 실린 19명 중 9명(박정양, 유길준, 이완용, 서광범, 민영익, 서재필, 윤치호, 이승만, 안창호)은 미국 체류경험을 가진 인물이다. 박정양은 1887년 조선 최초의 주미전권공사로 미국에 다녀왔고, 유길준은 민영익, 서광범과 함께 보빙사 일행으로 미국에 갔다가 민영익의 배려로 약 2년 동안 미국에 체류하며 유학하였다. 이완용은 주미전권공사인 박정양의 수행원으로 미국에 다녀온 후 갑오개혁기에 박정양의 뒤를 이어 학부대신 직을 맡았다. 윤치호는 약 5년간 미국에서 유학하였다. 연표에 실린 인물 중 7~8명은 또한 일본에 체류한 경험이 있어서 1868년에 시작된 메이지유신 이후 일본이 어떻게 발전했는지를 잘 파악하고 있었을 것으로 추정된다.

갑오개혁기에 박정양, 이완용의 뒤를 이어 학부대신을 맡은 인물은 서광범(1859~1897)이다. 서광범은 39세로 세상을 떠났지만, 결코 순탄치 않았던 그의 사회 개혁가로서의 삶은 주목받기에 충분하다(〈표 2〉 참조). 서광범은 22세 때에 과거에 합격하여 관직에 진출한 후, 한문뿐만 아니라, 일본어와 영어에도 능통할 수밖에 없는 경험을 했다. 그는 약관 24세의 나이에 박영효, 김옥균을 수행하여 일본을 공식 방문하여 메이지유신의 열매가 나타나기 시작한 일본의 변화상을 목격하기도 했다.

25세 때인 1883년에는 고종이 미국에 보낸 외교사절 보빙사의 수행비서로서 당시의 실세 민영익을 따라 대통령제를 시행하고 있는 미국을 한국인 최초로 방문하기도 했다. 그리고 미국 측이 제공한 군함을 타고 대서양을 횡단하여 유럽 여러 국가를 돌아보는 등 6개월에 걸친 세계 일주를 역시 한국인 최초로 경험했다. 정치와 사회 개혁을 목표로 했던 갑신년(1884) 12월의 쿠데타가 청의 군사적 개입으로 실패하여 죽음 직전까지 몰리는 경험을

<표 2> 갑오개혁기 박정양, 이완용의 뒤를 이어 학부대신을 지낸 서광범 일생

• 1859 (1세)	참판 서상익의 둘째 아들로 태어남.
• 1880 (22세)	증광별시 문과에 3등(급)으로 합격.
• 1882. 3 (24세)	김옥균을 단장으로 한 일본정세시찰단 일원으로 일본 방문
• 1882. 9 (24세)	박영효를 단장으로 한 수신사 종사관(비서)으로 일본 재차 방문
• 1883. 3 (25세)	일본에서 귀국
• 1883. 6 (25세)	민영익을 단장으로 한 보빙사 종사관으로 미국행
• 1884. 6 (26세)	민영익을 수행하여 세계 일주 후 귀국
• 1884. 12 (26세)	김옥균, 박영효, 홍영식, 서재필, 변수 등과 함께 갑신정변 일으킴
• 1884. 12 (26세)	갑신정변 가담자 43명 중 생존자 9명과 함께 일본으로 망명
• 1885. 5 (27세)	박영효, 서재필 등과 함께 미국으로 망명
• 1889. 5 (31세)	미국 뉴저지 주에서 미국시민권 신청
• 1892. 11 (34세)	미국시민권 취득, 교육국 서기로 일함
• 1894. 7 (36세)	갑오개혁이 시작되어 조선으로 귀국길 열림
• 1894. 9 (36세)	미국에서 귀국행 배에 탑승, 일본에 도착·체류
• 1894. 12 (36세)	갑신정변 책임 사면 후 귀국하여 법무대신에 임명됨
• 1895. 3 (37세)	법무대신과 학부대신 겸직
• 1895. 8 (37세)	을미사변 발생 직후 명성황후 폐서인 문서에 서명 후 법무대신 면직됨
• 1895. 12 (37세)	주미공사에 임명됨
• 1896. 2 (38세)	아관파천으로 지지세력 실각하여 정치적 기반 상실
• 1896. 8 (38세)	주미공사에서 해임
• 1897. 8 (39세)	미국 수도 워싱턴 디시에서 폐결핵으로 사망

하기도 했다. 정치범이 되어 미국에서 보낸 10여 년 동안 미국시민권을 취득하고 교육국 서기로 일하면서 미국의 사법제도와 교육제도를 관찰하다가 1894년 12월에 사면, 복권되어 조선으로 돌아와 고위 관직에 올랐다. 이러한 그의 다양하고 놀라운 경험은 그의 사상에 아주 큰 영향을 미쳤을 것이다. 그리고 그 사상은 그가 법부 및 학부대신 직을 수행하면서 취한 각종 개혁조치의 밑바탕이 되었을 것이다.

이와 같은 다양한 경험을 토대로 형성되었을 서광범의 사상은 크게 네 가지로 요약할 수 있다. 첫째, 우리나라, 우리글에 대한 새로운 인식을 가지게 되었을 것이다. 서광범이 유소년기를 보내던 시절만 해도 중국 문자와 서책에 통달하여 과거에 합격하는 것은 모든 양반의 꿈이었다. 따라서 한자 또는 한문을 배워야 한다는 것은 사회적 당위였다. 한자 학습은 질문이나 의문의 대상이 아니었다. 서광범도 처음에는 그랬을 것이다. 그러나 일본, 미국, 유럽 등 세계 여러 나라를 여행하면서, 서광범은 개화에 성공한 나라는 대개 자기만의 문자가 있음을 확인한다. 정치범이 되어 미국에 살면서 돌아갈 수 없는 조국을 그리워하며 내 나라의 중요성을 인식한다. 조선이 당시 개화한 나라의 식민지로 전락하지 않게끔 조선을 '독립국'으로 지키는 것의 중요성을 깨닫는다. 한마디로, 그의 다양한 경험은 그의 애국심의 밑바탕이 되었을 것으로 짐작된다.

둘째, 중국(청)은 세상의 중심이 아니고 지구상의 수많은 나라 중 하나에 불과하다는 것을 알게 된다. 이런 경험은 중국을 모방하는 일을 더 이상하지 말자, 중국은 결코 모방이 대상이 될 수 없다는 신념을 그의 내면세계에 만들어 놓았을 것이다. 조선의 개화를 위해서는 '탈중모일', 즉 개화에 실패한 중국으로부터 벗어나 개화에 성공한 일본을 모방하는 것이 최선이라고 그는 생각했을 것이다.

셋째, 그의 다양한 경험은 '신지식관'을 그에게 형성했을 것이다. 유학의 경전이 더 이상 중요한 지식이 아니라는 생각, 세상에는 마땅히 배워야 할 새로운 지식, 실용적인 지식이 있다는 생각을 그는 가지게 되었을 것이다.

넷째, 조선이 일본이나 미국, 유럽의 여러 나라처럼 '개화에 성공한 나라'가 되려면 의식을 바꾸고, 게으르지 말고, 개인위생에 신경 쓰고, 시간을 잘 지키고, 열심히 배워야 한다는 생각을 가지게 되었을 것이다. 교육을 통해 개인의 의식을 바꾸어 사회를 개조하거나 또는 재건해야 한다는 생각을 서광범은 가지게 되었을 것이다.

이러한 서광범의 사상은 당시 그와 교류하던 많은 사람에게 영향을 미쳤을 것이다. 비록 그가 갑오개혁기에 복직하여 조선에 머문 기간이 그리 길지는 않지만, 이 기간 동안 서광범은 법부대신과 학부대신 직을 맡아 당시 조선의 개혁을 위해 소신껏 일하였기 때문에 그의 삶은 당시 개혁세력에 직간접으로 큰 영향을 미쳤을 것이다.

서광범의 먼 친척인 서재필(1864~1951) 역시 갑신정변 주모자였기에 이 쿠데타 실패 후 미국으로 도피하여 10여 년을 보냈다. 미국에서 그는 제대로 된 학교교육을 받아 의사가 되었고, 미국시민이 되었으나, 갑오개혁기에 귀국하여 1896년 4월 7일 독립신문을 창간하였다. 독립신문 창간에는 유길준의 정치적 도움을 받았고, 미국 유학 경험이 있는 윤치호, 미국인 헐버트, 주상호(호가 '시경'이어서 우리에게 주시경으로 알려진 인물) 등의 실무적 도움을 받았다.

요약하면, 개화기 교과서 편찬 세력의 대부분은 일본이나 미국에서 체류한 경험을 가진, 조선사회 최고의 지식인들이었거나 이들과 교류한 사람들이었다.

4. 결론

개화기 일본이나 미국 체류 경험을 가진 교유개혁 세력은 청이 더 이상 세계의 중심이 아니라는 것을 깨닫고, 당시 조선사회에서 우리말 사용을 억압하고 중국 문자인 한문 사용을 지속하도록 하는 데 핵심요인으로 작용한 과거제도를 없앴다. 그러나 당시 보수적인 지식인들은 한문을 포기하는 것은 수천 년 동안 이어져 오고 있는 지적 전통의 단절을 초래한다면서 한글 사용 정책을 강하게 비판하였다. 한글을 익힌다 해도 한글로 된 책이 없기 때문에 학문의 도구로서 한글의 효용가치가 별로 없다고 주장하였다. 이러한 주장에 대하여 당시 교육개혁세력은 '과거에는 그러했을지라도 지금부터라도 우리말로 지식을 생산하자'라는 신념을 가지고, 결코 빨리 진행될 수 없는 한글을 사용한 지식 생산 작업에 착수하였다. 그것이 바로 개화기에 나타난 한글로 된 교과서이다. 그리고 이들이 한글을 사용하여 생산한 최초의 지식이 우리 역사에 관한 것이다.

　개화기 교과서는 한글을 가르치기 위한 책이면서 동시에 한글로 새로운 지식을 담는 그릇이었다. 오늘의 관점에서 보면 당시 교과서의 내용이 매우 유치하고 초보지식으로 가득 차 있지만, 당시에는 성리학적 지식을 대신할 수 있는 신지식을 담고 있었다. 개화기 교과서 편찬 세력의 한글 사랑이 있었기에 한글의 어휘가 풍부해졌고, 문법이 정비되었으며, 우리의 생각과 탐구 결과를 사라지지 않도록 붙잡아 후세에 전할 수 있는 보편적인 도구로 한글이 발전할 수 있었다. 35년이라는 결코 짧지 않은 일본 식민지시기를 거쳤음에도 불구하고 우리말 한글이 없어지지 않은 것은 바로 개화기 교과서 편찬 세력의 한글을 사용한 지식 생산 노력이 있었기 때문일 것이다.

Ⅱ
미군정기와
대한민국 정부수립 초기
학교혁신

제2부에서는 1945년 광복 후 3년간의 미군정기(1945~1948)와 대한민국 정부수립 초기(1948~1955)에 이루어진 학교혁신에 대해 다룬다.

첫 번째 글 「해방공간에서 펼친 교수법 개혁 논의에 대한 교육평설」에서는 미군정기에 우리 선배 교육자들이 교육방법을 바꾸기 위해 기울인 노력의 한 단편을 기술, 해석, 평가한다.

두 번째 글 「제3차 교육사절단이 제안한 『커리큘럼 지침』의 총론에 대한 교육평설」에서는 1954년 9월에서 1955년 6월까지 우리나라에 머문 제3차 미국교육사절단이 우리나라의 커리큘럼 개선을 위해 집필한 『Curriculum Handbook for the Schools of Korea』라는 책의 총론을 자세히 기술, 해석, 평가한다.

세 번째 글 「제3차 교육사절단이 제안한 『커리큘럼 지침』의 각론에 대한 교육평설」은 위 두 번째 글의 후속편이다. 이 글에서는 제3차 미국교육사절단이 남긴 『Curriculum Handbook for the Schools of Korea』의 '각론' 내용을 교육평설의 방법으로 자세히 기술, 해석, 평가한다.

네 번째 글 「제3차 미국교육사절단원 도널드 K. 애덤스(Donald K Adames)가 기술한 1945~1955의 한국교육에 대한 교육평설」에서는 제3차 미국교육사절단원이었던 아담스의 박사학위 논문 「Education in Korea 1945~1955」(1945~1955년의 한국교육)의 내용을 자세히 기술, 해석, 평가한다.

다섯 번째 글 「광복 이후 25년 동안 존 듀이 교육사상이 우리나라에 도입된 양상에 관한 연구」에서는 광복 이후부터 1970년대 초엽까지 존 듀이의 교육사상이 국내에 도입된 양상을 이 시기에 출판된 문헌을 분석하는 방법으로 자세히 살핀다.

제6장. 해방공간에서 펼친 교수법 개혁 논의에 대한 교육평설

1. 서론

1) 연구의 필요성 및 목적

우리 역사에서 가장 급진적인 교육개혁은 19세기 말엽 갑오개혁기에 일어났다. 당시 개혁가들은 고려 광종 때인 958년에 도입되어 936년이라는 긴 세월 동안 지속된 과거제도를 폐지하였다. 국가의 고급공무원을 선발하는 과거시험이 유지되던 긴 세월 동안 논어와 맹자로 대표되는 중국의 고전은 이 땅의 모든 젊은이가 의심 없이 공부해야 하는 주요 교과였다. 과거시험의 폐지로 흔히 4서3경으로 부른 중국 고전의 지위는 중심에서 변방으로 크게 흔들렸다.

4서3경을 밀어낸 빈 공간에 당시 개혁가들은 서구지식을 채웠다. 이들은 4서3경을 대체할 목적으로 서구지식을 담은 교과서를 만들었다. 가장 대표적인 것이 1895년에 편찬된 『국민소학독본』이다. 『국민소학독본』에는 아메리카 대륙의 발견 및 미국의 독립과정, 미국 20대 대통령 가필드의 전기, 런던과 뉴욕에 대한 설명, 산소, 탄소, 원소 등에 관한 과학적 설명 등 다양한

서구지식이 수록되어 있다.[1]

당시 개혁가들의 급진적인 교육개혁 조치에 대한 반발도 매우 컸다. 우리의 문자와 지적 유산이 모두 중국에 빚을 지고 있는데 한문과 중국 고전을 가르치지 않는 것은 미친 짓이라는 비난이 이어졌다. 당시 교육부를 책임진 장관도 이러한 비판에 앞장선 사람 중 한 명이었다.[2]

기득권층의 반발을 무릅 쓰고 개혁가들이 교육개혁 조치를 밀어붙인 결과 서구지식이 4서3경을 대체하는 교육내용으로 정착되기 시작했다. 일제 강점기를 거치고 1945년 광복을 맞이했을 때 우리 학교에서 4서3경을 가르쳐야 한다고 복고적인 주장을 하는 사람은 찾아보기 힘들었다. 과거시험을 폐지한 후 약 50여 년이 지난 1945년 무렵에 이 땅의 모든 학교에서 한글을 사용하며 서구지식을 담은 교과를 가르치게 되었으니 갑오개혁기 개혁가들의 꿈은 이루어진 것이 분명하다.

교육개혁의 관점에서 볼 때 이러한 변화는 분명 놀라운 성과로 평가할 수 있다. 그러나 놓치지 말아야 할 중요한 사실 하나는 '교수방법'은 여전히 변하지 않았다는 것이다. 과거제도가 존속할 때부터 이어져오던 '교사가 설명하고 학생이 외우는 방식'의 교수방법은 과거시험의 폐지와 무관하게 이어졌고, 일제 강점기에 더욱 강화되어 1945년 광복 무렵에도 우리의 대표적인 교수법이었다.

광복 후 일군의 교육 개혁가들은 뿌리 깊은 이 교사중심의 교수법을 개혁하려 하였다. 그러나 광복 후 해방공간에서 우리의 선배 학자들이 교수법 개혁을 위해 어떤 노력을 하였는지를 밝힌 연구는 홍웅선의 연구 말고는 거의 찾아보기 힘들다.[3] 이 글의 목적은 광복 후 약 3년 동안의 해방공간에서 일군의 개혁가들이 교육방법을 바꾸기 위해 기울인 노력을 교육평설의 방법으로 기술, 해석, 평가하는 데 있다. 이러한 작업은 오늘날 교사 중심 수업의 문제점을 지적하는 혁신학교와 혁신교육에 관한 담론을 이해하는 데 크게 기여할 것이다.

2) 연구방법 및 연구대상

이 연구의 방법은 교육평설이다.[4] 교육평설(Educational Criticism)은 엘리어트 아이즈너가 고안한 질적 탐구 방법의 한 형태로서 교육학을 비롯하여 시각예술, 음악, 문학, 공연예술 등의 분야에서 널리 사용되고 있다. 교육평설은 연구대상에 대해 자세히 기술하고, 기술한 내용을 독자가 공감하도록 해석하고, 연구대상의 가치를 연구자 나름의 기준에 근거하여 평가하는 비평문 형식을 취한다.

이 연구의 대상은 《조선교육》 창간호에 실린, 심태진이 1947년에 작성한 「학습지도법의 근본과제(1)」과 윤정석이 1947년에 쓴 「현금 초등교육에 가장 적절한 교수법의 기초원리」 두 편이다.[5]

《조선교육》은 조선교육연구회가 1947년 4월부터 1949년 10월까지 통권 18권을 발간한 후 폐간된 교육잡지이다. 홍웅선은 조선교육연구회와 이 단체의 기관지 성격이었던 《조선교육》에 대하여 이렇게 기록하였다.

> 1946년 8월에 안호상을 중심으로 하여 발족된 〈민주교육연구회〉는 그 해 12월에 〈조선교육연구회〉라고 이름을 바꾸었는데, 이 연구회는 첫 사업으로 1946년 11월 8일부터 10일까지 3일에 걸쳐 민주교육 강습회를 열었고, 그 강연회의 강연 내용을 동년 12월 《조선교육》 제1집이라는 책자로 발간하였다. 그 뒤 1947년 4월부터 이 연구회가 기관지 《조선교육》을 창간하여 1949년 10월까지 통권 18권을 발간하고 폐간이 되었는데, 그러한 자료들이 별로 알려지지 아니하여 그 내용을 분석한 연구가 아직까지 발표된 바가 없다.[6]

《조선교육》을 창간한 안호상(1902~1999)은 1929년 독일 예나 대학교에서 철학 박사 학위를 받은 지식인으로서, 이승만 정부에서 1948년 8월부터 1950년 5월까지 대한민국의 제1대 교육부 장관을 역임하였다.

《조선교육》 창간호에 「학습지도법의 근본과제(1)」라는 글을 투고한 심태진과 「현금 초등교육에 가장 적절한 교수법의 기초원리」라는 글을 투고한 윤정석은 모두 당시 초등학교 교장으로 근무하던 중견 교육자이다.

2. 심태진과 윤정석의 글에 대한 기술

1) 심태진의 「학습지도법의 근본과제(1)」에 대한 기술

1947년 4월 15일자로 발행된 《조선교육》 창간호 73쪽에서 80쪽까지 8쪽에 걸쳐 실린 심태진의 글은 서언과 함께 1. 아동과 교사, 2. 획일과 적성으로 구성되어 있다. 머리말에 해당하는 서언에서 심태진은 일제 강점기에서 드디어 벗어났으니 신교육, 민주교육을 건설하는 것이 당시 해방공간의 당면과제임을 지적하면서, '조선교육'은 학습지도법의 혁신까지 이루어야 한다고 강조한다. 해방공간의 우리나라를 '조선'이라고 표현한 것은 대한민국 정부가 수립되기 전 미군정기에 우리를 표현하는 명칭이 영어로는 'Korea'이었지만 우리말로는 아직 '조선'이었기 때문이다.

머리말에서 저자는 해방 이후 우리나라에는 「신교수법」이 유행하였는데, 대부분의 교육자가 이를 제대로 이해하지 못한 탓에 혼란을 겪고 있어서 「신교수법」에 대한 반동으로 「구학습지도법」으로 복귀하려는 움직임이 있다고 지적한다. 저자의 말을 직접 들어보자.

모든 교육은 이 새로운 학습지도법의 정체를 파악하랴 헤매고 성형화한 학습지도법의 출현을 고대하고 있는 상황이다. 해방 이후 소위 「신교수법」이라는 이름 아래 유행하려 하던 학습지도법의 반향은 오히려 구학습지도법으로의 복귀를 초래할 기운까지도 자아내는 역효과를 나타내고 있다.[7]

그렇다면 「신교수법」은 어떤 것이어야 하는가? 저자는 당시 교육자들이 예상하고 기대한 것처럼 「신교수법」이 규격품으로 존재할 수 없는 것이라고 말한다. 앞으로 탄생될 학습지도법은 '획일성'보다는 '다양성'을 지닌, '혼란'보다는 '통일성'을 지닌 학습지도법이 되어야 한다고 강조한다. 그러나 당시 해방공간의 우리 교육계는 획일적인 학습지도법을 꿈꾸기도 하고, 다양을 넘어서서 혼란에 가까운 학습지도 실제가 나타나고 있다고 지적한다.

요약하면, 앞으로 만들어야 할 「신교수법」은 다양하되 혼란스럽지 않고, 통일성을 지니되 획일적이지 않아야 한다고 저자는 주장한다. 그러면서 저자는 양립 불가능한 것처럼 보이는 양 특성이 절묘하게 조화를 이룬 「신교수법」을 만드는 과정에서 반드시 고려, 고민해야 할 사항 두 가지를 '과제'라는 이름으로 논의한다.

「신교수법」을 만들고자 할 때 고려해야 할 과제 첫 번째는 학교에서 아동을 가르칠 때 '교사가 중심에 설 것이냐 아동을 중심에 세울 것이냐'는 문제다. 당시 개혁가들은 아동을 중심에 세워야 한다고 외쳤는데 이는 세계적인 추세를 따른 것이라고 말한다.

모든 교육문제를 교사의 입장에서 해결하여 나갈 것이냐? 아동의 입장에서 해결하여 나갈 것이냐? 최근의 교육사조의 현저한 경향은 교사중심교육에서 아동중심교육으로 전환하였다는 것이다. [……] 「신교육」이 아동중심교육을 의미한다는 것은 근대 교육사에 보이는 공통된 특성이다. [……] 따라서 최근의 조선에서의 신교육운동은 선진제국이

반세기 전에 경과한 길을 뒤늦게 따라가는 것이라고 볼 수 있다.[8]

이어서 저자는 교사가 학생을 위협하고 벌주는 등의 '권력'을 사용하는 것은 교사중심교육이라고 지적하면서 이러한 방식의 교육을 직간접으로 비판했던 서구 사상가 8명을 언급한다.

첫째는 '교육의 최대 비밀은 교육하지 않는 데 있다'고 말한 스웨덴의 교육자 엘렌 케이(Ellen Key, 1849~1926)다. 둘째는 에밀을 집필한 프랑스의 계몽사상가 루소(Rousseau, 1712~1778)다. 셋째는 지금까지의 학교를 '교사학교'로 비판했다는 독일의 교육자 가우디그(Gaudig, 1860~1923)다. 넷째는 고향에 농민의 자녀를 위한 학교를 세우고 자유로운 교육을 실천한 러시아 작가 톨스토이(Tolstoi, 1828~1910)다. 다섯째는 '아동의 요구를 만족시키는 교육'을 주장한 미국의 교육학자 혼(Horn, 1874~?)이다. 여섯째는 어린이는 작은 어른이 아니라 고유의 세계가 있는 인격체라고 주장하며 어린이를 존중한 스위스의 교육자 페스탈로치(Pestalozzi, 1746~1827)다. 일곱째는 '교사'라는 용어 대신에 '지도자'라는 말을 사용하자고 주장한 이탈리아의 교육자 몬테소리(Montessori, 1870~1952)다. 여덟 번째는 '나는 지식을 부여하는 것이 아니라 이것을 낳게 하는 산파'라고 말한 그리스의 철학자 소크라테스(Socrates, B.C. 470~399)다.

요약하면, 저자는 앞으로 「신교수법」을 만들 때 아동중심과 교사중심, 아동의 자유와 교사의 권위 중 어느 편에 설 것이냐는 문제가 매우 중요한 과제가 될 것이라 보았다.

「신교수법」을 만들고자 할 때 고려해야 할 과제 두 번째는 '획일교육'을 할 것이냐 '적성교육'을 할 것이냐의 문제다. 그는 '획일교육'은 '교사중심교육', '전체주의교육'과 연결되고, '적성교육'은 '학생중심교육', '민주주의교육'

과 연결된다고 말한다.

교사중심의 교육이 권력으로 아동을 강제하고 교사의 편리에서 교육방법이 나온다면 그 수단으로 일률적인 획일교육을 쓰게 될 것이고, 아동중심의 교육이 아동의 요구와 자유를 강조하는 교육이라면 각 아동의 개성이나 특성을 존중하고 이에 맞는 적성교육을 하게 될 것이다. [……] 또 획일교육과 적성교육의 길은 전체주의교육과 민주주의교육 이념에서도 분기된다. 모든 아동을 똑같게 보고 똑같게 훈련하여 규격품을 만들려고 하는 전체주의교육은 획일교육을 취할 것이며, 모든 아동이 제각기 다르다고 보고 거기에 적합한 지도를 하려는 민주주의교육은 적성교육을 취할 것이다.[9]

개성이나 특성을 존중하는 적성교육을 하려면 생물학적 연령이 같은 아동이라도 정신연령은 다를 수 있다는 점을 인정해야 할 것이며, 이러한 개인차를 반영한 교수법, 즉 개별화 교수법이 보편화되어야 한다고 지적한다. 역사를 살펴보면 '개별교수'가 먼저였고 '일제교수'가 도입된 것은 칠판이 학교에 도입된 이후라고 말한다. '일제교수'가 교육의 능률화에 큰 공헌을 하였지만, 중간아에 맞추어 수업을 할 수밖에 없어 우수아나 지체아를 구제할 수 없었다고 말한다.

칠판을 교당에서 사용하게 된 것이 개별교수에서 일제교수로 비약하는 계기가 되었다. 일제교수는 교육을 능률화하고 교육적 효과를 올리는데 지대한 공헌을 하여 학교경영의 발달은 극도에 달한 감을 주었다. 그러나 일제교수의 발달은 점차 중간아 중심의 일제교육이 되어 우수아나 열등아를 구할 길이 막히고 아동의 개성은 무시되고 진급제도가 엄중히 된 결과 낙제생이 출현하여 중퇴자를 속출하게 되었다.[10]

이어서 그는 '개별화 수업'을 실시한 학자들 세 명을 언급한다. 첫째는 전통적인 학급을 무시하고 동적 개별화 교수법을 주장한 버크(Burk, 1862~1919), 둘째는 미국 일리노이주 위네카에서 교육장으로 활동하며 개별화 교수법을 보급한 워시번(Washburne, 1889~1968), 셋째는 개별화 교수법인 돌턴 플랜(Dalton Plan)의 창시자 파크허스트(Parkhurst, 1886~1973)다.

이러한 교육자들을 언급하면서 저자는 개별교수에서 일제교수로 변천하였던 교육이 현대에 이르러 다시 아동의 개성에 적합한 개별교수로 복귀하는 추세에 있다고 말한다. 일제교수에서 생기는 모든 폐해를 개별교수에 의하여 타개하려는 것이 현대 교수법의 현저한 특징이라고 지적한다.

그러나 당시 우리의 현실은 일제교수를 개별교수로 바꾸어 놓는 것을 용납지 못하는 사정에 놓여 있다고 말한다. 그렇다고 손을 묶고 대책 없이 일제교수를 반복할 것이 아니라 개별교수까지의 과도기적 조치를 강구하여 획일교수의 폐해를 최소화하자고 주장한다.

> 우리의 경제상태나 문화수준이나 교육시설이나 도저히 개별교수를 허락지 못할 것이다. 그렇다고 우리는 여전히 구태의연하게 아동의 개성을 무시하고 자유를 박탈하는 일제적인 획일적 교수를 하여야 할 것인가? [······] 지능 또는 신체의 개인차를 고려한 특별학급의 설치, 학급교수에 있어서의 분단제의 채용, 열등아 특별지도에 관한 시설, 특수지도에 관한 연구, 자학(스스로 배움)을 주로 한 학습지도법의 연구 등 종래의 획일교수의 폐해를 최소한도로 방지하고 교수의 면목을 일신할 수는 있을 것이다.[11]

저자는 개별교수를 하려면 아동의 개성이나 지능을 과학적으로 알아야 하므로 교사의 교육심리학에 대한 소양과 연구는 개별화 교수의 문을 여는 열쇠라고 강조하면서 이 글을 마친다.

2) 윤정석의 「현금 초등교육에 가장 적절한 교수법의 기초원리」에 대한 기술

《조선교육》 창간호 81쪽에서 85쪽까지 5쪽에 걸쳐 실린 윤정석의 글은 소제목 없이 글 구분표 —×××　×××　×××— 를 사용하여 여섯 부분으로 구분되어 있다. 이 글은 저자 윤정석이 교장으로 근무하는 서울 혜화초등학교에서 프로젝트법이라는 「신교수법」이 어떻게 실천되고 있는지를 소개하는 성격의 글이다.

서론에 해당하는 첫 부분에서 저자는 획일교수, 주입교수를 세계에서 가장 심하게 실시한 나라가 일본이었는데, 당시 우리는 해방된 지 1년 반이 되었음에도 불구하고 아직도 일본식 획일교수와 주입교수를 지속하고 있다고 비판한다. 일제가 남긴 구악을 청산하지 못하는 이유로 흔히 ①학교설비가 완비되지 못해서 ②아동이 아직 민주주의적 훈련을 받지 못해서 ③아동의 가정이 민주주의적 기초에 달하지 못해서 등의 이유를 대면서 일본이 남긴 주입교수, 획일교수를 지속한다면 퇴보만 있을 것이라고 말한다.

두 번째 부분에서는 교과 지식을 분절하여 아동의 창조심과 관련 없이 가르치는 방식을 떠나 아동과 그를 둘러싼 환경 사이의 생생한 교섭을 베푸는 방식으로 교수단계를 연구할 필요가 있다고 주장한다.

세 번째 부분에서는 지식을 토막 내지 않고 의미 있게 가르치는 방식으로 프로젝트법(Project Method)을 소개하면서 이는 미국의 세계적인 교육학자 존 듀이의 생각을 구체적인 방법으로 구현한 것이라고 말한다.

네 번째 부분에서는 프로젝트법을 간략히 소개한다. 프로젝트법에 대한 저자의 기술을 요약하면 다음과 같다.

1단계: 도입—아동의 흥미 환기

2단계: 학습문제의 제기—해결해야 할 문제 제시

3단계: 재료의 획득 또는 토의—주어진 문제의 해결에 필요한 지식 수집

4단계: 문제의 해결과 발견—수집한 지식을 바탕으로 연구하여 문제의 해결책 발견

다섯 번째 부분에서는 교사가 「신교수법」에 해당하는 프로젝트법을 사용할 때 방관자적 입장에 서는 것이 아님을 강조한다. 저자는 이 「신교수법」을 사용하는 목적과 교사가 해야 할 일을 이렇게 말한다.

> [프로젝트법을 사용하는 목적은] 아동은 수동적이요 허수아비와 같이 그저 선생이 주는 문화재를 기계적으로 흥미 없이 받아들이는 교육에서 벗어나자는 것이다. 그런고로 [프로젝트법을 사용하려면] 교사는 더욱 연구하고, 더욱 교재에 심오한 학식이 풍부하여야 하고, 또 아동 학습시간에도 한층 더 아동과 같이 연구하는 태도가 있어야 하고, 아동의 학습심리를 잘 파악하여 교사와 아동이 일심일체가 되어야 한다.[12]

여섯 번째 부분에서는 프로젝트법의 기초원리로 연습, 흥미, 피로 세 가지를 든다. 첫 번째, 연습은 반복에 의하여 새로운 습관을 만드는 것인데, 연습의 전이효과가 있는지를 자신의 학교에서 실험한 결과를 소개하고 있다.

> 본교 아동을 통하여 실험한 결과 본인은 다음과 같은 원칙을 파악하였다. 특수한 연습 결과가 전면적으로 일반과목에 전이 파급 될 수는 없으나 양자가 주관적, 객관적으로 동일요소를 가지고 있을 때는 한쪽에서 연마된 능력이 다른 쪽으로 전이될 수 있다는 것을 파악하였다.[13]

두 번째는 흥미다. 저자는 '교수법의 좋고 나쁨을 판단하는 유일한 기준은 아동에게 흥미를 일으키느냐 아니냐'라고 말했다는 영국의 철학자 허버

트 스펜서(Herbert Spencer, 1820~1903)를 인용하면서 좋은 교수법은 학생에게 흥미를 불러일으켜야 한다고 말한다.

세 번째는 피로다. 아동이 작업이나 활동을 계속하면 신체적, 정신적으로 피로하게 된다. 피로한 상태에서는 교육의 능률이 저하되므로, 아동이 언제 피로하게 되는지, 잠을 어느 정도 자야 피로가 풀리는지 등을 연구하면 아동의 학습 효과를 증진할 수 있을 것이라고 말한다.

끝으로, 저자는 자신이 근무하는 혜화초등학교에서 획일교수와 주입교육을 타파하기 위해 기울이고 있는 노력을 소개하면서 글을 맺는다.

> 본교에서는 [신교수법]에 대한 연구를 각 교사가 학구적 태도로 연구하고 있는 바이다. 획일주의, 주입교육의 타파는 물론이요 군국주의적 잔재는 일소되며 봉건적 교육은 제거되어 있다. 그리하여 아동의 모든 능력을 발휘시키도록 전 직원이 노력하고 있다. 수재아 특별지도실, 열등아 연구실을 마련하였으며, 신체상 특수한 아동을 취급하는 교육시설을 할 예정이다[14]

3. 심태진과 윤정석의 글에 대한 해석과 평가

1) 심태진의 「학습지도법의 근본과제(1)」에 대한 해석과 평가

심태진이 1947년에 제안한 「신교수법」은 오늘날 읽어도 옛것이라는 느낌이 전혀 들지 않는다. 이는 심태진의 제안이 아직도 우리 학교에 실현되지 않았기 때문일 것이다. 심태진의 제안 가운데 깊이 음미해 볼 가치가 있는 몇 가지는 다음과 같다.

첫째, 「신교수법」은 다양하되 혼란스럽지 않고 통일성을 지니되 획일적이지 않아야 한다는 제안은 매우 시대를 앞선 제안이다. 지난 70여 년을 돌이켜 보면, 우리는 '혼란'을 피하기 위해 '다양성'을 희생했고, '통일'을 가장한 '획일'을 강요받았던 것이 사실이다. 정치적 환경과 맞물려 우리는 선택지 없는 삶을 살았다. 단체로 음식점에 가서 음식을 각자 주문할 때도 하나로 '통일'해야 마음이 편했다. 그러나 요즘 젊은 세대는 혼란을 피하기 위해 다양성을 포기하지 않는다. 통일을 가장한 획일도 거부할 줄 안다. 심태진의 제안은 오늘날의 이런 젊은 세대의 특성을 고려한 교수법으로 평가된다. 심태진은 70여 년 전에 이러한 오늘날의 젊은 세대에 적합한 교수법을 외친 듯하다. 그는 분명 시대를 앞서간 교육실천가이다.

둘째, 학생을 가르칠 때 교사가 중심에 설 것이냐, 학생을 중심에 세울 것이냐라는 심태진의 고민은 존 듀이 사상의 핵심을 꿰뚫고 있는 고민이다. 1947년은 아직 존 듀이가 살아있을 때이지만, 당시 형편으로 외국 학자의 사상을 정확히 파악하기는 쉽지 않았을 것이다. 국제교류가 어렵던 시절 존 듀이의 사상을 정확히 파악하여 이를 우리 교육계에 외친 심태진의 스칼라십과 수고는 기억되어 마땅하다.

셋째, 어떤 교사의 수업이 교사중심이냐 아니냐를 알아보고자 할 때, 교사가 수업 중에 학생을 위협하고 벌주는 등의 '권력'을 사용하느냐 아니냐를 보면 된다는 심태진의 논리는 매우 명쾌하고 타당하다. 어떤 교사는 프로젝트 수업을 하면서 학생중심교육을 실천하고 있다고 스스로 말할 수 있다. 그러나 이 교사가 학생을 위협하고 벌주는 등의 권력을 프로젝트 수업 중에 사용한다면 이 교사는 여전히 교사중심수업을 하고 있다는 것이 심태진의 해석이다. 나는 이런 심태진의 해석에 깊이 공감한다. 나는 교사중심수업이냐 학생중심수업이냐를 판정하는 기준으로서 심태진의 기준처럼 명쾌한 기준을 아직 읽어본 적이 없다.

넷째, 학생중심교육, 민주주의 교육을 하려면 '획일교육'을 하지 말고 '적성교육'을 해야 한다는 심태진의 지적은 오늘날에도 유효하다. 70여 년 전에 나온 지적을 우리 학교는 아직도 해결하지 못하고 있다. 초등학교는 획일교육에서 좀 탈피한 느낌이 들지만, 중·고등학교는 입시위주의 획일적 교육에서 벗어나지 못하고 있다. '수능'이 살아있는 한 중·고등학교 교육을 바꾸기란 쉽지 않다는 말을 한다. 그럼 수능을 바꾸면 될 것 아닌가? 이런 주장을 펴는 사람에게 '현재의 수능이 그나마 공정한데 이것을 왜 바꾸려 드는가?'라는 반론이 만만치 않다. 70여 전과 비교했을 때 경제적으로 비교할 수 없을 만큼 넉넉해졌지만, 학교교육에 놓인 우리의 고민은 전혀 달라지지 않았다.

2) 윤정석의 「현금 초등교육에 가장 적절한 교수법의 기초원리」에 대한 해석과 평가

1947년 무렵 서울 혜화초등학교 교장으로 근무하던 윤정석은 획일교수와 주입교육이 일제강점기에 일본이 우리에게 강요한 것인데, 이제 광복을 맞이했으니 마땅히 일본 군국주의의 잔재를 청산하자고 외친다. 이러한 외침은 해방공간에 널리 퍼져있던 우리 국민의 정서와 매우 일치했던 것으로 보인다. 문제는, 일제의 잔재를 버린 뒤 그 빈 공간을 무엇으로 채울까 하는 것이었다. '획일교수 하지 않기'를 주장하려면 '~~하기'를 제안해야 한다.

윤정석이 제안한 '~~하기'는 바로 진보주의 교육학자 윌리엄 H. 킬패트릭(William H. Kilpatrick, 1871~1965)이 1918년에 제안한 프로젝트법이었다. 윤정석의 글을 읽어보면 그는 프로젝트법을 정확히 이해하고 있는 것처럼 보인다.

윤정석은 자신의 학교에서 획일교수와 주입교육을 타파하기 위해 프로젝트법을 사용하고 있다고 소개하면서 이 방법을 다른 교육자들도 사용하면 좋을 것이라고 호소하고 있다. 이러한 그의 태도는 오늘날 혁신학교 교사들이 자신들의 혁신교육 실천담을 소개하는 태도와 흡사하다고 볼 수 있다. 윤정석은 동료 교사들과의 연대를 통해 일제가 남긴 획일교육이라는 잔재를 청산하고자 하였다.

4. 논의 및 결론

1947년 전 심태진과 윤정석은 학교에서 획일적 수업보다는 개별화 수업을 해야 한다고 외쳤다. 이들에게 개별화 수업의 실천은 당시의 시대정신인 일제가 남긴 불쾌한 잔재를 청산하는 한 방편이었다.

이들은 개별화 수업이 확산되려면 교사들이 교육심리학에 대한 소양을 갖추어야 한다고 강조하였다. 뒤집어 말하면, 교사들이 교육심리학적 지식을 가지면 개별화 수업이 확산될 것으로 예상했다.

오늘날 이들의 생각을 평가하면 우리는 그들의 예상이 빗나갔음을 알 수 있다. 교사양성기관에서 예비교사들이 교육심리학에 대한 소양을 쌓고 교직에 입문하고 있지만, 이들은 개별화 수업과는 매우 거리가 먼 수업을 하고 있다. 교사들이 교육심리학에 대한 소양을 쌓으면 개별화 수업을 할 것이라는 우리 선배 교육자들의 예언은 너무 순진했다.

교육사를 살펴보면, 프러시아 시대 일제식 수업이 고안되어 도입된 이래 교육개혁가들은 끊임없이 개별화 수업을 주장하고 있다. 가장 최근 개별화 수업으로의 전환을 외친 사람은 온라인 학습 사이트 칸 아카데미(Khan Academy)를 운영하고 있는 살만 칸(Salman Khan, 1976~)이다. 살만 칸은 현재 우리가 따르고 있는 프러시아 모델을 '망가진 교육모델'이라 평가하면서 테크놀로지를 이용하면 개별화 수업, 완전학습이 가능할 것으로 주장하고 있다.[15]

살만 칸은 "우리가 가르치고 배우는 방식에 천년에 한 번꼴인 전환점이 왔다"는 주장을 하며, '프러시아 모델'은 그 수명이 다했다고 말한다. 오늘날의 사회는 '프러시아 모델'을 통해 길러진 학생을 요구하지 않는다고 주장한다. 나는 이러한 그의 주장에 공감한다.

나는 오래전 우리 선배 교육자가 꾼, 아직도 이루어지지 않은 꿈을 이룰 수 있는 한 방편이 살만 칸 방식의 '거꾸로 수업'이라 믿는다. 요즘 젊은 세대가 지식을 흡수하는 대표적인 방식이 유튜브(YouTube)임을 생각할 때 칸 아카데미 형태의 온라인 학습 사이트를 활용한 '거꾸로 수업'은 개별화 수업을 실현할 수 있는 가장 유력한 방편이다.

제7장. 제3차 미국교육사절단이 제안한
『커리큘럼 지침』의 총론에 대한 교육평설

1. 서론

1952년에서 1962년까지 약 10년간 우리의 교육을 재건하기 위해 미국교육사절단이 네 차례에 걸쳐 우리나라를 다녀갔다. 이를 간략하게 요약하면 이렇다. 첫째, 단장 메리 하바게(Mary Harbage) 외 7명으로 구성된 제1차 미국교육사절단은 1952년 9월에서 1953년 6월까지 이 땅에 머물면서 현직교육(교사연수)에 주력했다. 둘째, 단장 멀홀랜드(Malholland) 외 10명으로 구성된 제2차 미국교육사절단은 1953년 9월에서 1954년 6월까지 방한하여 역시 교사연수를 집중적으로 도왔다. 셋째, 단장 벤저민(Benjamin) 외 10명으로 편성된 제3차 미국교육사절단은 1954년 9월에서 1955년 6월까지 우리나라에 머물면서 커리큘럼 개혁안을 제시하였다. 넷째, 단장 고슬린(Goslin) 외 다수로 구성된 제4차 미국교육사절단은 1956년 10월에서 1962년 6월까지 무려 6년간 우리나라에서 활동하며 교사 양성 및 현직교원 연수를 원조하였다. 이 제4차 미국교육사절단은 미국 조지 피바디 사범대학 교수로 구성되었기에 '조지 피바디 교육사절단'이라고 불리었다.

이와 같은 미국교육사절단이 우리의 학교교육에 미친 영향을 자세하게 조사하는 작업은 어렵고 방대한 연구다. 비록 1950년대에 일어난 일이지만, 당시 상황을 기억하는 선배 학자들이 거의 세상을 떴거나 은퇴하였고, 미국 교육사절단도 제3차 사절단을 제외하고는 그들의 활동을 보고서로 남기지 않은 탓에 당시의 상황을 재구성하기가 매우 어렵다. 김종서·이홍우가 1980년에 장차 이 방면의 연구를 유발하고 인도하는 의미에서 수행한,[1] 이 분야의 거의 유일한 선행연구에서 참조한 문헌조차도 구하기 쉽지 않은 실정이다.

제3차 미국교육사절단은 1955년 이 땅을 떠나기 전에 『Curriculum Handbook for the Schools of Korea』라는 책을 '한국 학생에게 주는 선물'이라고 이름 붙여 남겼다. 이 책은 1년 뒤인 1956년 당시 37세의 젊은 서명원 교수(1919~2006)에 의해 『교육과정 지침』(이하 이 책을 이 글에서는 『커리큘럼 지침』이라 표기함)이라는 제목으로 번역되었다.[2]

제3차 미국교육사절단의 단장은 해롤드 벤저민(Harold R. W. Benjamin, 1893~1969)이었다. 그는 61세 때인 1954년, 10명의 교육사절단을 이끌고 우리나라에 와서 1년간 체류하면서 우리의 학교 커리큘럼이 어떻게 개혁되어야 하는지를 분명하게 제시하였다. 『커리큘럼 지침』을 이 땅의 학생들에게 주는 '선물'이라는 표현한 데서 감지할 수 있듯이, 벤저민 일행은, 그들이 판단하기에, 나름 가장 좋은 커리큘럼 개혁안을 이 책에 담은 듯하다. 벤저민 일행은 최선을 다해 『커리큘럼 지침』을 작성했음을 서문에 이렇게 표현하였다.

> 만일 한국의 교사들과 행정가들이 한국국가교육과정을 개선하는 일에 이 책이 매우 유용했다고 말한다면, 우리 사절단 일행은 우리가 살면서 이룬 업적 중에서 가장 큰 업적으로 이 책을 꼽을 것이다[3]

벤저민 일행은 『커리큘럼 지침』이라는 책에 과연 어떤 내용을 담았을까? 이 글은 이 질문에 대한 답을 찾는 작업의 일부다. 총 250쪽으로 구성된 『커리큘럼 지침』은 총 3부로 구성되어 있는데, 제1부와 제2부는 요즘 용어로 총론에 해당하고 제3부는 각론에 해당한다. 이 글에서는 총론에 해당하는 제1부와 제2부의 내용을 아이즈너(Elliot Eisner)가 제안한 '교육평설'의 방법으로 기술·해석·평가하고자 한다.[4]

2. Benjamin의 사상과 『커리큘럼 지침』에 대한 기술

『커리큘럼 지침』을 작성한 제3차 미국교육사절단의 단장은, 이미 위에서 언급한 것처럼, 벤저민이다. 단장 벤저민의 생각은 『커리큘럼 지침』에 녹아들어 있을 개연성이 매우 높다. 따라서 벤저민의 사상을 먼저 살핀 다음 『커리큘럼 지침』의 내용을 기술하고자 한다.

1) Benjamin의 사상

벤저민의 사상을 엿볼 수 있는 대표적인 저술은, 그가 46세 때인 1939년 애브너 페디웰(Abner Peddiwell)이라는 가명으로 출판한 『The Saber Tooth Curriculum』이다. 우리말로는 『검치호랑이 교육과정』으로 번역되었다.[5] '검치호랑이 커리큘럼'은 시대에 맞지 않는 교과 커리큘럼을 교묘한 논리로 방어, 옹호하고 있는 전통주의자들을 풍자한 우화이다. '검치호랑이 커리큘럼'을 이해하기 쉽게 요약하면 다음과 같다.

구석기 시대에 '새 주먹'이라는 발명가이자 철학자가 살았다. 그는 부족의 집단생활을 향상시킬 방법으로 학교를 만들고 이 학교의 커리큘럼으로 세 개의 과목을 개설했다. 첫째는 '맨손으로 물고기 잡기'였다. 개울 끝에 있는 큰 웅덩이에서 맨손으로 물고기를 잡는 것은 당시 어른들이 음식을 확보하기 위해 매일 하는 일이었다. 둘째는 '몽둥이로 작은 말 때려잡기'였다. 이 역시 당시 성인들이 몸에 걸치고 동굴에 깔 가죽을 확보하기 위해 늘 하는 일이었다. 셋째는 '불로 검치호랑이 몰아내기'였다. 당시 검치호랑이는 부족원의 안전을 크게 위협했기에 어른들은 밤에 동굴 입구에서 돌아가며 검치호랑이를 불붙은 나뭇가지로 쫓아내야 했다.

시간이 지나, 빙하기가 그 지역에 닥쳐왔다. 빙하의 영향으로 수정같이 맑은 웅덩이는 탁한 물이 되어 맨손으로 고기를 잡기가 쉽지 않았다. '맨손으로 물고기 잡기'는 이제 현실에 맞지 않는 과목이 되었다. 빙하의 영향으로 말들이 건조하고 너른 평원을 찾아 남쪽으로 떠났고 그 대신 영양이 그 지역을 차지하고 살게 되었다. 영양은 예리한 후각을 가지고 있어서 몽둥이로 때려잡을 만큼 가까이 접근하기가 어려웠다. '몽둥이로 말 때려잡기'도 현실에 맞지 않는 과목이 되었다. 빙하의 영향으로 대기에 습기가 차자 검치호랑이들은 폐렴에 걸려 죽거나 건조한 지역으로 이동했다. 이 빈 공간에 사나운 북극곰들이 나타났다. 이 북극곰들은 불을 별로 무서워하지 않아서 횃불로 물리치기 힘들었다. '불로 검치호랑이 몰아내기'도 현실에 맞지 않는 과목이 되었다.

변화한 환경에 적응하는 과정에서 '새 주먹'의 후손 중 한 사람이 흙탕물 속에서 물고기를 잡기 위한 도구로 '그물'을 발명했다. 영양을 잡기 위한 묘책으로 '올가미'를 생각해 냈다. 곰을 물리칠 방법으로는 곰이 다니는 길목에 깊은 '함정'을 파고 나뭇가지를 덮어 위장하는 꾀를 냈다.

이 새로운 지식이 보급되면서 부족원은 새로운 생활방식에 익숙해졌다. 그물을 만들어 물고기를 잡아 식량을 확보하고, 영양 포획용 올가미를 설치하여 가죽을 얻고, 함정을 파서 곰을 퇴치하면서 부족은 다시 번성했다. 그러자 일부 진보 지식인들은 '그물 짜기와 사용법', '올가미 설치하기', '함정 파기' 등과 같은 과목을 아예 학교 커리큘럼으로 넣어 가르치자고 주장하였다.

그러나 부족의 원로들은 생각이 달랐다. 그들은 '맨손으로 물고기 잡기', '몽둥이로 말 때려잡기', '불로 호랑이 몰아내기' 등과 같은 기본 교양과목으로 학교 커리큘럼은 지금 포화상태여서 '그물 짜기', '영양 올가미 설치하기', '함정을 파 곰 죽이기'와 같이 일시적으로 유행하는 커리큘럼을 학교에 추가할 수 없다고 주장했다.

심지어, '맨손으로 물고기 잡기'를 가르치는 이유가 물고기를 잡기 위해 아니라 '일반화된 민첩성'을 계발하기 위해서라고 했다. '몽둥이로 말 때려잡기'도 말을 잡기 위한 것이 아니라 '학습자의 일반화된 능력'을 계발하기 위한 것이라 했다. '불로 호랑이 몰아내기'도 '고상한 용기'를 기르는 것이 그 목적이라 했다.

위와 같은 우화를 통해 짐작할 수 있는 것은, 벤저민이 전통적인 '교과 커리큘럼'에 매우 비판적인 사람이라는 점이다. 아닌 게 아니라, 그의 이러한 입장은 지금부터 살펴볼 『커리큘럼 지침』에 고스란히 녹아 들어가 있다.

2) 『커리큘럼 지침』 내용에 대한 장별 기술

『커리큘럼 지침』을 장별로 기술하기 전에 먼저 이 책을 목차 형태로 살피는 것은 이 책의 전반적인 내용을 파악하는 데 큰 도움이 된다. 〈표 1〉에 제시한 내용은 본문의 모든 제목과 주제어를 목차 형태로 요약한 것이다.

　〈표 1〉에서 알 수 있는 것처럼, 『커리큘럼 지침』의 제1부는 '원리'라는 제목 아래 '경험 커리큘럼의 원리'를 설명한 제1장과 '커리큘럼을 편성할 때 범하기 쉬운 오류'를 기술한 제2장으로 구성되어 있다. 제2부는 '실제'라는 제목 아래, '달성하려는 목적 결정하기'라는 제목의 제3장, '목적 달성을 위한 배움활동 결정하기'라는 제목의 제4장, '커리큘럼 조직하기'라는 제목의 제5장, '커리큘럼의 평가'라는 제목의 제6장으로 구성되어 있다. 그럼 지금부터 『커리큘럼 지침』 제1부와 제2부의 내용을 각 장별로 살펴보자.

① 경험 커리큘럼 편성 원리를 소개하다: 제1장

　제1장에서는 먼저 '몇 가지 기본 개념'을 설명한다. 저자는 해롤드 벤저민(Harold Benjamin)이다. 벤저민은 '교과 커리큘럼'과 '경험 커리큘럼'을 대비하

는 것으로 이 장을 시작한다.

> 커리큘럼의 본질을 파악하는 데에는 두 가지 견해가 있다. 한 견해는 학생이 암기한 사
> 실, 공부한 과목, 배운 기능을 커리큘럼으로 본다. 다른 견해는 학교가 학습자에게 제공
> 하는 모든 경험을 커리큘럼으로 본다. 전자는 교과목으로 시작해서 경험으로 끝마치고,
> 후자는 경험으로 시작해서 교과목으로 끝마친다. 전자를 교과 커리큘럼이라 부르고,
> 후자를 경험 커리큘럼이라고 부른다.[6]

저자는 '교과 커리큘럼'은 다른 학교 것을 베껴올 수 있어 만들기 쉽지만,
'경험 커리큘럼'은 학생의 필요, 특성, 흥미, 태도 등을 파악하여 이에 맞게
직접 만들어야 하므로 그 작업이 어렵다고 말한다. '교과 커리큘럼'과 '경험
커리큘럼'의 가장 근본적인 차이는, 전자는 학생의 정신을 직접 훈련하고자
하고, 후자는 학생이 발달할 수 있는 풍부한 환경을 제공하려는 데 있다고
말한다. 저자는 사절단원 모두 '경험 커리큘럼'이 '교과 커리큘럼'보다 우수
한 커리큘럼이라고 확신한다면서, '경험 커리큘럼'을 편성하는 방법을 이 책
에서 구체적으로 제시하여 한국의 학교에 도움을 주고자 한다고 말한다.

이어서 저자는 '경험 커리큘럼'이 기초하고 있는 원리 다섯 가지를 소개한
다. 이 다섯 가지 원리는 '학습자 특성의 원리', '사회적 유용성의 원리', '기능
적 내용의 원리', '발달적 방법의 원리', '협동적 노력의 원리'이다.

'학습자 특성의 원리'란 '경험 커리큘럼'은 반드시 학생에 대한 지식을 기
초로 하여 만들어져야 한다는 것이다. 파악해야 할 학생에 대한 지식으로는
신체적 성숙도, 정신 능력, 정서, 도덕적 관념, 사회적 행동 등을 열거한다.
이러한 것들을 알아내기 위한 방법으로는 관찰, 측정, 실험 등의 방법이 있
다면서 교사 양성 기관, 특히 대학원에서는 이러한 연구방법을 가르쳐야 한

다고 조언한다.

'사회적 유용성의 원리'란 학습의 전이효과를 따지는 것으로, 잘못된 이론으로 판명난 형식도야설보다는 동일요소설을 따라야 한다는 것이다. '교과 커리큘럼'은 형식도야설에 근거하고 있기에 정신의 근육 단련이라는 목적에 부합하는 한 어려운 과목, 재미없는 과목을 제공하는 것이 전혀 문제시되지 않는다. 그러나 '경험 커리큘럼'은 동일요소설에 근거하고 있기에 학교 내 학습상황과 학교 밖 실제상황의 관련을 중시한다.

'기능적 내용의 원리'란 교사가 학생에게 제공하는 어떤 구체적 활동이 유용한지 아닌지를 결정하려면 그 지역사회 내에서 그 활동이 유용한 역할을 하는지 안 하는지를 연구해야 한다는 것이다. 외국에서는 유용한 활동으로 판명된 것이라도 한국에서는 그렇지 않을 수 있으므로 어떤 활동의 유용성은 반드시 한국 교사들에 의해 '과학적으로' 연구되어야 한다.

'발달적 방법의 원리'란 커리큘럼 편성 시 '적절한 방법'은 그 커리큘럼의 목적과 내용에서 도출된다는 것을 가리킨다. '교과 커리큘럼'에서는 교과서 각 장을 순서대로 따라가며 공부하는데 이를 '항목별' 수업이라 부른다. '경험 커리큘럼'에서는 조직된 일련의 학습활동을 따르며 공부하는데 이를 '단원별' 수업이라 부른다. '단원'은 '경험 커리큘럼'에서 자연스레 도출되는 것으로서, 학생의 질문이나 흥미를 따라 구성하는 것이 일반적이다.

'협동적 노력의 원리'란 커리큘럼을 만들 때 학생, 교사, 관리자, 학부모, 지역사회 인사 등이 협동해야 한다는 것이다. 학생·교사가 교실이나 놀이터에서 부딪치는 문제, 학생과 학부모가 가정에서 맞닥뜨리는 문제, 사회 일반에서 일반적으로 만나는 문제 등이 모두 '경험 커리큘럼'의 활동 주제가 된다.

이상과 같은 다섯 가지 원리를 '경험 커리큘럼'을 만들 때 적용하는 것에 대해서는 제6장에서 자세히 논의할 것이라면서 벤저민은 제1장을 끝맺는다.

② 커리큘럼 편성자가 범하기 쉬운 다섯 가지 오류를 소개하다: 제2장

제2장에서는 '오류와 해결책'이라는 제목 아래 커리큘럼을 편성할 때 범하기 쉬운 오류 다섯 가지를 열거하고 그 해결책을 제시한다. 저자는 제1장을 집필한 벤저민이다.

먼저 그는 커리큘럼을 편성할 때 따르게 되는 5단계를 간단하게 제시한다. 5단계는 다음과 같다: 첫째, 기르고자 하는 인간상을 명료하게 기술하라. 둘째, 학교가 제공할 수 있는 경험을 통해 개발하고자 하는 태도, 능력, 기능을 결정하라. 셋째, 경험을 선정하고 조직하라. 넷째, 학생에게 경험을 제공하라. 다섯째, 앞의 4단계가 제대로 실행되었는지를 판단하라. 이러한 5단계는 타일러(Tyler)가 제안한 커리큘럼 편성 방식과 매우 유사하다.[7]

겉보기에는 이 5단계를 따르기가 쉬워 보이지만 실제 커리큘럼을 편성할 때는 잘못되기가 쉽다. 벤저민은 커리큘럼 편성자가 실제 범하기 쉬운 다섯 가지의 오류와 해결책을 제시한다.

첫째는 '도구의 오류'다. 이는 목적에 따라 도구를 변경해야 함에도 불구하고 그렇게 하지 않고 기존 도구를 새로운 상황에 습관적으로 사용하는 현상을 가리킨다. 이 오류의 해결책은 '목적이 먼저고 수단은 나중이다'라는 사실을 명심하는 것이다. 먼저 고려해야 할 것을 먼저 고려하기만 하면 이 '도구의 오류'를 벗어날 수 있다고 말한다.

둘째는 '경험 획일화의 오류'다. 이는 학습자의 개인차를 고려하지 않고 모두에게 동일한 내용을 동일한 속도로 가르치는 오류를 가리킨다. 학생을 대체 가능한 공장의 한 부품으로 생각하는 사람들이 이러한 오류를 범하기 쉽다. 이 오류를 범하지 않으려면 학생 개개인을 연구하는 수밖에 다른 도리가 없다.

셋째는 '단편화의 오류'다. 이는 전체성을 무시하고 단편적인 주제를 가르치면서 '전체는 결국 부분의 합과 같을 것'으로 생각하는 오류를 가리킨다. '학생은 내가 가르치고자 의도한 내용만 배운다'고 생각하는 교사는 바로 이 오류를 범하고 있는 것이다. 동일한 미적분을 가르치지만, 어떤 수학교사는 수학을 사랑하는 마음을 학생에게 심고, 어떤 교사는 수학을 미워하는 마음을 학생에게 심는다. 이 오류를 벗어나려면 커리큘럼을 통해 학생들이 뭘 배우는지를 늘 성찰하는 것이다.

넷째는 '학습자 도외시의 오류'다. 이는 학생이 커리큘럼에 충분히 녹아들게 하지 못하고 마지못해 기계적으로 따라오게 하는 오류를 가리킨다. 이 오류의 대표적인 예는 고등학교에서 대학 생활에 정말 필요한 능력을 학생들에게 길러주기보다는 대입시험에서 높은 점수 따는 요령만을 지도하는 현상에 잘 나타난다. 이 오류를 벗어나려면 학생 하나하나를 세심히 살펴서 학생이 교사를 믿고 따르도록 하는 수밖에 없다.

다섯째는 '우선순위의 오류'다. 이는 교과에는 서열이 있어 어떤 과목은 더 중요하고 어떤 과목은 덜 중요하다고 생각하는 오류다. 이 오류를 벗어나려면, 교과 또는 어떤 활동의 중요성은 선험적으로 결정되는 것이 아니라, 그것이 커리큘럼의 목적을 달성하는 데 공헌하고 있는가를 따져서 결정되는 것임을 잊지 않는 것이다. 이를 위해 모든 '교육적 경험'은 매일 검토의 대상이 되어야 한다.

『커리큘럼 지침』의 제2부는 '실제'라는 제목 아래 '경험 커리큘럼'을 편성하는 절차를 제시하고 있다. 제3장에서는 교육목적 결정 방법을, 제4장에서는 배움 활동 선정 방법을, 제5장에서는 커리큘럼 조직 방법을, 제6장에서는 커리큘럼 평가 방법을 각각 기술하고 있다. 이러한 제2부 구성은, 이미 언급한 바와 같이, 타일러가 제안한 방법과 매우 유사하다. 한 가지 다른 점은, 커리큘럼 편성 마지막 단계에 타일러는 '교육목표 달성 여부를 확인하는 작업'을 위치시킨 반면에, 벤저민 일행은 '커리큘럼을 평가하는 작업'을 위치시킨 점이다.

③ 교육목표를 설정하는 절차와 유의사항을 소개하다: 제3장

제3장의 제목은 '달성하려는 목적 결정하기'다. 쉽게 표현하면 '교육목표 설정'이다. 저자는 일레인 E. 밀람(Elaine E. Milam)인데, 이 저자의 이력을 알아낼 길이 없다.

밀람은 교육목표를 설정하려면 학습자의 개성, 잠재력 등을 파악해야 하기 때문에 조사가 필요하다고 말하면서, 관찰, 측정, 조사, 실험 등의 네 가지 방법을 제안한다.

밀람에 의하면, 관찰은 학생을 이해하는 첫걸음이다. 믿을 만한 관찰을 하기 위해서는 연습이 필요하므로 교사는 학생을 관찰하는 연습을 게을리하지 말아야 한다고 말한다.

학생을 이해하는 또 하나의 방법은 측정이다. 학생의 흥미와 정신적·신체적 발달 사이에는 밀접한 관계가 있으므로 정신적·신체적 성숙도를 측정하라고 추천한다. 아울러 각 연령별로 성취도를 측정하면 커리큘럼의 적합도를 결정하는 자료가 된다고 말한다.

학생을 이해하는 세 번째 방법은 '정서적 안정감'과 '사회적, 도덕적 행동'을 조사하는 것이다. 『커리큘럼 지침』이 작성되는 시점이 6·25 직후인 관계로 저자는 학생들이 전쟁에서 어떤 충격적인 경험을 했는지, 그로 인해 어떤 이상행동을 보이는지를 조사할 것을 추천한다. 구체적인 조사도구로 투사법을 통한 성격검사, 흥미도 검사, 자아개념 검사 등을 제시한다.

학생을 이해하고 커리큘럼의 효과를 알아내기 위한 네 번째 방법으로 밀람은 실험을 제안하고 있다. 이를 위해 당시 교육부와 중앙교육연구소가 지정한 '연구학교'를 적절히 활용할 것을 제안한다. 무엇보다 교사들이 '탐구 태도'를 가지도록 훈련하는 일이 필요하다고 역설한다.

이어서 밀람은 커리큘럼이란 결코 교과서로 축소될 수 없는 것으로 정태적인 것이 아니라 동태적인 것이라는 점을 강조한다. '경험 커리큘럼'을 받아들였다는 것은 학생의 개인차와 다양성을 인정한다는 것임을 잊지 말아야 한다고 힘주어 말한다.

이러할 때 자연스레 제기되는 질문은 '학생의 개인차와 다양성을 존중하면 학교를 운영할 때 혼란스럽지 않을까?'이다. 저자 밀람은 이 질문에 대해 다음과 같이 답한다. 첫째, 인간은 차이보다는 유사성을 훨씬 많이 가지고 있다. 둘째, 학생과 학교 모두 동일한 문화의 소산이기 때문에 큰 혼란이 일어나지 않는다.

커리큘럼의 목적을 결정할 때는 교사 혼자 하지 말고, 학부모의 의견을 적극 청취하라고 권한다. 한 예로서, 밀람은 어느 학부모 토론회에서 '우리는 부모 의견에 따라 중매결혼을 했지만, 우리 자녀들은 스스로 배우자를 결정하게 해야 합니다'라는 말을 들었다면서, 이러한 학부모의 의견이 커리큘럼의 목적에 적극 반영되어야 할 것이라고 말한다. 아울러 졸업생을 대상으로 추후 연구를 하여 커리큘럼의 목적을 적절히 수정할 필요도 있다고 첨언한다.

이처럼 교사는 커리큘럼의 목적을 변경할 때 학부모, 학생에게서 정보를 수집하고 해석하는 역할을 한다. 그럼, 상급학교 진학에 도움이 되도록 커리큘럼을 운영해 달라고 학부모들이 요구할 경우 교사는 어떻게 해야 하는가? 학부모의 요구에 따라, 현행처럼, 영어를 가르칠 때 문장과 문법을 지겹게 분석하는 일을 계속해야 하는가?

이러한 문제에 부딪치면 교사는 '보다 나은 커리큘럼'의 정착을 위해 적극적으로 행동해야 한다면서 다섯 가지의 행동지침을 제안한다. 첫째 한 목소리를 내라. 둘째, 대안을 제시하라. 셋째, 객관적인 자료를 수집해 제시하라. 넷째, 소위 일류학교가 꼭 모든 학생을 위한 학교가 아님을 학부모에게 설명하여 알게 하라. 다섯째, 당면한 문제를 솔직하고 충분하게 설명하여 학부모의 태도 변화를 이끌어내라.

④ 학생에게 제공할 경험 선정 요령에 대해 논의하다: 제4장

제4장의 제목은 '목적달성을 위한 배움 활동 결정하기'다. 타일러(Tyler)식으로 표현하면, '학습경험의 선정'이다. 저자는 앤지 L. 애덤스(Angie L. Adams)인데, 이 저자의 이력도 알 길이 없다.

앤지 애덤스는 배움은 경험에서 나오는 법인데, 한국 학생들은 학교에서 단어와 개념을 그 의미도 제대로 파악하지 못한 채 그저 반복하여 암기하고 있다고 말한다. 흙더미에서 미끄럼을 타는 학생, 짚더미에서 전쟁놀이를 하는 학생들이 많이 보았는데, 교사는 학생의 이러한 경험을 수업에서 활용해야 한다고 말한다.

앤지 애덤스는 교사가 학생에게 제공할 수 있는 경험을 '직접경험'과 '간접경험'으로 구분한 다음, '직접경험'의 유형으로 자연 경험, 사회적 경험, 노작활동, 교내 봉사활동, 교외 봉사활동 등의 다섯 가지를 제시한다. '간접경험'으로는 지역사회 자원 활용, 시청각 자료, 연극·미술·음악·문학을 통한 창조적 표현, 독서자료 등의 네 가지를 제시한다.

이어서 앤지 애덤스는 오직 학생만이 경험을 교육적인 것으로 만들 수 있다고 말한다. 이 말은 교사가 활동을 계획하고, 실행하고, 평가할 때에 학생이 적극적으로 참여해야 한다는 뜻이다. 계획과 실행, 평가 단계에서 학생의 참여가 없는 활동은 결코 교육적 경험이 될 수 없다는 것이다. 다른 말로 표현하면, 학교가 '민주적'으로 운영되어야 한다는 뜻이다.

달성하기를 희망하는 목적을 위해 어떤 구체적인 활동을 선택할 때에 교사가 물어야 할 질문으로 네 가지를 제시한다. 첫째, 이 활동이 최선의 수단인가? 둘째, 이 활동이 학생의 흥미, 성숙도, 배경, 곤란도에 비추어 볼 때 적합한가? 셋째, 이 활동을 쉽게 수행할 수 있는가? 넷째, 이 활동을 수행할 시간을 확보할 수 있는가?

교사가 계획한 활동 또는 교사와 학생이 협력하여 계획한 활동은 학생에게 의미가 있어야 한다. 어떤 활동이 학생에게 의미 있게 다가가게 하려면 어떻게 해야 하는가? 앤지 애덤스는 이 질문에 세 가지로 답한다. 먼저, 학생이 그 활동을 할 준비가 되어 있는지를 확인해야 한다. 학생의 준비성은 직접적인 관찰, 토론, 학생의 발언 등을 통해 확인 가능하다. 둘째, 현재의 활동과 학생의 전반적인 흥미 또는 현 단원과의 관계를 검토해야 한다. 마지막으로, 최대의 가치를 얻도록 '교실 내 시설물'과 '배울 내용'을 조직하고 배열해야 한다. 예를 들어, 책걸상과 같은 교실 내 시설물을 집단토의하기 편하게 쉽게 이동, 배열할 수 있다면 집단토의가 활성화될 것이다. '경험커리큘럼'을 따르는 학교에서는 '배울 내용'이 '경험 단위'(Units of Experience)로 조직되는데, 이때 학생들이 일상생활에서 늘 접하는 것, 정말 흥미를 느끼는 것이 이 속에 들어가야 한다.

'경험 커리큘럼'에 따른 수업은 대개 '소집단'을 구성하여 진행된다. '소집단' 활동은 크게 4단계로 이루어진다. 첫째는 '토의' 단계로서 해결해야 할 문제를 진술 명료화하는 단계다. 저학년에서는 토론 리더를 교사가 맡을 수 있지만, 고학년에서는 학생이 맡는 것이 좋다. 여기서 가장 중요한 것은

'모든' 학생이 진지하게 참여하도록 하는 것이다. 둘째는 '계획' 단계로서 설정한 목적을 달성할 방법을 찾는 단계다. 셋째는 '실행' 단계로서 각자가 맡은 역할을 수행하는 단계다. 이때 교사는 학생들의 활동을 관찰하면서 격려하는 것이 좋다. 각 소집단이 수행할 결과물을 다른 소집단, 옆 반, 학부모를 초대하여 보여주는 것은 학생들에게 큰 만족감을 준다. 마지막 넷째는 '평가' 단계인데, 이는 사실 소집단 프로젝트 맨 마지막에서만 이루어지는 것이 아니라 프로젝트 내내 지속적으로 이루어지는 것이라고 봐야 한다. 평가를 통해 학생들은 자신이 미처 보지 못했던 것을 볼 수 있게 된다.

⑤ 커리큘럼을 조직하는 원리에 대해 논의하다: 제5장

제5장의 제목은 '커리큘럼 조직하기'다. 타일러(Tyler) 식으로 표현하면, '학습경험의 조직'이다. 저자는 버거 미크스볼(Birger Myksvoll)인데, 이 저자의 이력도 알 길이 없다.

저자는 '경험 커리큘럼'의 대표적인 특징으로 융통성, 허용성, 다양성을 꼽는다. 이는 하나의 커리큘럼을 만들어 모든 학교에 획일적으로 보급하려 해서는 안 된다는 말이다. '경험 커리큘럼'은 한 학교에서 다른 학교로 그대로 이식되는 것이 아니다. 다른 학교 커리큘럼을 참조할 수는 있겠지만, 이는 각 학교가 처한 상황에 맞게 변형되어야 한다.

'경험 커리큘럼'을 만드는 작업이 융통성과 다양성을 존중하니, '어느 것도 좋다'는 말인가? 버거 미크스볼은 제5장에서 바로 이 의문에 대한 답을 제시한다. 달리 말하면, '민주주의를 지향하는 한국 학생들에게 가장 의미 있는 학습경험 조직 방식은 어떤 것일까?'에 대하여 논의한다.

첫째, '경험 커리큘럼'은 '자연적'으로 조직해야지 '인위적, 학문적'으로 조직해서는 안 된다. '교과 커리큘럼'을 조직할 때는 흔히 '학문적'으로 조직한다. 예를 들면, 동물원에 있는 동물에 대하여 가르칠 때 동물들을 '○○○과 (예, 고양이 과)'로 분류하여 가르친다. 이때 '○○○과'는 하나의 '주 항목(Main Item)'이 된다. 그러나 '경험 커리큘럼'을 조직할 때는, '집에서 기르는 동물', '산에 사는 동물'처럼 '자연적'으로 조직한다. 이때 '집에서 기르는 동물'은 하나의 단원(Unit)이 된다. 흔히 '학문적'으로 조직해서 배워야 사실을 이해하기 쉽다고 말하는데, 이는 '학문적 미신'이다. 버거 미크스볼은 '학문적'으로 조직하여 가르치면 단편 사실을 암기하기는 쉬우나, 심층적으로 이해하지는 못한다고 말한다.

둘째, '경험 커리큘럼'은 교과와 교과의 통합, 교과와 학교 밖 아동의 삶의 통합을 중시해야 한다. 실제 삶이 아니라 실제 삶의 복사물로 구성되는, 어른이 일방적으로 만들어 아동에게 던져주는 '교과 커리큘럼'은 종종 고립된 '섬'이 되고 만다. 여기서는 교과와 교과 간에도, 교과와 아동의 실제 삶과도 서로 연결이 일어나지 않는다. 이러한 '교과 커리큘럼' 아래서 교사는 교과목의 '수호자' 역할을 할 뿐이다. 이와는 대조적으로 '경험 커리큘럼'은 아동의 경험과 교과목을 통합하여 아동에게 의미를 주려고 노력한다. 따라서 '경험 커리큘럼' 아래서 교사는 아동의 '안내자', 아동의 삶과 지식의 통합을 돕는 '조력자' 역할을 하게 된다.

이처럼 교사가 '경험 커리큘럼'을 도입하여 '안내자', '조력자' 역할을 하고자 할 때 사용하는 '통합의 방법'에는 몇 가지가 있다. 첫째는 서로 관련 있는 교과를 묶어서 하나의 새로운 과목으로 만드는 방법인데, 이를 '광역 커리큘럼'(Broad-Fields Curriculum)이라 부른다. 예를 들면, 역사, 지리, 시민생활(Civics)을 묶어 '사회'(Social Studies)로 만드는 것이 여기에 해당한다. 둘째는 전통적인 교과목의 벽을 허물고, 학생의 흥미와 관심이 반영된 문제를 중심으로 커리큘럼을 통합하여, 보편적으로 필요한 기능, 지식, 가치를 기르려는 방법인데, 이를 '중핵 커리큘럼'(Core Curriculum)이라 부른다. 1955년 현재 이 '중핵 커리큘럼'은 실험단계로서, 교사들이 제대로 실천하고 있는지는 확실치 않다고 저자 버거 미크스볼은 언급한다. 셋째는 커리큘럼을 미리 정하지 않고 학생이 다루기를 원하는 문제에서 커리큘럼을 도출하는 방법인데, 이를 '현성 커리큘럼'(Emergent Curriculum)이라 부른다. 이 '현성 커리큘럼'을 따를 때 대표적으로 사용하는 방법이 윌리엄 킬패트릭(William Kilpatrick)이 1918년에 주창한 '프로젝트법'이다. 만일 어느 학생이 "겨울을 따뜻하게 지냈으면 하는데 왜 우리는 나무를 싼값에 구할 수 없죠?"라는 질문을 한다면, 이 질문에서 시작하여 '산림녹화'할 방법을 찾아 몇 주를 보낸 다음, '나무심기' 프로젝트 시작할 수 있다는 것이다. 버거 미크스볼은 '현성 커리큘럼'은 결코 게으른 교사에게 적합한 방법이 아니고, 철저히 준비하고 기발한 아이디어를 내는 교사에게나 적합하다는 코멘트도 잊지 않는다. 넷째는 학생이 집에서 겪는 문제를 중심으로 커리큘럼을 통합하는 방법인데, 이를 '통합적 주제 중심 커리큘럼' 또는 '가정 중심 커리큘럼'이라 부른다. 이 방법을 따를 때 나타날 수 있는 위험은, 그 주제가 '교과 커리큘럼'의 교과처럼 부자연스러울 수 있다는 점이다.

셋째, '경험 커리큘럼' 구현을 위해 커리큘럼을 통합하고자 할 때 학습자의 신체적, 정신적, 경험적 성숙도를 반드시 고려해야 한다. 이를 흔히 '준비성'이라고 부른다. 어떤 내용을 어떤 학년에서 가르쳐야 '최적'인지를 알아내는 일은 결코 쉬운 일이 아니지만, '경험 커리큘럼'을 조직할 때 이 '준비성'을 고려하는 일은 매우 중요하다. 학생의 '준비성'은 결코 '정적인' 것이 아니고, 교사가 사용하는 방법에 따라 달라지는 '동적인' 것임을 명심할 필요가 있다.

넷째, '경험 커리큘럼'을 조직할 때에 고려해야 할 마지막 사항은 '학생에게 교육 경험을 선택할 자유를 어느 정도 허용해야 하는가?'의 문제이다. 달리 표현하면, 무엇을 필수로 하고 무엇을 선택으로 할 것인가의 문제다. 이 문제에 대한 답으로 버거 미크스볼은, 오랜 왕정과 식민지 시대, 그리고 전쟁을 막 끝낸 한국이 민주주의를 지향하고 있으므로, 민주주의의 발전과 정착에 도움이 되는 것 다섯 가지 정도를 '공통학습' 내용으로 설정할 필요가 있다고 말한다. 첫째, 인간의 존엄성에 관한 것은 필수로 가르쳐야 한다. 타인을 존중하고 배려하는 것을 가르쳐야 한다는 말이다. 둘째, 학생에게 자긍심과 효능감을 가르쳐야 한다. 전쟁을 막 끝낸 한국에서 힘든 시간을 보내고 있는 학생들에게 자긍심과 효능감을 길러주는 일은 매우 중요하다. 셋째, 권위에 무조건 복종하기보다는 원칙과 규칙에 근거해 자신의 소신·주장을 펴는 법을 가르쳐야 한다. 스스로 결정할 수 있어야 책임도 질 수 있는 법이다. 넷째, 한국인은 육체노동에 대한 태도를 획기적으로 바꿀 필요가 있다. 이를 위해 한국의 모든 학교에서 농부, 어부, 공장 노동자 등의 육체노동자를 존중하는 태도를 가르쳐야 한다. 다섯째, 민주주의를 지향하는 한국이 경쟁보다 협동을 추구한다면, 서로 협동하는 능력을 학교에서 학생에게 가르쳐야 한다. 학급 규모가 아주 큰 경우라도 교사는 조별활동을 활성화하여 학생이 협동심을 기를 기회를 제공해야 한다.

⑥ 경험 커리큘럼이 제대로 작동하는지를 평가하는 방법을 논의하다: 제6장

제2부의 마지막 장인 제6장의 제목은 '커리큘럼 평가하기'다. 저자는 샐리 B. 마크스(Sallie B. Marks)인데, 이 저자의 이력도 알 길이 없다. 이 제6장의 내용은 타일러(Tyler)의 논리 맨 마지막 단계인 '평가'와 언뜻 보기에는 동일하나 내용을 살펴보면 전혀 다르다. 타일러가 말하는 평가는 교육목표 달성 정도를 평가하는 것이지만, 여기서 샐리 B. 마크스가 말하는 평가는 커

리큘럼이 제대로 작동하는지를 평가하는 것이다.

샐리 B. 마크스는 만일 학교가 아동, 청소년에게 의미 있는 경험을 통해 성인세대가 지고 있는 책임과 특권을 이어받을 수 있도록 준비시키는 일을 잘하고 있으면 이는 교육을 잘하고 있는 것이라고 말한다. 달리 표현하면, 민주사회에서 가장 가치 있는 자원은 교육받은 시민이므로 학교가 커리큘럼을 통해 민주시민을 잘 기르고 있으면, 그 커리큘럼은 제대로 작동하고 있다고 판단할 수 있다는 것이다. 학생들이 민주시민으로 성장하려면 학교에서 '공익' 또는 '공동선'의 한계 내에서 '사상의 자유'와 '표현의 자유'를 체득할 기회를 가져야 한다.

'민주시민'을 기르는 일은 학교에만 맡기기에는 너무 큰 작업이다. 이 작업을 성공적으로 수행하려면 교사, 학부모, 지역사회가 협동해야 한다. 학부모는 특히 학생이 집에서 어떤 행동을 하는지를 누구보다도 잘 아는 사람이다. 학생이 책임감이 강한지, 타인의 권리를 존중하는지, 학교생활을 행복해 하는지, 좋은 습관을 가지고 있는지, 숙제 때문에 피곤해하지는 않는지, 학교에서 배운 것을 활용해 일상의 문제를 해결하고 있는지 등을 가장 잘 알고 있는 사람이 학부모다. 따라서 교사는 학부모와 협동해야 한다. 학부모의 학교 참여를 귀찮아해서는 안 된다. 학생을 교육하는 일은 교사만의 일이 아니라 모든 사람의 일이라는 생각을 가져야 한다.

교사와 학부모가 '경험 커리큘럼'이 제대로 작동하고 있는지 아닌지를 '평가'하는 것은 자연스럽다. 이와 같은 '평가'는 그 사회가 중요하다고 생각하는 가치가 '목표'라는 이름으로 커리큘럼에 제대로 반영되어 있는지를 살피게 만든다. 또한 평가는 '목표'에 도달하기 위해 교사가 '계획'을 적절하게 세워 실천하고 있는지 아닌지도 반성하게 만든다. 그런데 이러한 '경험 커리큘럼에 대한 평가' −설정된 목표와 그 실천 계획의 적절성, 그리고 그 계획에 따른 결과물을 평가하는 일- 는 교사 홀로 수행할 작업이 아니고 지역 사회 전체가 참여하여 수행할 작업이다. 따라서 경험 커리큘럼 평가 작업 자체가 학교에서 민주적 과정을 강화하는 역할을 한다.

교사가 학부모와 협력하여 '경험 커리큘럼'을 '평가하는 프로그램'을 만드는 것은 '경험 커리큘럼'을 개선하려는 데 그 목적이 있다. 따라서 '평가 프로그램'을 수립할 때 주의를 기울여야 할 학교 내 문제를 찾는 것은 매우 중요하다. 예를 들면, '개인차를 충분히 고려하고 있는가?'와 같은 문제가 주의를 기울여야 할 문제로 등장할 수 있을 것이다. 이와 같은 주의를 기울여야 할 문제가 확인되면, 교사는 이에 대한 설문지를 학부모용, 교사용, 학생용으로 구분·작성하여 조사를 진행하게 된다. 이러한 설문지 이외에 교사가 '경험 커리큘럼'의 효과를 파악하기 위해 사용할 수 있는 수단으로는 교사가 제작한 시험 문제, 학생 관찰 및 면담, 여러 가지 일화, 학생이 쓴 글, 학생의 자기 평가, 학부모 면담 등이 있다.

민주주의를 지향하는 한국에서, '경험 커리큘럼'의 성공여부는 상당한 시간이 지나야 판단할 수 있다. 만일 학생이 성인이 되어 선출직 공무원을 뽑는 선거에서 현명하게 행동한다면, 선출된 공직자가 그 직무를 제대로 수행하도록 지원하거나 감시한다면, 기꺼이 선출직 공무원이 되어 그 직무를 훌륭하게 수행한다면, 이는 '경험 커리큘럼'이 제대로 작동한 결과로 봐도 될 것이다. 한 마디로 '경험 커리큘럼'을 통해 '민주시민성'이 길러졌다면, '경험 커리큘럼'이 제대로 작동한 것으로 판단해도 된다. 이는 시험으로 구성된 평가가 제공하는 결과물보다 훨씬 훌륭한 결과물이라고 샐리 B. 마크스는 말한다.

3.『커리큘럼 지침』에 대한 해석 및 평가

지금까지 제3차 교육사절단이 집필한 『커리큘럼 지침』의 제1부와 제2부를 장별로 기술하였다. 벤저민 일행이 우리나라의 커리큘럼 개선을 위해 제안한 내용을 요약하면 이렇다.

첫째, '경험 커리큘럼'이 '교과 커리큘럼'보다 우수하다. '교과 커리큘럼'은 타 학교 것을 모방할 수 있지만, '경험 커리큘럼'은 모방할 수 없다. '경험 커리큘럼'은 학생에 대한 이해·지식을 바탕으로 각 학교에서 직접 만들어야 한다. 교사가 학생에 대한 지식을 가지려면 관찰, 측정, 실험 등의 과학적 방법을 사용하여야 한다. 이를 위해 교사양성기관에서는 이러한 연구방법을 가르쳐야 한다.

둘째, 커리큘럼을 편성할 때는 5단계를 따르는 것이 좋다. 이 5단계는 명료한 인간상 진술, 학교가 기르고자 하는 태도·능력·기능 결정, 경험의 선정, 경험의 조직, 커리큘럼 평가 등이다. 이 5단계에 따라 커리큘럼을 편성할 때 흔히 범하는 오류 다섯 가지가 있는데, 도구의 오류, 경험획일화의 오류, 단편화의 오류, 학습자 도외시의 오류, 우선순위의 오류 등이 바로 그것이다.

셋째, 커리큘럼의 목적을 결정할 때에 교사 혼자 결정하지 말고 학부모와 학생의 의견을 적극 구해야 한다. 학부모와 학생이 '교과 커리큘럼'보다 한층 나은 커리큘럼인 '경험 커리큘럼'을 제대로 이해하지 못한 채 현 상태를 유지해달라고 요청하면, 모든 교사가 한 목소리를 내어 학생과 학부모를 적극적으로 설득하여 태도 변화를 이끌어내야 한다.

넷째, 교사가 학생들에 제공할 경험은 직접경험과 간접경험으로 나눌 수 있다. 어떤 경험을 선택하든지 간에, 활동을 계획, 실행, 평가하는 단계에서 학생을 적극 참여시켜야 한다. 교사가 일방적으로 결정하여 학생에게 제시하는 방식은 바람직하지 않다. 다른 말로 표현하면, 학교나 학급이 민주적으로 운영되어야 한다.

다섯째, '경험 커리큘럼'을 조직할 때는 '자연적'으로 해야지, '교과 커리큘럼'처럼 '인위적'으로 해서는 안 된다. 동물에 대해 가르칠 때, 'ㅇㅇㅇ과(예, 고양이 과)'식으로 분류하여 가르치는 것은 '인위적' 또는 '학문적' 조직방식이고, '집에서 사는 동물', '산에서 사는 동물'식으로 조직하는 것은 '자연적' 조직 방식이다.

여섯째, '경험 커리큘럼'을 운영하기 위해 기존의 분절적인 교과를 통합하여 가르치는 것이 좋다. 이 통합방법에는 네 가지가 있다. 첫째는 광역 커리큘럼으로서 서로 관련 있는 교과를 묶어서 가르치는 방법이다. 둘째는 중핵 커리큘럼으로서 학생의 흥미관심이 반영된 문제를 중심으로 커리큘럼을 통합하는 방법이다. 셋째는 현성 커리큘럼으로서 커리큘럼을 미리 정하지 않고 학생이 다루기를 원하는 문제에서 커리큘럼을 도출하는 방법이다. 넷째는 가정 중심 커리큘럼으로서 학생이 집에서 겪는 문제를 중심으로 커리큘럼을 통합하는 방식이다.

일곱째, 한국이 민주주의를 지향하고 있으므로, 민주주의의 발전과 정착에 도움이 되는 다음과 같은 다섯 가지 -타인을 존중하고 배려하기, 학생의 자긍심과 효능감 고취하기, 권위에 무조건 복종하지 않고 비판적으로 사고하기, 육체노동을 아래로 보는 인식 바꾸기, 경쟁보다 협동심 기르기-는 공통 필수로 가르치는 것이 좋다.

여덟째, '경험 커리큘럼'이 제대로 작동하고 있는지 아닌지를 평가하는 일은 교사뿐만 아니라 학부모와 지역사회 전체가 참여하여 수행해야 한다. 또한 '경험 커리큘럼'의 효과를 성급히 판단하려는 태도는 바람직하지 않다.

학생이 어른이 될 때까지 판단을 미루어야 한다.

위와 같이 8가지로 요약할 수 있는, 벤저민을 단장으로 한 11명의 제3차 미국교육사절단이 제안한 내용은 그것이 1955년에 쓴 글이라고는 믿기지 않을 정도로 오늘날 혁신학교에서 논의하고 있는 내용과 유사하다. 혁신학교에서 추구하는 것은 학교 내 의사결정 구조를 민주적인 방식으로 바꾸기, 교사가 업무처리 하느라 지치지 않게 하기, 수업을 교사 중심에서 학생 중심으로 바꾸기, 학생이 교과서로만 공부하지 않고 다양한 체험을 할 수 있도록 학교 커리큘럼 풍부히 하기, 학교와 학부모와 지역사회 간의 친밀한 관계 형성하기 등이다.[8] 오늘날 우리의 교실에서 활발하게 논의되고 있는 내용이 1950년대 중반에 작성된 문서에 그 원형이 고스란히 들어있음이 놀라울 뿐이다. 특히 커리큘럼 목적을 결정하는 작업과 커리큘럼을 평가하는 작업은 학교만의 단독작업이어서는 안 되고 학생·학부모·지역사회의 협업이어야 한다는 제안은 지금도 대부분의 우리 학교에서 미래형이다.

우리의 1인당 국민소득이 65달러였던 1955년에 작성된 글이 1인당 국민소득 3만 달러를 넘어선 오늘날 읽어도 전혀 어색하지 않고, 역사서가 아니라 예언서로 다가옴을 우리는 어떻게 해석해야 할까? 벤저민 일행은 시대를 앞선, 당시 우리 현실에 맞지 않는 개혁안을 제안한 것일까?

나는 그렇게 보지 않는다. 벤저민 일행이 관찰한 당시 우리의 교실 수업의 모습은 암기의 강요였다. 시험에서 높은 점수 맞는 것이 최상의 목표였다. 참된 배움은 뒷전이었다. 사절단의 한 명은 자신이 관찰한 당시 수학 수업의 모습을 이렇게 기록했다.

대부분의 학생들은 심한 긴장 속에서 교사가 칠판에 적는 내용을 미친 듯이 ―물론, 때로는 틀리게― 아주 미친 듯이 노트에 베끼고 있었다. 왜 이 아이들은 긴장해서 미친 듯이 베끼고 있는가? 수학의 의미를 배우기 위하여, 수학의 힘을 음미하기 위하여, 수학의 미를 감상하기 위하여 그렇게 하는가? 아니다. 외우기 위해서다. 어째서 외울 필요가 있다고 생각하는가? 의미 있는 수학을 배우기 위해서인가? 아니다. 시험에 합격하기 위해서다.[9]

이러한 상황을 개선하기 위하여 벤저민 일행이 제안한 '경험 커리큘럼'은 아마 그들이 당시 제안할 수 있는 최선책이었을 것이다. 사실 벤저민 일행이 제안한 '경험 커리큘럼'은 1955년 당시 우리의 교육자들에게 생소한 것이 전혀 아니었다. 오천석을 중심으로 하는 우리 선배 교육자들은 1945년 광복 직후부터 존 듀이의 사상에 기초를 둔 '경험 커리큘럼'을 근간으로 하여 학교를 개혁하려고 부단히 노력해오고 있었다.[10] 따라서, 벤저민 일행이 수행한 작업은 오천석 등이 수행해오던 작업을 뒷받침하는 성격이 짙었다. 외국 전문가의 의견에 더 권위를 부여하고 귀를 기울이는 측면이 우리 문화에 있음을 감안할 때, 벤저민 일행의 제안은 분명 오천석 등이 주장하던 '경험 커리큘럼'에 힘을 실어주었음이 분명하다.

그럼에도 불구하고, 벤저민 일행이 제안한 '경험 커리큘럼'은 '교과 커리큘럼'의 벽을 넘지 못했다.[11] 교사가 교과서의 내용을 학생에게 전달하는 것이 수업이라는 고정관념을 극복하지 못하였다. 교과서의 내용을 암기하는 것이 배움이라는 고정관념도 넘지 못했다.

벤저민 일행이 '경험 커리큘럼'의 확산을 위해 도입한 용어들(예, 단원, 지능 검사, 적성 검사, 가정환경조사, 연구대회, 관찰과 실험)은 살아남아 우리에게 매우 친숙한 용어가 되었다. 하지만 이런 용어들은 그것이 도입된 맥락에서 분리되었다. 예를 들면, '단원'으로 번역되는 Unit라는 용어는 '경험 커리큘럼'에서 일련의 활동을 묶는 용어로 도입되었지만,[12] 이 용어는 그 후 '교과 커리큘럼'의 여러 토픽(Topic)을 묶는 용어로 사용되었다. 다시 말하면, '단원'이 '교과 커리큘럼' 밑에서 몇 개의 과를 묶는 용어로 변질된 것이다. 한 마디로 '개념과 용어의 분리', 그리고 '용어의 오 고착'이라고 부를만한 현상이 나타난 것이다.

교사들은 지금도 개념에서 분리된 용어를, 오 고착된 용어를 아무런 생각 없이 교실에서 사용하고 있다. 누군가는 이런 용어를 자세히 밝히는 작업을 수행해야 할 것이다. 이런 용어를 자세히 밝히는 작업은 '경험 커리큘럼'의 정착을 위해 노력하고 있는 전국의 수많은 교사에게 사고를 명료화하는 데 도움을 줄 것이다.

제8장. 제3차 미국교육사절단이 제안한
『커리큘럼 지침』의 각론에 대한 교육평설

제8장은 제7장의 후속편이다. 제7장에서는 제3차 미국교육사절단이 우리나라를 떠나면서 우리에게 '선물'이라며 남긴 『커리큘럼 지침』의 '총론'에 대한 교육평설 작업을 수행하였다. 제8장에서는 『커리큘럼 지침』의 '각론'의 내용을 기술, 해석, 평가한다.

1. 『커리큘럼 지침』의 각론에 대한 기술

『커리큘럼 지침』의 각론은 「필요한 커리큘럼 개정」이라는 제목이 붙은 이 책의 제3부에 들어있다. 『커리큘럼 지침』의 제3부의 내용을 표로 정리하면 다음 〈표 1〉과 같다. 『커리큘럼 지침』의 제3부에는, 지금은 없어진 '교련'이라는 교과를 제외하면, 총 10개 교과의 커리큘럼 개정안이 기술되어 있다. 그럼 지금부터 『커리큘럼 지침』의 제3부의 내용을 교과별로 살펴보도록 하자.

1) 국어교과 커리큘럼에 대해 설명하다: 제7장

제7장은 Language Arts 교과의 커리큘럼 설명이다. Language Arts를 일

7장 국어	1. 국어의 중요성 2. 국어 프로그램 작성법 3. 국어과 보조교재인 책 4. 말하기와 듣기 5. 쓰기	8장 예술	1. 미술은 실용적인가? 2. 예술활동에서 자유의 위치 3. 예술재료와 용품 4. 중등학교, 직업학교의 예술경험 5. 예술경험은 넓고 다양해야 함 6. 음악은 고립된 예술이 아님 7. 예술경험은 실용적이다.
9장 도덕 사회과 교육	1. 도덕·사회과 교육의 몇 가지 원리 2. 교사의 임무 3. 학교의 임무 4. 사회교과의 임무 5. 통합의 문제 6. 한국문화사 연구의 필요성 7. 사회과학이라는 학문 8. 사회과 교수법 9. 결과물 평가 10. 국가의 임무	10장 수학	1. 수학의 유용성 2. 수학의 재료 3. 아동은 행한 대로 배운다 4. 아동은 좋아하는 것을 배운다 5. 수학을 유의미하게 만드는 법 6. 가르칠 것을 결정하는 기준 7. 한국에서 수학의 필요성 8. 개선된 수학 프로그램
11장 자연과학	1. 리더쉽 개선하기 2. 과학교사 양성 3. 학생이 과학을 배우게 돕기	12장 기술 교육	1. 사실과 이해 2. 초등학교의 실과교육 3. 직업 중등학교 4. 전문 직업교육 5. 농과대학 6. 공과대학 7. 의과대학 8. 상과대학 9. 법과대학 10. 사범학교, 사범대학
13장 보건 체육 교련	1. 이 장의 목적 3. 한국에서 안전교육의 목적 5. 안전교육 프로그램 평가	2. 극복해야 할 주요 장애물 4. 한국 안전교육이 당면한 문제에 대한 해결책	

찍이 일본에서 '국어'라고 번역하였고, 우리도 이 '국어'라는 번역어를 사용하고 있지만, 사실 '국어'라는 번역어보다는 '언어 기술'이라는 번역이 더 낫다. 어쨌든 전통에 따라 이 글에서도 '국어'라는 번역어를 사용하되, 필요한 경우는 '언어'라는 용어를 사용한다.

제7장의 저자는 노라 E. 보이스트(Nora E. Beust)이다. 보이스트는 서울 삼청초등학교 2학년 학생이 미국 조지아 주 밀리지빌에 사는 초등학교 2학년 학생에게 보낸 영문 편지를 소개하면서 국어는 의사소통 기술을 가르치는 아주 중요한 교과라고 말한다. 영문 편지 내용은 학용품을 보내준 미국 학생에게 우리나라 동완이라는 학생이 감사하는 마음을 담은 것이다. 번역하면 이렇다.

> 우린 서로 보지도 이야기 나누지도 않은 사이지만 우리에게 좋은 선물 보내줘서 고마워.
> 우리는 너희들이 보낸 선물로 글을 쓰기도 하고 그림을 그리기도 하면서 예전보다 훨씬 재미있게 공부하고 있단다. 우린 훌륭한 어른이 되어 우리나라를 위해 일할 거야. 잘 있어. 동완.[1]

보이스트는 또한 국어교과가 다른 교과를 공부하는 데 반드시 필요한 도구교과임을 잊지 말아야 한다고 강조한다. 예를 들면, 국어는 과학, 수학, 사회교과를 공부하는 데 큰 도움이 된다는 것이다.

보이스트는 국어 프로그램 작성법으로 여섯 가지를 제시한다.

첫째, 일상생활의 필요와 경험과 관련지어 국어가 중요하다는 것을 깨닫게 하라. 둘째, 국어의 중요성을 깨달을 수 있는, 학생이 개인 또는 집단으로 참여하는 기회를 학생에게 많이 제공하라. 셋째, 국어 구사력 숙달이 왜 중요한지 학생들이 말귀를 알아듣자마자 강조하라. 넷째, 학생에게 국어의 네 가지 요소(읽기, 말하기, 듣기, 쓰기)에 대한 평가 능력을 길러줘서 학생이 스스로 자신의 읽기, 말하기, 듣기, 쓰기에 대한 기준을 세우도록 하라. 다섯째, 순서를 정해서 이를 따르며 가르치라. 여섯째, 학생 각자의 필요를 늘 세심히 살피라.

국어시간에 교사는 학생에게 고전을 읽으라고 권한다. 고전을 읽히는 것은 좋으나, 고전에 관심과 흥미가 없는 학생에게는 강요하지 말아야 한다. 그런 학생에게는 그가 원하는 책을 읽도록 하는 편이 낫다.

보이스트에 의하면 말하기와 듣기는 교사가 반드시 가르쳐서 학생에게 길러주어야 할 기능이다. 교사는 말하기와 듣기 시간에 학생이 분명하게 의사소통하는 능력, 적절한 어휘를 선택하는 능력, 타인의 말을 이해하는 능력, 남의 말을 비판적으로 듣는 능력 등을 가르쳐야 한다. 보이스트는 말하기와 듣기를 가르칠 때 사용할 수 있는 방법으로 연극 활동과 패널 토론을 제안한다. 국어에서 가장 복잡한 능력인 쓰기 능력을 길러주려면 교사는 학생에게 글을 쓸 기회를 많이 제공해야 한다. 직접 글을 써 봐야 어휘를 선택하고 정보를 조직하고 의미를 분명하게 하는 능력이 향상된다.

2) 예술교과 커리큘럼에 대해 설명하다: 제8장

제8장은 예술, 즉 미술교과와 음악교과에 대한 설명이다. 저자는 메리 V. 로빈슨(Mary V. Robinson)이다. 로빈슨은 먼저 '미술(Fine Art)' 시간에 남의 그림을 따라 그리거나 물체를 예쁘게 그리도록 요구하는 것을 한국에서 많이 목격하였는데, 이는 잘못이라고 말한다. 이는 예술의 창의적인 측면을 무시하는 것으로 초등학교에서는 주전자를 정확하게 그리는 능력보다는 주전자를 그린 그림을 감상하는 능력을 길러줘야 한다.

흔히 미술은 실용적 가치가 없다고 말한다. 그러나 일반적으로 예술(Art)은 그리고 색칠하는 활동을 넘어서서 주변의 자연을 감상하는 능력을 기르는 활동이다. 이는 매우 창의적인 능력으로서 어른은 아동이 이 능력을 기르도록 경험을 계획하여 제공해야 한다.

학생들이 예술 활동을 할 때 어른이 어른의 기준으로 판단하고 비평하는 일을 금해야 한다. 어른이 어른의 기준을 강요하면 학생은 자신의 능력을 의심하게 되고 남의 눈을 의식하게 된다. 이는 창의성을 죽인다. 이때 죽은 창의성이 되살아나려면 시간이 오래 걸린다. 세계 어느 나라를 가 봐도 열두 살 아동보다는 여섯 살 아동이 창의적이다. 여섯 살 아동에겐 어른의 생각이 덜 들어있기 때문이다. 어떤 때는 도화지의 크기가 아동의 창의성을 제한하기도 한다. 따라서 교사는 학생이 도화지 크기를 선택할 기회를 줘야 한다고 로빈슨은 말한다.

로빈슨은 좋은 예술 활동 경험은 좋은 직업 활동으로 이끈다고 말한다. 학교에서 하는 예술 활동이 직업과 직접 관련을 맺고 이루어지는 것은 아니지만, 초·중·고등학교에서 예술교육을 잘 받으면 후에 건축업, 조경업, 토목업, 세균학자, 칠공예업, 목수, 요리사, 도예가 등등의 직업으로 이어질 수 있다.

예술 활동은 미술이나 음악시간에만 한정될 필요는 없다. 학생들은 모든 과목 시간에 예술 활동을 하는 것이 좋다. 사회 시간에 어느 외국에 대해서 배웠다면 학생들은 그 나라의 음악, 춤, 요리, 그림, 도자기 등을 만드는 활동을 하는 것이 좋다.

로빈슨은 음악도 말하기, 쓰기와 마찬가지로 문화 속에서 터득하는 하나의 표현방식임을 지적한다. 한국에서 어른들이 어디서나 크게 노래 부르며 노는 것은 한국의 학교와 가정에서 음악을 잘 가르치고 있다는 징표이다. 하지만 소리를 크게 내는 것이 꼭 좋은 것은 아니다. 한국 학생들은 노래 부를 때 대개 소리를 크게 내는데, 이는 다시 생각해 볼 문제다. 소리를 부드럽게 내도록 교사는 가르칠 필요가 있다. 음악을 감상하며 듣는 능력도 가르칠 필요가 있다.

로빈슨은 이 제8장을 마치면서, 미술과 음악의 가장 중요한 임무는 어린이에게 주변의 환경을 감상하도록 자극하는 것이라고 말한다. 로빈슨은 한국 사람들은 현재보다 좀 더 자주 고개를 들어 산의 아름다움을 바라볼 필요가 있고, 시골 풍경을 감상하고, 자연의 아름다운 색깔을 느낄 필요가 있다고 말한다. 미술과 음악을 통해서 한국 사람들이 그렇게 된다면 미술과 음악은 그 사명을 제대로 수행한 것이다.

3) 도덕교육과 사회교육에 대해 설명하다: 제9장

제9장은 도덕교육과 사회교육에 대한 설명이다. 저자는 엘리자베스 C. 윌슨(Elizabeth C. Wilson)이다. 윌슨은 먼저 최선의 도덕 및 사회 교육을 실시하는 문제는 한국처럼 고대로부터 내려온 규범이 변하고 있고, 최근 외침 및 내전을 겪은 나라에서는 매우 중요한 문제라고 말한다.

그러면서 학생이 사회의 규범에 따라 행동하도록 가르칠 때 참고할 만한 원리 몇 가지를 제시한다. 첫째, 아동의 모든 행동은 학습의 결과물이다. 성선설도 성악설도 아닌 백지설을 따르는 게 좋다. 둘째, 아동은 아주 이른 시기에 어떤 행동이 즐거움을 주고 어떤 행동이 고통을 주는지를 배운다. 셋째, 인간은 심리학자들이 동일시라고 부르는 기제를 통해서도 배운다. 넷째, 아동은 부모와 같은 친근한 가족 구성원의 행동 패턴을 흡수, 즉 모방하면서 배운다. 우리가 양심이라고 부르는 것도 주변에서 쉽게 접하는 환경에서 생기는 것이다. 윌슨은 인간의 특정 행동이 모방을 통해 형성되므로 어른은 행동을 조심해야 한다고 말한다. 특히 우리나라를 관찰하고 이런 지적을 한다.

부모가 딸보다 아들을 선호하면, 그 아들은 자라서 남아선호사상 및 남성우월의식을 유지하기 쉽다. 또 교사가 손재주가 좋은 학생보다 학문적으로 재능 있는 학생, 즉 공부 잘하는 학생을 주로 칭찬한다면, 이 학창시절 공부 잘했던 학생은 후에 성인이 되어 육체노동의 가치를 존중하기 어렵다.[2]

월슨은 이어서 교사가 아동에게 성숙한 윤리 규범과 행동을 내면화시키고자 할 때 주의할 사항 몇 가지를 제시한다. 첫째, 교사는 아동을 지도할 때 사랑의 중요성을 반드시 이해해야 한다. 아동은 자신을 진심으로 사랑하는 사람을 기쁘게 하려 하고 모방하기 때문이다. 둘째, 학생을 진심으로 사랑하는 것은 학생의 뜻을 다 받아주는 것을 의미하지 않는다. 위험한 행동, 타인에게 피해를 주는 행동에는 제한을 가해야 한다. 그렇지만 이때도 처벌보다는 자신감을 키워주는 긍정적인 말을 해야 한다. 셋째, 교사는 말과 행동에 일관성을 유지해야 한다. 넷째, 도덕교육은 모든 교과를 포함하여 학교생활 전반에 걸쳐 실시되어야 한다.

월슨은 사회교과(Social Studies)가 도덕교육과 민주시민교육을 실시하는 일차적인 도구라고 말하면서 우리나라 학교에서 강조해야 할 것 다섯 가지를 열거한다. 첫째, 학생의 잠재력을 최대치 실현하도록 고안된 다양한 경험을 제공하라. 둘째, 학생이 타인의 권리와 개인의 독특함(Individuality)을 존중하도록 하라. 셋째, 협동의 가치를 배우도록 가르치라. 넷째, 학생이 자기 고장, 국가, 세계 문제를 해결할 책임이 있음을 가르치라. 다섯째, 위에 열거한 원리를 학생이 실제 실천할 기회를 제공하라.

이어서 월슨은 사회교과를 '인간 사회의 조직과 발전에 관한 지식'을 가르치는 교과로 정의하면서, 사회교과에서는 다음과 같은 다섯 가지, 즉 인간은 서로 의지하면 산다는 것, 인간은 자연에 의존하며 산다는 것, 인간사는 늘 변한다는 것, 인간사 변화는 서로 얽힌 다양한 요소에 의해 일어난다는 것, 인간의 당면한 문제에 대한 해결책의 총화가 문화라는 것 등을 가르쳐야 한다고 말한다.

사회교과에서 다루는 사회과학적 지식은 자연과학과는 달리 사람의 행동, 말, 글, 생각, 감정을 기초로 만들어진다. 따라서 초등학교에서부터 사람의 행동을 관찰하고, 말을 주의 깊게 듣고, 신문과 잡지를 읽고, 방송을 들어서 결론을 내린 다음 행동을 취하는 훈련을 사회교과를 통해 제공해야 한다. 따라서 훌륭한 사회과 교사는 학생들이 다음과 같은 질문을 하도록 만드는 교사라고 윌슨은 말한다.

내가 관심을 가진 주제에 나는 현재 어떤 정보를 가지고 있는가? 그 정보는 정확하고 믿을 만한가? 나는 정보를 충분히 많이 모았는가? 내가 더 알아야 할 것은 무엇인가? 어디서 그것을 찾을 수 있는가? 내가 수집한 정보에 기초해서 어떤 결론을 내릴 수 있는가? 이 결론은 얼마나 믿을 수 있는가? 내가 가진 정보와 내가 내린 결론을 타인이 이해할 수 있게 제시하려면 어떻게 조직해야 하는가?[3]

윌슨은 이 제9장을 마치면서 도덕교육과 민주시민교육은 교사와 학교만의 임무가 아니라 국가 차원에서 나설 일이라는, 너무도 당연한 말을 덧붙인다. 일본이 한국을 지배하는 동안 일본은 한국인을 통치하기 좋게 만들려고 노력했고, 이는 기막히게 성공적이었다고 말한다. 윌슨의 말을 직접 들어보자.

일본은 권위를 수동적으로 수용하고, 특권, 연장자 우선의식, 권력을 존중하는 국민을 양성하는 데 관심을 가지고 있었다. 복종은 최상의 미덕이고 체면을 잃는 것은 치명적인 악이라는 의식을 한국인에게 심었다. 일본인은 공포는 이성을 마비시킨다는 것을 잘 알고 있었다. 그리하여 학습동기를 유발하는 수단으로서 공포를 종종 사용했다. 질문하지 않는 사람, 고분고분한 시민을 양성하기 위해 세뇌, 구호 외우기, 엄격하고 광신적인 군사훈련 등을 고안했다.[4]

월슨은 일본인이 남긴 복종, 체면 세우기 대신에 한국의 교육부가 최근 새로운 가치로 내세운 사랑, 정의, 정직을 모든 학교와 가정에서 실제로 실천해야 한국인의 가치체계가 변할 것이라고 조언하며 이 제9장을 마친다.

4) 수학에 대해 설명하다: 제10장

제10장은 수학에 대한 설명이다. 저자는 메리 K. 툴록(Mary K. Tulock)이다. 툴록은 수학은 문명인이라면 반드시 배워야 할, 일상생활과 밀접한 관련이 있는 실용적인 과목이지 정신을 훈련하기 위한 과목이 아니라고 말한다.

한국의 어느 수학자가 말하기를, 한국 어린이는 '3+1=4'를 쉽게 이해하는데 '사과 3개를 가진 사람이 사과 하나를 더 가지면 이 사람이 가진 사과는 총 몇 개입니까?'라는 문장제 문제는 쉽게 풀지 못한다고 하였다. 만일 이 말이 사실이라면, 그동안 한국의 수학교육은 일상생활과 동떨어져서 너무 형식적이고 추상적으로 이루어진 것이다.

툴록은 초등학교에서 수학을 가르칠 때는 '구체물'로 시작하여 '그림'으로 나아간 다음 마지막에 '수식'을 도입해야 한다고 말한다. 달걀 꾸러미(꾸러미는 달걀 열 개를 묶어 세는 단위인데, 툴록은 이를 'kurumi'로 표기하였다)와 같은 '구체물' 가지고 덧셈의 원리를 한 번 터득하는 것이 수식으로 된 문제 10여 개를 풀면서 답을 외우는 것보다 훨씬 낫다는 것이다.

교사는 수학 시간에 어떤 학생에게 사과 여섯 개를 주고 세 명에게 똑같이 나누어주라고 요구할 수 있다. 이때 학생은 나눗셈의 원리를 몰라도 세 명에게 두 개씩 나누어 줄 것이다. 이러한 활동은 후에 분수를 가르칠 때도 사용할 수 있다. 이처럼 수학을 가르칠 때는 학생이 직접 체험하도록 하는 것이 가장 좋다.

툴록은 한국의 수학수업이 학생들이 수학을 좋아하게 만들기보다는 수학을 지겨워하게 만들고 있다고 말한다. 그는 자신의 관찰 결과를 이렇게 적었다.

> 수학시간에 한국 학생들은 매우 긴장했다. 대부분의 학생들은 미친 듯이 칠판의 내용을 공책에 베끼고 있었다. 미친 듯이 베끼느라 내용이 틀리기도 했다. 이들은 왜 미친 듯이 옮겨 적었을까? 수학의 의미 배우기 위해서? 수학의 힘을 감상하기 위해서? 수학의 아름다움을 즐기기 위해서? 아니다. 그들은 외우기 위해서 베꼈다. 그들은 왜 외워야 한다고 느꼈을까? 의미 있는 수학을 배우기 위해서일까? 아니다. 시험에 합격하기 위해서다.[5]

툴록은 이러한 수학수업, 즉 교사는 칠판에 문제 풀며 설명하고 학생은 정신없이 베끼는 수학수업이 초·중·고 모두에서 일어난다고 말하면서, 이러한 수학수업을 받은 결과 학생들은 수학에 대한 두려움과 울렁증이 생긴다고 지적한다.

이어서 툴록은 수학을 '의미 있고', '유용하고', '흥미 있게' 가르쳐야 한다면서, 이를 위한 일곱 가지 방법을 제시한다. 첫째, 추상적 기호와 개념을 도입하기 전에 일상의 구체적 상황에 수학을 연결해 가르치라. 둘째, 아동이 구체물 배열을 통해 수학을 발견하고 수를 사용할 준비가 된 다음에 차트, 도표, 다이어그램 등과 같은 시각자료를 도입하라. 셋째, 시각자료를 가지고 충분히 공부하여 내포된 수학적 원리를 터득시킨 다음에 시간을 절약하고 계산을 빠르게 하기 위한 도구로서 기호의 필요성을 느끼게 하라. 넷째,

구체물, 시각자료, 기호로 수학을 터득한 학생은 3+1=4임을 알 뿐만 아니라 '왜' 3+1=4인지를 알 것이므로 이를 다른 실제적 문제를 해결하는 데 활용하게 하라. 다섯째, 학생의 흥미, 능력, 적성에 존재하는 개인차를 존중하여 모든 학생에게 수학이 의미 있게 다가가도록 하라. 여섯째, 우리의 일상생활에서는 밑이 10인 수가 쓰이지만, 미적분에서는 밑이 e인 수가, 컴퓨터에서는 밑이 2인 수가 편리함을 점진적으로 가르치라. 일곱째, 한국처럼 물질적 필요가 긴급한 나라에서는 '수학을 위한 수학'을 가르치지 말라.

끝으로 툴록은 모든 학생에게 동일한 수학을, 학생의 이해 범위를 벗어나는 내용이 포함된 획일화된 수학을 공부하도록 강요하는 것은 한국을 포함하여 어느 나라에서도 바람직하지 않다고 말한다.

5) 자연과학에 대해 설명하다: 제11장

제11장은 자연과학에 대한 설명이다. 저자는 도널드 K. 애덤스(Donald K. Adams)이다. 애덤스는 한국의 미래는 소수의 자연과학 교사의 손에 달려 있다면서, 이들의 교실에서 한국인이 자력으로 양성한 제1세대 공학자, 기술자, 과학자가 배출될 것이라 말한다. 또한 이 소수의 과학교사 교실에서 과학적(비판적) 사고와 행동을 하는, 과학을 직업으로 삼지 않는 제1세대 학생들이 다수 배출될 것이며, 한국의 현대화 속도는 한국인이 자신의 문제에 대하여 취하는 비판적 태도에 달려 있다고 말한다. 한국의 리더들도 이러한 과학의 중요성을 잘 알고 있지만, 과학교과는, 역설적으로, 대학입시에서 필수 과목이 아니라고 애덤스는 지적한다.

학급 당 학생 수는 많고, 과학 실험 도구도 빈약하고, 교사는 제대로 훈련받지도 못했고, 인문학을 지나치게 선호하는 전통 속에서 어떻게 한국의 과학수업을 개선할 수 있을까? 애덤스는 이 문제에 대해 세 가지 —정책을 입안하는 지도자의 중요성, 사범학교(오늘날의 교육대학)와 사범대학의 과학 프로그램, 초·중·고등학교의 과학수업을 향상시키는 방법— 로 나누어 논의한다.

첫째, 교육부에서는 과학수업을 개선하기 위해 과학 교과서를 개선하고 현직 교사 연수에 힘써야 한다. 과학 교과서를 개선한다는 것은 크게 두 가지를 의미한다. 하나는 교과서에 엄격히 증명된 과학 지식만을 싣는다는 것이고, 다른 하나는 교과서의 내용의 수준과 조직을 학생 수준에 맞추는 것이다.

한국의 교사들은 경험이 부족하여 주로 교과서에 크게 의존하여 가르친다. 따라서 경험 많은 교사가 만든 교사용 지도서도 필요할 것이다. 그러나 이 교사용 지도서는 교사를 교과서에 묶어두는 도구가 되어서는 안 되고, 교과 내용을 학생의 일상과 필요에 연결하는 방법을 제시해야 한다. 교사용 지도서는 교사의 상상력과 아이디어를 자극하기 위한 한 방편이지 그대로 따라야 할 처방은 결코 아니다.

현직 교사 연수는 교사가 최신 교수법과 교과 내용을 배울 기회를 제공하고 과학교과에 대한 교사의 자신감을 키워주는 역할을 한다. 교사 현직 연수는 시설이나 장비 때문에 꼭 중앙에서 개최할 필요가 있는 경우를 제외하고는 각 지방에서 실시하는 것이 한국의 교통 형편을 고려했을 때 바람직하다.

둘째, 애덤스는 사범학교(교육대학)와 사범대학의 교사양성 프로그램을 개선해야 한다고 말한다. 교사들은 흔히 자신이 배운 대로, 배운 것만을 가르친다는 말이 있는데 만일 이 말이 사실이라면 커리큘럼 개선을 위한 씨앗은 교사양성기관에서 뿌려지고 있는 셈이다. 초등 예비교사들은 사범학교(교육대학)에 다니는 동안 자신의 사고 습관을 자세히 조사하는 방법과 자신의 과학적 태도를 검증하는 방법을 반드시 배워야만 한다. 왜냐하면 이 예비교사의 행동은 후에 다른 사람들의 본이 되기 때문이다. 중등교사를 양성하는 사범대학에서는 사범학교(교육대학)보다 좀 더 깊은 내용을 다루고, 사실을 증명하고 문제를 해결하는 실험을 할 수 있다. 흔히 실험실 장비가 부족하다는 이유를 들어 실험을 하지 않는데, 이는 잘못된 태도다. 적을수록 더 써먹어야 한다.

사범학교(교육대학)나 사범대학을 나와 교사가 된 사람들에게, '선생님은 과학 커리큘럼을 개선하기 위해 학교에서 어떤 노력을 하고 있습니까?'라고 물었을 때, 만일 그 대답이 '일개 교사에 불과한 제가 뭐를 할 수 있겠습니까?' 또는 '저는 그저 교과서를 처음부터 끝까지 떼어 주려고 노력합니다'라면 이는 사범학교(교육대학)나 사범대학의 교육이 잘못된 것이다. 이런 말을 하는 졸업생은 아마도 '실력이 없어' 교과서만 의지하는 것이며, '무식이 탄로 날까 두려워' 새로운 시도를 하지 못하는 것이다. 교과서만 의지하는 교사, 새로운 시도를 두려워하는 교사를 양성한 책임은 온전히 사범학교(교육대학)나 사범대학의 몫이라고 애덤스는 지적한다.

셋째, 애덤스는 초·중·고등학교의 과학수업을 향상하는 방법 세 가지를 제시한다. 첫째는 학습에 도움이 되는 환경을 만드는 것이다. 학생이 교실에 들어올 때 과학에 둘러싸여 있다는 인상을 주어야 한다. 살아 있는 동·식물이 교실에 있으면 생물에 도움이 되고, 실제 작동하는 기계가 교실에 있으면 물리학에 도움이 될 것이다. 이때 주의할 것은 이러한 것들이 장식용으로 전시되어 있기보다는 학생의 배움을 실질적으로 돕는 역할을 해야 한다. 둘째는 단순한 사실을 외우게 하기 보다는 과학적 태도를 길러줘야 한다. 과학적 태도의 핵심에는 관찰과 실험이 놓여 있다. 문제가 발생하면, 미신적인 사고를 버리고, 가설을 세우고, 관찰과 실험을 통해 증거를 수집하고, 증거를 분석하여 결론을 도출하는 과학적 태도를 길러야 한다. 셋째는 각 주제를 과학의 더 넓은 영역과 연결하고 이것의 사회적 유용성을 깨닫게 해야 한다. 생물교과와 물리교과를 통합하여 가르치는 것은 바람직하다. 그러나 이 일은 교과서를 통합한다고 성공을 거두는 것이 아니다. 중·고등학교에서 교과 통합 수업은 교사양성기관에서 실제 교과를 통합하여 가르칠 때 성공을 거둘 수 있다.

6) 기술교육에 대해 설명하다: 제12장

제12장은 기술교육에 대한 설명이다. 저자는 윌리엄 P. 루이스(William P. Lewis)이다. 이장의 제목은 '기술교육(Technical Education)'이지만, 사실 내용은 '직업교육' 또는 '진로교육'에 관한 것이다.

루이스는 먼저 초등학교에서 기술교육(진로교육)을 잘하려면 먼저 교사교육이 잘 돼야 한다면서 여섯 가지를 제안한다. 첫째, 현직연수 프로그램에는 농장, 공장, 광산, 항구, 곡창지대, 상점 등과 같은 실제 경제 및 직업활동이 일어나는 장소 방문이 포함되어야 한다. 둘째, 사범학교(교육대학)나 사범대학 프로그램에도 위와 같은 방문활동이 포함되어야 한다. 셋째, 교육청에서는 교사들이 수행한 직업 현장 방문활동을 정리하여 인쇄한 다음 이를 모든 교사에게 배포할 수 있을 것이다. 넷째, 동네에서 일하며 사는 다양한 사람을 교실에 모셔 학생들에게 자신이 하는 일에 대해 이야기하게 하고, 또한 교사가 그분들에게서 많은 것을 배워 학생들에게 안내해야 한다. 다섯째, 동네에서 흔히 구하는 재료로 상품을 만드는 곳에 가서 교사와 학생이 함께 활동하는 것도 좋다. 여섯째, 교사들은 현장 견학을 계획하는 법, 학생을 적절히 관리하는 법을 배워야 한다.

이어서 루이스는 공고, 농고, 상고, 수산고 등의 실업계 고등학교, 요즘 말로 전문계 또는 마이스터고등학교의 기술교육(직업교육)에 어떤 개선이 일어나야 할지를 제안한다. 루이스는 당시 한국의 실업계고의 교육내용이 실제 직장에서 요구하는 능력을 전혀 길러주지 못하고 있다고 지적한다. 학교에서 사용할 교과서와 실습장비도 그 질과 양이 변변치 않다고 말한다. 이러한 상황을 큰돈 들이지 않고 개선할 방법으로 루이스는 세분화된 실업계고를 합쳐 하나의 '종합학교'를 만들 것을 제안한다. 이 종합학교에서는 공통 커리큘럼을 운영하면서 전공별로 선택과목을 운영하면 된다는 것이다.

루이스는 또한 어떤 학교에 '직업학교'라는 명칭을 붙이려면 그 학교에 필요한 장비를 충분히 갖춘 다음에 붙여야 한다고 말한다. 직업학교에 근무하는 교사를 대상으로 하는 현직연수는 교사에게 실제적 경험을 제공하게끔 구성되어야 한다. 따라서 강의실보다는 공장, 광산, 상점, 채석장, 선박 등과 같은, 교사가 자기 전공과 관련하여 실제 체험을 할 수 있는 장소에서 연수가 일어나야 한다. 직업학교에 근무할 예비교사를 양성하는 기관에서도 학생들에게 실제적인 것을 경험할 기회를 주어야 한다.

루이스는 끝으로 농과대학, 공과대학, 의과대학, 상과대학, 법과대학, 사범학교(교육대학), 사범대학 등의 커리큘럼을 간략히 제안하면서 이 제12장을 마친다. 『커리큘럼 지침』이 초·중·고등학교 커리큘럼 개혁에 관한 책인데, 특이하게도 루이스는 제12장에 직업인양성을 직접적인 목적으로 하는 대학(영어로는 Professional College)의 커리큘럼 개선안까지 제안하였다.

7) 보건·체육교육·군사훈련에 대해 설명하다: 제13장

제13장은 보건·체육·군사훈련에 대한 설명이다. 저자는 마이클 F. 배넌(Michael F. Bannon)이다. 배넌은 이 장에서 보건·체육·군사훈련 교과가 개인과 국가의 안전에 관한 내용을 다루기 때문에 이 세 과목을 아우르는 용

어로 '안전교육(Security Education)'이라는 사용한다.

배넌은 한국에 결핵, 한센병, 이질 환자가 많고 한국인의 장내에 기생충이 많으며, 평균수명이 짧은 것은 모두 제대로 된 안전교육이 이루어지지 않기 때문이라고 말한다. 이는 결과적으로 국가의 안전과도 직결되는 문제이기 때문에 안전교육이 획기적으로 개선되어야 한다고 지적하면서 안전교육 개선방안을 제시한다.

배넌은 먼저 안전교육을 개선하는 작업을 크게 방해하는 요인으로 대부분의 아시아 국가와 일부 서구권 국가의 문화에 붙박여 있는 각종 관습을 지적한다. 이들 국가에서는 개인위생과 현재의 과학적 지식을 잘 배워 알고 있는 사람조차도 개인과 공동체를 위협하는 관습을 멈추는 일에 별 신경을 쓰지 않는다는 것이다. 예를 들면, 이들은 인분을 거름으로 사용하고, 오염된 물에 생활도구와 옷을 세척하며, 집안이 불결해 눈병과 호흡기 질환에 취약하고, 질병을 옮기는 곤충과 쥐 같은 설치동물에 무관심하며, 대도시에서 교통사고가 날 위험을 항상 안고 살아가고 있다는 것이다.

이러한 문화를 짧은 시간 내 바꾸기는 힘들지만, 그 출발점은 학교가 되어야 한다. 모든 학교의 교사들이 위에서 열거한 문제를 개선하는 일에 진심으로 관심을 가지면 안전교육의 목표가 언젠가는 달성될 것이라고 배넌은 강조한다.

배넌은 또한 일반 국민의 의식에 뿌리박힌, 예부터 내려오는 미신적인 생각을 타파하고 위생과 관련된 현대적 지식을 일반 대중에게 전하려면, 의료 분야의 전문가가 방송, 신문과 같은 미디어를 활용해서 또한 지방과 국가의 성인교육기관에서 대대적인 교육을 해야 한다고 말한다.

배넌은 이어서 한국에서 안전교육의 목적은 육체적으로 건강하고, 정신적으로 깨어 있으며, 자신의 감정을 잘 다스릴 줄 아는 시민을 육성하는 데 있다고 말한다. 이러한 시민을 양성해야 군사훈련도 효율적으로 빠르게 잘 받을 수 있어서 국가안보에도 도움이 될 것이다. 한국에서 안전교육이 제대로 실시되려면 먼저 모든 학교, 병원, 군부대, 정부기관에서 교수요원을 대상으로 한 현직연수가 활성화되어야 한다.

끝으로 배넌은 안전교육이 학교에서 제대로 시행되고 있는지를 파악하는 것은 매우 중요하다면서, 안전교육이 제대로 실시된 증거는 마을 사람들의 변화에서 찾을 수 있다고 말한다. 마을 사람들을 관찰하였을 때 아래와 같은 질문에 긍정적이라면 안전교육이 학교에서 잘 실시된 것이다.

- 마을 사람들이 보다 건강해졌고 청결한 습관을 가지게 되었는가?
- 마을 사람들이 안전의 개념을 충분히 이해한 사람처럼 몸과 마음을 사용하는가?
- 마을 사람들이 비판적으로 사고하는가?
- 마을 사람들이 생각을 쉽게 교환하는가?
- 마을 사람들이 혼자서나 집단으로나 잘 놀고 잘 일하는가?
- 마을 사람들이 자신의 활동을 즐기는가?
- 마을 사람들이 필요한 도움과 조언을 서로 잘 주고받는가?
- 마을 사람들이 모임에 잘 참여하는가?
- 마을 사람들이 힘을 모아 해결해야 할 마을 일에 잘 참여하는가?

위와 같은 질문에 대한 답은 한국인들이 그들의 현재와 미래의 안전교육 프로그램에 두는 가치를 결정할 것이라고 지적하면서 배넌은 제13장을 마친다.

3.『커리큘럼 지침』의 각론에 대한 해석 및 평가

지금까지 제3차 교육사절단이 집필한『커리큘럼 지침』의 제3부를 각 장별로 기술하였다.『커리큘럼 지침』제3부 집필자들이 우리나라의 커리큘럼 개선을 위해 1954년경에 제안한 내용을 교과별로 요약하면 다음과 같다.

첫째, 국어교과는 다른 교과를 공부하는 데 반드시 필요한 도구교과이다. 국어시간에 교사가 특히 강조해서 가르쳐야 할 것은 ①분명하게 의사소통하는 능력, ②적절한 어휘를 선택하는 능력, ③타인의 말을 이해하는 능력, ④남의 말을 비판적으로 듣는 능력 등이다. 이를 위해 한국에서는 흔히 고전을 읽히는데, 고전에 흥미가 없는 학생에게는 고전 읽기를 강요하지 말고 그가 원하는 책을 읽도록 해야 한다.

둘째, 한국의 미술시간에는 물체를 예쁘게 그리도록 요구하는 일이 많은데 이는 잘못이다. 미술시간에는 그리기보다 감상에 초점을 맞추어야 한다. 예를 들면, 주전자를 정확하게 그리는 능력보다 주전자를 그린 그림을 감상하는 능력을 미술시간에 길러줘야 한다. 또 학생의 작품을 어른의 기준으로 판단하고 비평하는 일은 아동의 창의성을 죽이는 것이므로 금해야 한다.

셋째, 음악은 말하기, 쓰기와 마찬가지로 하나의 표상형식임을 깨닫도록 지도해야 한다. 음악시간에 큰소리로 노래 부르는 능력보다 더 중요시해야 할 것은 음악을 감상하는 능력이다.

넷째, 윤리(도덕)교육은 윤리규범과 행동을 내면화시키는 중요한 교과다. 윤리교육을 할 때 주의할 사항은 ①다양한 경험을 제공하는 것, ②타인의 권리와 개인의 독특함을 존중하도록 하는 것, ③협동의 가치를 강조하는 것, ④자기 고장, 국가, 세계 문제를 해결할 책임이 각자에게 있음을 가르치는 것 등이다.

다섯째, 사회교과는 '인간 사회의 조직과 발전에 관한 지식'을 가르치는 교과이다. 이런 사회교과에서 가르칠 것은 ①인간은 서로 의지하면 산다는 것, ②인간은 자연에 의존하며 산다는 것, ③인간사는 늘 변한다는 것, ④인간사 변화는 서로 얽힌 다양한 요소에 의해 일어난다는 것, ⑤인간의 당면한 문제에 대한 해결책의 총화가 문화라는 것 등이다.

여섯째, 수학교과는 문명인이라면 반드시 알아야 할 실용적 과목이지 정신을 훈련하기 위한 과목이 아니다. 수학을 가르칠 때는 수학을 좋아하게 만들면서 가르쳐야 한다. 그러나 한국에서는 수학을 지겨워하게 만들고 있다. 교사는 칠판에 문제 풀며 설명하고 학생은 정신없이 베끼는 수학수업이 한국의 모든 초·중·고 모두에서 일어나고 있다. 이러한 수학수업을 받은 결과 학생들은 수학이라는 말만 들으면 두려움과 울렁증이 생긴다.

일곱째, 과학수업을 개선하기 위해 과학 교과서를 개선해야 한다. 이를 위해 교과서에 엄격히 증명된 과학 지식만을 싣고, 교과서의 내용의 수준과 조직을 학생 수준에 맞추어야 한다. 한국의 교사들은 경험이 부족하여 주로 교과서에 크게 의존하여 가르친다. 따라서 경험 많은 교사가 만든 교사용 지도서가 반드시 필요하다. 그러나 이 교사용 지도서는 교사를 교과서에 묶어두는 도구가 되어서는 안 된다. 교사용 지도서는 교사의 상상력과 아이디어를 자극하기 위한 한 방편이지 그대로 따라야 할 처방은 결코 아니다. 교사용 지도서는 교과 내용을 학생의 일상과 필요에 연결하는 방법을 제시해야 한다.

여덟째, 기술교육(오늘의 용어로 실과교육 또는 기술가정교육)을 잘하려면 먼저 교사교육이 잘 이루어져야 한다. 이를 위해 ①현직교사 연수 및 예비교사 양성 프로그램에 실제 직업 활동이 일어나는 장소의 방문을 포함하고, ②교육청에서는 교사들이 수행한 직업 현장 방문활동을 정리·인쇄하여 모든 교사에게 배포하고, ③동네에서 일하며 사는 다양한 사람을 교실에 모셔 학생들에게 자신이 하는 일에 대해 이야기하도록 하고, ④동네에서 흔히 구할 수 있는 재료를 활용하여 상품을 만드는 곳에 가서 교사와 학생이 함께 활동하고, ⑤교사들은 현장 견학을 계획하는 법, 학생을 적절히 관리하는 법을 배워야 한다.

아홉째, 안전교육(보건·체육)은 한국 학생의 건강과 직결되는 매우 중요한 교과이다. 한국인의 장내에 기생충이 많으며, 평균수명이 짧은 것은 모두 제대로 된 안전교육이 이루어지지 않기 때문이다. 안전교육 개선을 방해하는 큰 요인은 문화에 붙박여 있는 각종 관습이다. 예를 들면, 인분을 거름으로 사용하고, 오염된 물에 생활도구와 옷을 세척하고, 집안이 불결하고, 질병을 옮기는 곤충과 쥐 같은 설치동물에 무관심한 것 등이다. 이러한 문화를 바꾸기 위해서는 모든 학교, 병원, 군부대, 정부기관에서 교수요원을 대상으로 한 현직연수가 활성화되어야 한다.

『커리큘럼 지침』의 각론에 해당하는 제3부 저자들이 제안한 위와 같은 내용은 이후 우리 학교에 상당 부분 현실화되었다. 생물수업에 도움을 주기 위해 교실에 화분과 어항을 가져다 놓은 것, 과학교과를 통해 미신을 타파하고 과학적 사고를 하게 된 것, 국어교과에서 강조한 글쓰기를 위해 교내 백일장 대회를 연 것 등은 모두 『커리큘럼 지침』 각론 집필자들의 제안을 적극 수용한 결과로 해석할 수 있다.

각론 저자들의 제안 중에서 우리 학교에 가장 큰 영향을 미친 것은 아마도 제13장의 안전교육 영역일 것이다. 1950~70년대에 초·중·고를 다닌 성인들의 기억에 생생한 학교 주관의 대변검사와 쥐잡기 운동은 바로 기생충과 전염병 예방을 위한 것이었다. 학교에서 '용의검사'라는 이름으로 손톱과 손등의 청결도를 확인하고, 손수건 지참 여부를 확인한 것도 모두 일상에서

손 씻기를 생활화하기 위한 것이었다.

학교 내 군사훈련(Military Training)인 '교련'은 일제강점기에 시작되어 지속된 것인데, 배넌이 제13장을 집필하는 시점이 6·25전쟁이 막 끝난 1954년이므로 보건 및 체육과 함께 교련을 '안전교육(Security Education)'이라는 큰 우산 아래 포함 시켜 살려 놓은 것으로 보인다. 하지만 일제청산 차원에서 당시 교육부는 교련을 정규 교과에서 제외하였으나, 1968년 1월 21일 북한의 무장 게릴라 31명이 청와대 기습을 목적으로 서울에 침투하는 사건이 터지면서 이듬해인 1969년 교련교과는 필수과목으로 부활하였다가 1997년 제7차 교육과정이 고시되면서 사라졌다.[6]

제3차 미국교육사절단이 제안한 내용 중 우리 학교에 가장 실현이 덜 된 교과는 수학으로 보인다. 제10장 수학의 필자인 툴록은 당시 우리나라 어린이들이 수식제 문제는 잘 풀지만 문장제 문제는 잘 풀지 못한다는 교사들의 의견을 듣고서 이는 한국의 수학교육이 일상생활과 동떨어진 결과라며 수학을 생활과 접목하라고 조언하였다. 이는 매우 적절한 조언으로 평가할 수 있지만, 이 조언은 지금도 실현되지 않고 있다.

툴록은 또한 우리나라 수학수업의 모습을 정확히 묘사하며 개선을 요구했다. 그는 우리나라 초·중·고 모두에서 일어나고 있는, 교사는 칠판에 문제 풀며 설명하고 학생은 정신없이 베끼는 방식의 수학수업의 개선을 강조하였다. 그러나 불행히도 툴록이 지적한 수학수업은 오늘도 우리의 학교 교실에서 지속되고 있다.

『커리큘럼 지침』의 각론 필자들이 제안한 내용 중 우리 학교에 실현이 덜 된 또 하나의 교과는 사회교과이다. 제9장 도덕·사회교과의 저자인 윌슨은 사회교과를 '인간 사회의 조직과 발전에 관한 지식'을 가르치는 교과로 정의하고, 사회교과를 통해 초등학교부터 사람의 행동을 관찰하고, 말을 주의

깊게 듣고, 신문과 잡지와 방송을 비판적으로 읽고 들어서 결론을 내린 다음 행동을 취하는 훈련을 제공하라고 조언하였다. 그러나 모두 아는 것처럼 윌슨의 이러한 조언은 우리 교실에 지금까지도 제대로 수용되지 않고 있다. 사회교과는 예나 지금이나 암기과목일 뿐이다.

4. 결론

1950년대 중반의 우리나라는 혼돈의 시대였다. 전쟁으로 수많은 사람이 부모, 형제, 자녀를 잃은 절망의 시대였다. 조선 시대에 태어난 어른이 다수 생존해 있어 정치제도는 민주주의를 채택했으나 대중의 의식은 조선 시대와 크게 다를 바 없던 시대였다. 과학적 지식과 거리가 먼 인습과 미신이 우리의 의식을 지배하던 시대였다.

이런 혼돈을 겪고 있던 나라에 온 제3차 미국교육사절단은 그들의 지력을 다하여 커리큘럼 개혁안을 만들어 『Curriculum Handbook for the Schools of Korea』라 이름 붙이고, 이를 이별을 앞둔 자신들이 '한국인에게 주는 선물'이라고 표현했다. 이들이 이 책을 '선물'이라 표현한 것은, 아마도, "한국인 여러분, 여러분이 이 책대로만 한국의 학교를 개혁하면 여러분이 사는 한국도 우리가 사는 미국처럼, 여러분이 부러워하는 미국처럼 부유한 나라가 될 것입니다. 이 책을 버리지 말고 꼭 이대로 한번 해 보십시오"라는 말을 하고 싶어서였을 것이다.

아닌 게 아니라 오천석을 비롯한 우리 선배 학자들은 이 책의 내용에 따라 우리 학교를 개혁하려고 무척 노력했다.[7] 이 책에 수록된 많은 용어가 우리 교육계에 널리 퍼져 친숙한 용어가 되었다. 그러나 당시 우리의 정치적, 경제적 토양은 이 책의 내용과 정신이 제대로 뿌리 내릴 수 없는 토양이었다. 그리하여 용어와 개념이 분리되는 현상이 발생했다.[8] 정신은 사라지고 용어만 남았다.

이런 상황 속에서 당시 영향력 있던 일부 학자는 이 책의 정신(진보주의)에 따라 우리 학교를 개혁하려는 노력을 이제는 멈추고 학교에서 교과를 가르치는 것이 왜 중요한지 그 의미를 밝히는 작업을 하자고 제안하였다.[9] 이 제안이 받아들여지면서 이 책과 이 책의 정신은 우리 교육계에서 사라졌다. 잊혔다.

오늘 우리의 수학수업의 전형적인 모습이 이 책『커리큘럼 지침』에서 지적한 1950년대 우리의 수학수업의 모습에서 한 치도 나아가지 못했음을 생각하면, 우리는 이 잊힌 '선물'을 도서관에서 찾아 먼지를 털고 다시 찬찬히 읽어볼 필요가 있다. 우리의 정치적·경제적 토양도 많이 달라졌으니 이제는 이 책이 우리에게 달리 읽히지 않을까 싶다. 젊어서 읽은 성경과 나이 들어 읽은 성경이 다르듯이 말이다.

제9장. 제3차 미국교육사절단원 Donald K. Adams가 기술한 「1945~1955년의 한국교육」에 대한 교육평설

1. 서론

이 글은 애덤스가 1956년 코네티컷대학(The University of Connecticut)에 제출한 박사학위 논문 「Education in Korea 1945~1955(1945~1955년의 한국교육)」에 대한 교육평설이다. 애덤스는 1954년 9월~1955년 6월까지 한국에 머문 제3차 미국교육사절단 11명 중의 일원이었다. 제3차 미국교육사절단은 9개월간의 자문 활동을 마무리하면서 『Curriculum Handbook for the Schools of Korea』(『커리큘럼 지침』으로 번역됨)라는 책을 남겼는데, 애덤스는 이 책의 제11장 자연과학의 집필자였다.

애덤스가 한국에 체류할 당시 그의 미국에서의 신분은 대학원생이었다. 박사학위 논문의 주제를 고민하던 터에 애덤스는 한국교육을 주제로 논문을 작성하기로 결정하고, 한국 체류 기간 동안 다양한 자료를 수집하고, 한국 교실을 관찰하고, 한국 교사와 학자를 면담하였다. 임무를 마치고 고국으로 돌아간 애덤스는 수집한 자료를 정리하여 1956년 박사학위논문을 완성하였다. 요즘의 용어로 표현하면 애덤스는 질적연구방법으로 학위논문을 작성한 것이다.

이 글에서는 교육평설의 방법으로 애덤스가 작성한 박사학위논문을 기술, 해석, 평가하고자 한다.[1]

2.「1945~1955년의 한국교육」에 대한 기술

1) Donald K. Adams의 생애

애덤스는 미국 동북부 메인 주에 위치한 작은 도시 노스 베릭(North Berwick)에서 1925년 2월 21일 태어났다. 그는 17세 때인 1942년 미 육군 소속 항공대에 자원입대하여 전투기 항법사로 근무하였다. 제2차 세계대전 중에는 그가 탑승한 전투기가 독일군과 전투 중에 독일 상공에서 추락하여 독일군 포로가 되었다가 전쟁 종료 후 풀려나기도 했다.[2]

전쟁 후 애덤스는 고향으로 돌아와 뉴햄프셔대학교(University of New Hampshire)에서 수학을 전공하고 24세 때인 1949년 학사학위를 받았다. 그 후 코네티컷대학교 대학원에 진학하여 29세 때인 1954년 석사학위를 31세 때인 1956년 박사학위를 받았다. 제2차 세계대전 참전용사에게 혜택을 주는 법(G.I. Bill)에 따라 학비는 모두 무료였다. 그의 박사학위 논문 제목은 「Education in Korea 1945~1955」였다.[3]

애덤스가 박사학위논문을 「1945~1955년의 한국교육」으로 작성한 것은 그에게 우연히 다가온 기회 때문이었다. 그는 대학원생이었던 시절에

코네티컷 방위군(Connecicut National Guard) 일원으로 소집되어 아이슬란 드의 한 레이다 기지에서 항공관제사로 근무하였다. 이런 경력을 눈여겨 본 어느 교수가 그에게 국제연합한국재건단(UNKRA, United Nations Korean Reconstruction Agency) 원조하에 있는 한국에 가서 전쟁 후 복구 상태에 있 는 한국의 교육을 재건하는 일에 참여하도록 추천하였다. 애덤스는 이 기회 를 받아들였고, 우리나라에 머무는 동안 박사학위 논문 데이터를 수집하였 다. 이것이 인연이 되어 그는 평생 한국의 대학교수와 학생들을 돕고 교류 하며 지냈다.[4]

애덤스는 29세 때인 1954년 제3차 미국교육사절단의 일원으로 우리나라 에 왔다. 11명으로 구성된 제3차 미국교육사절단은 1954년 9월부터 1955 년 6월까지 9개월 동안 우리나라에 머물면서 우리나라의 커리큘럼 개혁안 을 마련하고 이를 타이핑하여 『Curriculum Handbook for the Schools of Korea』라는 제목의 책을 만들어 우리에게 '선물'하였다. 애덤스는 이 책의 '제11장 자연과학' 부분을 집필하는 역할을 수행하면서, 많은 시간을 들여 자신의 박사학위 논문 작성을 위한 자료를 꼼꼼히 수집하였다. 애덤스의 박사학위 논문이 통과된 해가 1956년 4월 경이었을 테니 그는 우리나라에 머무르는 동안 논문의 틀을 머릿속에 거의 정리하였을 것이고, 고국으로 귀 국하여 약 10개월 동안 논문을 집중적으로 집필하여 완성한 듯하다.

박사학위를 취득한 후 34세 때인 1959년, 애덤스는 미국 남부 테네시 주 내쉬빌시에 위치한 밴더빌트대학교(Vanderbilt University)의 연구교수(Visiting Professor)가 되었다. 밴더빌트 대학에서 그는 미국 정부가 후원하는 세계 개 발 프로젝트에 참여하였다. 37세 때인 1962년 그는 뉴욕 주에 있는 시러큐 스대학교(Syracuse University) 교수로 옮겼다가, 44세 때인 1969년 펜실베니 아 주에 있는 피츠버그 대학교(University of Pittsburgh) 교육학과 교수가 되어 1995년 70세로 은퇴할 때까지 26년 동안 근무하였다. 애덤스의 학문적 관심사는 '국제비교교육'(Comparative and International Education)이었다. 그는 국제비교교육학회 창립멤버였고, 1965년 아직 젊은 나이인 40세에 이 학회의 회장을 맡아 학회발전에 공헌하였다.

애덤스는 92세 때인 2017년 5월 29일 펜실베니아 주 피츠버그시 외곽에 위치한 작은 도시 오크몬트의 한 요양원에서 세상을 떠났다. 그의 죽음을 알리는 지역신문의 부고 기사 첫 문장은 이렇게 시작된다. "애덤스에게 타인을 돕는 일은 천성처럼 아주 자연스러운 일이었다."[5]

2)「1945~1955년의 한국교육」에 대한 각 장별 기술

애덤스가 박사학위 논문으로 작성한「Education in Korea 1945~1955」(이하「1945~1955년의 한국교육」이라 표기함)은 8개의 장과 6개의 부록으로 구성되어 있다.

① 연구의 목적·필요성·방법을 기술하다: 제1장

제1장은 서론에 해당한다. 애덤스는 이 연구의 목적이 1945년 9월부터 1955년 12월까지 10년 동안 한국의 교육이 어떻게 발전하는지를 분석적으로 기술하는 것이라고 밝히고 있다.

애덤스는 연구의 범위를 10년으로 한정한 이유를 세 가지로 기술하고 있다. 첫째, 이 시기에 한국은 역사상 전례 없는 변화를 겪었다. 둘째, 이 시기에 군인 또는 민간인 신분의 외국 교육자가 자신에게 주어진 권한을 통해 한국교육에 직·간접적으로 지대한 영향을 미쳤다. 셋째, 이 시기에 의무교육과 교육자치를 규정한 최초의 교육법이 제정, 공포되었다.

<표 1> 애덤스의 박사학위논문 「1945~1955년의 한국교육」의 목차

장	제목		
제 1 장	연구 문제 정의 및 진술 - 연구의 목적 - 연구의 범위 - 연구의 필요성 - 연구방법 - 논문의 구성	제 5 장	전쟁기(1950. 6. 25~1953. 7. 26) 교육 - 사회 및 경제 발전에 미친 한국전쟁의 영향 - 전쟁으로 악화된 교육 조건 - 전시의 국가 교육정책 - 교육 자치 조직의 설립 - 요약
제 2 장	한국의 교육 유산 - 제1부 중국 영향기 - 1894년 이전의 교육 - 현대화 시도기 - 제2부 일제강점기 - 2중 교육체제 유지 - 비차별 정책 실시 - 전쟁을 위한 교육 - 요약	제 6 장	한국 교육제도 재건에서 외국 원조 기관의 역할 - 외국 원조 프로그램 개관 - 교육 원조 계획 수립 - 교육 원조 프로그램 전개 - 요약
제 3 장	광복 후(1945. 9. 7~1948. 8. 15) 교육 - 정부 수립 문제 - 주된 교육 문제 - 주요 교육적 변화 - 요약	제 7 장	전후(1953. 7. 26~1954. 12. 31) 교육 상황 - 전쟁 후의 환경 - 교육 행정 및 통제 - 커리큘럼과 수업 방법 - 교직의 위상 - 교육 사상의 추세 - 요약
제 4 장	정부수립 후(1948. 8. 15~1950. 9. 25) 교육 - 새 정부와 당면과제 - 대한민국의 국가교육제도 건설 - 학교 및 학생 수 증가 - 교육의 이론 및 실제의 추세 - 요약	제 8 장	요약 및 평가
부 록	- 1907~1954년의 학교 및 학생 수 관련 자료 - 대표적인 커리큘럼 - 교원 봉급 관련 자료 - 문맹률 관련 자료 - 전쟁으로 파괴된 학교 관련 자료 - 중학교 입학 관련 자료		

이어서 애덤스는 이 연구의 필요성 세 가지를 말한다. 첫째, 1945~1955년 사이의 한국은 새로운 아이디어가 도입되고 낡은 아이디어가 폐기되는 등 일종의 교육 실험실 같았다. 이 기간 동안 한국의 학교는 일본의 노예를 양성하는 기관에서 자유민을 양성하는 기관으로 변화하고자 노력하였다. 이 과정에서 한국은 다양한 엄청난 난관에 부딪혔고 이를 극복해야 했다. 이러한 난관을 극복하고 나아가는 과정을 묘사하는 연구가 필요하다.

둘째, 이 기간에 한국은 역사상 처음으로 서구의 사상과 관습에 대규모로 노출되며 '현대화'되었다. 한국의 교육 사상과 제도에 서구 외래가 미친 영향을 기술하는 연구가 필요하다.

셋째, 제2차 세계대전 이후 미국과 유엔은 전쟁으로 파괴되어 절대 빈곤에 빠진 나라가 일어설 수 있도록 돕는 프로젝트를 실시했다. 한국도 그 대상국 중 하나여서 많은 원조 프로그램이 실시되었는데, 이 프로그램의 성공과 실패를 자세히 기술하는 연구가 필요하다.

애덤스는 '이러한 연구의 필요성이 있다치더라도 이를 왜 한국인이 아닌 자신과 같은 미국인이 수행해야 하는가?'라는 질문을 스스로 제기한다. 이 질문에 대하여 애덤스는 이렇게 답한다. 첫째, 1945~1955년 당시 한국의 학교는 전통적인 중국 고전 교육, 일본 식민지 교육, 막 도입되기 시작한 민주적인 서구 교육 등의 삼자가 혼재되어 있는 상황이어서, 이러한 교육으로부터 한 발짝 떨어져 있는 사람이 편견 없이 당시 상황을 객관적으로 묘사할 수 있다. 둘째, 당시 한국을 돕는 미국과 유엔의 기관에서 펴낸 자료가 영어이기 때문에 자신처럼 미국인이 원자료에 접근하기가 쉽다.

연구방법으로 애덤스는 역사가들이 자료를 모아 역사를 기술하는 방법을 사용했다고 말한다. 애덤스는 역사학자들처럼 자료를 수집하는 과정이 결코 쉽지 않았다고 이렇게 회상한다.

한국전쟁으로 인해 대한민국 정부의 교육부와 서울에 위치한 국립도서관이 소장한 자료가 모두 소실된 탓에 정확한 자료를 구하기가 매우 어려웠다. 한국의 공무원이나 한국에 체류하는 서구인을 통해 자료를 구하는 것도 결코 쉽지 않았다. 나는 인내심을 가지고 다양한 분야의 담당자와 학자들을 만나 확인하고 또 확인하는 방법으로 믿을 만한 정보를 확보하였다.[6]

애덤스는 자신이 수집한 다양한 자료를 열거한 뒤에 이를 읽고 정리하는 과정에서 우리말을 로마자로 표기하는 방식이 당시 통일되어 있지 않아 어려움이 많았다는 점을 특별히 강조하여 기술하고 있다. 예를 들어, 대구가 Taegu, Taeku, Daegu, Daigu, Daiku, Taikoo, Taigoo 등으로 서로 달리 표기되어 있어서 처음에는 상당히 혼란스러웠다고 말한다.

② 한국의 교육 유산에 대하여 기술하다: 제2장

제2장에서 애덤스는 한국의 교육 유산을 '중국 영향기'와 '일제강점기'로 나누어 살핀다. '중국 영향기'는 갑오개혁이 일어난 1894년 이전의 교육과 이후의 교육으로 나누어 기술한다.

서당, 성균관, 과거합격으로 대표되는 갑오개혁 이전의 우리 교육의 모습을 애덤스는 이렇게 기술하고 있다.

한국(조선) 학교교육의 목표는 매우 분명하다. 중국 고전을 읽기 위하여 학생들에게 가장 먼저 한문을 가르쳤다. 서예 또한 아주 중시되는 예술로서 중요하게 다루었다. 그리고 종국에는 학생들이 과거에 합격하도록 중국학자들이 쓴 책의 내용과 문장 스타일을 암기하도록 요구했다.[7]

서당에서 성균관으로 가는 학문적 여정은 극히 좁았다. 학생들은 탐구보다는 복제하기 위한, 창조보다는 순응하기 위한 공부를 했다. 과거합격을 위해서는 인용할만한 중국 고전의 경구를 암기하여 이를 예술에 가깝도록 조합하여 글을 작성해야 했다. 그러나 그 결과는 독창성이라고는 찾아볼 수 없는, 시험에 합격하기 위한 글을 작성하는 능력이었다.[8]

애덤스는 한국의 교육에서 중국의 영향이 쇠퇴하기 시작한 시점을 1894년의 갑오개혁이라고 말한다. 애덤스는 당시 감리교 선교사 신분이었던 호머 헐버트(Homer Hulbert)가 집필한 『대한제국 멸망사』[9]를 주로 참조하여 갑오개혁기에 서구식 학교제도가 도입되기 시작했다고 기술하고 있다.

이어서 애덤스는 35쪽 분량에 걸쳐 일제강점기에 한국교육이 어떠했는지를 기술하고 있다. 그가 참고한 문헌은 주로 임한영이 컬럼비아 대학 박사학위 논문으로 작성한 「일제강점기 한국 고등교육의 발전」이다.[10]

애덤스는 그의 박사학위 논문 제2장 '한국의 교육 유산'을 마무리하면서 중국과 일제강점기 일본이 한국교육에 미친 영향을 이렇게 적었다.

중국 고전 중심 교육과 일제강점기 교육 모두 한국에 좋은 학교제도를 건설하는 데 성공하지 못했다. 이 양자는, 탈리랜드(Talleyrand)의 말을 빌어 표현하면, '범죄보다도 더 나쁜 오류'였다.[11]

③ 미군정기(1945. 9. 7~1948. 8. 15)의 한국교육을 기술하다: 제3장

제3장에서 애덤스는 68쪽에 걸쳐 미군정기 한국교육의 모습을 기술하고 있다. 영어 제목은 「Education during the post-liberation period」다. 애덤스는 당시 세 가지 요인이 한국인의 '교육적 통찰력(Educational Insight)'에 지

대한 영향을 미치고 있다고 기술하였다. 이 세 가지는 반동적인 전통문화 유산, 일본이 남긴 권위주의, 미국의 진보주의다. '교육적 통찰력'이란 제3차 미국교육사절단 단장인 벤저민이 사용한 용어인데, 이를 애덤스는 이렇게 소개하였다.

> 어떤 나라가 그들이 필요로 하는 종류의 교육을 널리 소망할 때 이 나라의 교육적 통찰력은 높다. 반대로 자신들에게 필요한 교육을 소망하지 않을 때 이 나라의 교육적 통찰력은 낮다.[12]

애덤스는 미 군정기 한국인들의 '교육적 통찰력'은 매우 낮았다면서, 한국의 교육 발전을 가로막고 있는 장애물 다섯 가지를 자세히 기술한다.

첫째는 이념적 장애로서, 한국에 널리 퍼진 일제가 남긴 권위주의 문화가 미군정부가 도입하려는 민주주의의 걸림돌이 되고 있다. 또 좌익과 우익으로 나뉜 한국의 고등학생, 대학생, 교수, 성인들의 빈번한 데모로 인하여 미군 정부의 교육 건설 작업이 순조롭게 진행되지 못하고 있다.

둘째는 물리적 시설 부족으로서, 일제가 물러난 후 한국의 학교는 사실상 정지상태였다. 이를 다시 열기 위해서는 건물이 필요했고, 한국어로 집필된 교과서가 필요했다. 미군 정부는 이 문제를 해결하기 위해 엄청난 노력을 기울였고 상당한 성과를 거두었다.

셋째는 학교를 운영할 자격 있는 인적자원의 부족 문제였다. 늘어나는 학생 수를 감당하기 위해서는 자격 있는 교사와 직원이 필요했는데, 당시 한국에는 교직원이 턱없이 부족했다. 교사의 급여가 아주 낮아 유능한 사람이 교사가 되려 하지 않았다.

넷째는 조직상의 문제였다. 미군 정부의 학교 운영 방식은 일제가 하던 방식과 큰 차이 없이 중앙 집중적이었다. 교사의 월급을 주기 위해 수업료를 부과하였는데 이는 가난한 사람들이 학교에 다니지 못하게 만들었다.

다섯째는 언어 문제였다. 미군 정부는 일제가 한국인에게 강제하던 일본어 사용을 폐지하고 한글을 사용하도록 했다. 문제는 한글로 된 책이 거의 없다는 데 있었다. 이를 해결하기 위해 미군 정부는 두 가지 방법을 사용했다. 하나는 미국 교과서를 한글로 빨리 번역하는 것이었다. 다른 하나는 미국 교과서를 우선 급한 대로 그대로 사용하는 것이었다. 한글로 된 책을 인쇄하는 과정에서 발생한 중요한 문제는 당시 아직 한글이 충분히 발전하지 않은 탓에 전문용어나 철학용어를 한글로 표기할 때 그 의미를 분명히 하기 위해 영어나 한자를 병기해야 했다. 이는 교과서 인쇄 시간이 매우 길어지게 만드는 결과를 초래했다.

이러한 어려움에도 불구하고 애덤스는 당시 미군 정부가 ①교육의 목적 및 목표를 설정하고 ②교육행정을 정비하고 ③초등학교와 중·고등학교를 다시 열고 ④직업교육을 위한 학교를 설치하고 ⑤교사를 양성하고 ⑥교과서를 편찬하고 ⑦대학을 설치하는 등의 노력을 하였다고 기술하였다. 애덤스는 이러한 미군 정부의 노력이 한국의 토양에서 열매를 맺으려면 상당한 시간이 필요하다고 말하면서 제3장을 마친다.

1945년 이후 역사상 처음으로 한국은 자유라는 가치 실현을 위해 학교를 이용할 기회를 얻게 되었다. 이처럼 '교육의 역할 변화'의 의미를 한국의 지도자들이 충분히 이해하려면 정치·경제적으로 안정된 상황에서 그들이 가진 문제를 재검토할 시간이 필요하다. 그들은 새로운 교육학 지식과 기법을 체화할 시간이 필요하다. 그들은 이러한 새로운 도구를 오래된 한국의 토양에 테스트할 시간이 필요하다.[13]

④ 정부수립기(1948. 8. 15~1950. 9. 25)의 한국교육을 기술하다: 제4장

제4장에서 애덤스는 대한민국 정부수립기에 이루어진 한국의 교육적 변화에 대하여 기술한다. 이 시기에 '교육법'이 제정되어 1949년 12월 31일 법률 제86호로 공포되었는데, 애덤스는 이 법 제1조에 규정된 한국의 교육이념을 'Long range aims of Korean education'이라고 번역하여 소개하고 있다. 애덤스가 홍익인간으로 대표되는 한국의 교육 이념(제1조)과 교육 방침(제2조)을 어떻게 번역하였는지, 그 일부를 잠시 살펴보자.

교육은 홍익인간의 이념 아래 모든 국민으로 하여금 인격을 완성하고, 자주적 생활 능력과 공민으로서의 자질을 구유하게 하여 민주국가 발전에 봉사하여 인류공영의 이념 실현에 기여하게 함을 목적으로 한다.

1. 신체의 건전한 발육과 유지에 필요한 지식과 습성을 기르며, 아울러 견인불발의 기혼을 가지게 한다.

⋮

7. 근검노작하고 무실역작하며, 유능한 생산자요, 현명한 소비자가 되어 건실한 경제생활을 하게 한다.[14]

The long range aims of Korean education is the integration of character, and preparation of the abilities for an independent life and qualifications of a citizen to serve for the development of a democratic nation and contribute toward realization of the ideal of human co-prosperity in accordance with the concept of 'Hongik-Inkan'—the greatest service for the benefit of humanity.

1. Development of knowledge and habits needed for the sound growth and

maintenance of the body, and cultivation of an indomitable spirit.

　⋮

7. To be thrifty and be faithful to one's work in order to become an able producer and a
wise consumer for a sound economic life.[15]

애덤스는 '견인불발(굳게 참고 견디어 마음을 빼앗기지 아니함)', '근검노작(부지
런하고 검소하며 노력을 들여 일함)', '무실역작(참되고 실속 있도록 힘써 일함)' 같
은 한자어를 영어로 옮기면서 당시의 교육 방침이 상당히 모호하다고 평가
하였다. 이를 애덤스는 미사여구 사용을 즐기는 한국인의 특성이라고 기술
하고 있다.

　　교육 방침(Educational Objectives)이 모호한 것은 단순히 번역상의 문제가 아니다. 한국
　　인은 공식 문서에서 의미가 모호가 불필요한 미사여구를 사용하는 경향이 있다.[16]

애덤스는 당시 한국의 학교에서 '민주주의가 교육 내용으로는 분명하게
강조되고 있었지만, 교육 방법은 전혀 민주적이지 않았다'고 평하면서 제4
장을 마감한다.

⑤ 전쟁기(1950. 6. 25~1953. 7. 26)의 한국교육을 기술하다: 제5장
제5장에서 애덤스는 한국전쟁으로 인하여 파괴된 한국의 모습을 세밀하
게 기술한다. 전쟁으로 인해 수백만 명이 죽었고, 10만여 명의 고아가 생겼
으며, 1백만 명 이상이 노숙자가 되었다고 말한다. 전쟁으로 파괴된 한국의
모습을 애덤스는 스팀 롤러(Steam Roller, 도로를 건설할 때 지면을 다지는 대형
기계)가 화단을 여러 번 지나간 꼴이라고 비유하였다.

과거의 구습 어느 것도 아직 해결하지 못한 상태에서, 전쟁으로 인하여 그나마 남았던 학교 건물이 파괴되어 학교교육을 한국인이 세운 이상에 맞게 건설하는 일은 요원했다고 기술한다. 북한이 퇴각하면서 인적자원을 살해한 탓에 가르칠 만한 능력을 갖춘 사람이 턱없이 부족했으며, 특히 인문대학은 학문적 깊이가 전혀 없었다고 기술하였다.

아이러니하게도, 파괴적인 전쟁이 기계를 작동하는 능력을 젊은 한국인들에게 키워주었기에 어느 정도 '직업교사'의 역할을 한 측면이 있다고 평가하였다.

⑥ 한국교육 재건에서 외국 원조 기관의 역할을 기술하다: 제6장

제6장에서 애덤스는 한국전쟁 중 또는 전쟁 직후 외국 원조 기관이 한국교육을 재건하기 위해 기울인 노력을 기술한다. 애덤스는 한국교육 재건 임무를 수행한 기관 3개를 언급한다. 첫째는 국제연합한국민사지원단(United Nations Civil Assistance Corps Korea, UNCACK)이었다. 이 기관은 아직 전쟁이 진행 중일 때에 유엔군 사령부 산하에 만들어진 군사조직으로서, 그 임무는 후방지역의 사회불안, 기아, 질병을 예방하는 것이었다. 이는 1953년 유엔한국민사지원단(Korean Civil Assistance Command, KCAC)으로 개칭되었다.

둘째는 국제연합한국재건단(UNKRA)이었다. 이는 1950년 말에 설립되었고 그 임무는 한국의 재건이었다. UNKRA는 KCAC와 긴밀히 협력하면서 한국교육 재건에 많은 공헌을 하였다.

셋째는 미국대외작전국(United States Foreign Operations Administration, USFOA)이었다. 1953년 휴전 후 미국 의회는 200만 달러를 한국 재건을 위해 원조하기로 의결하였는데, 이 기금의 지출을 감독하는 기구로 만들어진 것이 USFOA였다. USFOA는 KCAC 및 UNKRA와 협력하며 한국 재건 임무를 수행하였다.

애덤스는 유네스코(United Nations Educational and Cultural Organization, UNESCO)와 UNKTA가 합동으로 한국의 교육 실태를 조사하여 보고서를 만든 사실도 자세히 기술한다. 이 양 기관에서는 한국 교육 재건을 위한 장기 계획 수립을 목적으로 6명으로 구성된 사절단을 한국에 파견하여 한국의 교육 실태를 조사하게 하였다. 이 6명을 당시 '유네스코-운크라 교육사절단'이라 불렀다. 이들은 6개월 동안 한국의 교육 실태를 조사하였고 1952년 12월 예비보고서를 운크라에 제출하였다. 예비보고서의 제목은 『한국의 교육 실태에 관한 사실 중심의 예비보고서(Educational Conditions in the Republic of Korea-A Preliminary and Factual Report)』였다. 이들은 2개월 후인 1953년 2월에 『한국 교육 재건안(Rebuilding Education in the Republic of Korea)』이라는 제목의 최종보고서를 제출하였다.

유네스코-운크라 교육사절단은 『한국 교육 재건안』에 총 108개의 한국 교육 개선을 위한 제안을 담았다. 애덤스는 이를 7개의 범주로 나누어 자세히 소개한다. 첫째는 교육 원조의 원칙이다. 유네스코-운크라 교육사절단은 교육 원조의 원칙으로 다음과 같은 7가지를 설정하였다. ①교육 원조 프로그램은 장기적 계획하에 실시되어야 한다. ②교육 원조 프로그램은 반드시 단일 기관의 주관하에 실시되어야 한다. ③충분한 자격을 갖춘 사람이 교육 원조 프로그램을 이끌어야 한다. ④대한민국 정부도 재정 분담을 하여야 한다. ⑤교육 원조는 한국 관리들과 소통하며 진행되어야 한다. ⑥교육 원조 프로그램을 추진하는 요원은 반드시 대한민국에 체류해야 한다. ⑦교육 원조 프로그램이 효과적으로 추진되기 위해서는 인적자원 훈련, 학교건축, 교과서용 종이 보급, 실험·실습 기자재 보급 등에 우선순위가 주어져야 한다.

둘째는 커리큘럼과 수업 방법에 관한 제안이다. 유네스코-운크라 교육사절단은 당시 한국교육 재건차 한국에 온 자문단원 모두가 다음과 같은 두 가지에 동의했다고 말한다. 첫째, 초등학교에서는 체육을 더 강조해야 하고, 중·고등학교 및 대학에서는 직업교육을 강조해야 한다. 둘째, 암기 교육을 지양하고 반성적 사고와 적용을 지향해야 한다. 애덤스가 요약한, 교육 방법에 관한 유네스코-운크라 교육사절단의 제안을 인용하면 다음과 같다.

> 한국 학교에서는 암기하도록 가르치지 말고 학생들이 반성적으로 사고하고 배운 내용을 적용하도록 가르쳐야 한다는 데 외국 교육자들 모두는 완전히 의견을 같이했다.[7]

셋째는 학교 행정 및 조직에 관한 제안이다. 유네스코-운크라 교육사절단은 한국 교육법 체계에 의하면, 이론상으로는 교육자치를 할 수 있도록 되어 있으나 실제는 권한이 고도로 중앙집권화되어 있다고 말한다. 따라서 한국 교육행정은 실질적으로 지방분권화될 필요가 있으며 중앙정부 관료의 교육통제는 완전하게 제거되어야 한다고 제안한다.

넷째는 재정에 관한 제안인데, 이는 성격상 매우 일반적인 것이라고 애덤스는 말한다. 유네스코-운크라 교육사절단의 제안은 재정을 정확히 조사할 자문단 파견이 필요하다는 정도였다.

다섯째는 교사교육과 교사 자격에 대한 제안인데, 애덤스는 유네스코-운크라 교육사절단의 제안 중 중요한 것 네 가지를 기술한다. 첫째, 교사와 행정가 양성을 위하여 단기 집중 연수기관을 설치할 필요가 있다. 둘째, 대한민국 교육부 산하에 국립 교육연수원을 설치하여 교원 연수와 연구를 담당하게 하고 이를 유엔이 도와야 한다. 셋째, 교사 자격을 상향 조정하고, 5년짜리 교사 연수 프로그램을 개발하고, 외국교육학 대학원에 진학하고자 하는 사람에게는 장학금을 지급할 필요가 있다. 넷째, 사범학교(교육대학)와 사범대학의 커리큘럼에서 인간 성장과 발달에 관해 철저히 가르치고, 일반 교양 교과를 줄이고 전문교과의 비중을 늘리고, 유엔에서 모든 사범학교(교육대학)와 사범대학에 자문단을 파견해야만 한다.

여섯째는 학교 건물 건축에 대한 제안이다. 우선순위를 초등학교 건축에 두어야 하며, 그다음은 사범학교(교육대학)와 사범대학을 재건해야 한다.

일곱째는 평가에 대한 제안이다. 첫째는 모든 단계에서 학교는 학생이 원하는 목표에 도달했는지를 평가해야 한다. 지필검사를 실시할 때 학생을 진단하는 면에 강조점을 두어야 한다. 둘째는 중학교 입학시험이 학생의 학업 능력을 측정하도록 개정되어야 하고, 궁극적으로는 중학교와 고등학교 입학시험을 없애고 초등학교와 중학교 학업성적으로 대체되어야 한다.

애덤스는 한국전쟁 중 또는 직후에 UNCACK(후에 KCAC 명칭 변경), UNKRA, USFOA 등의 기관이 수행한 한국 원조를 '물질적' 원조와 '비물질적' 원조로 나누어 요약한다. 학교 건물 복구, 교과서용 종이 보급, 실험실 장비 제공 등은 '물질적' 원조에 속하며, 한국 교육부와 교육기관에 대한 다양한 자문 활동, 교사 연수, 한국인의 미국 연수나 유학 알선 등은 '비물질적' 원조에 속한다.

⑦ 전쟁 후 복구기(1953.7.26~1954.12.31)의 한국교육을 기술하다: 제7장

제7장에서 애덤스는 한국전쟁 후 한국의 교육이 복구되는 모습을 6개의 절로 나누어 기술하고 있다. 이 6개의 절은 ①전쟁 후 한국 상황 ②교육행정 ③커리큘럼과 수업 방법 ④교사교육 현황 ⑤교육 사조 ⑥요약이다.

제1절 전쟁 후 한국 상황에서는 당시의 경제적 조건과 정치적 조건을 간략하게 기술한 다음, 교육에 직접 관련된 사회적 조건 세 가지를 기술한다.

첫째는 양반의식이다. 스스로 양반이라 생각하는 사람은 옷차림, 말하는 방식, 몸가짐에서 일반인과 다른 모습을 보인다고 애덤스는 말한다.

둘째는 한국인의 도시 선호사상이다. 교사 훈련을 받는 한국인은 농촌지역에 가서 근무하는 것을 아주 강하게 거부한다고 애덤스는 기술하였다.

셋째는 한국 남성의 여성에 대한 보수적인 태도다. 애덤스는 1953년 3월 9일에 설립된 '중앙교육연구소'에서 농촌지역 성인남성 46명을 대상으로 여성에 대한 남성의 태도를 조사한 결과를 표로 제시하면서 한국 남성의 보수성을 지적한다. 표에서 알 수 있는 것처럼, 당시 대부분의 농촌 한국 남성들은 여성의 머리 파마, 자유로운 외출, 자유 선택 결혼, 초등학교 다니기를 반대하였다.

항목	좋음	불가능	나쁨	모르겠음	합계
머리 파마	2	10	32	2	46
자유로운 외출	5	18	20	3	46
자유 선택 결혼	3	5	30	8	46
교회 다니기	7	10	11	18	46

항목	인원수
학교에 전혀 다닐 필요 없음	23
오직 초등학교만 다니면 됨	15
중·고등학교에 다녀도 됨	5
대학에 다녀도 됨	1
합계	44

제2절에서 애덤스는 교육행정에 대하여 기술한다. 교육에 대한 통제는 중앙 집중적이고, 교육자치는 갈 길이 멀다고 말한다. 한국의 교육부는 1954년 '6년 계획'을 세웠는데 1959년까지 의무교육 비율을 96.13퍼센트까지 올리려는 목표를 세웠다는 사실도 소개한다. 1954년 현재 초등학교 졸업생의

42퍼센트만이 중학교에 입학할 수 있어 중학교 입학시험 경쟁률이 높고, 특히 명문으로 알려진 중학교의 입학 경쟁이 매우 치열하다고 말한다.

제3절에서는 커리큘럼과 수업방법에 대하여 기술한다. 애덤스는 자신이 파악한 한국인의 교육관을 다음과 같이 기술한다.

> 한국인은 그 긴 역사에서 한 번도 독창적이고 비판적 사고를 하는 학생을 기를 공교육 체제를 개발할 필요성을 느끼지 못했다. 그러한 사고는 다스리는 위치에 있는 극히 소수의 사람에게만 필요했다. 한국인은 그들의 일상생활에 필요한 역량을 기르는 데는 어떠한 공식적 학교교육도 필요치 않았다고 여겼다. 이런 풍토로 인하여 한국인은 '교육의 과정'을 객관화하여 학교에서 전혀 다루지 않았다. 오직 '공부를 위한 공부'가 도달해야 할 이상이었다. 이러한 이상이 기초하고 있는 이론이 최근 새로운 민주주의 힘에 의해 도전받고 있으나 1954년 현재 한국의 교실은 여전히 전통적인 사고가 지배하고 있다.[18]

1945년 이후에 한국을 방문한 외국 교육자들은 한국에는 한국 학생들에 관한 자료가 거의 없음에 놀랐다는 사실을 애덤스는 지적한다. 한마디로 학생에 대한 연구가 전혀 이루어지지 않았다는 것이다. 이 문제를 해결하기 위하여 제1차 미국교육사절단은 '중앙교육연구소(Central Education Research Institute)'를 1953년 3월 9일 설립하고 아동 행동 연구, 교사 대상 현직 연수, 미국 서적 번역 등의 작업을 하였다고 애덤스는 말한다.

애덤스는 한국전행 후에도 여전히 한글-한자 논쟁이 계속되었다고 기술하고 있다. 광복 후에 교과서에 한글을 사용하고, 의미를 분명히 할 필요가 있을 경우에만 괄호 안에 한자를 표기하는 방식을 채택하였다. 학교에서 배워야 할 한자 수도 1,000자 정도로 한정하였다. 이런 한글 사용 정책은 연착륙하는 듯했으나, 초등학교 졸업생, 심지어 중·고등학교 졸업생도 신문을 읽지 못하자 교육부의 한글 사용 정책은 심각한 반대에 부딪혔다. 학교 교과서만 한글로 되어 있을 뿐 신문을 포함한 학교 밖 모든 문서와 서적은 여전히 한자에 크게 의존하고 있어서 한국전쟁 후 교육부는 보수주의자들의 반대를 이기지 못하고 학교에서 한자를 다시 가르치는 정책으로 되돌아갔다고 평가한다.

한국전쟁 후 한국 교사들의 수업방법은 교과서를 손에 들고 이를 읽는 방식이었다. 그 이유는 교사가 교과 내용을 잘 모르기 때문이었다. 교과 내용을 잘 모르는 교사일수록 수업 시간에 교과서를 읽어주고 학생들이 외우도록 요구했다. 한마디로 실력 없는 교사일수록 교과서에 묶여 있었다. 이를 해결하기 위한 한 방편으로 한국 교육부는 누군가의 제안으로 '교사용 지도서'를 만들게 되었다고 애덤스는 말한다. 애덤스는 '교사용 지도서'의 탄생 배경을 이렇게 기술하고 있다.

> 교사용 지도서는 교사를 교과서에 더 묶어두기 위해 고안된 것이 아니다. 이는 한국 학생의 필요와 삶에 교과 내용을 연결하는 한 방법을 제안하기 위한 것이다. 유능한 교사가 만든 교사용 지도서는 교사의 상상력을 자극하고 사고를 촉진하기 위한 한 방법일 뿐이다.[19]

애덤스는 한국전쟁 후 한국 교실을 관찰한 후 크게 세 가지 특징을 보았다고 말한다. 첫째는 상급학교 입학시험이 한국 교실을 지배하고 있다. 둘째는 교과의 내용이 깊지 않다. 셋째는 이론적인 것을 선호한다. 이론적인 것을 선호하는 한국 학교 교육의 모습과 이를 개선하려는 교육부의 노력을 애덤스는 이렇게 기술하고 있다.

직업관련 과목은 주지교과와 더 닮을수록 위상이 높아졌고 이는 교실과 마을의 분리를 심화시켰다. 교육받은 한국인의 대표적인 태도는 자연과학을 전공하는 한국 학생들에게서 잘 나타난다. 이들은 '응용'과 '순수'를 재빨리 구분하고, '순수'의 위신이 훨씬 높다고 생각한다. '공부를 위한 공부'는 전쟁 후 한국 학교에서 인기 있는 교훈이 되지 말았어야 했다.

그러나 1954년 한국 학교의 이러한 분위기를 바꾸기 위한 세 가지 조치가 취해졌다. 첫째, 모든 학교급의 커리큘럼을 실제적이고 실생활과 닮은 모습으로 개편하려는 노력이 기울여졌다. 둘째, 중·고등학교와 대학에서 직업 및 기술 관련 교과를 확대하였다. 셋째, 기술 및 실용적인 탐구도 문화발전의 효과적인 도구라는 생각이 도입되었다. 이러한 세 가지 조치에 약간의 진전이 있기는 하지만 이러한 조치가 실효를 거두려면 새로운 교육철학과 잘 훈련받은 교직원이 나타나야 한다.[20]

제4절에서는 교사교육 현황에 대하여 기술한다. 한국전쟁 후 한국 교육부의 중요한 목표는 필요한 교사의 수를 확보하고, 교사의 질을 높이는 것이었는데, 양에 의해 질이 희생되었다고 평가한다. 애덤스는 사범학교(교육대학), 사범대학 등 교사양성기관의 종류와 기능에 대해서도 자세히 기술한다.

애덤스는 한국 교사들이 즐겨 사용하는 교과 내용 설명식 수업은 일본식 교사교육의 영향이라고 말한다. 일제강점기에 교사의 수업이란 학생의 능력이나 필요, 흥미에 주의를 기울이지 않고 교과 내용을 학생에게 전달하는 것이다. 이런 영향으로 인해 한국 교사들에게 '유능한 교사는 교과 지식에 해박하고 학생이 이를 잘 외울 수 있게 하는 교사'라는 인식이 퍼졌다고 말한다.

제5절에서는 당시의 교육 사조 두 가지를 기술한다. 첫째는 진보주의 교육이 시들해지기 시작했다는 것이다. 광복 후 약 10여 년 동안 한국인이 외

국서적이나 외국인에게서 배워 사용한 교육관련 용어는 매우 멋있게 들렸으나 1954년경부터는 이러한 서구용어에 시큰둥한 사람들이 많아지기 시작했다고 애덤스는 평가한다. 그 대표적인 이유는 학교에서 이상으로 여기며 가르치는 가치가 가정에서 중요시하는 가치와는 정반대였기 때문이라고 말한다. 학교에서는 개인의 자유를 가르치지만, 가정에서는 가장의 권위에 복종하는 것이 미덕이라고 생각했다는 것이다. 한국에서 '학교'와 '가정'의 협력은 한 번도 존재한 적이 없다고 애덤스는 평가한다.

둘째는 한국의 교육부가 도덕교육과 정신교육(Inner Citadel)을 강조했다는 것이다. 애덤스는 당시 한국 정부가 정의한 정신교육을 한국 관리의 말을 직접 인용하여 제시하고 있다.

> 정신교육은 국민을 통합하는 것입니다. 정신력은 국민의 정신, 도덕, 지능, 의무감, 정신적 회복력을 의미합니다. 정신교육은 국민으로 하여금 싸워야 할 대상을 알게 해줍니다. 정신이 무너지면 나라가 무너지고 중국처럼 공산화될 것입니다.[21]

애덤스는 또한 한국인의 의식구조가 서구인과 매우 다르다고 말한다. 그는 한국에 31년을 살았다는 미국인 하워드(Howard)가 들려준 일화를 소개하며 한국인의 의식구조를 묘사한다.

> 언젠가 제가 한국인 친구에게 중요한 심부름을 부탁했어요. 그 친구는 기꺼이 수락했지요. 그래서 저는 그 말을 믿고 제 일정을 세웠어요. 그런데 그 친구가 약속을 지키지 않는 바람에 일정이 흐트러지고 말았어요. 그 친구에게 왜 그랬냐고 실망했다는 말을 했더니, 그 친구가 웃으며 이렇게 말하는 거예요. "당신의 부탁을 들어줄 수 없었으나 면전에서 거절하면 당신 기분이 상할까 봐 '네'라고 대답한 거예요."[22]

애덤스는 또한 한국 교사들이 학부모로부터 비싼 선물을 받고, 대학에는 아주 큰 액수의 기부금을 낸 사람의 자녀를 입학시키는 문화가 있다고 기술한다.

⑧ 1945~1955년 사이에 이루어진 한국의 교육 발전을 평가하다: 제8장

제8장은 논문의 결론에 해당하는 장이다. 애덤스는 1948년에 제정된 '헌법'과 1949년에 공포된 '교육법'에는 자신이 보기에 다섯 가지의 중요한 교육원리가 깃들어 있다고 말한다. 그리하여 제8장에서 애덤스는 이 다섯 가지를 기술하고 이 원리가 얼마나 한국 사회와 학교에 구현되었는지를 평가한다.

첫째, 모든 국민은 동등한 교육기회를 가져야 한다. 최소한 초등교육은 무상의무교육이 되어야 한다.

애덤스는 이 원리가 매우 적절하다고 평가한다. 19세기 후반까지 한국에는 공교육이라는 것이 존재하지 않았다. 사립 교육기관에서 제공하는 내용도 모두 중국의 고전이었다. 이러한 상황은 계급제도를 공고히 유지하는 역할을 했다. 갑오개혁기에 이를 개혁하려 하였지만, 일제강점기가 시작되기까지 큰 진전은 없었다. 일제강점기에 공교육이 확대되기는 했지만, 한국인은 피지배자 교육을 받았고 일본인은 지배자 교육을 받았다. 광복 후에 역사상 처음으로 초등 공교육이 무상, 의무로 제공되기 시작했으나 질보다 양에 치중하는 경향이 짙었다.

둘째, 커리큘럼과 수업방법을 포함한 전체 교육시스템은 학생의 개인별 재능이 최대한 실현되도록 개개인성에 맞게 결정되어야 한다.

애덤스는 이 두 번째 원리가 거의 실현되지 않았다고 평가한다. 한국 교육은 중국 고전을 암기하는 것이 전부였던 시절에는 학생의 흥미를 전혀 고려하지 않았다. 일제강점기에는 통제를 위해 획일적인 교육이 효율성 제고라는 이름으로 실시되었다. 이러한 폐단을 극복하기 위해 광복 후 미군정부는 학생의 흥미와 능력에 맞춘 개별화된 학습 지도를 도입했으나 성공하지 못했다. 그 이유는 두 가지다. 하나는 학급당 학생 수의 과다이고, 다른 하나는 개별화 교수법을 배우지 못한 교사 때문이다. 외국 교육자들이 한국 교사들에게 개별화 교수법을 소개하는 현직교사 연수를 했지만 한국 교사들은 과거의 엄격히 획일화된 교수법에서 평안을 찾았다. 아동의 필요, 능력, 흥미에 대한 연구도 존재하지 않아서 개별화 교수법은 뿌리내리기에 한계가 있었다.

셋째, 공교육은 교사교육, 직업교육, 과학교육을 강조하면서 동시에 교육받은 자유 교양인을 길러야 한다.

애덤스는 이 세 번째 원리에 약간의 진전이 있었고 희망이 보인다고 평가한다. 광복 후에 미군정부는 실용적인 것보다 이론적인 것을 좋아하고 높이 평가하는 한국인의 특성을 관찰하였다. 한국인은 인문계를 선호하고 실업계를 열등하게 여겼다. 이는 중국 고전을 줄줄 암기하는 것이 교육받은 사람의 징표였던 시절의 잔재였다. 이를 극복하기 위하여 외국 교육자들은 직업교육과 과학교육을 강조했고 직업교육과 과학교육을 담당할 교사들에 대한 연수도 실시했다. 한국 정부는 외국 자문단의 조언에 따라 직업교육과 과학교육을 강조하였고, 일부 학교에서는 외국 원조기관에 실험과 실습에 필요한 기자재, 기계를 요청하기도 했다. 그러나 원조 받은 기계는 먼지가 쌓인 채 방치되기 일쑤였고, 한국 교사들은 시간이 오래 걸리는 기자재·기계 사용법 배우기를 멀리하고 몸에 익은 교수법을 사용하는 일이 흔했다.

넷째, 지역이나 주민이 주요 교육정책을 통제할 수 있는 방향으로 교육체제의 조직 구조가 만들어져야 한다.

일제강점기에 교육은 한국인을 일본 천황에 충성하는 국민으로 만들기 위한 수단으로 활용되었다. 그러다 보니 모든 교육정책을 중앙정부에서 결정하였다. 이런 문화는 광복 직후에도 한국을 지배하였다. 이를 극복하기 위하여 교육정책의 지역 및 민간 통제 장치가 1949년 공포된 '교육법'에 담기게 되었다. 그러나 법과 실제 사이에는 많은 불일치가 있었다고 애덤스는 평가한다. 한마디로 교육자치는 이념적인 수준에 머물렀고 실제는 중앙통제식이었다는 것이다.

다섯째, 공교육은 절대로 어떠한 정치적, 정파적 선전의 도구로 이용되지 말아야 한다.

교육정책을 중앙에서 통제하면 이를 정치적으로 이용할 위험이 매우 커진다. 교육을 이용하여 한국인을 통제한 대표적인 사례가 일본제국주의다. 이를 잘 알고 있기에 1948년 수립된 대한민국 정부의 리더들은 교육의 지방자치를 허용하는 쪽으로 방향을 잡았다. 그러나 전통은 쉬이 사라지지 않는 법이어서 중앙정부는 교육을 이용하여 국민을 통제하려 하였다. 그 대표적인 예가 '학도호국단(Student Defense Corps)' 설치다. 중·고등학교에 설치된 학도호국단은 정권의 선전 수단으로 활용되었다. 학도호국단은 외부에서 받은 지시에 따라 소위 '자발적 데모'를 하였는데, 이는 학문적 자유를 노골적으로 위반하는 것이었다고 애덤스는 평가한다.

⑨ 수집한 학교 관련 자료를 첨부하다: 부록

애덤스의 논문에는 6개의 부록이 첨부되어 있다. 〈부록1〉에는 1907~1954년 사이의 한국의 학교 및 학생 수에 관한 자료가 실려 있다. 〈부록2〉에는 대표적인 커리큘럼에 관한 자료가 실려 있다. 〈부록3〉에는 교사 급여에 관한 자료가 제시되어 있다. 〈부록4〉는 문맹률에 관한 자료이다. 〈부록5〉에는 한국전쟁으로 파괴된 학교 건물에 관한 자료가 실려 있다. 〈부록6〉에는

1951~1954년 사이 중학교 입학자 수에 관한 자료가 수록되어 있다.

3. 「1945~1955년의 한국교육」에 대한 해석 및 평가

애덤스는 제3차 미국교육사절단원의 일원으로 한국에 와서 1954년 9월~1955년 6월까지 약 9개월 동안 한국에 머물렀다. 그는 이 기간 동안 수집한 문헌과 자신의 직접 관찰 및 체험을 바탕으로 박사학위 논문 「Education in Korea 1945~1955」를 작성하였다. 외국인 애덤스가 1945~1955년의 한국교육에 대해 기술한 내용은 과연 얼마나 정확하며 어떤 가치가 있을까? 이 장에서는 이 질문에 답하고자 한다.

첫째, 애덤스가 연구대상으로 설정한 1945~1955년의 10년은 한국 역사상 처음으로 서구의 제도와 사상이 한국에 대대적으로 도입된 시기라는 애덤스의 지적은 타당하다. 특히 이 시기에 미국의 진보주의 교육 사상이 한국에 적극 도입되었다. 애덤스는 이를 '한국에서는 중국, 일본, 미국의 교육 사상이 경합을 벌이고 있다. 한국은 교육 사상을 시험하는 실험실 같다'라고 묘사하였는데, 이는 매우 정확한 묘사라 평가된다.

둘째, 애덤스는 중국 고전 교육의 폐해를 정확히 지적한 것으로 평가된다. 한국은 중국 고전을 읽기 위해 '한글'보다는 '한문'을 중시했고, 한국인의 궁극적인 목적은 '과거시험 합격'이었다고 지적한다. 이 과정에서 학생들은 탐구보다는 복제, 창조보다는 순응하기 위한 공부를 했다고 애덤스는 평가한다. 이러한 평가는 타당하다.

셋째, 미 군정기에 한국인의 '교육적 통찰력'은 매우 낮았다는 애덤스의 평가 또한 타당하다. '교육적 통찰력'이란 제3차 미국교육사절단장이었던 헤럴드 벤저민(Herald Benjamin)이 사용한 개념인데, 어떤 나라가 그들이 필요

로 하는 종류의 교육을 널리 소망하느냐 아니냐를 가리키는 말이다. 미군
정기에 한국인의 교육적 통찰력은 낮았다고 애덤스는 평가하는데, 이는 한
국인이 자신에게 필요한 교육을 소망하기보다는 필요 없는 교육을 소망했
다는 뜻이다. 애덤스가 보기에 당시 한국인에게 필요한 교육은 '중국 고전'
을 외우는 교육보다는 한국인의 삶과 생활수준을 개선할 수 있는 교육이
필요했다. 한마디로 직업교육, 기술교육, 과학교육이 필요했다는 것이다. 그
런데 한국인은 이런 교육의 가치를 높이 평가하지 않았다. 교육받은 사람은
중국 현자들이 한 말을 줄줄 외우는 사람이라는 생각이 한국을 지배하고
있다고 애덤스는 지적한다. 이러한 지적은 '사농공상'의 전통이 아직 가시지
않은 당시의 분위기를 정확히 짚어낸 것으로 보인다.

넷째, 한글전용 정책의 진퇴 과정을 기술한 대목도 매우 정확한 것으로
평가된다. 일제가 물러간 뒤 미군정이 택한 최고의 정책은 한글전용 정책이
다. 이 정책에 따라 교과서에서 한자를 퇴출했다. 그런데 학교 밖 사회는 여
전히 한자에 크게 의존하고 있었다. 특히 신문의 한자 의존도는 압도적이었
다. 보수주의자들은 고등학교 졸업자가 신문도 읽지 못한다며 날 선 비판
을 했다. 이런 비판 앞에 당시 교육부는 한글전용 정책을 포기하고 한자를
교과서에서 다시 사용하기 시작했다. 애덤스는 이런 한글전용 정책의 후퇴
를 안타까운 사건으로 기술하였다. 인터넷 시대인 오늘의 관점에서 평가하
면 한글 전용 정책을 옹호한 애덤스의 혜안이 놀랍다.

다섯째, 한국인은 공식문서에서 의미가 모호한 미사여구를 즐겨 사용하
는 경향이 있다는 지적도 귀 기울일 필요가 있다. 교육법에 들어 있는 홍익
인간, 근검노작, 무실역작, 견인불발 등의 한자 용어를 번역하면서 애덤스는
이들이 멋진 말이기는 하지만 매우 추상적이라고 생각한 듯하다. 우리에게
익숙한 홍익인간을 애덤스는 영어로 'The Greatest Service for the Benefit

of Humanity'라고 번역하였는데, 이는 당시 우리 교육자들의 번역과 크게 다르지 않다. 오천석에 의하면, 교육법 제정 당시 홍익인간을 놓고 논란이 많았는데, 백낙준이 이를 'Maximum Service for Humanity'라고 번역하여 미국인들의 호응을 이끌어냈다고 한다.[23]

여섯째, 한국전쟁이 '직업교사' 역할을 했다고 애덤스는 평가하였는데, 이는 아프지만 사실이다. 교육받은 사람은 중국의 고전을 술술 인용하는 인문학자라는 관념을 가지고 있을 때, 즉 사농공상의 전통이 한국 사회를 짓누르고 있을 때 한국전쟁은 기술의 중요성을, 생존하려면 기술을 배워야 한다는 사고를 한국인에게 심어주었다는 것이 애덤스의 평가다. 미군과 연합군이 가져온 군용 물자를 통해 한국인은 기술을 배웠고, 이때 배운 기술이 개인의 생계를 유지하는 데 큰 도움이 된 것은 사실이다. 사농공상의 전통을 깨는데 한국전쟁은 크게 기여하였다는 애덤스의 평가는 날카롭다.

일곱째, KCAC(Korean Civil Assistance Command), UNKRA(United Nations Korean Reconstruction Agency), USFOA(United States Foreign Operations Administration), UNCACK(United Nations Civil Assistance Command, Korea) 등의 외국 원조 기관이 한국의 교육재건을 위해 펼친 노력을 자세히 기술한 부분은 사료의 가치가 있다. 한국전쟁 후 외국원조기관의 역할을 오천석도 기술하기는 했지만, 애덤스만큼은 자세하지 못하다. 애덤스의 논문은 한국전쟁 후 복구되는 과정에서 한국이 어떤 도움을 외국에서 받았는지를 밝히는 데 분명 좋은 참고가 될 것이다.

여덟째, 오늘 우리에게 익숙한 '교사용 지도서'의 탄생 배경에 대한 애덤스의 기술은 혁신교육을 이야기하는 오늘의 우리에게 시사하는 바가 매우 크다. 애덤스의 관찰에 의하면, 한국전쟁 후 한국 교사들의 주된 수업 방식은 교과서를 손에 들고 이를 읽어주는 방식이었다. 그 이유는 교사가 교과 내용을 모르기 때문이었다. 이를 해결하기 위해, 즉 교과서에 묶여 있는 교사를 풀어주기 위해 등장한 것이 '교사용 지도서'였다. 그런데, 아쉽게도, 그 이후 한국의 교서들은 교과서와 교사용 지도서에서 벗어나기는커녕 이들을 신성시하였다. 최근 혁신학교 교사들을 중심으로 교과서 지상주의를 벗어나려 노력하고 있는데, 이는 한국전쟁 후 '교사용 지도서'를 도입한 생각과 일치하는 것이다.

아홉째, 한국인은 '응용'보다 '순수'를 선호하는 의식이 저변에 깔려 있다는 애덤스 관찰은 정확하다. '순수'를 선호하는 의식으로 인해 직업관련 과목이 주지교과를 닮으려 노력했다는 지적은 참으로 뼈아프다. '응용'보다 '순수'가 우월하다는 의식은 오늘날도 계속되고 있는 '교과 내용학'과 '교과 교육학' 사이의 논쟁에 안개처럼 조용히 스며있다.

열째, 한국의 교사들이 한국전쟁 후 가난했던 시절에 학부모에게서 촌지를 받았다는 기술은 참으로 부끄러운 정확한 지적이다. 애덤스는 한국 학교의 촌지문화를 매우 낯설게 보았다. 우리 학교문화에서 촌지가 사라진 것은 2015년 3월 27일 제정된 소위 '김영란법(부정청탁 및 금품 등 수수의 금지에 관한 법률)' 때문이었으니 애덤스의 관찰 이후 60여 년이 지나서였다. 문화를 바꾸기란 참으로 힘든 일임을 새삼 느끼게 하는 대목이다.

열한 번째, 한국의 학교와 학부모의 협업은 한국 학교에 전혀 존재하지 않는다는 기술도 정확하다. 진보주의 교육사상은 학교와 가정의 협업을 전제로 한 것이다. 그런데 한국에서는 가정과 학교가 서로 따로 존재하는 듯하다고 애덤스는 평가한다. 학교에서는 민주주의와 남녀평등을 가르치지만, 가정은 여전히 권위적이고 남성우위문화가 지배적이라는 애덤스의 지적은 21세기 오늘날에도 귀 기울일 만하다. 한국 사회에서 양성평등 교육은 지금도 진행형이다.

열두 번째, 중앙정부에서 학도호국단을 설치하여 학교를 정권의 선전 수단으로 활용했다는 평가도 정확하다. 요즘 젊은 세대에게는 생소하지만, 어느 정도 나이든 한국인들은 학도호국단을 모두 기억할 것이다. 또 왼쪽 가슴에 달도록 요구받았던 각종 리본, 학교 교문 위에 걸렸던 현수막, 담벼락에 큼지막하게 쓰인 각종 구호를 기억한다. 이승만, 박정희, 전두환, 노태우 정권까지 분명 학교는 정권의 홍보 수단으로 활용된 것이 분명하다.

4. 결론

애덤스가 1956년 코네티컷 대학교(The University of Connecticut)에 제출한 박사학위 논문 「1945~1955년의 한국교육」은 크게 세 가지 측면에서 주목할 만하다. 첫째는 그가 이 논문에서 사용한 연구방법 측면이고, 둘째는 이 연구가 한국교육사에서 가지는 사료적 가치 측면이며, 셋째는 한국 학교교육의 발전상을 평가하는 기준 역할 측면이다.

첫째, 애덤스가 사용한 연구방법 측면에서 논의하면, 이 논문은 역사학자들이 사용하는 연구방법을 사용하였다. 역사학자들은 과거의 사건을 재구성하기 위하여 최대한 사료를 수집한다. 수집하고자 하는 자료가 포화상태에 이를 때까지 자료를 수집한다. 애덤스가 사용한 역사학 방법은 오늘날 질적연구자들이 자료를 수집하는 과정과 비슷하다. 애덤스는 자신의 논문에서 질적연구라는 말을 한 번도 사용하고 있지 않지만, 오늘의 시각에서 평가하면 애덤스의 작업은 질적연구에 매우 가깝다. 애덤스는 탁월한 질적연구자다.

둘째, 애덤스의 논문은 한국교육사를 파악하는 사료의 가치가 높다. 특히 그가 한정한 1945~1955년 사이 한국교육의 모습을 재구성하는 데 애덤스의 논문은 유용하게 활용될 수 있을 것으로 평가된다. 애덤스가 연구대상으로 설정한 10년은 한국 역사에서 정치적, 사회적 격변기였다. 해방, 미군정, 대한민국 정부 수립, 분단, 전쟁, 파괴, 기아 등이 이 시기를 특징짓는 어휘다. 이러한 시기에 한국인은 교육개혁 또는 학교개혁에 관한 글을 집필하고 자료를 모을 여유가 없었다. 이 시기 학교개혁 자체가 외국의 원조를 받아 이루어진 관계로 당시의 한국인은 학교개혁 관련 자료를 파악하는 데 한계가 있었을 것이다. 애덤스는 그 자신이 미국교육사절단원이었기에 외국 원조기관의 다양한 자료를 수집할 수 있었다. 이런 측면에서 애덤스의 박사학위 논문은 1945~1955년의 한국교육을 파악하는 역사자료로 활용되기에 충분하다.

셋째, 애덤스의 관찰은 한국 학교교육의 발전상을 평가할 때 사용될 수 있는 지표가 되기에 충분하다. 애덤스가 관찰한 1945~1955년의 우리 학교 교육의 모습은 낮은 교육적 통찰력, 학교와 가정의 협업 부재, 반복되는 한글-한자 논쟁, 교과서 암기식 수업, 교과서 신성시, 학생에 대한 연구 부재, 여성 억압, 실용보다 이론을 선호하는 문화 만연, 일제가 남긴 권위주의 문화 만연, 촌지 문화 만연, 각종 문서에서 의미가 모호한 미사여구의 지나친 사용, 교육의 정권 홍보 수단화 등이었다. 애덤스의 관찰·지적을 기준으로 하여 우리는 그 동안 기울인 노력의 성과를 평가할 수 있다. 애덤스의 지적이 더 이상 오늘의 우리의 모습이 아니라면 이는 우리가 발전한 증거라고 보아도 좋을 것이다. 애덤스가 지적한 사항이 아직도 우리 주변에서 쉽게 관찰되는 것이라면, 왜 우리는 변화하지 못했는지를 성찰해 보아야 한다. 애덤스가 박사학위 논문을 작성한 1956년에서 오늘날까지 분명 짧은 세월이 아닌데 말이다.

제10장. 광복 이후 25년 동안 존 듀이 교육사상이
우리나라에 도입된 양상에 관한 연구

1. 서론

1) 연구의 필요성 및 목적

이 연구의 목적은 광복 이후부터 1970년대 초엽까지 존 듀이의 교육사상이 국내에 도입된 양상을 살피는 것이다.

광복 이후부터 1970년대 초반까지 우리 학교 커리큘럼 편성을 안내한 이념은 진보주의였다. 이 시기를 직접 겪었거나 연구한 학자에 의하면[1] 광복 후 미군정기에 '새 교육' 바람이 강력하게 불기 시작하였고, 1953년에서 1963년까지의 제1차 커리큘럼 시기와 1963년에서 1973년까지의 제2차 커리큘럼 시기에 교육당국은 생활중심교육 또는 경험중심교육을 표방했다. 특히 1954년 9월에서 1955년 6월까지 우리나라에 머문 제3차 미국교육사절단은 진보주의에 기초한 커리큘럼 개혁안을 마련하여 우리에게, 그들의 표현으로, '선물'하였다.[2] 이처럼 듀이의 교육사상은 광복 후 약 30년 동안 우리나라 교육계를 지배하였는데, 이런 분위기를 교육사학자 한기언은 '당시 진보주의가 한국교육에 미친 영향은 15, 16세기에 주자학이 미친 영향만큼이나 크다'고 평가하기도 하였다.[3]

광복 이후부터 약 25여 년 동안 진보주의 커리큘럼 이념이 우리나라 교육계를 지배하였지만, '교사는 교과서 내용을 설명하고, 학생은 교사의 설명을 암기하는 식의 학교교육'은 지속되었고, 지금도 지속되고 있다. 이 시기를 연구한 김종서·이홍우는 이를 이렇게 비판적으로 표현하였다.

[근 30년을 두고 생활중심교육을 외쳤지만], '생활과의 관련'이라는 관점에서 보면, 한국의 교육은 언제나 적합하지 못한 것으로 판명되었다. [⋯⋯] 다른 분야의 발전 내지 변천상을 고려한다면, 30년이라는 세월은 분명 긴 세월이다. 이 긴 세월 동안 교육에 종사하고 있는 모든 사람들이 '생활과의 관련'을 교육의 으뜸가는 과제라고 생각했으니 지금쯤 교육이 생활과 유리되어 있다는 문제는 완전한 해결은 아니더라도, 다소간 완화는 되었어야 할 것이다.[4]

맞는 지적이다. 생활중심교육을 이 땅에 구현하기 위해 한 30년 열심히 노력했으면, 교과서 지식을 전달하는 식의 수업은 어느 정도 개선되었어야 옳다. 그런데 왜 변하지 않았을까? 왜 근 30년간의 노력에도 불구하고 우리나라에 진보주의식 교육이 제대로 정착되지 않은 것일까? 우리 선배 학자들은 당시 생활중심교육 구현을 위해 어떤 노력을 한 것일까? 이들이 혹 실수한 것이나 방향을 잘못 잡은 것은 없을까?

이 질문에 답하기 위해서는 광복 이후부터 1970년대 초반까지 존 듀이의 교육사상이 우리나라에 소개되고 논의된 양상을 분석할 필요가 있다. 그러나 이 분야에 대한 연구는 찾아보기 힘들다. 이 분야와 관련된 유일한 연구로는 김종서·이홍우의 연구를 들 수 있는데, 이 연구는 위 시기에 우리나라를 방문한, 진보주의 색채를 띤 미국사절단이 작성한 보고서 4편의 내용을 분석하고 있을 뿐, 미국사절단과 우리 선배학자들이 왜 진보주의 사상을 도입했는지, 존 듀이의 교육사상 중에서 어떤 내용이 주로 다루어졌는지, 우리 선배학자들이 존 듀이의 교육사상을 발전적으로 계승했는지 등을 밝히지 않고 있다. 김종서·이홍우는 '진보주의 색채를 띤 미국사절단이 우리 교육에 미친 영향을 조사하는 일은 그 자체로 방대한 연구'가 될 것이라면서, 이에 대한 연구의 필요성을 제기하였다. 이 연구는 김종서·이홍우가 일찍이 인식한 이 방대한 연구의 첫걸음이라는 성격을 지닌다.

2) 연구방법

연구방법으로는 1945년에서 1972년 사이에 집필한, 존 듀이의 교육사상을 소개하거나 논의한 또는 존 듀이의 교육사상이 우리나라에 미친 영향을 정리한 문헌을 분석하는 방법을 사용하였다. 이 연구에서 분석한 문헌은 크게 네 가지다. 첫째, 1954년 9월부터 이듬해 6월까지 우리나라에 머문 제3차 미국교육사절단이 남긴 『커리큘럼 지침』[5]을 분석하였다.

둘째, 오천석과 임한영이 1945년에서 1972년 사이에 집필한 글을 분석하였다. 오천석과 임한영은 이 시기에 존 듀이의 교육사상에 관한 글을 집필한 대표적인 학자로서, 이 두 사람은 당시 듀이의 교육사상에 관한 담론을 지배하였다.[6] 이런 이유로 이 연구에서는 오천석과 임한영이 이 시기에 집필한 글을 분석하였다.

셋째, 'Dewey 서거 15주기 기념강연회' 글도 분석하였다. 기록에 의하면[7] 1967년 6월 2일 'Dewey 서거 15주기 기념강연회'가 열렸는데 이 강연회에서 임한영을 비롯한 다섯 명의 학자가 Dewey, Dewey 사상, Dewey 사상이 우리나라 교육계에 미친 영향 등에 관해 쓴 글을 발표하였다.

넷째, 1972년도 한국교육연감에 실린 「한국교육 4반세기의 반성」이라는 글도 분석대상에 포함하였다. 이 글에는 존 듀이의 사상이 우리나라에 들어오는 과정과 확산되는 과정이 잘 정리되어 있다.

문헌을 분석하는 방법으로는 주제어 분석법을 사용하였다. 요즘 논문에는 저자에 의하여 주제어가 제시되지만, 이 연구에서 분석한 논문은 오래된 논문이기에 주제어가 제시되어 있지 않다. 또 글의 성격상 논문이 아닌 글(예, 단행본이나 잡지 기고문)에도 주제어가 제시되어 있지 않다. 따라서 이 연구에서는, 논문이나 기고문의 경우에는 본 연구자의 지적 판단으로 주제어를 추출하였고, 단행본의 경우에는 목차를 중심으로 주제어를 추출하였다.

이 연구에서 수집하여 분석한 글의 제목과 주제어를 제시하면 〈표 1〉~〈표 5〉와 같다.

〈표 1〉 제3차 미국교육사절단이 남긴 『커리큘럼 지침』의 주제어

부	장	주제어
제1부 원리	제1장 기본개념	• 교과 커리큘럼 • 경험 커리큘럼 • 경험 커리큘럼의 원리 • 학습자 본성의 원리 • 사회적 유용성의 원리 • 기능적 내용의 원리 • 발달적 방법의 원리 • 협동적 노력의 원리
	제2장 오류와 해결책	• 도구의 오류 • 경험 획일화의 오류 • 단편화의 오류 • 학습자 도외시의 오류 • 우선순위의 오류

제2부 실제	제3장 달성하려는 교육목표 설정	• 목표 진술 • 조사방법, 관찰, 측정, 실험 • 정서적 안정감 조사 • 사회적, 도덕적 행동 조사 • 커리큘럼의 본질 • 커리큘럼의 통제 • 커리큘럼의 목적을 결정하는 사람 • 목적 변경 시 교사의 역할
	제4장 교육목표 달성을 위한 학습경험 선정	• 배움은 경험을 통해 일어남 • 경험의 유형 • 직접경험 • 간접경험 • 학생만이 경험을 교육적인 것으로 만듦 • 목표 달성을 위한 구체적 활동선택 • 활동에 의미 부여하기
	제5장 커리큘럼 조직하기	• 조직의 원리 • 커리큘럼 맥락 • 커리큘럼 통합 • 광역 커리큘럼 • 중핵 커리큘럼 • 현성 커리큘럼 • 통합적 주제 중심 커리큘럼 • 준비성 • 모두에게 공통으로 가르칠 내용
	제6장 커리큘럼 평가하기	• 좋은 교육의 특징 • 교육은 모든 사람이 참여할 사업 • 교육에서 평가의 기능 • 평가 프로그램 만들기
제3부 필요한 커리큘럼 개정	제7장 국어	• 국어의 중요성 • 국어 프로그램 작성법 • 국어과 보조교재인 책 • 말하기와 듣기 • 쓰기
	제8장 예술	• 미술은 실용적인가? • 예술활동에서 자유의 위치 • 예술재료와 용품 • 중등학교·직업학교의 예술경험 • 예술경험은 넓고 다양해야 함 • 음악은 고립된 예술이 아님 • 예술경험은 실용적이다

제3부 필요한 커리큘럼 개정	제9장 도덕/사회	• 도덕·사회과 교육의 몇 가지 원리 • 교사의 임무 • 학교의 임무 • 사회교과의 임무 • 통합의 문제 • 한국문화사 연구의 필요성 • 사회과학이라는 학문 • 사회과 교수법 • 결과물 평가 • 국가의 임무
	제10장 수학	• 수학의 유용성 • 수학의 재료 • 아동은 행한 대로 배운다 • 아동은 좋아하는 것을 배운다 • 수학을 유의미하게 만드는 법 • 가르칠 것을 결정하는 기준 • 한국에서 수학의 필요성 • 개선된 수학 프로그램
	제11장 자연과학	• 리더쉽 개선하기 • 과학교사 양성 • 학생이 과학을 배우게 돕기
	제12장 기술교육	• 사실과 이해 • 초등학교의 실과교육 • 직업 중등학교 • 전문 직업교육 • 농과대학 • 공과대학 • 의과대학 • 상과대학 • 법과대학 • 사범학교(교육대학)·사범대학
	제13장 보건/체육/교련	• 극복해야 할 주요 장애물 • 한국에서 안전교육의 목적 • 한국 안전교육이 당면한 문제에 대한 해결책 • 안전교육 프로그램 평가

<표 2> 오천석의 저술에 나타난 주제어

①	제목	민주주의 교육의 건설(단행본)[8]
	주제어	• 민주국가 • 교육의 사명 • 자유민 • 사회민 • 교육기회 균등 • 한자폐지 • 생활본위 교육 • 교과서 만능주의 • 교재의 심리적 정돈 • 프로젝트 법 • 행동에 의한 학습 • 종합적 교수법
②	제목	존 듀이 박사의 생애와 사상(기고문)[9]
	주제어	• 헤겔 • 아동중심학교 • 민주주의와 교육 • 경험과 교육 • 프래그머티즘 • 경험의 재개조
③	제목	민주교육론(기고문)[10]
	주제어	• 민주교육의 성격 • 교육기회 균등 • 개인차 존중 • 행동에 의한 학습
④	제목	우리교육은 올바르게 성장하는가?(기고문)[11]
	주제어	• 교사중심교육 • 주입식교육 • 교과서주의
⑤	제목	듀이의 교육사상과 한국의 교육(기고문)[12]
	주제어	• 새교육 도입과정 • 진보주의 교육의 특징 • 진보주의 교육에 대한 비판 • 민주주의 교육
⑥	제목	교사의 연구생활(기고문)[13]
	주제어	• 새교육 • 교사연구여건 조성 • 어학 능력
⑦	제목	한국교육의 나아갈 길(기고문)[14]
	주제어	• 현대문명의 특색 • 현대생활에 적합한 교육 • 교사의 임무 • 새교육
⑧	제목	최근 교육사조(기고문)[15]
	주제어	• 진보주의 • 본질주의 • 항존주의
⑨	제목	새해 교육계의 반성(기고문)[16]
	주제어	• 사회의 현실요청과 동떨어진 교육 • 지식만 가르치는 교육 • 도의적 인격인
⑩	제목	민족부흥의 수단으로서의 교육(기고문)[17]
	주제어	• 교육과 사회진보의 관계 • 학자양성교육 대 민족시민교육 • 지식본위교육 대 인격본위교육 • 진학위주교육 대 실생활위주교육 • 경쟁인양성교육 대 협동인양성교육 • 고립주의교육 대 지역사회중심교육
⑪	제목	교육개혁의 신념에 대한 재확인(기고문)[18]
	주제어	• 옛 교육 • 새 교육 • 교육개혁 저해요인 • 새 교육의 필요성 • 새 교육의 방향
⑫	제목	주권자를 위한 교육(기고문)[19]
	주제어	• 민주교육 • 존엄성 • 판단력 • 자주 • 자율 • 진보
⑬	제목	생활에 맺어진 교육(기고문)[20]
	주제어	• 교육과 생활의 분리 • 교과서만능주의 • 신교육
⑭	제목	한국교육과 지역사회학교(기고문)[21]
	주제어	• 지역사회학교의 의의 • 지역사회학교의 기본성격 • 교과서주의

※ 오천석이 민주교육에 대해 소개하는 교사강습회를 연 것은 1946년 여름이었지만, 이것이 『민주주의 교육의 건설』이라는 이름의 소책자 형태로 간행된 것은 1947년이었다.

<표 3> 임한영의 저술의 주제어

①	제목	존 듀이 교육철학의 비판: 프래그머티즘을 중심으로(논문)[22]	
	주제어	• 듀이 • 선험적 객관성 • 프래그머티즘 • 절대 가치	
②	제목	존 듀이의 사고에 관한 연구(논문)[23]	
	주제어	• 듀이 • 과학적 사고 • 반성적 사고 • 경험 • 환경	
③	제목	존 듀이 교육철학에 입각한 interaction과 transaction에 관한 연구(논문)[24]	
	주제어	• 듀이 • 프래그머티즘 • 인터액션 • 트랜스액션 • 경험 • 환경	
④	제목	John Dewey의 생애와 교육사상(임한영)[25]	
	주제어	• 듀이 • 프래그머티즘 • 경험 • 성장 • 환경	
⑤	제목	듀우이 교육사상의 연구(단행본)[26]	
	주제어	제1장 퍼어스, 제임스, 듀우이	• 프래그머티즘 • 퍼어스 • 제임스 • 듀이
		제2장 프래그머티즘과 인스트루멘탈리즘	• 프래그머티즘 • 인스트루멘탈리즘 • 듀이
		제3장 탐구의 이론	• 듀이 • 프래그머티즘 • 유기체 • 환경 • 인식론
		제4장 자아의 구명과 교육	• 제임스 • 듀이 • 자아론
		제5명 윤리사상과 교육	• 듀이 • 윤리 • 도덕교육
		재6장 종교사상과 교육	• 듀이 • 종교 • 종교교육
		제7장 듀이 스쿨의 교육사상적 의의	• 듀이 • 듀이 스쿨 • 실험학교
		제8장 듀이 스쿨의 이론과 실제	• 듀이 • 커리큘럼 • 실험학교 • 진보주의
		제9장 진보주의 교육사상	• 진보주의 • 듀이 • 카운츠 • 진보주의 교육협회
		제10장 듀이의 사고에 관한 연구	• 듀이 • 과학적 사고 • 반성적 사고 • 경험 • 환경
		제11장 경험의 교육철학	• 프래그머티즘 • 인터액션 • 트랜스액션 • 경험 • 환경
		제12장 듀이의 교육학	• 듀이의 교육신조 • 민주주의
		제13장 한국에 있어서 듀이의 교육사상	• 듀이 • 듀이 사상 소개 • 실용적 가치 대 항존적 가치 • 자유 대 규율 • 준비설 대 생활설
⑥	제목	존 듀이의 교육사상을 중심으로 한 가치관의 문제(논문)[27]	
	주제어	• 듀이 • 프래그머티즘 • 가치 • 가치 기준 • 인간성의 성장	

<표 4> <Dewey 서거 15주기 기념강연회>에서 발표한 글의 주제어

①	제목	Dewey교육철학의 비판(이돈희)[28]
	주제어	•듀이 •규범적 사고 •현실적 사고 •지능 •성장 •프래그머티즘
②	제목	Dewey의 탐구의 이론(김준섭)[29]
		•듀이 •탐구 •실험적 경험주의 •불확실성 •확실성
③	제목	Dewey의 심리학(유영준)[30]
		•듀이 •경험 •지적 경험 •비지적 경험 •습관 •지적 습관 •동기 유발 습관 •정신운동 습관
④	제목	한국교육에 미친 Dewey 교육사상의 영향(한기언)[31]
		•듀이 •듀이의 교육적 사고 •민주적 교육 •오천석 •장이욱 •김여재 •임한영 •교육위원회 •미국교육사절단 •중앙교육연구소 •교육의 과학화

<표 5> <한국교육 4반세기의 반성>의 주제어

제목	한국교육 4반세기의 반성(기고문)[32]
주제어	•교육학의 학문적 성격 •한국 교육학 연구의 이정표 •교육학의 선구자 •신 교육운동 •미국교육학의 수용 •미국교육학 수용상의 균형 상실 •교육학 연구 계몽서 •총서 형식의 교육학 서적 •교육학 전문 서적의 간행 •새로운 학습 지도법 •도덕교육 •생활지도 •반공교육 •신학제 •교육행정학 •중앙교육연구소의 발전 •교육연구의 과학화

2. 존 듀이 교육사상 도입양상

1) 주제어 빈도 분석

① 『교육과정 지침』에 나타난 주제어의 빈도 분석

헤럴드 벤저민(Harold Benjamin) 외 10명으로 구성된 제3차 미국교육사절단이 1955년에 남긴 『커리큘럼 지침』을 본문의 제목을 중심으로 주제어를 추출하면, 앞의 <표 1>에 제시한 것처럼 약 80여 개의 주제어가 나온다. 이 80여 개의 주제어는 서로 중복되지 않는데, 이는 11명의 집필진이 장별로 분담하여 서로 다른 내용을 다루었기 때문이다. 굳이 중복되는 단어를 찾자면 '경험'이라는 단어가 9번, '커리큘럼'이라는 단어가 11번 등장한다.

② 오천석의 글에 나타난 주제어의 빈도 분석

오천석이 1947년에서 1972년 사이에 집필한 저서 1권과 기고문 13편을 분석하면, 약 60여 개의 주제어를 추출할 수 있다. 이 60여 개의 주제어 중에서 가장 빈번하게 등장하는 주제어는 '새 교육', '진보주의 교육', '진보주의'이다(총 12회). 그다음이 '민주교육', '민주국가'와 같은 '민주'를 포함하는 주제어(총 5회), 그다음이 '교과서주의' 또는 '교과서 만능주의'(총 4회), '생활 또는 아동 중심 교육'(총 3회)이다. 각 2회 등장하는 주제어는 '교육기회 균등', '행동에 의한 학습', '지식위주의 교육', '지역사회학교'등이다. 그리고 33개의 주제어가 한 번씩 등장한다(〈표 6〉참조).

<표 6> 오천석의 글에 나타난 주제어의 빈도

회수	주제어
12회	• 새 교육(진보주의 교육)
5회	• 민주(민주교육, 민주국가)
4회	• 교과서주의(교과서 만능주의)
3회	• 생활(아동)중심교육
2회	• 교육기회 균등 • 행동에 의한 학습 • 진보 • 지식위주의 교육 • 지역사회학교
1회	• 자율 • 시민 • 종합적 교수법 • 존엄성 • 한자폐지 • 교사의 의무 • 헤겔 • 사회의 요구와 동떨어진 교육 • 현대생활을 위한 교육 • 본질주의 • 항존주의 • 교육과 사회진보의 관계 • 경험과 교육 • 현대문명의 특징 • 자유인 • 자주 • 고립된 교육 대 지역사회 교육 • 판단력 • 어학능력 • 도의적 인격인 • 옛 교육 • 프래그머티즘 • 프로젝트 법 • 교재의 심리적 정돈 • 경험의 재개조 • 교사연구여건 조성 • 개인차 존중 • 아동중심교육 • 암기식 교육 • 교육의 역할 • 교육과 생활의 분리 • 경쟁인 양성교육 대 협동인 양성교육 • 학자양성 교육 대 민주시민 양성 교육

※( )은 비슷한 주제어

③ 임한영의 글에 나타난 주제어의 빈도 분석

임한영이 1959년에서 1970년 사이에 쓴 4편의 논문과 총 13개의 장으로 구성된 360쪽에 이르는 단행본, 그리고 1967년도 《새교육》에 실린 기고문

<표 7> 임한영의 글에 나타난 주제어의 빈도

회수	주제어
19회	• 듀이
9회	• 프래그머티즘(인스트루멘탈리즘)
6회	• 환경
5회	• 경험
3회	• 가치
2회	• 과학적 사고 • 반성적 사고 • 제임스 • 종교(종교교육) • 진보주의 • 인터랙션 • 트랜스액션
1회	• 선험적 객관성 • 절대가치 • 카운츠 • 커리큘럼 • 민주주의 • 인식론 • 성장 • 윤리 • 실험학교 • 유기체 • 퍼스 • 실용적 가치 대 항구적 가치 • 도덕교육 • 준비이론 대 삶의 이론 • 진보주의 교육협회 • 자아이론 • 자유 대 학문 • 인간성의 성장

※( )은 비슷한 주제어

에서는 약 60여 개의 주제어를 추출할 수 있다. 이중 가장 빈도가 높은 주제어는 'Dewey'로서 총 19회 나타난다. 그다음은 '프래그머티즘(실용주의)' 또는 '인스트루멘탈리즘(도구주의)'으로 총 9회 등장한다. 뒤를 이어 '환경'이 6회 등장하고, '경험'이 5회, '가치'가 3회 등장한다. 그리고 '과학적 사고', '반성적 사고', '인터랙션', '트랜스액션', '진보주의', '제임스', '종교' 또는 '종교 교육' 등의 주제어가 각각 2회 나타난다. 1회 나타나는 주제어는 총 18개다(〈표 7〉 참조).

④《새교육》제19권 제8호에 실린 글과 「한국교육 4반세기의 분석」 글의
　주제어 빈도 분석

　1967년도에 출판된《새교육》제19권 제8호에 실린 'Dewey 서거 15주기 기념 강연회'에서 발표된 4편의 글과 1972년도 『한국교육연감』에 실린 「한국교육 4반세기의 분석」 글을 분석하면, 약 44개의 주제어를 추출할 수 있다. 이 중에서 'Dewey'가 6번으로 가장 빈도가 높고, '습관'을 포함하는 주제어가 4회, '경험'을 포함하는 주제어가 3회 등장하며, '과학화'를 포함하는

<표 8> <Dewey 서거 15주기 기념 강연회>에서 발표된 글과
1972년도 『한국교육연감』에 실린 「한국교육 4반세기의 분석」의 주제어

회수	주제어
6회	• 듀이
4회	• 습관
3회	• 경험
2회	• 과학화
1회	• 미국교육사절단 • 반공교육 • 중앙교육연구소 • 확실성 • 민주교육 • 교육행정 • 학문으로서 교육학의 성격 • 교육위원회 • 실험적 경험주의 • 성장 • 지도 • 교육연구 선도 서적 • 미국 교육학의 수입 • 탐구 • 장이욱 • 김여재 • 오천석 • 임한영 • 한국 교육연구의 이정표 • 새교육 운동 • 새교수법 • 규범적 사고 • 교육학의 선구자 • 프래그머티즘 • 교육학 전문서적의 출판 • 현실적 사고 • 교육학 연구총서 • 지능 • 불확실성

주제어가 2회 등장한다. 1회 등장하는 주제어는 총 29개다(〈표 8〉 참조). 1회 등장하는 주제어의 하나인 '장이욱'은 오천석보다 2년 앞서서 1927년경에 컬럼비아 대학을 다니며 듀이의 강의를 직접 들은 사람이다.[33]

2) 듀이 교육사상 도입양상

광복 이후 1970년대 초반까지 약 30년 동안 우리나라에 도입된 존 듀이의 교육사상은, 제3차 미국교육사절단이 작성한 『커리큘럼 지침』, 오천석과 임한영의 글,《새교육》제19권 제8호에 실린 글,「한국교육 4반세기의 반성」이란 글 등을 중심으로 분석할 때 크게 네 가지의 특징을 가지고 있다.

첫째, 듀이의 교육사상은 광복 이후 이 땅에 도입된 '민주주의'라는 정치제도의 정착을 도울 가장 유력한 방편으로 인식되었다. 오천석은 미군정기에 집필한 『민주주의 교육의 건설』이라는 책에서 이렇게 말한다.

우리나라 사람은 민주국가를 세우고, 거기에 살 준비를 하지 못하였다. 우리는 4천여 년

간의 조선적 전제주의하에서 굴종의 생을 살았고, 36년간의 일본적 전체주의 밑에서 노예의 존재를 계속하다가 돌연히 민주국가의 시민이 된 것이다. [……] 이에 우리는 교육의 사명을 본다. 민주국가의 형체는 하루아침의 법령으로써 세월질 수 있을지 모르거니와, 그를 담는 삶은 오직 교육의 힘을 빌지 않을 수 없다.[34]

이처럼 오천석은 교육을 당시 우리나라에 막 도입된 낯선 '민주주의'를 정착시키는 도구로 인식하였다. 오천석의 글에서 '새 교육', '민주', '교과서주의' 등의 주제어가 자주 관찰되는 것은 듀이의 교육사상에 기반을 둔 '새 교육'을 확산시키는 일이 바로 민주주의 제도를 뿌리내리게 하는 일이라고 오천석이 굳게 믿고 있었기 때문이다

오천석은 '교과서'를 가지고 수업하는 것은 전체주의국가에서나 적합한 방식이며, 민주국가에서는 교과서를 벗어나야 한다고 말한다. '학교에 가면 으레 정부가 만들어 놓은 교과서를 가지고 공부해야 한다'는 생각은 일본 제국주의가 만들어 놓은 것이므로, 이제 민주국가를 지향하는 우리나라에서는 '교과서주의'를 극복해야 한다고 오천석은 목소리를 높였다. 오천석의 글에서 '교과서주의' 또는 '교과서 만능주의'라는 주제어가 4회나 목격되는 것은 바로 이와 같은 그의 신념을 보여주는 것이다. 오천석은 이렇게 말한다.

민주주의의 교육은 교사와 아동이 협력하여, 그들의 현존 생활에서 교재를 그들 스스로 만들기를 요구한다. 교과서주의 교육은 전체주의국가에서 독재자의 명령에 복종하기에 적당한 어떤 범주의 똑같은 인물을 만들기에 적합한 것이다. 그리하여 미국의 진보적 학교에서는 교과서를 쓰지 아니하며, 쓴다고 하여도 저학년에서 일종의 지도서로 쓰고, 여러 교재의 일종으로 쓴다. [……] 우리나라에서는 종래 교과서를 과도히 중요시하였

다. 중요시 정도를 벗어나 신성시하여 왔다. 우리 새 교육의 개척자는 이 그릇된 관념을 고쳐야 한다. 당분간 교과서를 없애지는 못할 것이나, 이것을 교재의 전부로 생각하는 버릇을 버려야 한다.[35]

제3차 미국교육사절단이 집필한 『커리큘럼 지침』 또한 민주시민을 양성하는 커리큘럼을 편성하는 방법을 담은 것이었다. 예를 들면, 『커리큘럼 지침』 제5장의 저자인 버거 미스크볼(Biger Myksvoll)은 우리나라 학교에서 필수로 가르쳐야 할 것 다섯 가지 ―인간 개개인의 존엄성을 존중하도록 가르칠 것, 학생이 자신의 효능감과 자긍심을 높이도록 가르칠 것, 권위에 무조건 복종하기보다는 원칙과 규칙에 근거해서 자신의 소신과 주장을 펴는 법을 가르칠 것, 육체노동을 천하게 보는 태도를 바꾸도록 가르칠 것, 경쟁보다는 협동하는 능력을 기르도록 가르칠 것― 를 제안하였는데,[36] 이는 민주주의의 정착을 돕기 위한 것이었다.

둘째, 듀이의 교육사상은 당시 우리 지식인 사회에 널리 퍼진 '경험을 초월하는 절대지식이 존재한다'는 사고를 극복하는 논리로 도입되었다. 전통적으로 우리 지식인에게 유교 경전은 절대가치를 지닌 것이었다. 흔히 '고전'으로 불리는 책에 실린 중국 사상가나 우리 사상가의 말은 검증의 대상이기보다는 실천의 대상이었다. 당시 우리 사회에는 '고전'은 우리의 생각과 행위를 비추는 하나의 거울이라 생각이 널리 퍼져 있었다. 따라서 '고전'은 암기해야 할 대상이지 그것의 옳고 그름을 따질 대상이 아니라는 생각이 주류를 이루었다.

'고전'은 시대가 아무리 변해도 불변하는 권위는 존재한다는 생각을 지속시키는 도구였다. 한마디로 '고전'은 권위의 상징이면서 왕정과 전체주의를 지속시키는 도구 역할을 했다. 광복 이후 우리나라에 민주주의가 도입되면서 이러한 '고전'의 '선험적 절대가치'를 해체할 이념이 필요했다. 당시 오천석과 임한영은 이를 듀이의 '프래그머티즘'에서 찾았다. 특히 임한영은 듀이의 여러 저작물을 읽고 이를 소화하여 소개하는 글을 쓰면서 '프래그머티즘' 또는 '인스트루멘탈리즘'의 의미를 정확히 소개하려고 노력하였다. 임한영은 Pragmatism을 '실용주의'라고 번역하여 사용하고 있기도 하지만, 대부분의 경우, '실용주의'라는 번역어를 사용할 때 나타나는 의미상의 오해를 피하기 위하여 '프래그머티즘'이라 표기한다. 임한영은 당시 '프래그머티즘'을 소개하는 글을 이렇게 시작한다.

> 제임스는 1907년에 『프래그머티즘』이라는 저서를 출판했다. 그 책의 원명은 『Pragmatism, a new name for some old ways of thinking』이다. 프래그머티즘은 원명에서 지적된 바와 같이 '사고방법의 철학'을 뜻하며, 이는 '행동주의'니, '실용주의'니, 혹은 '실험주의'니 하는 말로 번역되고 있다.[37]

오늘날은 '프래그머티즘'이 무슨 뜻인지를 오해하는 사람은 많지 않다. 하지만, 당시에는 '프래그머티즘'이 '진리는 경험 과정에서 만들어지는 것이지 선험적으로 주어지는 것이 아니다'라는 뜻임을 이해하는 사람이 많지 않았던 모양이다. 우리의 경험과 관련 없는 '절대지식', '객관적 지식'의 존재를 믿는 '정초주의' 또는 '토대주의(Foundationalism)'를 부정하는 책인 로티(Rorty)의 『철학과 자연의 거울, Philosophy and the Mirror of Nature』[38]이라는 책이 세상에 나오기 전이었으므로, 당시 임한영은 '토대주의'를 굳게 믿는, 독일철학에 깊은 영향을 받은 학자들 사이에서 '프래그머티즘'을 반복적으로 외롭게 외칠 수밖에 없었던 것으로 보인다. 이것이 바로 임한영의 글에 '프래그머티즘'이 주제어로 9번이나 나오는 이유이다.

임한영의 글에 강조된 '프래그머티즘'은 위에서 논의한 '교과서 만능주의'에 대한 오천석의 비판을 뒷받침하는 것이다. 교과서에 수록된 지식을 진리로 받아들이고 그저 암기하도록 강요하는 것이 '교과서 만능주의'임을 생각할 때, '프래그머티즘'은 이러한 '교과서주의'를 비판하는 논리를 제공하고 있음이 분명하다.

셋째, 광복 이후 약 25년 동안 우리나라에 도입된 듀이의 교육사상은 1920년대에 미국에서 유행한 진보주의를 모방하는 수준에 그쳤다. 어떤 제도를 외국에서 도입할 때 후발 주자의 유리함은 선발 주자가 범한 실수를 피할 수 있다는 데 있다. 하지만 당시 우리 선배 학자들은 후발주자의 유리함을 전혀 이용하지 못했다. 오천석은 새 교육을 도입할 당시의 현실적 어려움을 이렇게 훗날 이렇게 회고한다.

> 해방되던 해부터 1949년경까지 약 5년간 새 교육 운동을 검토해 본다면 이는 주로 과거 약 25년 동안 미국에서 성행하여 온 듀이적 교육의 모방이었다고 할 수 있다. 일본의 전체주의교육을 버리고 새로운 교육을 세우기에 급했던 우리 교육자들에게는 그들에게 소개된 새 교육이론과 방법을 비판할 시간적 여유도 없었고 또한 지식적 준비도 없었다. 그리하여 그들은 새로 수입된 사상을 무비판적으로 수락했으며, 그 방법을 추종하였던 것이다. 그 결과 [……] 때가 지남에 따라 새 교육에 대한 호기심이 엷어지고 새 교육의 불안정한 길을 걷기보다는 확실한 재래의 교육방법에 의존하려는 경향을 보이기 시작하였다. 새 교육에 대한 신념에는 동요가 오고 안일한 옛 교육에 향수를 느끼기 시작하였다.[39]

듀이의 교육사상을 수입, 소개하는 일은 광복 후 몇 년 동안만 일어난 것은 아니다. 이런 현상은 1970년대 초반까지도 지속되었다. 임한영과 오천석의 글에는 듀이가 진보주의 실험이 한 바탕 끝난 후에 집필한 『경험과 교육』이 자주 인용되고 있다. 널리 알려진 것처럼, 『경험과 교육』은 미국 교실에서 진보주의 소용돌이가 몰아친 후에 전통주의자들이 진보주의자들에게 제기한 문제에 대한 듀이의 답변이 들어있는 책이다. 듀이는 이 책에서 진보주의자들을 일방적으로 옹호하지 않는다.

듀이는 그의 나이 80세경인 1938년에 쓴 『경험과 교육』에서 '교육적 경험'과 '비교육적 경험'을 어떻게 구별할 수 있을지를 고민하면서, '경험이론' 확립 필요성을 강조하였다. 그는 이 길만이 진보주의를 발전시키는 길이라 보았다. 전통주의를 비난하면서 전통주의자들이 걸었던 길과 반대방향으로 가는 것만으로는 진보주의식으로 학교가 개혁되지 않을 것으로 판단했다. 듀이는 『경험과 교육』에서 이렇게 말한다.

> '새 교육'에 적합한 교육내용을 선정하고, 교육방법을 조직하는 데 효과적인 지침을 제공할 수 있는 '경험이론'을 확립하는 것은 하루아침에 이루어지지 않는다. 그것은 긴 시간을 요하는 일이며 고된 노력을 필요로 한다. 그것은 마치 한 인간이 성장하는 과정과 유사하다. 한 인간의 성장이 탄탄대로를 걷는 것이 아니라 수많은 장애에 부딪치고 장애를 극복하면서 이루어지는 것처럼, '새 교육'에 적합한 '경험이론'을 형성하는 것도 이와 유사한 과정을 겪을 것이다.[40]

이처럼 듀이가 진보주의식 교육이 지속되려면 '경험이론'을 확립해야 한다고 인생 말년에 결론을 내렸지만, 오천석과 임한영의 글에서 '경험이론'을 발전시키려는 노력을 찾아보기 힘들다. 임한영의 글에서 '경험'이라는 주제어가 5회 나타나기는 하지만, 자세히 읽어보면 '인터랙션'과 '트랜스액션'이라는 듀이의 주요 개념을 설명하는 과정에서, '환경'이라는 용어(6회 등장)와 함께 짝으로 등장하는 용어일 뿐이다.

『커리큘럼 지침』을 남긴 제3차 미국교육사절단은 학생의 일상 경험을 수업에서 활용하라고 조언하면서 교사가 학생에게 제공할 수 있는 경험을 '직접 경험'과 '간접 경험'으로 구분하여 그 예를 각각 네다섯 개 제시한다.[41] 하지만 이 글에도 '교육적 경험'과 '비교육적 경험'을 어떻게 구분할 수 있는지에 대한 언급은 전혀 없다.

넷째, 듀이가 『아동과 커리큘럼』[42]에서 논의한 '교과의 심리화'나 『경험과 교육』에서 주장한 '교과의 점진적 조직'이란 생각에 대한 논의가 극히 빈약하다. '교과의 점진적 조직'이라는 주제어는 1947년에 출판된 오천석의 『민주주의 교육의 건설』이라는 책에 '교재의 심리적 정돈' 또는 '프로젝트 법' 또는 '종합적 교수법'이라는 이름으로 딱 한 번 등장한 후 더 이상 나타나지 않는다. '교과의 심리화'나 '교과의 점진적 조직'은 오늘날 '아동'과 '교과'의 대립 문제를 해결할 수 있는 한 방편으로 인식되고 있지만,[43] 당시 문헌에는 단 1회 스치듯 언급되고 있다.

오천석은 1946년 여름, 당시 교육부가 개최한 교사를 대상으로 한 '민주주의 교육 강습회'에서 '교재의 심리적 정돈'에 대해 이렇게 설명한다.

> 교육의 재료가 아동의 생활을 기초로 하여 아동의 심리에 맞게 조직되어야 할 것임을 잊어서는 안 된다. 재래의 교재는 이 중대한 원칙을 범하고 제정되었다. 성인은 성인의 기성 지식 중에서 아동이 장차 필요하리라고 생각되는 바를 선택하여 이것을 성인의 견지에서 논리적으로 학문적으로 정돈한다. 그리하여, 이것을 아동에게 강요한다. [……] 이것이 재래의 교육이었다. 이것은 분명히 성인을 위한 교육이었고, 아동을 위한 교육은 아니었다. 아동중심의 교재는 아동의 생활을 출발점으로 하여, 아동의 심리에 적합하도록 조직되어야 할 것이다.[44]

오천석은 이러한 '교과의 점진적 조직'을 '종합적 교수법' 또는 '프로젝트법'이라는 이름으로 바꾸어 부르면서 거듭 강조한다.

> 우리는 재래의 분과적 교수 대신에 '종합적 교수법'을 실행하여야 할 필요를 느낀다. 아동이 지식의 인위적 분류 밑에서 학습하도록 시키지 말고 자연적·정상적 상태 하에서 학습하도록 시켜야 한다. 좀 더 넓은 취미의 분류를 중심하는 교수방법을 취하여야 할 필요가 있다. 예를 들면, 아동은 재래식 분류과목을 개별적으로 학습하지 않고, 반원 전원 공동으로, 교실 내에 모형 동네를 만들기로 한다. 거기에 거리를 정하고 집을 세우고 전차, 자동차를 만들어 놓고, 시장을 만들고 은행을 두고 학교를 세우고 소방서를 만들어 세운다. 이러한 동네놀이라는 공동 작업을 하는 동안에 아동은 여러 가지 지식을 배운다. 동네조직, 공동생활, 교통기관, 교육기관, 경제생활에 대한 지식을 종합적으로 자연적 배경 안에서 배우게 되는 것이다. 이러한 방법을 가리켜 '프로젝트법(Project Method)'이라 한다.[45]

오천석은 이처럼 듀이가 『경험과 교육』에서 '아동'과 '교과' 사이의 갈등, '전통주의'와 '진보주의'의 갈등을 해결할 아주 중요한 아이디어로 제시한 '교과의 점진적 조직'을 정확히 이해하고 소개하였다. 그러나 이러한 오천석의 소개는 소개에 그쳤고, 이와 같은 '새로운 수업방법'에 대한 관심은 한국전쟁 후에 사라져 버렸다. 당시 상황을 기술한 문헌에는 '새로운 수업방법'이 사라진 원인이 이렇게 기록되어 있다.

> 새로운 학습지도법에 대한 기대나 연구는 대체로 6·25전쟁을 고비로 사라져버렸다. 그것은 교육개혁이 학습지도법 하나로 되는 것이 아니라는 생각이 든 것도 있고, 또 우리의 교육 여건이 새로운 학습지도법의 실시에는 여의치 않은 것도 크게 작용하여 기대가

컸던 만큼 실망도 커서 자연 '학습지도법의 연구열'은 식어만 갔다.[46]

요약하면, 듀이의 교육사상에서 큰 비중을 차지하는 '교과의 심리화'나 '교과의 점진적 조직'이라는 아이디어는 일찍이 우리나라에 소개는 되었으나, 이것이 학교 커리큘럼의 조직 원리로 활용되지 못하였다. 학교 커리큘럼 상에서 한 번 가르쳐야 할 '학과목'의 지위를 확보한 교과를 '빼는' 일은 점점 어렵게 되었고, 가르치는 방식은 '교과서 내용을 설명하는 식'이 되고 말았다. 이를 오천석은 1960년에 쓴 것으로 추정되는 글에서 이렇게 한탄한다.

어찌어찌하여 한 번 커리큘럼에 들어가게 된 학과목은 그것이 생활과 관계가 있든 없든 그 자리를 보전한다. 어찌어찌하여 한 번 학과목에 들어가게 된 내용은 길이길이 그 기득권을 보유한다. 교사는 맹목적으로 그 맡은 바 과목을 교과서에 씌어 있는 대로 가르치면 그 사명을 다한 것으로 생각한다. 제정된 커리큘럼은 신성불가침의 것이 되고, 교과서는 금과옥조가 된다. 교사는 기정지식을 전달함으로써 만족한다.[47]

3. 요약 및 결론

지금은 잊혔지만, 1945년 광복 이후부터 1970년대 초반까지 존 듀이의 교육사상에 따라 우리나라 학교 교육을 개혁하려는 노력이 약 30년 동안 기울여졌다. 이 시기에 교육당국은 조언을 받을 목적으로 총 8차례에 걸쳐 미국교육사절단이나 외국 학자를 초청하였다. 우리 학자들도 존 듀이의 교육사상을 우리나라에 도입하려고 크게 노력했다. 대표적인 학자로는 오천석 (1901~1987)과 임한영(1914~1986)을 들 수 있다. 이 둘은 존 듀이가 교수로 재직하며 진보주의 교육사상을 꽃 피운 미국 뉴욕 시에 있는 컬럼비아 대학에서 박사학위를 받았다는 공통점이 있다. 이런 공통점으로 인해 오천석과 임한영은 열세 살이라는 나이 차이를 극복하고 학문적 동지 관계를 유지했다.

이들이 당시 우리나라에 도입, 소개한 존 듀이의 교육사상의 모습은 크게 네 가지의 특징을 가지고 있다. 이 네 가지 특징을 요약하면, 당시 우리에게 낯선 민주주의라는 정치제도를 정착시키는 도구로 듀이의 교육사상을 수용했다는 것, 유교 경전 교육의 영향으로 형성된 권위에 맹목적으로 복종하는 사고방식을 극복하는 논리를 듀이에게서 찾았다는 것, 1920년대 미국에서 성행한 진보주의 교육 사상을 발전시키지 않고 단순히 모방하는 수준에 머물렀다는 것, 커리큘럼 조직 원리로 듀이가 아주 중요하게 여긴 '교과의 심리화' 또는 '교과의 점진적 조직'이라는 아이디어에 크게 주목하지 않았다는 것 등이다.

바로 이러한 진보주의 도입양상으로 인해 학교에서 가르치는 내용이 생활과 관련을 맺지 못하고 교과서 내용을 그저 암기하는 형태의 수업이 오늘도 지속하고 있는 듯하다. 만일 오천석과 임한영을 포함한 당시 우리 선배 학자들이 존 듀이의 아이디어를 발전적으로 수용했더라면 이 글 서론에서 인용한 김종서·이홍우가 제기한 지적은 받지 않았을지도 모른다.

그렇다고 당시 선배 학자들을 오늘의 관점에서 비난하는 것은 올바른 평가는 아니다. 오천석과 임한영의 삶의 궤적을 추적해 보면[48] 이들은 1인당 국민소득 65달러라는 가난한 시대를 살아가면서 나름 최선을 다한 사람들이다.

우리 선배 학자들이 과거 듀이의 교육사상을 우리나라에 도입한 양상에서 우리는 중요한 교훈 몇 가지를 얻을 수 있다. 첫째, 듀이의 교육사상을 올바로 이해하고, 그가 『경험과 교육』에서 역설한 '경험이론'을 발전시키는 학문적 작업을 기울일 필요가 있다. 듀이의 사상을 한 번 제대로 재조명하자는 이야기다. 교육사학자인 한기언은 1967년, 즉 듀이의 사상이 우리 교육계에서 활발하게 논의되던 시절에 당시 상황을 이렇게 평가한 바 있는데, 이는 오늘날에도 유효하다.

듀이 교육사상이 반드시 오늘날 한국교육계에서 전적으로 환영받고 있다고는 보기 어려운 것이 있다. 그 까닭은 무엇일까? 듀이 교육철학 자체가 지닌 결함일까, 아니면 다른 원인이 있어서인가. 솔직히 말해서 '현 단계로서는' 듀이 교육철학이 지니는 결함이라기보다는 더 큰 원인이 듀이 사상에 대한 올바른 이해의 부족에서 오는 것이라고 본다. [……] 우리 한국 교육자 전체가 반성해야 할 점은 무엇이겠는가? 단적으로 말해서, 듀이 교육사상에 대한 이해가 구호적 이해(피상적)였지 원전적 이해(본질적)나 사적·전체적 이해가 아니었다는 것이다. [……] 따라서 앞으로의 과제는 보다 철저한 듀이 연구를 통하여 듀이 교육사상을 주체적으로 수용 동화하느냐에 있다고 본다. 학설로서가 아니라, 듀이 교육사상의 실천이야말로 우리가 할 일이라고 하겠다.[49]

둘째, 듀이가 『경험과 교육』에서 역설한 '교과의 점진적 조직'이라는 아이디어를 심각하게 받아들일 필요가 있다. 특히 교사양성기관 교수들은 교과를 점진적으로 조직하는 방법을 탐구하여 이를 학생들에게 전수할 필요가 있다. 현직교사를 대상으로 하는 연수에서도 교과의 점진적 조직을 강조하면서, 이를 실제 실천하고 있는 교사들의 경험을 공유·확산할 필요가 있다. 한국교육과정학회 차원에서는 '교과의 점진적 조직'이 커리큘럼 조직 원리로서 과연 현실성 있는지에 대한 대학원생의 연구를 지원할 필요가 있다. 만일 이런 일이 일어난다면, 박승배가 주장한 것처럼,[50] 이 분야에 관심을 가진 학자, 대학원생, 교사는 '점진적 교과 조직형 커리큘럼 전문가'로 대접받게 될 것이다.

셋째, 최근 '교과서 만능주의'를 극복하기 위해 '교육과정 재구성'이 교사들, 특히 혁신학교 교사들 사이에서 큰 호응을 얻고 있다. '교과서는 수업자료의 하나일 뿐이다'라고 생각하며 '교육과정 재구성' 운동을 펼치고 있는 혁신학교 교사들의 노력은 수업의 중심에 교사가 서 있는 오래된 학교문화를 바꾸려는 시도다. 그런데 과거 오천석 등 선배 학자·교육자들이 겪은 실패를 되풀이하지 않으려면 이 '교육과정 재구성' 운동이 단순히 '수업방법' 개혁 운동으로 변질하지 않도록 치열하게 경계해야 한다. 교사가 여전히 수업을 지배하면서 '교육과정 재구성'을 수업방법 개선이라는 이름으로 도입한다면 이는 결코 열매를 맺을 수 없을 것이다. 학교의 수업문화가 바뀌기를 소망하며 노력하는 학자와 교사들은 개념과 용어의 분리, 용어의 오고착 현상이 반복, 지속하지 않도록 유념해야 한다.

Ⅲ
오늘날의 학교혁신
-전라북도를 중심으로

제3부에서는 2009년 경기도에서 시작되어 이후 전국으로 확산한 혁신학교 운동의 전개과정을 전라북도를 중심으로 살핀다.

첫 번째 글 <전라북도 혁신학교 운동의 태동 과정>에서는 2010년 전라북도 제1기 혁신학교가 태동하고 선정되는 과정을 자세히 살핀다.

두 번째 글 <배움공동체와 아이 눈으로 수업보기 비교>에서는 혁신학교에서 교사의 수업을 개선하기 위한 한 방편으로 교원연수 형태로 널리 소개된 '배움공동체'와 '아이 눈으로 수업보기'의 내용을 쉽게 비교한다.

세 번째 글 <폐교위기를 극복한 농촌의 한 작은 학교에 대한 질적 연구>는 전라북도 진안군 부귀면에 위치한, 2010년 기준 전교생 13명의 장승초등학교가 혁신학교로 지정되어 폐교를 면하고 어떻게 변모하는지를 살핀다.

네 번째 글 <전라북도 제1기 혁신학교 성과분석>에서는 2011년 3월에 시작한 전라북도 제1기 혁신학교 20개교에서 거둔 성과를 양적인 데이터를 중심으로 분석한다.

다섯 번째 글 <중학교 교사가 경험한 전북 혁신교육>에서는 혁신교육에 참여한 전북도내 중학교 교사들은, 어떤 계기로 혁신교육에 참여하게 되었는지, 혁신학교를 어떤 학교라고 인식하고 있는지, 학교의 문화와 자신의 수업을 바꾸기 위해 어떤 노력을 하였는지, 그들의 삶에 어떤 변화가 일어났다고 생각하고 있는지 등을 살핀다.

제11장. 전라북도 혁신학교 운동의 태동 과정

1. 서론

2010년 6월 2일 실시된 전국동시지방선거에서 당선되어 2010년 7월 1일 제16대 전라북도교육감에 취임한 김승환 교육감은 혁신학교 운동을 핵심정책의 하나로 삼았다. 교육감 당선 직후 첫 방문지로 완주의 삼우초등학교를 택한 것은 김승환 교육감의 학교개혁 의지를 단적으로 잘 보여주는 사례였다.

김승환 교육감은 자신의 학교개혁 의지를 구체적으로 실현하기 위하여 2010년 8월 26일 총 15인으로 구성된 혁신학교추진위원회(이하 '혁추위'로 표기함)를 만들었다. 이 혁추위는 2010년 9월 1일~2011년 8월 31일까지 1년만 존속되었고 다음 해에는 13명으로 구성된 임기 1년(2011. 9. 1~2012. 9. 4)의 혁신학교전문가협의회로 그 이름이 바뀌었다. 이 혁신학교전문가협의회는 전라북도의회에서 2012년 5월 17일 제정한 '혁신학교 운영조례'에 따라, 11명의 위원으로 구성된 임기 2년(2012. 9. 10~2014. 9. 9)의 혁신학교운영위원회가 설치되면서 해체되었다. 이 글에서는 오직 혁추위의 활동만을 다룬다.

혁추위의 임무는 혁신학교 운동을 시작하는 것이었다. 2010년 9월 1일부터 2011년 8월 31일까지 1년 임기의 혁추위원들은, 1년 동안 총 25회의 회의를 하면서 혁신학교 운동의 토대를 놓았다. 이들은 '혁신학교란 무엇인가?'라는 질문에 대한 답을 치열한 토론을 통해 찾는 것에서 시작하여, 혁신학교추진계획서를 만들었고, 혁신학교선정계획서를 만들었다. 혁추위원들은 또한 도교육청 산하기관 간부, 각급학교 교장, 교감, 교사들을 대상으로 하여 혁신학교가 무엇인지를 설명하는 설명회를 개최하였다. 시간상으로 보면 2010년 9월부터 10월 사이에 일어난 일이다.

혁추위원들은 또한, 학교혁신업무를 담당할 부서인 도교육청 교육진흥과(교육혁신과)와 협력하여 혁신학교를 선발하였고, 교원연수업무를 전담하고 있는 전북교육연수원과 협의하여 선발된 혁신학교 교사에 대한 연수를 실시하였으며, 혁신학교에서 컨설팅 요청이 올 경우 이에 응할 수 있는 전문인력을 양성하는 연수도 실시하였다. 이는 2010년 11월부터 2011년 2월 사이에 일어난 일이다.

이처럼, 2011년 3월 1일자로 20개 학교가 혁신학교로 선정되어 운영을 시작할 수 있었던 뒤에는 바로 혁추위원들의 보이지 않는 노력이 있었다. 그러나 이 혁추위원들이 어떤 노력을 하였고, 그 과정에서 어떤 고민을 하였으며, 어떤 방향을 따랐는지를 총체적으로 정리한 문서는 존재하지 않는다. 혁추위원들이 생산한 회의록과 공문서가 존재하기는 하지만, 이에 접근하기는 결코 쉬운 일이 아니다.

위원들 각자의 기억 속에, 서재 어느 곳에, 그리고 그들의 컴퓨터 속에 산포되어 존재하는 전라북도 혁신학교 운동 태동기에 관한 기록을 정리하는 이 작업은, 어제와 오늘을 이해하고자 하는, 이해할 필요성을 느낀 미래의 누군가에게 큰 도움이 될 것이다.

1) 이 글의 내용

이 글의 내용은 다음과 같다.

첫째, 전라북도 혁신학교 운동은 왜, 어떻게 시작되었는지를 기술한다.

둘째, 전라북도 혁신학교 선정 계획 수립 및 선정 심사 과정을 자세히 기술한다.

셋째, 전라북도 혁신학교 운동의 철학적 배경을 논의한다.

넷째, 전라북도 혁신학교 운동의 성공을 위해 유의할 사항을 제시한다.

2) 활용한 자료

이 글의 작성에는 전라북도교육감 직속으로 설치된 제1기 혁신학교추진위원회의 활동 기억 및 회의록, 혁신학교 추진위원 인터뷰, 혁신학교 관련 연수 기록, 혁신학교로 지정된 학교 방문 관찰, 혁신학교 교사 인터뷰 등의 방법이 사용되었다.

2. 본론

1) 혁신학교 운동의 태동 과정

혁신학교라는 이름이 전북 교육계에 공식적으로 등장한 것은 김승환 전라북도교육감 취임(2010. 7. 1) 이후이다. 그러나 혁신학교의 모태가 되는 일련의 학교개혁(혁신)운동은 일군의 진보적인 교사들을 중심으로 하여 2006년경부터 일기 시작하였다. 이들 소위 진보적인 교사들은 주로 작은학교교육연대, 새로운학교네트워크, 전북좋은교사, 전교조전북지부, 전북청소년문화원 등의 단체에 가입하여 연대성을 확보하며 학교혁신을 꿈꾸고 있었다. 이러한 움직임은 전북배움의공동체연구회, 전북새로운학교연구회, 학교혁신네트워크 등의 이름으로 불리었다.

이 세 단체 모두가 공통으로 목표로 삼고 있는 것은 첫째, 교원 개개인의 자발성으로 운영되는 새로운 학교 모델 만들기, 둘째, 교직원, 학생, 학부모, 지역사회가 함께하며 학생의 삶을 존중하는 새로운 교육 공동체를 창출하고 확산하는 것이었다. 그러나 2006년 전후 이 세 단체의 활동은 그 단체에 가입한 회원들의 공부모임 울타리를 넘어서지 못했다. 공부의 내용도 학교교육의 여러 문제를 집중적으로 다루기보다는 정치, 경제, 사회, 문화, 예술, 노동 등의 다양한 분야에 걸쳐서 소위 진보 지식인을 초청하여 강연을 듣는 형태였다.[1]

이처럼 동호회원들의 교양 수준에 머물던 학교혁신에 대한 논의가 동호회의 울타리를 벗어나 도교육청으로 대표되는 교육행정기관에 공식적으로 진입한 것은 2010년 8월 20일이었다. 2010년 7월 1일 취임한 김승환 전북교육감이 참여한 가운데, 그동안 학교혁신을 꿈꾸며 노력을 기울였던 진보적인 교사들은 2010년 8월 20일(금) 저녁부터 21일(토) 오전까지 워크숍을 진행하였다. 완주 삼우초에서 진행된 이 워크숍에서 6개 학교(김제 백석초, 정읍 수곡초, 남원 아영초, 임실 대리초, 완주 삼우초, 익산 성당초) 대표자들은 학교혁신을 위해 기울인 그동안의 노력을 나누었다.[2]

그런데 이 워크숍의 이면에는 6개 학교의 경험을 공유하는 것보다 더 중요한 목적이 깃들어 있었다. 그것은 바로 얼마 전 취임한 김승환 교육감에게 그동안 진행된 학교혁신 노력의 성과를 전달하면서 이러한 노력을 도교육청 차원에서 정책화하여 추진하도록 정책 건의를 하는 것이었다. 달리 표현하

<표 1> 전북 초등 학교혁신 워크숍 내용

시간		내용	진행자
2010.8.20 (금)	17:00~17:30	저녁식사	이옥형(삼우초)
	17:30~17:50	개회 및 대표자(나영성 삼우초 교장) 인사	원성제(아영초)
	17:50~18:20	특강:학교혁신의 전망과 새로운 학교 만들기	김승환(교육감)
	18:30~19:50	학교혁신 사례발표1 (백석초, 수곡초, 야영초, 대리초)	허인석(성당초)
	20:00~21:20	학교혁신 사례발표2(삼우초, 성당초)	윤일호(진안초)
	21:30~23:00	자유토론 및 나눔	양성호(대리초)
2010.8.21 (토)	08:00~09:00	아침식사	
	09:00~10:00	학교 안내	삼우초 교직원
	10:00~	정리 및 폐회	

<표 2> 2010년 8월 26일 혁신학교추진위원회 첫 구성 당시의 위원 명단(가나다 순) 소속과 직위는 임명 당시의 것임.

직책	이름	소속	직위
위원장	박승배	전주교육대학교	교수
위원	권순희	전주교육대학교	교수
〃	길영균	김제중앙중학교	교감
〃	김기옥	이리공업고등학교	교사
〃	나영성	완주삼우초등학교	교장
〃	박상준	전주교육대학교	교수
〃	성희옥	김제백석초등학교	교사
〃	원성제	남원아영초등학교	교사
〃	유영진	임실삼계중학교	교사
〃	이영환	전주인후초등학교	교사
〃	이항근	군산회현중학교	교장
〃	정우식	이일여자고등학교	교사
〃	차상철	전주효정중학교	교사
〃	최병흔	전북체육중학교	교사
〃	허인석	익산성당초등학교	교사

면, 이날의 워크숍은 개별학교의 비공식적인 학교혁신 노력을 도교육청 단위의 공식적인 혁신학교 운동으로 바꾸도록 교육감에게 건의하는 성격이 컸다.

워크숍이 있은 지 꼭 일주일 후인 2010년 8월 26일, 김승환 교육감은 혁신학교운동을 기획하고 추진할 혁추위를 공식 발족시켰다. 따라서 2010년 8월 26일은 전라북도 혁신학교운동이 공식적으로 시작된 날이다. 혁추위원은 총 15인으로 구성되었다. 굳이 분류하면 대학교수 3명, 중등교원 7명, 초등교원 5명이었다(〈표 2〉).

〈표 2〉에 제시한 위원들 외에 '교육진흥과(2010년 9월의 명칭. 이 부서명은 1년 후인 2011년 9월에 교육혁신과로 변경된다)'의 학교혁신지원담당 업무를 맡게 된 실무자 2명이 혁추위에 배석하는 형태로 결합하였다. 혁추위에서 논의하는 내용이 어느 정도 윤곽을 잡아갈 무렵인 9월 말경에는 정책지원, 인사, 연수, 예산 등의 분야에서 실무 담당자를 혁추위원으로 추가 영입하여 2010년 10월부터는 혁추위원이 19명으로 늘었다. 추가된 혁추위원은 김학산(당시 교육진흥과 학교혁신담당 장학관), 이재송(당시 교원정책과 인사2담당 장학관), 윤보배(당시 교육연수원 연수부장/연구관), 강평구(당시 예산과 예산담당 사무관) 등이다.

혁추위가 활동을 시작한 시점은 도교육청 직원 모두에게 어수선한 시점이었다. 2010년 9월 1일자로 전라북도교육청에 대대적인 조직 개편이 있었던 관계로 도교육청의 대다수 직원은 개편된 부서에서 수행할 업무를 파악하느라 매우 바쁜 시간을 보내고 있었다. 당시 혁신학교 업무를 담당하고 있는 '교육진흥과', '학교혁신지원담당'이라는 부서도 당시에는 모두에게 생소하였다. 그 부서로 발령이 난 직원들조차도 처음에는 어떤 일을 어디서부터 해야 할지 정리가 되지 않은 채 혁추위 회의에 참석하곤 하였다.

혁추위원들은 발족 초기인 2010년 9월에는 일주일에 두 번 정도 모여 회의를 하였다. 회의 장소로는 도교육청 5층 회의실을 주로 사용하였다. 회의 시작 시간은 대개 오후 5시 30분이었다. 혁추위원들의 대부분이 현장교원들이어서 수업 결손을 최대한 줄이고 또한 그들의 근무지에서 전주까지의 이동시간을 고려하여, 누가 그렇게 하자고 주장한 것도 아니지만, 회의시간이 자연스럽게 그렇게 정해졌다. 회의는 한번 시작하면 끝나기까지 보통 6시간 정도가 걸렸다. 자정을 전후하여 회의를 마치기 일쑤였다.

혁추위원들이 이 시기에 집중적으로 논의했던 것은 '도대체 혁신학교란 무엇인가?'라는 질문에 답하는 것이었다. 이 글의 독자들 중에는 아마 이 질문에 답을 궁금해하는 사람들이 있을 것이다. 당시 혁신추원들이 그랬다. 혁신학교의 정체를 파악하기 위해 경기도에서 발간한 이런저런 문서를 찾아 읽었다. 혁신학교 운동에 일찍 눈 뜬 사람들을 초청하여 강연도 들었다. 남한산초등학교를 바꾼 서길원 선생님(당시는 경기도 성남의 보평초등학교 교장)을 초청하여 지혜를 구했고, 이우학교를 설립하는 데 참여했고 경기도 혁신학교 위원으로 활동하는 이광호 선생님에게서 경기도의 경험을 전수받았다.[3]

이처럼 경기지역 사례를 학습하고, 경험자의 지혜를 청취하고, 회의에 회의를 거듭한 끝에 혁추위원들은 '2011 혁신학교 추진계획서'를 9월 15일경 완성하였고, 이를 전라북도교육청 교육진흥과에서 약간의 실무적 수정을 하여 2010년 9월 27일 문서로 공식 발표하였다.

혁신학교 추진 계획

교육진흥과 학교혁신지원팀(2010. 9. 27.)

I. 혁신학교 추진 목적
□ 추진 배경
  ○ 제16대 교육감 핵심 공약사항(1-4-1)
  ○ 시대적 요청과 사회적 변화에 부응
  ○ 공교육 정상화 모델의 정립 필요

□ 추진 목적
  ○ 새로운 학교교육 모형 창출과 확산
  ○ 자기주도적 삶을 살아가는 학생의 존엄한 성장 도모
  ○ 행복한 교육공동체 문화 조성

II. 혁신학교란?

□ 혁신학교의 철학
  ○ 자발성: 학생, 교사, 학부모의 자발적 참여
  ○ 창의성: 교육내용의 다양화와 집합적 창의력 추구
  ○ 지역성: 지역사회 여건과 실정에 적합한 교육 추구
  ○ 공공성: 모두에게 차별 없는 양질의 공교육 제공
□ 혁신학교의 상
  ○ 함께 만들어가는 상식적인 학교
  ○ 일상적인 교육활동에 충실한 학교
  ○ 구성원들이 배움의 공동체를 형성하는 학교
  ○ 어려움을 극복하고 점진적으로 성장하는 학교

III. 혁신학교 운영

□ 혁신학교 운영 과제
1. 소통과 협력의 새로운 학교문화 조성
  ○ 구성원의 참여와 소통의 기반 형성
  ○ 변화와 혁신, 다양성 등을 존중하는 긍정적 학교문화 조성
2. 전문적 수업과 학습 공동체 구축
  ○ 학생 중심의 교육활동과 교사의 전문성 신장
  ○ 자발성과 동료성에 기반을 둔 교사 문화 조성
3. 교육과정의 다양화 · 특성화 도모
  ○ 맞춤형 교육과정 편성 · 운영
  ○ 교육과정 운영의 자율성과 책무성 강화
4. 교수 · 학습 중심의 학교 운영 시스템 구축
  ○ 수업 외 업무 부담 해소와 업무 체제 효율화
  ○ 학교장 권한의 민주적 위임과 교사 역량 강화
5. 지역사회의 협력과 참여 확대
  ○ 학부모의 교육활동 참여 확대 및 파트너십 구축
  ○ 지역사회와 협력 네트워크 구축
□ 혁신학교 성장 기반 조성
1. 작은 학교·작은 학급 지향
  ○ 작은 학교 지향
  ○ 작은 학급 편성 지향: 여건을 고려 초등 25명, 중등 30명 내외
2. 단위 학교의 자율성 확대
  ○ 자율학교 지정

○ 교육과정 편성과 인사 및 재정 등에서 자율권 확대
3. 우수 인력 및 행·재정 지원
　○ 교장공모제와 연계
　○ 업무 경감 지원(업무 전담 인력 채용, 학교평가 면제 등)
　○ 교원 인사 지원(초빙교사제 비율 확대, 장기 전보 대상 교사 유보 등)
4. 교육과정 질 관리 체제 구축 및 지원
　○ 혁신학교 구성원 연수와 혁신학교 네트워크 구성 지원
　○ 지속적인 전문 컨설팅 지원

Ⅳ. 혁신학교 선정과 지원
□ 혁신학교 유형
　○ 전원형: 농산어촌 전원형과 도시 근교 도농복합형의 작은 학교 모델
　○ 도시형: 도심 공동화 및 시 지역 학교를 재구조화하는 새로운 학교 모델
　○ 미래형: 신설학교 등을 통해 미래형 교육과정을 운영하는 모델
　○ 대안형: 특성화 및 부적응 등 다양한 요구를 구현하는 모델
□ 혁신학교 선(지)정 방식
　○공모형:구성원의 혁신학교 운영에 대한 합의와 실천 의지가 강한 학교 선정
　○ 지정형: 여러 여건상 혁신학교 운영이 필요한 학교 지정
　○인증형: 기존의 교육활동 우수학교가 혁신학교를 희망할 경우 실사를 통하여 지정
□ 혁신학교 선정 방향
　○ 선정위원회 구성을 통한 투명하고 공정한 심사와 선정
　○ 서류 심사 및 면담, 현장 방문 실사 등을 포함한 실질적 심사
　○ 공모형 위주 선정
□ 선정 시기와 방법 및 학교 수

추진계획 및 선정계획 안내	혁신학교 운영계획 제출	혁신학교 운영계획 심사	혁신학교 선정·통보	선정된 학교 교직원 연수
2010.9.29.	2010.11.4.	2010.11월중	2010.11월말	2010.12. ~2011.1.

　○ 선정 시기 : 2010년 10월초 공모 안내, 11월 말까지 지정 완료
　○ 선정 방법
　　- 공모형 위주로 선정
　　- 도시와 농산어촌, 학교 급별 안배
　　- 비지정교에 대한 배려(학교 혁신 프로그램 공모 등을 통한 지원)
　○ 선(지)정 학교 수 : 상반기부터 운영 10개교 내외, 하반기부터 운영 5개교 내외
□ 혁신학교 지정 기간
　○ 4년 단위로 지정
　○ 4년 운영 후 종합 평가를 통해 연속 지정 기회 부여
　○ 지정 철회
　　- 2년 후 중간 평가하여 취지와 다른 운영 또는 파행 운영 학교

- 혁신학교 관련 심각한 갈등이나 사회적 문제를 야기한 학교
□ 혁신학교 지원 방안
1. 운영비 지원
　○ 운영비 지원 : 교당 연 1억 원 내외(약 5천만 원 ~ 1억 5천만 원)
　- 학교 규모와 학생수, 학교 여건, 사업계획, 프로그램 내용 등을 검토하여 차등 지원
　- 연구, 연수, 교육 프로그램 운영, 보조 인력 운영, 교육여건 개선 등에 우선 지원
　○ 학교별 자체 집행 계획 수립 및 자율 운영
2. 혁신학교 지원 체제 구축
　○ 혁신학교추진위원회와 교육청 내 지원단 구성 · 운영
　○ 다양한 연수 프로그램의 지속적 개설 운영
　○ 혁신학교 관련 교사 연구회 등 연구동아리 선정 지원
　○ 전문 컨설팅 지원
3. 혁신학교 네트워크 구축 · 운영
　○ 혁신학교 실천 자발적인 교사 모임 확대 및 운영 지원
　○ 혁신학교 지원을 위한 학부모의 자발적 참여 유도
　○ 혁신학교 간 네트워크를 기본 축으로 지역별 네트워크 운영
　○ 혁신학교 벨트화 및 권역별 거점학교 운영
4. 혁신학교 관련 연수 지원
　○ 교육연수원과 협력하여 혁신학교 기초 과정, 맞춤형 연수 등 다양한 연수 운영 지원
　○ 혁신학교 구성원 연수 및 네트워크 연수 지원
　○ 각 지역 교육지원청 단위의 설명회 등 개최
　○ 각 주체별 설명회, 워크숍, 국내 · 외 탐방 연수 및 선진지 시찰
5. 지방자치단체와 연계 협력 체제 구축
　○ 교육 협력 사업과 연계하여 혁신학교 지원
　○ 재정 지원, 물적 · 인적 자원 공유 기반 조성
　○ 혁신학교 공동 브랜드 가치 창출
□ 연차별 추진 계획
1. 혁신학교의 단계적 확산 추진
　○ 2014년까지 100개교 목표로 추진
　○ 2015년 전북도내 혁신학교 일반화를 목표로 매년 선(지)정 학교 수 확대
2. 연차별 추진 계획
　가. 준비기(2010년)
　○ 혁신학교에 대한 이해와 공감대 형성(교사, 학부모, 일반)
　○ 혁신학교 운영 기반 조성 및 네트워크 준비
　나. 착근기(2011년)
　○ 15개교 내외 운영(초·중·고, 농산어촌 및 도시 지역)
　○ 혁신학교 교육 철학 및 교육과정 확립
　○ 혁신학교 운영 기반 확립
　○ 혁신학교에 대한 전문적인 컨설팅 지원
　○ 다양한 혁신학교 연수 과정 운영

다. 성장기(2012년)
○ 30개교 내외(초·중·고, 농산어촌 및 도시 지역)
○ 혁신학교 네트워크 구축
○ 혁신학교 포럼 운영
○ 학부모, 시민단체 등 혁신학교 참여 운동 전개
라. 확산기(2013 ~ 2014년)
○ 2013년 40개교, 2014년 합 100개교 이상(초·중·고)
○ 지역 · 권역별 혁신 거점학교 운영
○ 지역사회와 긴밀한 연계로 교육공동체 형성
○ 학부모, 시민단체 등 혁신학교 참여 운동 확산
마. 일반화기(2015년 ~)
○ 혁신학교 운동에 일반 학교의 자발적 참여 유도
○ 혁신학교 운영 모델의 일반 학교 적용
○ 학교 및 지역과 전국 단위 협력 네트워크 구축

V. 향후 추진 일정 및 내용
□ 혁신학교 안내 및 공모
○ 2010. 9월 말 ~ 11월 초
○ 혁신학교 운영 계획 공모
□ 혁신학교 심사·선정
○ 2010. 11월 초 ~ 11월 말
○ 혁신학교 운영 계획 서류 심사 및 면접, 현장 방문 실사
○ 혁신학교 최종 선정 및 통보
○ 혁신학교 선정교의 학교장 회의 개최
□ 혁신학교 구성원 연수
○ 2010년 12월 말 ~ 2011년 1월 중
○ 혁신학교 관리직, 교원, 운영위원 등 대상
○ 지역 또는 학교별 방문 연수, 선진학교 탐방 · 견학 세미나 등 실시
□ 혁신학교 관련 연수 확대 및 연구회 공모 · 지원
○ 모든 교직원 및 학부모를 대상으로 다양한 형태와 내용의 연수
○ 혁신학교 자율 연수팀 및 연구회 운영 공모·지원
○ 지역 및 학교별 방문 연수, 국내 및 외국의 혁신학교 탐방 연수
○ 혁신교사 아카데미, 연구 지원센터 설치 등 중·장기 과제로 추진
○ 비지정교 대상의 학교 혁신 과제 프로그램 공모·선정 및 지원(지역별, 급별, 정책적 배려 대
  상 학교 지원 – 혁신학교 운영비 지원 예산 범위 내에서 지원)
□ 혁신학교 컨설팅
○ 2011년 연중 혁신학교 대상 전문 컨설팅 지원
○ 관련 분야의 전문가 등으로 컨설팅 팀 구성
○ 혁신학교 운영 애로점 청취, 문제 해결 지원 등

2) 혁신학교 운동의 전개 과정

혁신학교 운동은 크게 두 축으로 나누어 진행되었다. 하나는 혁신학교 선정이고, 다른 하나는 혁신학교 교사 또는 혁신학교에 관심을 가진 교사들에 대한 연수이다.

① 혁신학교 선정을 위한 설명회

혁추위에서는 2014년까지 100여 개 혁신학교를 선(지)정하기로 결정하였다. 이를 위해 2010년을 준비기, 2011년을 착근기, 2012년을 성장기, 2013년과 2014년을 확산기로 이름 붙였다.

2010년 가을에 혁신학교를 15개 정도 선정하여 2011년부터 운영하려면, 혁신학교로 선정해 달라고 지원하는 학교가 있어야 했다. 그런데, 당시 대부분의 교장, 교감, 교사들은 '혁신학교'가 도대체 무엇인지를 알지 못했다. "혁신학교? 그거 뭐야? 열린교육과 같은 거야? 아니면 연구학교 같은 거야?" 등과 같은 질문이 쏟아졌다. 이러한 질문에 답하기 위해 2010년 10월 7일(목)과 8일(금) 이틀간에 걸쳐 혁신학교 설명회를, 전날은 교장을 대상으로, 다음날은 교감을 대상으로 개최하였다.[4]

교장과 교감을 대상으로 한 혁신학교설명회를 한 지 약 2주 후인 2010년 10월 20일(수)에는 전라북도교육청 2층 대회의실에서 교사들을 대상으로 하는 혁신희망학교설명회를 가졌다. 교장과 교감을 대상으로 한 혁신학교설명회가 관리자의 의식을 전환하기 위한 원론적 설명회였다면, 교사들을 대상으로 한 혁신희망학교설명회는 전북도내에서 혁신학교와 버금가는 노력을 실제로 진행한 학교의 구체적 사례를 듣는 자리였다. 혁신희망학교설명회의 내용을 제시하면 〈표 4〉와 같다.[5]

<표 3> 전북도내 교장·교감을 대상으로 한 혁신학교설명회 내용(2010.10.7~8.)

	10월 7일(목) (참석대상: 교장)	10월 8일(금) (참석대상: 교감)
14:00~14:30	교육감 인사 및 혁신학교 취지 설명	교육감 인사 및 혁신학교 취지 설명
14:30~15:30	"경기도 경험에서 배운다." (이광호, 함께여는 교육연구소장)	"혁신학교의 이해와 과제"· (이정로, 충남 홍동중학교장)
15:40~16:20	전북혁신학교 추진 및 선정계획 (교육진흥과 담당 장학관)	전북혁신학교 추진 및 선정계획 (교육진흥과 담당 장학관)

② 2011년 혁신학교 선정

2011 혁신학교 선정계획서는 2010년 9월 30일 발표되었다. 이 선정계획서에 따르면, 2011년도에 선정된 혁신학교는 2011년 3월 1일~2015년 2월 28까지 4년간 지정하는 것으로 하였다. 2년 후에는 중간 평가를 하여 파행적으로 운영되는 학교에 대해서는 지정 철회를 하는 안전장치를 마련하기도

<표 4> 교사들을 대상으로 한 '혁신희망학교설명회' 내용(2010.10.20. 수)

시 간	내 용	발표자
13:30~13:50	등록과 접수	
13:50~14:10	국민의례/교육감 인사	
14:10~14:30	혁신학교 이해와 과제	원성제(혁신학교추진위원, 아영초 교사)
14:30~14:50	혁신학교 추진 및 선정(심사) 계획	박일관(도교육청 혁신학교 담당 장학사)
14:50~15:10	회현중학교 들여다보기	최병흔(혁신학교추진위원, 체육중 교사)
15:10~15:50	혁신학교를 위한 제언	이옥형(완주 삼우초 교사)
15:50~16:20	질의응답	

했다.

제출서류는 정해진 양식의 '혁신학교 운영 희망서'였고, 제출 마감일은 2011년 11월 5일이었다. 당시 기록 문서에 의하면, 응모 마감일인 2010년 11

월 5일까지 응모서류를 제출한 학교는 총 77개(초등학교 49개, 중학교 19개, 고등학교 9개)였다.

77개 응모학교를 대상으로 한 선정심사는 2010년 11월 8일부터 18일까지 진행되었다. 선정심사를 위해 도교육청에서는 초등심사 위원 9명, 중등 심사 위원 9명 등 총 18명의 심사위원을 위촉하였다. 2010년 11월 5일 위촉된 혁신학교 심사위원 명단은 〈표 5〉와 같다.

선정심사는 1차 심사인 서류심사와 2차 심사인 학교방문실사로 구성되었다. 1차 서류심사는 이 18명의 선정심사위원 전원이 2010년 11월 8일(월) 오전 9시에 도교육청 5층 정책토론실에 모여 하루종일 실시하였다. 1차 평가 점수는 20점 만점이었고, 평가영역은 혁신학교 철학의 이해 정도(5점), 계획의 타당성과 구체성(10점), 계획서의 사실성(5점) 등 3개였다.

<표 5> 2010년 혁신학교 심사위원 명단

구분	성명	소속	직위
초등A팀	박승배	전주교육대학교	교수
	이항근	군산회현중학교	교장
	김상구	전북학교운영위원회 협의회	부회장
	장명순	전라북도교육청	장학사
초등B팀	권순희	전주교육대학교	교수
	원성제	남원아영초등학교	교사
	서금택	우석대학교	연구원
	송승용	농촌교육네트워크	부회장
	정동일	전라북도교육청	교육연구관
중등A팀	김천기	전북대학교	교수
	최병흔	전북체육중학교	교사
	성희옥	김제백석초등학교	교사
	이재송	전라북도교육청	장학관
중등B팀	나영성	완주삼우초등학교	교장
	길영균	김제중앙중학교	교감
	장세희	참교육학부모회	정읍지회장
	오형수	전북교육연대	대표
	박일관	전라북도교육청	교육연구사

2차 심사인 학교방문실사는 2010년 11월 9일(화)에서 16일(화)까지 실시되었다. 심사위원 18명이 4개 조로 나뉘어 조별로 배정받은 학교를 방문하였다. 총 80점 만점의 2차 심사는 학교 구성원의 혁신학교 목표와 비전 이해도(20점), 구성원의 자발성(20점), 혁신학교 과제 구현 방안과 준비도(20점), 혁신학교로서의 성공 가능성(20점) 등 4개 항목으로 구성되었다.

2차 심사 종료 다음 날인 2010년 11월 17일(수) 심사위원 전원이 도교육청에 모여 하루종일 심사결과를 정리한 다음, 점수를 집계하였다. 2010년 11월 18일(목)이 대입수능시험일이어서 많은 인력이 이 시험에 동원되어야 했으므로 선정심사를 17일(수)까지 마치려고 노력하였다.

혁신학교 선정심사위원들이 작성한 순위표를 토대로 혁신학교를 선정하기 위하여 2011년 11월 19일(금) 제11차 혁추위 회의가 소집되었다. 이날 회의의 이슈는 선정할 혁신학교의 수를 조정하는 것이었다. 당초 혁신학교 추진계획서에 의하면 2011년에는 상반기에 10학교, 하반기에 5개를 선정하여 혁신학교로 운영할 계획이었다. 그런데, 혁신학교 선정심사를 직접 해 보니 그 업무의 양이 엄청났다. 2011년 하반기부터 운영할 5개 학교를 선정하려면, 2011년 봄에 또다시 선정심사를 해야 하는데 이 작업이 결코 쉽지 않다는 점을 깨닫게 되었다. 그리하여 2011년 상반기, 즉 3월 1일부터 운영할 학교를 아예 15개로 하자는 의견이 있었다. 또한, 선정심사과정에서 살펴보니 의외로 준비된 학교가 많으므로 15개라는 숫자에 얽매이지 말고 최대 20개 정도까지 늘려서 지정하자는 의견도 나왔다. 이 제11차 회의에서 오간 발언의 일부를 제시하면 아래와 같다.[6]

위원장: 11월 16일 학교방문심사를 마무리하면서 교육감 면담이 있었습니다. 현장의 분위기를 생생히 전해드렸습니다. 동석한 부위원장께서 '본래의 계획이 있으나 현

장을 다녀보니까 20개교 정도를 지정해도 되겠습니다. 선정위원들도 20개 정도 선발해도 되겠다는 의견을 냈습니다'는 말씀을 했습니다. 그랬더니 교육감께서 혁추위 전체의 의견인지 물으셨습니다. 당초 계획대로 할 것인지 선정위 의견을 고려하여 20개로 늘릴 것인지 혁추위원들께서 판단해 주십시오. 또 선정심사를 상·하반기로 나누어 두 차례 하기로 계획한 것을 수정하는 문제에 대해서도 말씀해 주십시오.

원○○ 위원: 현장 분위기가 매우 고무적입니다. 그런데 행정지원을 잘못하면 지금의 뜨거운 분위기가 사그라들 수도 있습니다. 고무적인 현장 분위기를 끌고 가는 차원에서 확대 지정해야 한다고 봅니다.

이○○ 위원: 확대지정문제, 즉 15개로 가느냐 20개로 가느냐는 문제는 교육감께서 판단하시면 될 것 같습니다.

박○○ 위원: 지역배려, 예산 등을 고려하고 정치적인 판단도 필요할 것입니다. 초중등 비율도 못 박지 말고 교육감께서 판단하시도록 하면 좋겠습니다. 순위를 빼고 1.5배 추천하고 교육감께서 선정하시도록 하면 좋겠습니다.

나○○ 위원: 선정심사위원이 선정심사를 위해 10일씩 자기 조직에서 빠지는 것이 참 부담스럽습니다. 1년 동안 지원을 충실하게 하고 하반기부터 시작할 학교를 별도로 선정하지 맙시다(당초 계획에 얽매이지 말고 15개 또는 그 이상의 학교를 한꺼번에 선정하자는 의견).

많은 논의를 하여 혁추위원들은 다음과 같이 결정하였다. 첫째, 2011년도 혁신학교 선정심사는 1회로 한다. 즉, 2011년도 상반기, 하반기로 나누어 선정하지 않고 선정된 학교는 모두 2011년 3월부터 운영하도록 지원한다. 둘째, 선정할 학교 수는 선정심사위원들의 점수를 토대로 15개 정도 지정하는 방안과 20개 정도 지정하는 방안 등 2개 안을 만들어 교육감께 전달하고 최종선택은 교육감이 하도록 한다.

제11차 혁추위 회의 결과를 기초로 김승환 교육감은 2011년 11월 22일(월) 총 20개(초등학교 12개교, 중학교 7개교, 고등학교 1개교)의 혁신학교를 선정 발표하였다. 이날 발표한 혁신학교는 〈표 6〉과 같다.

③ 혁신학교 관련 연수

2010년 9월 27일에 발표한 〈혁신학교 추진계획서〉와 9월 30일에 발표한 〈혁신학교 선정계획서〉에 따라 교사들이 혁신학교에 응모하려면, 위에서 언급한 '혁신학교 설명회'로는 부족한 감이 있었다. 그리하여 혁추위에서는 전북교육연수원측에 혁신학교에 대한 심층적 이해를 돕는 연수를 개설하도

<표 6> 2011년도 혁신학교에 선정된 학교 명단(2010.11.22)

지역	초등학교	비고	중학교	비고	고등학교	비고
전주	서신초	공모형	덕일중	공모형		
	덕일초	초·중 연계	오송중	신설학교/미래형		
			우림중	교육과정		
군산	군산서초	공모형				
익산	성당초	공모형				
남원	남원초	공모형				
정읍	수곡초	공모형	칠보중	공모형		
김제					금산고	공모형
완주	삼우초	인증형	봉서중	공모형		
완주	이서초					
진안	장승초	폐교위기 학교 살리기				
장수						
무주	구천초	공모형	무풍중·고	공모형		
임실	대리초	공모형	관촌중	공모형		
순창	풍산초	지역안배				
부안						
고창						
계	12		7		1	

록 요청하였고, 연수원 측에서는 '2010 혁신학교 맞춤형연수 기본과정'이라
는 이름의, 5일 15시간짜리 연수를 긴급 편성하였다. 이 연수의 당초 신청인
원은 200명이었으나, 실제 참여자는 이 숫자를 웃돌았다. 연수 주관 부서는
전북교육연수원이었지만 연수 장소는 접근성을 고려해 전주에 위치한 전
북교육연구정보원이었다. 연수는 교사들의 퇴근 시간과 이동시간을 고려해
오후 6시부터 시작되었다. '2010 혁신학교 맞춤형 연수 기본과정' 연수의 내
용을 살펴보면 〈표 7〉과 같다.

이 연수의 목적은 도내 교사에게 혁신학교가 도대체 무엇인지를 인식시키
는 것이었다. 이를 위해 1년 전부터 혁신학교를 지정하여 운영하고 있던 경
기도 지역 사례를 제시하였고(이광호), 교사들이 수업을 바꾸고자 할 때 실
제 어떻게 하는 것이 좋을지 그 구체적인 방법을 안내하였으며(서근원, 안승
문), 교사들의 헌신과 노력으로 난공불락처럼 생각되던 교육과정과 수업을
포함한 학교문화를 성공적으로 바꾼 학교들의 사례를 소개한 책인『작은
학교 행복한 아이들』[7]과 내부형 교장공모제를 실시한 세 학교가 어떻게 변
화되었는지를 추적하여 기록한 책인『학교를 바꾸다』[8]를 읽고 느낌을 나누
는 활동도 하였다. 그리고 이 연수 맨 마지막 날에는 완주 삼우초등학교 나

<표 7> 2010 혁신학교 맞춤형 연수 기본과정 내용(2010.10.5.~11.4. 총 5일 15시간)

월/일	연수 시간	강의주제 및 내용	강사명	대상	시간
10.05(화)		경기도 혁신학교 경험에서 배운다	이광호	전체	3
10.15(금)		아이 눈으로 수업을 보라	서근원	전체	3
10.22(금)	18:00~ 21:00	핀란드 교육사례로 본 새로운 학교	안승문	전체	3
10.28(목)		『작은학교 행복한 아이들』 독후활동	분임 토의	초등	3
		『학교를 바꾸다』 독후활동		중등	
11.04(목)		학교 교육과정 운영	나영성	초등	3
		학교 교육과정 운영	이항근	중등	

영성 교장과 옥구 회현중학교 이항근 교장이 각각 자신의 학교에서 교육과정을 어떻게 개혁했는지 그 실천 사례를 소개하였다.[9]

요약하면, 이 연수는 경기도에서 일고 있는 혁신학교 운동을 소개하는 것으로 시작하여, 그러한 운동이 우리 지역 우리 주변의 학교에서 이미 일어나고 있다는 사실을 널리 알리는 것으로 끝을 맺었다. 그러니까, 혁신학교 운동이 결코 남의 이야기가 아니고 바로 나의 이야기가 될 수 있음을 강조한 것이다.

2010년 11월 22일(월), 20개의 혁신학교가 선정되자 혁추위에서는 혁신학교에 선정된 학교 교직원을 대상으로 한 연수를 실시하기로 결정했다. 20개 학교 교직원을 한자리에 모아 가능한 한 빨리 연수를 실시할 필요가 있었으나, 현실적으로 겨울방학 기간이 유일한 그리고 가장 빠른 대안이었다. 그리하여 2011년 1월 17일(월)~19일(수)까지 2박 3일의 일정으로 '전북형 혁신학교 토대 만들기'라는 주제로, 부안에 위치한 전북학생해양수련원에서 혁신학교 교직원을 대상으로 한 연수가 실시되었다(〈표 8〉). 연수 참여 인원은 200여 명이었다.

〈표 8〉에서 알 수 있는 것처럼, 이 연수의 핵심은 크게 세 가지였다. 첫째, 혁신학교 교직원들에게 학교혁신의 한 방편으로 혁신학교를 해야만 하는 이유를 깨닫게 하는 일, 둘째, 교사중심수업에서 학생중심수업으로 전환하는 방법을 간략하게 소개하는 일, 셋째, 집단지성을 통해 혁신학교 교육과정을 설계하는 일 등이다. 특히 세 번째 작업을 돕기 위해 완주 삼우초 교육과정과 군산 회현중 교육과정이 사례로 제시되었다. 〈표 7〉과 〈표 8〉에 나타난 것처럼, 삼우초와 회현중은 전북 혁신학교 운동 초기에 하나의 모델 사례로 자주 인용되었다.

혁신학교 교직원을 대상으로 한 연수와는 별도로, 혁추위에서는 전북교육연수원의 협조를 얻어(혁추위 회의에 전북교육연수원 연수 기획 담당자가 참석) 혁신학교 운동을 추동할 인력을 양성하는 연수를 기획, 실시하였다. 연수내용은 혁신학교를 준비하는 학교에서 요청이 있을 경우, 그 학교에 가서 컨설팅을 제공할 인력을 양성하는 데 초점을 맞추었다. 연수기간은 2011년 1월 24일(월)~29일(토), 2월 14일(월)~18일(금)까지 11일 90시간이었다. 2011년 2월 초순이 구정이었던 관계로 2주 일정의 연수가 보름 정도의 간격을 두고 실시되었다. 연수 대상은 혁신학교로 선정된 학교의 교사 1인, 지역 추천 인사 1인, 혁추위원 등에게 연수 참여 우선권을 부여하였고, 연수 참여 희망자를 신청받았다. 연수 신청을 마감한 결과 연수 참여 인원은 총 61명이었다. 연수 장소는 전북교육연수원이었다.[10]

〈표 9〉에 나타난 것처럼, 총 연수 시간의 절반에 해당하는 42시간이 서근원 교수의 '아이 눈으로 수업보기'에 할당되었고, 24시간이 '배움의 공동체 수업연구', 그리고 18시간이 '프레네교육 수업연구'에 배당되었다. 이러한 사실은 전북 혁신학교 운동에서 이 세 가지가 매우 중요하게 인식되고 있음을 보여준다. 특히 서근원 교수의 '아이 눈으로 수업보기'는 여러 연수(〈표 8〉, 〈표 9〉 참조)에 포함되어 혁신학교에 관심을 가진 교사들에게 널리 소개되었다.

방금 위에서 언급한 것처럼, '아이 눈으로 수업보기', '배움의 공동체', '프레네교육' 등에 관한 연수가 전북 혁신학교 관련 연수에서 자주, 그리고 중요하게 취급된 것은 이 세 가지 수업 개선 방안이 배경으로 하고 있는 철학과 전북 혁신학교 운동을 추동하고 있는 세력의 철학이 상당 부분 일치하고 있기 때문이다. 그렇다면 이 철학은 무엇일까? 다음 절에서는 바로 혁신학교 운동의 철학적 배경을 논의한다.

<표 8> 혁신학교에 선정된 학교 교직원을 대상으로 실시한 연수 내용(2011년 1월 17일~19일)

시간(차시)	1월 17일(월)	1월 18일(화)	1월 19일(수)
1교시(09:00~09:50)	등록, 숙소배정	• 혁신학교 교육과정 사례 나누기 • 분임토의 및 발표	혁신학교와 지역사회(이근석)
2교시(10:00~10:50)	교사론(윤구병)		
3교시(11:00~11:50)			교육감 특강
12:00~13:30	점심식사		
4교시(13:30~14:20)	성찰하는 교사 (유인학)	아이 눈으로 수업보기(서근원)	혁신학교 운영계획서 발표 (학교장)
5교시(13:30~14:20)			
6교시(13:30~14:20)			
7교시(13:30~14:20)	혁신학교와 나 (글쓰기)	혁신학교와 나 (글쓰기)	향후 추진계획 논의
17:20~19:00	저녁식사		
8교시(19:00~19:50)	학교별 토론: 혁신학교 교육과정 만들기		폐회
9교시(20:00~20:50)			

<표 9> 혁신학교 수업컨설팅 강사교육(입문과정) 연수 내용(총 90시간)

일자	시간	강좌명	강사	시수
1.24(월)	09:00~11:00	고전을 통해 본 앎과 삶	이남곡	2
	11:00~13:00	혁신학교 교사노릇 하기	조진형	2
	14:00~16:00	수업관찰연구의 최근 동향	박승배	2
	16:00~18:00	프레네교육 수업연구	위양자	2
1.25(화)	09:00~18:00	프레네교육 수업연구	위양자	8
1.26(수)	09:00~11:00	사유하는 교사	송순재	2
	12:00~18:00	프레네교육 수업연구	위양자	6
1.27(목)	09:00~18:00	배움의 공동체 수업연구	손우정	24
1.28(금)	09:00~18:00			
1.29(토)	09:00~18:00			
2.14(월)	09:00~18:00	아이 눈으로 수업보기	서근원	42
2.15(화)				
2.16(수)				
2.17(목)	09:00~18:00	아이 눈으로 수업보기		
	18:00~20:00	보고서 쓰기		
2.18(금)	09:00~13:00	아이 눈으로 수업보기		
	14:00~18:00	분임토의 및 발표		
계				90

3) 전라북도 혁신학교 운동의 철학적 배경

2010년 8월 공식적으로 시작한 전라북도 혁신학교 운동은 경기도의 영향을 크게 받았다. 특히 '이우학교'[11] 관계자들이 2006년 1월에 설립한 '함께여는교육연구소'에서 구상한 새로운 학교 모델에 대한 연구와 실천 사례, 그리고 경기도 지역 교사들이 2006년 9월 30일 만든 '스쿨디자인21'[12]을 통해 벌인 각종 연수와 사업의 영향을 많이 받았다. 전북새로운학교연구회에서 2009년 『새로운 학교 만들기: 혁신학교 운동 연구 자료 1』라는 소책자를 만들었는데 이는 스쿨디자인21에서 만든 자료를 재복사한 것이다. 따라서 이 두 단체를 주도하고 있는 사람들이 공감하고 있는 철학을 살피는 것은 바로 전라북도 혁신학교 운동의 철학적 배경을 파악하는 일이다.

'함께여는교육연구소'와 '스쿨디자인21'은 각종 연수와 활동을 통해 활발히 교류하고 있다. 이는 이 두 단체가 지향하는 학교 개혁과 관련된 철학이 크게 다르지 않다는 한 증표이다. 한 예로, '함께여는교육연구소'에서 2008년 1월 14일~18일까지 5일 일정으로 개최한 〈수업이 바뀌어야 학교가 바뀐다〉라는 주제의 연수에서 '스쿨디자인21'을 만드는 일에 핵심역할을 한 서길원 교장은 다음과 같이 이야기한다.

우리가 시도하고자 하는 새로운 교육개혁 운동은 구성원의 자율을 바탕으로 서로 협동하고 함께 성장하는 학교공동체를 만들어 가는 것이다. 부모의 경제·사회적 지위나 교육적 관심을 떠나서 다수의 학생이 질 높은 교육의 수혜와 공정한 기회를 보장받을 수 있는 공교육안의 대안적 교육을 모색하는 것이다. [……] 교육학적으로 일반적 합의가 가능한 교육을 추구하는 점에서 프레네교육, 배움의 공동체, 헬레네랑에 학교와 같은 대안 교육적 작업을 도입한 국공립 정규학교를 지향하고 있다. 이러한 점에서 자유주의 관점을 갖는 발도르프 학교나, 몬테소리학교, 섬머힐 학교 등과는 다른 길을 걷고 있다. 일반적 학습 원리에 있어 학습자 중심의 활동중심 수업, 관계와 소통을 중시하는 학습, 자기 주도와 협동이 살아 있는 학습, 예술과 과학, 기능과 탐구, 체험과 지식의 조화로운 교육을 지향해야 한다.[13]

이처럼, 서길원은 교육청 산하의 정규학교를 벗어난 이우학교와 같은 사립 대안학교를 꿈꾸지 않고, 우리 주변에 존재하는 국공립학교를 개혁하는 방안을 모색하고 있다. 이런 점에서 서길원은 이우학교 관계자들이 기울이는 노력의 한계를 지적하고 있는 것처럼 보인다. 그러나 이는 위 발언의 본질이 아니다. 서길원이 강조하고 있는 것은, 프레네 학교, 헬레네랑에 학교, 배움의 공동체에서 추구하고 있는 교육을 언급만 하지 말고 직접 실천하자는 것이다. 그러니까, 서길원은 학교혁신 또는 학교개혁을 위해 우리가 취해야 할 방향을 프레네 학교, 헬레네랑에 학교, 배움의 공동체 만들기 운동에서 찾고 있는 것이다.

'함께여는교육연구소' 또한 우리나라 학교교육을 개혁하려고 하는 사람들이 따라야 할 바람직한 방향으로 프레네 학교, 헬레네랑에 학교, 배움의 공동체 등의 실천사례를 추천하고 있다. '함께여는교육연구소'를 설립한 이우학교 관계자들은 2006년 1월 일본을 방문하여 '배움의 공동체' 구현을 통해 개혁된 학교를 탐방하였다. 또한 '함께여는교육연구소'에서는 2008년 1월 사토 마나부를 초청하여 〈수업이 바뀌어야 학교가 바뀐다〉라는 제목의 연수를 실시하였다. 이 연수의 마지막 날 '함께하는교육연구소'의 이광호 소장은 다음과 같은 발언을 한다.

우리는 어떤 새로운 학교를 꿈꾸는가? 학교가 학습공동체로서 거듭나는 학교를 꿈꾼다. 이는 학교에 존재하는 수직적, 관료적 통제를 극복하고 민주적 공동체를 형성한다는 뜻이다. 이를 위해 학생회, 학부모회, 교사회 등 학교 주체들이 허수아비가 아닌 각종 의사결정의 공식 기구가 되어야 한다. 각 주체의 학교 참여가 확대되고 실질적 자치가 보장되어야 한다. 학교가 학습공동체로 거듭나기 위해서는 또한 근대적 합리성에 기반한 분절성을 극복해야 한다. 현실 문제를 바탕으로 한 다양한 교과 통합 모색이 뒤따라야 한다. 또 교사와 학생, 학교와 학부모간의 구분 및 역할에 대한 재인식이 요청된다. 교사는 끊임없이 연구하여 교학상장의 학교문화를 만들어야 한다.[14]

요약하면, 경기도 지역에서 일고 있는 학교개혁 운동을 주도하는 두 단체 -스쿨디자인21, 함께여는교육연구소- 는 프레네 학교, 헬레네랑에 학교, 배움의 공동체 등의 실천사례를 참조하였다. 서근원의 '아이 눈으로 수업보기' 연수도 스쿨디자인21에서 관심을 가지고 있었다. 실제로 스쿨디자인21은 2011년 1월 10일부터 14일까지 보평초등학교에서 '아이 눈으로 수업 보기' 연수를 진행하였다. 전라북도 또한 이 연수를 진행하였다.

따라서 프레네 학교, 헬레네랑에 학교, 배움의 공동체, 아이 눈으로 수업 보기 등이 어떤 철학적 기반을 가지고 있는지 살피는 것은 전북혁신학교운동의 철학적 배경을 살피는 일이다.

① 프레네 학교

프레네 학교는 셀레스텡 프레네(1896~1966)가 공교육 제도 속에서 새로운 학교교육의 가능성을 탐색하기 위하여 1920년대에 시작한 프레네만의 독특한 수업방식을 가리킨다. 선행연구 또는 저작물에 의하면[15] 프레네는 당시 유럽과 북미 대륙에서 널리 논의되던 교육사상을 흡수하였다. 존 듀이, 헬렌 파커스트와 같은 진보주의자를 포함하여 마리아 몬테소리도 프레네의

변하지 않는 교육요소

[아동의 본성]

1. 아동은 성인과 동일한 본성을 지니고 있다.
2. 교사들이 크고 나이가 많다고 학생들보다 위에 있어야 하는 것은 아니다.
3. 학생들이 학교에서 취하는 행동은 그의 생리학적, 유기체적, 체질적인 상태에 따라 다르다.

[아동의 반응]

4. 성인만큼이나 아동도 권위적인 명령을 좋아하지 않는다.
5. 어느 누구도 외부의 규율에 수동적으로 복종하는 것을 좋아하지 않는다.
6. 어느 누구도 어떠한 작업에 구속되어 완성하는 것을 좋아하지 않는다.
7. 아동은 유익하지 않은 것이더라도 자신의 작업을 스스로 선택하는 것을 좋아한다.
8. 어느 누구도 자신이 참여하지 않는 기계적인 사고와 행동을 좋아하지 않는다.
9. 작업의 동기가 필요하다.
10-1. 실생활과 관련 없는 학교만의 삶과 규칙은 더 이상 의미가 없다.
10-2. 학업실패의 경험은 학습에 대한 에너지와 정열을 파괴한다.
10-3. 아동에게 자연스럽게 나타나는 것은 놀이가 아니라 작업이다.

[수업기술]

11. 실험적 모색은 지식습득의 과정에서 가장 보편적으로 나타나는 것이다.
12. 학교에서 강조하는 암기는 그것이 아동의 삶과 관련이 있을 때와 실험적 모색 과정에 통합될 때에만 유효하고 소중하다.
13. 학습은 경험을 통해 일어난다.
14. 지능은 개인의 생명력과 분리되어 닫힌 채 기능하는 능력이 아니다.
15. 학교는 생생한 삶의 밖에서 기억력에 묶인 단어와 고정된 생각만으로 움직이는 지능의 추상적인 형태만을 키운다.
16. 아동은 교사의 수업만 듣는 것을 좋아하지 않는다.
17. 아동은 삶의 연장에 있는 작업을 실행하는데 피곤한 줄 모른다.
18. 아동이나 성인은 많은 사람 앞에서 평가받은 것을 좋아하지 않는다.
19. 성적산출과 분류는 잘못된 것이다.
20. 말을 아껴야 한다.
21. 아동은 협동적 공동체 속에서 수행하는 개별 작업과 소집단 작업을 좋아한다.
22. 질서와 규율은 수업에서 필요하다.
23. 처벌은 항상 잘못된 것이다.
24. 학교의 새로운 삶은 학교 협동이다.
25. 교실의 학생 수가 많으면 교육적 실수를 범하게 된다.
26. 전교생 수가 많으면 교사와 학생간의 익명성이 높아진다.
27. 내일의 민주주의는 학교 내 민주주의 실천으로 가능해 진다.
28. 학교 개혁의 첫 번째 조건은 아동을 존중하는 것이다.
29. 학부모는 교사에게 변함없는 자세를 보여주어야 한다.
30. 이상의 불변요소는 프레네 교육의 실천에 정당성을 부여해 준다.

[그림 1] 프레네의 『변하지 않는 교육요소』[17]

사상에 영향을 미친 것으로 평가되고 있다.[16)

따라서 프레네 학교는 진보주의 철학과 상당히 일치한다. 프레네는 1964
년 35년간의 교직경험을 통해 알게 된 것을 30가지로 정리하여 『변하지 않
는 교육요소』라는 제목으로 얇은 책자를 발간하였는데, 여기에는 프레네의
아동관과 수업방법에 관한 입장이 잘 정리되어 있다([그림 1] 참조). 이는 듀
이가 1897년에 작성한 『나의 교육신조』와 상당히 유사하다.

② 배움의 공동체

배움의 공동체는 일본인 사토 마나부 교수에 의해 주창된, 일본의 학교를
개혁하고자 시작된 실천이념으로, 우리나라에는 손우정 배움의공동체연구
회 대표에 의해 2001년 소개되었다.[18) 사토 마나부에 의하면[19) 배움의 공동
체란 우리가 도달하려고 노력해야 할, 하나의 이상적인 학교상이다. 따라서
배움의 공동체를 교사의 수업개선을 위한 하나의 처방적 전략으로 이해하
는 것은 배움의 공동체를 잘못 이해하는 것이다.[20)

그렇다면, 학교를 '배움의 공동체로 만든다'는 것은 무슨 뜻일까? 이 말의
의미를 사토 마나부는 세 가지로 설명한다.[21) 첫째는 학교가 학생, 교사, 학
부모 모두에게 배움과 성장이 일어나는 장소가 되도록 만드는 것을 의미한
다. 학교가 학생들이 서로 배우며 성장하는 장소, 교사도 전문가로서 서로
배우고 성장하는 장소, 학부모와 지역주민도 학교의 교육활동에 참가하여
서로 배우고 성장하는 장소가 되도록 학교를 바꾸는 것을 의미한다. 이러
한 작업을 사토 마나부는 '학교의 재탄생'이라 부른다.

둘째는 학교를 공공성, 민주주의, 탁월성의 세 가지 원리에 입각하여 운영
한다는 것을 의미한다. 공공성이란 두 가지 의미를 가지고 있다. 하나는 학
교가 학생 한 명 한 명의 배움의 권리 실현이라는 공적인 사명을 띤 기관이

1. 다른 사람의 목소리를 듣는 것은 매우 중요하다. 모든 교실에서 '서로 듣는 관계'를 조직하라. 이를 위해 ① 남녀 혼합의 4명 정도의 협동적인 배움 조직을 만들어라 ② 서로 가르치는 관계가 아니라 배우는 관계를 구축하라 ③ 점프가 있는 배움을 조직하라
2. 학생들의 배움에 대한 응답관계에 따라 수업을 조직하라. 이를 위해 ① 듣기, 연결하기, 되돌리기라는 세 가지 활동을 적절히 하라 ② 목소리 톤을 낮추어 말을 하라 ③ 즉흥적인 대응으로 창조적인 수업을 하라.
3. 교실을 독점하지 말고 학생, 다른 교사, 교장, 보호자와 공유하라. 공개하라.
4. 각종 회의를 폐지하고 수업관찰에 바탕을 둔 사례연구회(교내연수)를 학교경영의 중심에 놓으라. 이를 위해 ① 모든 교사가 1년에 한 번은 수업을 공개하도록 하라 ② 수업 사례연구회에서 모든 교사가 한 마디는 꼭 발언하도록 하라 ③ 수업연구회의 목적은 수업 기법을 향상하는 데 있지 않고 학생의 배움의 질을 높이데 있음을 명심하라 ④ 수업연구회를 할 때에 교사의 교수법에 초점을 맞추지 말고 학생들에게 일어난 배움에 초점을 맞추어라.
5. 학부모(보호자)의 수업 참여를 적극 계획하라. 이를 위해 ① 학부모의 단순한 수업참관을 폐지하고 교사와 함께 수업을 만드는 활동(학습참가)을 전개하라 ② 학습참가는 학부모의 80% 이상이 경험하도록 계획하라 ③ 지역 주민이 교사와 협동하여 학습참가 행위를 할 수 있는 기회를 마련하라.

[그림 2] 배움의 공동체 구현을 위한 활동시스템

고, 교사는 그 공적인 사명과 책임을 맡고 있는 전문가라는 뜻이다. 다른 하나는 학교가 공공공간이 되어야 한다는 것이다. 학교와 교실의 공간이 안팎으로 열려 다양한 삶의 양식과 사고방식이 대화를 통해 교류되는 공간이라는 뜻이다. 교실이 교사의 사적인 공간이 되어서는 안 된다는 뜻이다. 학교교육의 목적은 민주주의 사회 건설에 있으며 이를 위해 학교 자체가 민주적인 사회 조직이 되어야 한다는 뜻이다. 이때의 민주주의란 단순한 정치적인 절차로서의 민주주의가 아니라, 타인과 함께 살아가는 방법으로서의 민주주의를 의미한다. 탁월성은 스스로 최선을 다하여 최고를 추구한다는 뜻이다. 이는 비교적 개념이 아니고 절대적 개념이다. 경쟁보다는 협동을 통해 실현하는 개념이다. 이는 '발돋움과 점프가 있는 배움'을 통해 잘 일어난다.

셋째는 사토 마나부가 조직한 한 묶음의 '활동 시스템'을 실천한다는 것

을 의미한다. 그가 '활동 시스템'을 조직한 이유는 방금 위에서 설명한 공공성, 민주주의, 탁월성의 세 가지 원리가 자연스럽게 체득되도록 하기 위함이다. 사토 마나부의 표현을 빌면, 이 '활동 시스템'은 '배움의 공동체' 만들기의 OS(Operating System, 운영체제)이다. 사토 마나부가 제안한 '활동 시스템'을 요약하면 [그림 2]와 같다.

사토 마나부의 '배움의 공동체' 개념은 일찍이 존 듀이가 주장한 아이디어를 실천하기 위한 것이다. 이점을 사토 마나부 교수는 이렇게 기술하고 있다.

'배움의 공동체(learning community)'로서의 학교상은 존 듀이가 1896년에 시카고 대학에 부설한 실험학교에서 유래하며, 1910년 이후 신교육운동 때 세계 각국에 보급되었고, 제2차 세계대전 후에도 1970년대 미국의 열린교육 등 진보주의 교육개혁을 통하여 계승되어 왔다. 일본의 교육연구와 학교개혁에 '배움의 공동체'의 개념이 등장한 것은 1992년 [나의] 졸저 『대화적인 실천으로서의 배움: 학습공동체를 찾아서』 및 [내가] 참가하여 협력한 니가타현 오지야시에 위치한 오지야소학교의 개혁 사례에서다.[22]

요약하면, 학교혁신과 수업혁신에 관심을 가지고 있는 우리나라 상당수 교사들이 관심을 가지고 실천하고 있는 '배움의 공동체' 만들기는 존 듀이의 아이디어가 그 바탕에 깔려 있다.

③ 헬레네랑에 학교

헬레네랑에 학교는 독일 중부 비스바덴 주에 위치한, 10~16세(우리나라 식으로 말하면, 초등학교 5~고등학교 1학년) 사이의 학생들이 다니는 6년제 종합학교이다. 독자의 이해를 돕기 위해 독일의 초·중·고등학교 제도를 대충 설명하면, 독일에는 그룬트슐레(4년제, 우리나라 초1~초4에 해당), 김나지움(6년

제 또는 9년제, 우리나라 초5~고1 또는 초5~고3에 해당. 대학진학이 목표), **레알슐레**(6년제, 우리나라 초5~고1에 해당. 전문대학진학이 목표), **하우프트슐레**(6년제, 우리나라 초5~고1에 해당. 졸업후 취업이 목표), **게삼트슐레**(김나지움, 레알슐레, 하우프트슐레를 하나로 합하여 놓은 형태의 학교. 흔히 종합학교로 번역함) 등이 있다. 헬레네랑에 학교는 바로 게삼트슐레, 즉 종합학교이다.[23]

헬레네랑에 학교는, 감리교신학대학교 송순재 교수에 의해서, 학교문화의 내적 쇄신을 성공적으로 이룩한 한 예로서 우리나라에 소개된 이후, 혁신학교에 관심을 가진 일련의 진보적인 교사들 사이에서 벤치마크의 대상이 되었다.[24]

송순재는 학교교육을 ①만드는 교육 ②기르는 교육 ③대화하는 교육 등의 세 가지로 나눈다. '만드는 교육'이란 공장에서 제품을 생산하듯이 성인(부모, 교사)의 뜻에 따라 아이들을 가르치는 교육을 가리킨다. 전통적인 교육이 여기에 속한다. '기르는 교육'이란 전통적인 교육에 대한 반발에서 나온 것으로서, 마치 정원사가 꽃을 기르듯이 아이들 하나하나가 가지고 태어난 소질을 계발하는 교육을 말한다. 송순재는 루소의 생각, 썸머힐 스쿨, 자유교육, 대안교육, 진보주의 교육이 모두 바로 이 '기르기 교육'에 속한다고 말한다. '대화하는 교육'은 '기르는 교육'의 병폐를 극복하기 위한 것으로서, 아이가 독선에 빠지거나, 허약하게 되거나, 망상에 빠지게 되지 않도록 교사와 '대화적 관계'를 유지하는 교육이다. 달리 표현하면, 진보주의식 교육의 결과로 나타날 수 있는 병폐를 극복하기 위한 교육이다.

송순재는 '대화하는 교육'의 패러다임을 따르고 있는 학교의 예로서 러시아의 아름다운 학교 운동, 독일의 예나플란 학교, 헬레네랑에 학교 등을 소개한다. 그러니까, 송순재가 독일의 헬레네랑에 학교를 자세히 소개하는 노력을 하는 이유는, 독일의 성공적 학교혁신 사례를 벤치마크용으로 제시하는 수준을 넘어서서, 혁신학교가 '대화하는 교육'으로 나아가야 한다는 주장을 하기 위해서이다. 송순재는 이렇게 주장한다.

우리는 마땅히 '아이들의 눈으로 세상을 보는 법'을 배우지 않으면 안 된다. 우리는 스스로 깨우친 사람을 원하며 스스로 깨우친 사회를 원한다. 그래서 우리는 이 '대화모형'을 '깨우침의 모형'이라고 달리 지칭해 볼 수 있다. 깨우침을 통해서 아이들은 환희하고, 열광하며, 행복에 겨워할 것이다. 이런 인식을 바탕으로 좀 더 다른 형태의 개혁교육학, 대안교육, 자유교육의 형태가 발전하기 시작했다. 에두아르트 슈프랑어(정신과학적 교육학의 기초자), 게오르크 케르쉔슈타이너(노작교육의 기초자), 헤르만 리이츠(전원학사의 기초자)가 그런 사상을 펼쳐냈다. 또 거슬러 올라가면, 소크라테스, 공자, 예수, 부처에게서 그런 정신의 장려한 건재를 대할 수 있다. 그리고 우리네 근대사에서는 이승훈, 김교신, 함석헌, 이찬갑, 전영창, 김흥호 같은 분들의 이름을 떠올려 볼 수 있다.[25]

요약하면, 경기도와 전북지역에서 혁신학교 운동을 이끄는 사람들이 독일의 헬레네랑에 학교에 관심을 가지는 이유는, 이 학교를 아동중심의 자유주의식, 진보주의식 교육의 폐해를 보완한 학교로 인식하고 있기 때문이다. 달리 표현하면, 진보주의를 추구하되 진보주의의 단점을 보완할 방법을 헬레네랑에 학교를 포함한 유럽의 혁신학교 사례에서 찾고 있는 것이다. 송순재는 이를 '대화하는 교육 모형'이라고 부르고 있지만, 나는 이 역시 진보주의의 연장선에 있으므로 '신진보주의'라고 부를 수 있다고 본다.

④ 아이 눈으로 수업보기

'아이 눈으로 수업보기'는 서근원 대구 가톨릭대학교 교수가 제안한 것으로서, 수업 개선에 관심을 가진 교사들이 취할 수 있는 하나의 방편이다.[26] 서근원에 의하면 그동안 수많은 연구자의 노력에도 불구하고 교사들의 '수업하기'가 나아지지 않는 것은 '수업보기'가 잘못되었기 때문이다. 그렇다면 '수업하기'의 개선으로 이어질 수 있는 '수업보기'는 어떤 것일까? 이 질문에 대하여 서근원은 '학생의 관점에서 교실의 상황과 맥락을 고려하는 가운데 학생을 중심으로' 수업을 보아야 교사들의 '수업하기'가 나아질 것으로 주장한다.[27] 달리 표현하면, 교사들이 수업을 관찰할 때에 관찰자의 관점으로, 수업하는 선생님의 행위에 초점을 맞추어서, 그 수업이 얼마나 효과적인지, 학생들이 수업목표에 얼마나 도달하는지를 이미 만들어진 체크리스트에 따라 점수 매기듯 확인하는 방식으로는 수업개선이 일어나기 어렵다는 것이다.

내가 서근원과 대화(2012.10.25)를 통해 파악한 바에 의하면 '아이 눈으로 수업보기'는 훈련 프로그램이다. 교사로 하여금 수업을 바라보는 관점을 교사 중심에서 학생 중심으로 전환하도록 돕는 훈련 프로그램이다. 관찰자의 선입견을 최대한 내려놓고 학생의 행위를 있는 그대로 파악하는 훈련을 하는 프로그램이다. 타인에 대한 섣부른 판단을 유보하고 관찰자인 교사 자신의 내적 성찰을 유도하는 훈련 프로그램이다. 교사의 수업보다는 교사 자체를 바꾸려 하니 말로는 힘들고 실습을 통할 수밖에 없는 훈련 프로그램이다.

'아이 눈으로 수업보기'는 '아이 세상 이해하기', '아이 수업으로 대화하기'와 함께 워크숍의 형태로 진행되는, 일련의 훈련 프로그램의 일부이다. 이러한 일련의 프로그램을 성공적으로 마치면 '아이 눈으로 수업하기' 과정으로 나아갈 수 있을 것이라고 서근원은 말한다. 이러한 일련의 과정을 통해 '가르치는 일의 성격에 대한 교사의 관점은 '학문알기(문자로 기록된 지식 가르치고 이를 외우도록 하기; 지식의 소비자)'에서 '학문하기(질문을 가지고 탐구하여 새로운 지식을 생산하기; 지식의 생산자)'로 전환되고, 이는 결국 수업의 개선과 나아가 교육 전반의 개선으로 이어질 것이라고 주장한다. 교사가 이러한 과정을 모두 거쳐 교사에게 의미 있는 변화가 일어나려면 최소 3년 정도가 걸린다고 서근원은 말한다. 이는 사토 마나부가 교사가 스스로의 실천과 동료의 실천을 성찰하여 '반성적 실천가'로 거듭나려면 약 3년 정도의 '배움의 공동체' 만들기 경험이 필요하다고 말한 점과 일치한다.

요약하면, '아이 눈으로 수업보기'는 수업기술이 아니다. 수업개선을 목적으로 하지만 교사에게 수업방법을 처방하지 않는다. 좋은 수업 방법을 교사 스스로 찾아내는 방법을 터득하게끔, 체득하게끔 돕는 훈련 프로그램이다. 교사의 수업을 바꾸려하기 보다는 교사 자체를 바꾸려고 하는 훈련 프로그램이다.

지금까지 설명한 '아이 눈으로 수업보기' 역시 존 듀이의 주장과 밀접한 관련을 맺고 있다. 사실 서근원은 자신의 작업이 듀이가 일찍이 걸었던 길의 끝에 서서, 듀이가 언급만 했지 직접 걷지는 않았던 길을 걷고 있는 것이라고 말한다. 듀이는 그의 나이 80세에 쓴 『경험과 교육』에서 다음과 같이 말하였다.

무엇보다도 아동에게 어떤 태도나 습관이 형성되고 있는가를 예의 주시하는 것은 교사의 주된 임무입니다. 이런 점에서 교사는 […] 학습하고 있는 아동들의 마음속에서 실제로 어떠한 일이 일어나고 있는가를 알 수 있도록 아동 개개인들을 아동의 입장에서 이해할 수 있어야 합니다. 교사에게 이러한 능력이 요구된다는 바로 그 점 때문에 삶의 경험을 바탕으로 하는 교육 [즉 진보주의 교육]이 전통적인 방식을 따르는 교육보다 훨씬 더 어렵습니다.[28]

서근원의 '아이 눈으로 수업보기'는 분명히, 전통적인 교육을 벗어나려면 "아동 개개인들을 아동의 입장에서 이해할 수 있어야 한다"는 듀이의 아이디어를 구체화한 방법임에 틀림없다. 문제는, 듀이도 인정하고 서근원 본인도 인정하듯이 이 길이 너무 힘들어서 교사들이 자꾸 뒤를 돌아본다는 것이다.

지금까지 프레네 학교, 배움의 공동체 만들기, 헬레네랑에 학교, 아이 눈으로 수업보기 등이 배경에 어떤 철학적 배경이 깔려 있는지를 자세히 살폈다. 그 이유는, 전라북도 혁신학교 관련 연수, 강연, 사례발표에서 이러한 네 가지가 매우 중요하게 다루어지고 있기 때문에 이 네 가지의 철학적 배경을 살피는 일이 곧 전라북도 혁신학교 운동의 배경을 살피는 일이라 생각하였기 때문이다. 요약하면, 이 네 가지는 존 듀이를 대표로 하는 진보주의자들의 생각을 구체화하려는 노력으로 보인다. 일부 학자 또는 교사들은 혁신학교 운동이 진보주의의 단순한 연장이 아니고, 이를 극복하려는 노력이라고 주장하기도 하지만, 나는 여전히 이들의 노력이 존 듀이가 걸었던 길을 다시 걷고 있다고 본다. 이런 이유에서 이들의 관점을 받아들인 전라북도 혁신학교 운동의 배경 철학을 '신진보주의'라고 부를 수 있다.

3. 요약 및 결론

1) 요약

이 글의 목적은 2010년 7월 1일 김승환 교육감이 취임하면서 시작된 전라북도 혁신학교 운동이 어떤 배경에서 시작되었고, 2011년 3월부터 20개 혁신학교가 지(선)정되어 운영되기까지 어떤 과정을 거쳤는지를 자세히 기술하는 것이었다. 이 글을 요약하면 다음과 같다.

첫째, 전라북도 혁신학교 운동은 2010년 8월 26일 김승환 교육감이 15명의 혁신학교추진위원회(혁추위) 위원을 임명하면서 시작되었다. 혁추위원들의 구성을 살펴보면, 평소 진보적인 시각을 가진 교사들이 다수 혁추위원으로 활동하였다. 이들은 2000년대 초반부터 경기도 지역 교사들을 중심으로 일기 시작한 작은 학교 살리기 운동에 관심을 가지면서, 경기도의 개혁성과를 전북지역에서 확산하는 노력을 적극적으로 편 사람들이다.

둘째, 전라북도 혁신학교 운동은 전북보다 1년 정도 앞서 시작된 경기도의 혁신학교 운동을 벤치마크하여 실시되었다. 혁신학교의 개념을 파악하는 과정에서도 경기도 지역 교육자들이 생산한 글과 강연을 많이 참조하였고, 혁신학교 선정 및 연수를 계획하는 과정에서도 경기도의 사례를 많이 참조하였다.

셋째, 전라북도 혁신학교 운동의 배경이 되는 교육철학은 신진보주의이다. 혁신학교가 극복하고자 하는 것은 교사 수업 중심의 '만드는 교육'이고, 지향하고자 하는 것은 학생 배움 중심의 '대화하는 교육'이다. 이를 위해 교사의 수업기술을 향상하는 연수를 지양하고, 교사가 학생을 이해하는 방법, 대화하는 방법에 관한 연수를 집중적으로 실시하고 있다. 예를 들면, 배움의 공동체 만들기 연수, 아이 눈으로 수업을 보는 방법에 관한 연수가 대표적인데, 이러한 프로그램은, 일찍이 존 듀이가 제안한 아이디어를 기초로 하여 학생을 바라보는 교사의 관점을 변화시키는 프로그램이라는 공통점이 있다.

2) 결론: 혁신학교 운동의 성공을 위해 유의할 사항

2011년 3월부터 지정되어 운영되고 있는 20개 혁신학교에 대한 직·간접적인 관찰, 혁신학교에 근무하는 교사와의 인터뷰, 혁신학교 관련 연수 강사와의 인터뷰, 혁신학교 관련 토론회 등에서 수집한 자료를 토대로, 혁신학교 운동의 성공을 위해서 이 운동 참여자들이 유의해야 할 사항을 기술하면 다음과 같다.

첫째, 혁신학교 교사들은 성급하게 성과를 내려는 태도를 갖지 말아야 한다. 교육장, 교장, 교감 등의 관리자 또한 서두르지 말아야 한다. 혁신학교는 외양을 모방해서 이루어지는 것이 아니다. 그럼에도 불구하고, 일부 학교 또는 교육 지원청에서는 외양을 모방하는 형태의 변화를 성과로 드러내는 성급함이 보인다. 예들 들면, 교실의 책상 배치를 디귿(ㄷ)자로 하고서 '배움의 공동체' 원리를 구현하고 있다고 생각하는 학교도 있다. 교사들이 '아이 눈으로 수업보기' 연수에 참여한 사실을 가지고 수업 개선 실적이라고 제시하는 학교도 있다. 앞에서 이미 기술한 것처럼, '배움의 공동체'나 '아이 눈으로 수업보기'는 수업 기술 향상책이 아니라 교사의 내적 변화를 유도하는 프로그램이다. 학생을 바라보는 교사의 관점을 바꾸는 훈련 프로그램이다. 이 프로그램을 통해 교사가 진정으로 변하려면 3년 정도 걸린다는 것이 해당 프로그램 주창자들의 공통된 의견이다. 교사의 본질은 그대로이면서 외양의 변화만 추구하면, 1990년대 말 열린교육 운동이 걸었던 실패의 길을 다시 걸을 위험이 매우 높다.

둘째, 성공사례만을 발표하지 말고 실패사례를 보다 적극적으로 나누고 발표해야 한다. 시행착오야말로 배움을 위한 가장 귀중한 자산이다. 혁신학교 교사들은 자신들이 잘하고 있는 모습을 나눌 뿐만 아니라, 시도해서 실패한 경험을 부끄러워하지 말고 나누어야 한다.

셋째, 다양한 활동을 하지 말아야 한다. 혁신학교 교사들은 너무 바쁘다. 좀 여유를 가질 수 있도록 몇 개의 중요한 활동 또는 주제를 가지고 장기간 씨름할 필요가 있다. 예를 들면, 활동중심으로 수업을 한다는 것은 무엇인가? 아름다운 학교란 어떤 학교인가? 만들기 교육, 기르기 교육, 대화하는 교육의 차이는 무엇인가? 교과서를 극복하려면 어떻게 해야 하는가? 등의 주제를 놓고 최소 1년 동안 씨름할 필요가 있다. 씨름하면서 얻는 아이디어를 기초로 활동을 계획하여 일단 시행해 보고, 그 결과를 판단하여 지속 여부를 결정하는 실용적인 태도를 가져야 한다. 교사의 내적 성장을 위해서는 가지를 치는 노력이 필요하다.

넷째, 같은 교사가 같은 학년을 반복하여 담임하는 제도를 도입해야 한다. 교사들은 준비한 수업을 반복하면서 스스로 개선을 꾀한다. 올해 6학년을 담임한 교사가 다음 해에도 6학년을 반복해야 열심히 준비한 수업자료를 다시 활용할 수 있고, 또한 그 자료에 변경을 가할 수 있다. 같은 학년을 수년간 반복한 교사는 그 학년 교과 지식에 정통할 수 있고, 이는 교사의 교과 전문성 향상에 아주 큰 도움이 된다. 이런 제도가 지속되면, 교사들은 자신만의 책을 집필할 수 있는 수준의 교과 전문성을 가지게 될 것이다.

제12장. '배움공동체'와 '아이 눈으로 수업보기' 비교

1. 머리말

2009년 경기도에서 혁신학교 운동이 시작되었다. 2010년에는 경기도의 영향을 받아 전라북도에서도 혁신학교 운동이 시작되었고,[1] 이듬해에는 전남과 강원도에도 혁신학교 운동이 확산되었다. 혁신학교 운동에서 추구한 것은 시도마다 약간의 차이가 있기는 하지만, 대략 다음과 같은 다섯 가지였다.

첫째는 학교문화 혁신이다. 흔히 학교는 교장의 왕국으로 알려져 있다. 교무회의는 들러리이고, 최종 결정은 교장이 하는 문화가 학교에 존재한다. 혁신학교에서는 이러한 교장중심의 독임적 의사결정 구조를 교사중심의 민주적, 협치적 의사결정 구조로 바꾸고자 한다. 학교를 교장의 왕국에서 교사들의 공화국으로 바꾸려 한다.

둘째는 학교 시스템 혁신이다. 학교에서 교사는 매우 바쁘다. 문제는 교사들이 바쁜 이유다. 교사들이 바쁜 것은 수업 때문이라기보다는 행정업무 때문이다. 우스갯소리로 교사들은 이렇게 말한다. 행정업무하다가 시간 나면 수업한다고. 이처럼 행정업무가 수업보다 우선시되는 구조를 혁신학교에서는 바꾸려 한다.

셋째는 교육과정 혁신이다. 우리나라는 국가교육과정을 가진 나라다. 학교에서 가르쳐야 할 것을 국가가 정해서 법으로 고시한다. 이런 현실 하에서 교사는 교과서 진도를 빼는 것을 교육과정 구현이라 생각한다. 사실 교육과정 구현이란 교사가 교과서를 포함한 다양한 책을 참고하고, 활동을 계획하여, 학생에게 경험하게 하는 것이다. 그러나 대부분의 교사는 여기에 미치지 못하고 교과서 진도빼기를 교육과정 구현이라 생각한다. 혁신학교에서는 교사의 이러한 생각을 바꾸고자 한다. 교과서 진도 빼는 것이 교육과정 구현이 아니라, 교육과정 구현을 위한 자료가 교과서라는 생각을 교사들이 가지도록 하려 한다. 혁신학교에서는 가능한 범위 내에서 학생들의 직접적 체험활동을 강조하려 한다.

넷째는 수업혁신이다. 이는 방금 위에서 살펴본 교육과정 혁신과 밀접하게 관련되어 있다. 전통적으로, 수업 시간에 교사는 말하고 학생은 듣는다. 모든 학생이 정말로 이해했는지 교사는 별로 관심을 두지 않는다. 정확히 표현하면, 관심을 두고 싶어도 둘 방법이 없다. 학급당 학생 수가 많기 때문이다. 이를 위해 혁신학교에서는, 가능한 한 학급당 학생 수를 줄이려 한다. 학생 수가 적다고 교사의 수업방법이 저절로 바뀌지는 않는다. 농산어촌 지역 학교는 학급당 학생 수가 매우 적음에도 맞춤식 수업이 일어나지 않고 있다. 혁신학교에서는 교사의 수업을 바꿀 묘책을 찾고자 한다.

다섯째는 학교와 지역사회 및 학부모와의 관계 혁신이다. 전통적으로 학교는 교사들이 운영하고, 학부모는 뒷전으로 물러났다. 학부모의 학교 참여는 참견으로 비쳤다. 혁신학교는 이런 관행을 바꾸려 한다. 학부모 모임을 학교가 주도하고, 학부모회의, 학부모와 교사 연석회의를 정례화하려 한다. 학부모가 자유롭게 학교에 드나들며 학교를 위해 봉사할 수 있는 방안을 찾으려 한다.

혁신학교에서 추구하는 다섯 가지 사항 중에서 가장 어려운 것이 수업혁신이다. 혁신학교에서는 이를 위해 사토 마나부가 주창한 '배움공동체'와 서근원이 주창한 '아이 눈으로 수업보기'를 활용하고 있다. 2010년 이래, 많은 혁신학교에서 이 양자 중 하나를 선택하여 연수를 하였다. 교사에 따라서는 둘 모두를 취하기도 했다. 그럼에도 불구하고, 일선 교사들 사이에는 이 양자가 도대체 무엇을 추구하는지 몰라 혼란스럽다는 인식이 퍼져있다. 특히 이 양자의 차이가 뭔지 모르겠다는 소리도 들린다. 누군가 알기 쉽게 정리해 달라는 요청도 있다.

이 글은 이러한 교사들의 요구에 대한 답이다. 요약하면, 이 글의 목적은 혁신학교에서 추구하는 수업혁신의 한 방편으로 일선교사들 사이에서 활발하게 논의된 '배움공동체'와 '아이 눈으로 수업보기'를 비교하고, 수업혁신 방안으로서 이 양자의 가능성과 한계를 논의하는 것이다. 이 글은 수업혁신 방안으로 '배움공동체'나 '아이 눈으로 수업보기'를 활용하고자 하는 교사에게 매우 유용한 판단자료가 될 것이다.

이 글의 내용은 다음과 같은 4가지다. 첫째, '배움공동체'에 대하여 자세히 살핀다. 둘째, '아이 눈으로 수업보기'에 대하여 자세히 살핀다. 셋째, '배움공동체'와 '아이 눈으로 수업보기'의 공통점을 찾는다. 넷째, 수업혁신 방안으로서 '배움공동체'와 '아이 눈으로 수업보기'의 가능성과 한계를 논의한다.

이 글은 크게 두 가지 방법을 사용하여 작성되었다. 첫째, '배움공동체'와 '아이 눈으로 수업보기'에 관한 문헌을 수집하여 이를 분석했다. 둘째, '배움공동체'와 '아이 눈으로 수업보기'의 주창자나 연수 참여자를 대상으로 인터뷰했다.

2. '배움공동체'에 대한 고찰

1) '배움공동체'란 무엇인가?

'배움공동체'란 일본어 '學びの共同體(일본어로는 '마나비(學び) 노(の) 교도가 라다(共同體)'로 읽는다)'의 우리말 번역이다. 이를 손우정은 '배움의 공동체'로 번역하였지만, 우리말에서는 영어 of에 해당하는 '~의'를 대개 생략하므로 '배움공동체'라 번역하는 것이 자연스럽다. 따라서 이 글에서는 앞으로 '배움공동체'로 표기한다. '배움공동체'란 학교개혁의 한 아이디어로서, 학교가 "아이들이 서로 배우면서 성장하는 장소, 교사가 교육 전문가로서 서로 배우면서 성장하는 장소, 학부모나 시민이 교육활동에 참가해서 서로 배우면서 함께 성장하는 장소"가 되어야 한다는 주장이다.[2] 한마디로 학교를 학생, 교사, 학부모 모두가 서로 배우면서 성장하는 장소로 만들어야 한다는 주장이다. 영어로는 러닝커뮤니티(learning community)라 표기한다.

2) 누가 주창했는가?

일본인 사토 마나부 교수가 주창하였다. 우리나라에는 그의 제자인 손우정에 의해 그의 『교육개혁을 디자인한다』라는 책이 2001년 번역·소개되면서 처음 알려지게 되었다.

3) '배움공동체'에 붙박여 있는 문제의식은 무엇인가?

'배움공동체'에 붙박여 있는 문제의식은 크게 두 가지다. 하나는 교육(학교)의 공공성을 회복해야 한다는 것이고, 다른 하나는 '주입'의 시대에서 '배움'의 시대로 넘어가야 한다는 것이다.

① 교육(학교)의 공공성 회복

교육(학교)은 공공적인 성격을 지녀야 한다. 이 말을 쉽게 이해하려면 공원을 생각해 보면 된다. 큰 틀에서 복지시설인 공원은 사람을 차별하지 않는다. 돈이 많든 적든, 키가 크든 작든, 몸이 건강하든 아프든, 나이가 많든 적든 간에 누구나 공원에 '약간의' 돈만 내면 갈 수 있다. 이처럼 인간이 가진 여러 가지 특성이나 조건을 따져 차별하지 않는 것, 이것이 바로 공공성이다.

공원, 병원, 학교는 공공성이 담보돼야 하는 대표적인 곳이다. 이러한 기관을 유지하기 위해서는 상당한 돈이 들지만, 그 돈을 사용자에게는 조금만 부담시키고 국가가 세금으로 대부분 부담한다. 그래야 이러한 시설을 국민 누구나 사용할 수 있기 때문이다.

학교는 공공성을 기반으로 하여 운영되어야 한다. 그러나 정부는 교육개혁이라는 이름으로 시장성을 학교에 도입하려는 시도를 멈추지 않고 있다. 시장성이란 돈으로 학교라는 상품을 구입하게 하는 것이다. 이런 식의 아이디어를 흔히 '신자유주의적 교육개혁'이라 부른다. 신자유주의자들의 생각에 따라 학교가 상품화되면, 학교는 여러 종류로 나뉘게 된다. 아주 비싼 학교, 비싼 학교, 보통 학교, 싼 학교, 아주 싼 학교 등으로 나뉘게 된다. 아주 비싼 학교는 당연히 부자들이 다닐 것이고 그 품질 또한 좋을 것이다. 그 결과 부자들은 좋은 대학에 가고, 좋은 직장에 들어가고, 비슷한 사람과 만나 결혼하고, 다시 이들의 자녀는 이 아주 비싼 학교에 다시 들어가게 될 것이다. 이와 같은 계층 재생산을 신자유주의적 교육개혁가들은 은밀하게 소망한다.

사토 마나부는 이러한 신자유주의식 교육개혁에 반대한다. 그는 사회민주주의식 교육개혁을 선호한다. 그는 이렇게 말한다.

> 신자유주의 교육개혁은 교육서비스를 상품화해서 개인의 자유로운 경쟁을 기초로 한 시장부문으로 공교육을 이양하는 개혁 논리를 내세운다. 이에 대해서 사회민주주의 교육개혁은 다양한 사람들이 서로의 차이를 존중하며 공생하는 민주주의 사회를 내다보며, 지금까지 국가가 관리해 온 교육의 공공성을 지역을 기반으로 한 공동체 부문으로 이양하여 배움의 네트워크를 기반으로 학교의 세 가지 기능(문화유산 전달, 민주주의 계승 발전, 공동체 형성)을 복권시키는 개혁으로 나아가고 있다. '배움공동체' 만들기로서 교육개혁을 전개하는 셈이다.[3]

요약하면, '배움공동체' 만들기는 신자유주의식 교육개혁에 대한 저항이며 국가가 버리고 있는 학교의 공공성을 회복하기 위한 한 방편이다. '배움공동체' 만들기에는 학생, 교사, 학부모, 지역민이 모두 참여해야 한다.

② '주입'에서 '배움'으로 전환하기

이미 끝나버린 '주입'의 시대에 동아시아 국가들이 아직도 미련을 버리지 못하고 머물고 있다는 것이 '배움공동체'에 깃들어 있는 문제의식이다. '주입'에서 '배움'으로 넘어가려면 '배움공동체'를 실현해야 한다는 것이다.

주입이라는 단어는 원문에는 면강으로 표기되어 있다. 사토 마나부는 '면강(세차게 강요함을 뜻하는 일본어 한자 어휘)'을 '무리하는 일'이라 설명한다. 상인들이 고객의 요청에 의해 물건값을 어쩔 수 없이 깎아줄 때 '면강했습니다'라고 말한다는 것이다.[4] 이런 의미의 연장선에서, 일본에서는 학생들에게 교과 지식을 주입하며 암기하도록 요구하는 것을 가리켜 면강이라 부르는 모양이다. 따라서 사토 마나부가 외치는 '면강에서 배움으로'라는 말은 '지겨운 지식 주입에서 즐거운 배움으로'라는 의미다. 그런데, 이런 사토 마나부의 외침을 손우정이 우리말로 번역하면서 면강을 공부로 바꿔치기했다. 면강이라는 단어의 번역어로 공부를 택한 것인데, 이는 실수다. 공부란 말 대신 주입이란 어휘를 선택했어야 한다. 공부에서 배움으로, 공부의 시대는 끝났다보다는 주입에서 배움으로, 주입의 시대는 끝났다가 사토 마나부의 본래 생각을 훨씬 잘 드러낸다. 이런 이유에서 이글에서는 면강의 번역어로 주입을 사용한다.

주입과 배움의 차이를 대비하면 이렇다.[5] 주입은 강제로 시켜서 하는 것, 교과 지식을 외우는 것, 끊임없이 끝을 알리는 것, 앞으로만 전진하는 것, 무엇과도 만나지 않고 아무런 대화도 없이 수행되는 것, 뇌세포의 시냅스 연결을 강화하는 것이다. 이에 비하여 배움은 자주적으로 하는 것, 도구·소재·사람을 매개로 하여 활동하는 것, 끊임없이 시작을 준비하는 것, 가다가 돌아오는 것, 사물·사람·사항과 만나고 대화하는 것, 의미를 발견하고 표현하는 것이다.

요약하면, 좋은 대학에 가기 위해서 교과 지식을 외우게 하고 또 그 외운 정도를 테스트하는 일에 매몰되어 있는 동아시아 국가의 학교교육을 개선하려면, 학교에 '배움공동체'가 형성되어야 한다는 것이다.

4) '배움공동체' 실현을 위해 교사는 뭘 해야 하는가?

사토 마나부는 '배움공동체'가 학교에 형성되기 위해서는 최소한 3년이 필요하다고 본다. 교사들이 3개년 동안 해야 할 일을 연차별로 기술하면 다음과 같다.[6]

① 1년 차에 할 일

배움공동체 실현에 관심을 가진 교사들이 첫해에 할 일은 크게 네 가지다. 첫째는 교사와 학생 사이의 관계, 학생과 학생 사이의 관계를 '서로 듣는' 관계로 만드는 것이다. 둘째는 교내의 모든 교사가 자신의 수업을 동료에게 공개하는 일이다. 셋째는 교사 각자가 자신이 설정한 문제를 가지고 수업연구에 임해야 한다. 넷째는 학부모의 '배움 참가'를 활성화하는 일이다.

가) '서로 듣는' 관계 형성

동아시아 국가 학교에는 교사와 학생, 학생과 학생 사이에 서로 듣는 관계가 잘 형성되어 있지 않다. 수업이 교과 지식을 설명하는 일이다 보니 말하는 사람은 교사고 듣는 사람은 학생이다. 학생이 가끔 발언하지만 이는 대개 교사의 질문에 대한 응답이다. 교사가 토론을 유도해도 겉돌 뿐이다. 사토 마나부는 이렇게 말한다.

> 목청에서 쥐어짜는 듯한 소리가 오고 가는 교실, 자기주장이 난무하는 교실, 일부 몇 명의 아이들만이 발언하는 교실, 좀처럼 발언하지 않는 아이들이 존재하는 교실, 험악함이 목소리에서 느껴지는 교실에서는 아이들 사이의 관계가 거칠어지고 자립적인 배움도 협동적인 배움도 실현될 수 없다. 그러한 교실이 되는 원인은 교사의 대응에 있다고 본다.[7]

교실에서 교사와 학생, 학생과 학생 사이에 듣는 관계를 형성하려면 먼저 목소리가 온화하고 작아야 한다. 교사는 모든 학생이 들을 수 있을 정도의 작은 목소리로 말하면서, 학생 한 사람 한 사람의 발언을 귀담아듣는 일을 해야 한다. 이 작업에는 특별한 비법이 없다. 학생의 발언을 독려하며 들어야 한다. 학생들은 교사가 자신의 말을 진정 들어준다고 생각하면 마음속의 생각을 겉으로 드러내게 된다.

아무리 교사가 독려해도 학생이 말하지 않으면 어떻게 해야 할까? 기다려야 한다. 다섯 달이 걸리든 열 달이 걸리든 학생이 말할 때까지 기다려야 한다. 조급함은 '듣는 관계' 형성에서 최대의 적이다.

나) 모든 교사의 수업 공개

사토 마나부는 모든 교사가 수업을 공개하여야 '배움공동체'가 형성된다고 말한다. 모든 교사가 최소한 1년에 1회 수업공개를 할 경우, 교사가 30명인 학교는 일 년에 30회의 공개 수업이 생긴다.

사토 마나부가 수업공개를 중요시하는 이유는 이 작업을 통해서 '상호불간섭'이라는 부정적인 교사문화가 옅어지고 교사들 사이에 동료적 유대감이 형성된다고 믿기 때문이다. 일반적으로 교실은 담임교사 또는 수업하는 교사의 사적인 공간으로 인식되고 있다. 그래서 다른 반 교사의 일에 이런저런 말을 하는 것은 학교에서 금기다. 학교에서는 남의 수업에 이런저런 평을 하는 것도 금기다. 이 불문율은 모든 학교에 존재한다. 학생들의 입을 통해 어떤 특정 교사의 수업에 대한 부정적인 평을 들어도 그냥 듣고 흘려야지 이를 옮기는 행위는 그 특정교사와 원수지는 일이다.

일상 수업을 서로에게 편하게 공개하면서 교사들은 학교에서 독립된 섬으로 존재하지 않고 더불어 성장하는 동료로 바뀌게 될 거라고 말한다. 끈끈한 유대감이 형성되고 하나의 공동체로 성장할 거라고, 그 결과 학교생활이 재미있어질 거라고 사토 마나부는 말한다.

수업공개는 교사들이 오래전부터 해오고 있는 일이다. 그렇다면 '배움공동체'에서 강조하는 수업공개는 기존 수업공개와 어떻게 다른가? 크게 다섯 가지가 다르다.

첫째는 '모든' 교사가 수업을 공개해야 한다는 것이다. 기존에는 초임교사가 수업을 공개하는 일이 많았다. 수업공개가 승진에 유리할 경우에는 승진 대상자가 수업을 공개하기도 했다. 그러나 '배움공동체'를 만들려면 '모든' 교사가 수업공개에 참여해야 한다.

둘째는 '일상수업'을 공개해야 한다. 기존의 수업공개는 준비된 수업을 공개했다. 한마디로 '수업연극'을 했다. 이 '수업연극'에서 총감독은 수업교사고, 학생은 배우며, 관객은 동료 교사였다. 배우인 학생은 주연과 조연과 엑스트라로 나뉘었다.

셋째는 공개수업 시에 관찰자(동료교사)의 위치를 바꾸어야 한다. 교실 뒷줄에 앉거나 서지 말고, 교실의 양옆 또는 학생 옆에 앉아 학생을 관찰해야 한다.

넷째는 공개수업 후에 진행되는 '사후평가'의 성격을 바꾸어야 한다. 기존의 '사후평가'는 수업자에게 초점을 맞춘다. 이때 오가는 대화는 대개 '이러 저러한 점은 매우 좋았습니다. 하지만 이러 저러한 점을 고치면 더 좋은 수업이 될 것입니다'라는 형식이 주를 이룬다. 이때 소위 객관성을 확보하기 위해, 증거를 수집하기 위해 체크리스트가 활용되기도 한다. '배움공동체'를 만들려면 수업자에게 상처를 줄 수 있는 이러한 '사후평가'를 지양하고, 수업에서 어려웠던 점과 재미있었던 점을 이야기해야 한다. 아이들이 수업시간에 어떤 활동을 했는지에 초점을 맞추어야 한다. 교사와 학생 사이에, 학생과 학생 사이에 서로 듣는 관계가 형성되고 있는지에 초점을 맞추어야 한다.

다섯째는 사후평가 시간에 '모든' 교사가 돌아가며 발언해야 한다. 교감이나 부장교사만 발언하고 동년배 교사나 후배 교사는 침묵하는 일이 없어야 한다.

다) 자신의 문제를 가지고 수업연구 하기

'배움공동체'에 참여하는 교사는 첫해 초반에 수업개선과 관련하여 어떤 노력을 기울여야 할지를 스스로 찾아야 한다. 자신만의 연구 과제를 만들어야 한다. 연구 과제를 남이 정해주기를 기대하는 것은 잘못이다. 자신이 찾아야 한다. 그래야 문제의식이 뚜렷해진다.

라) 학부모의 '배움 참가' 활성화

우리나라에서는 최근에 시작된 일이지만, 사토 마나부의 책을 읽어보면, 일본에서는 상당히 오래전부터 학부모의 '수업 참관' 또는 '수업 관찰'이 시작된 모양이다. 이 '수업 참관'이 일본에서 얼마나 활성화되었는지는 알 길이 없으나, 사토 마나부는 학부모가 단순한 '수업 참관'에서 벗어나 '학습 참가'를 해야 한다고 주장한다.

'학습 참가'란 학부모와 교사가 함께 수업을 만들어 아이들과 함께 서로 배우고 익히는 방식의 수업을 말한다.[8] 이러한 '학습 참가'는 학부모나 지역 사회 거주민이 학교를 매개로 하여 서로 배우는 관계 형성을 촉진한다. 한마디로 학교가 학부모와 지역민이 모여 서로 배우는 '배움공동체'의 거점이 된다. 이런 의미의 '학습 참가'는 '배움공동체'와 운을 맞추기 위해 '배움 참가'로 번역하는 것이 더 적절할 것이다.

요약하면, '배움공동체' 형성에 참여하는 교사는 그 첫해에 교실에서 '듣는 관계'를 형성하는 일, 모든 교사가 일상 수업을 공개하는 일, 자신의 연구 과제를 설정하고 이에 대한 답을 찾는 일, 학부모의 '수업 참관'을 '배움 참가'로 바꾸는 일을 끈기 있게 지속해야 한다.

② 2년 차에 할 일

'배움공동체' 실현 작업 2년 차에는 1년 차에 하던 일을 지속하면서 교무분장과 각종 위원회의 회의를 과감히 없애는 것이다. 교무분장이 없어져야 교사들이 '수업 만들기'에 전념할 수 있는 여건이 형성된다. 교무분장을 완전하게 폐지할 수 없다면 가능한 범위 내에서 최대한 단순화해야 한다고 사토 마나부는 주장한다.[9]

③ 3년 차에 할 일

'배움공동체' 실현 작업 3년 차에는 1, 2년 차에 하던 일을 지속하면서 공개연구회를 개최하는 것이다. 공개연구회란 수업공개를 다른 학교 교사, 학부모에게 하는 것이다. 그동안 '배움공동체' 형성에 노력한 학교는 모든 교사가 자신의 일상 수업을 학교 내 동료 교사에게 편안한 마음으로 공개하고 비평을 청하였을 것이다. 이런 노력의 연장선에서 3년 차에는 공개연구회를 가질 필요가 있다.

사토 마나부는 공개연구회를 할 때 고려할 사항 네 가지를 제안한다.[10] 첫째는 인쇄물을 적게 만드는 것이다. 외부인을 대상으로 한 공개연구회에서는 흔히 많은 분량의 인쇄물을 만들기 십상이다. 보여주고 싶은 욕구 때문이다. 그러나 인쇄물을 많이 만들면 공개연구회 자체가 부담스러워진다.

둘째는 일상수업을 공개하도록 한다. 평소 교내 수업 공개 때 했던 것처럼 일상수업을 공개해야지 수업연극을 해서는 안 된다.

셋째는 보고서를 만들 때 틀에 박힌 문구나 구호는 피하고 구체적인 사례를 제시해야 한다. 학생의 이름을 표기할 때는 실명을 사용하는 것이 좋다. '창의·인성'과 같은 특정 시대가 요구하는 상투적인 구호를 보고서에서 사용하지 않는 것이 좋다.

넷째는 공개연구회 참가자들에게 약간의 참가비를 받는 것이 좋다. 자료비 명목으로 5,000원 정도의 참가비를 요구하는 것은 참가자에게 큰 부담이 되지 않는다. 참가비를 받으면 일종의 책임감이 생겨 공개연구회의 내용이 알차지는 효과를 거둘 수도 있다.

3. '아이 눈으로 수업보기'에 대한 고찰

1) '아이 눈으로 수업보기'란 무엇인가?

'아이 눈으로 수업보기'란 교사들의 '사회'로서의 역량을 기르기 위한 수련 방법이다.[11] 이 말을 이해하기 위해서는 '사회'라는 개념을 반드시 이해해야 한다.

'사회'란 조선 시대 관직의 하나로서 조선 시대 왕족의 '회인(스스로 깨침)'을 담당하던 사람들에게 부여된 종6품 벼슬이다.[12] 그럼 또 회인이란 무엇인가? 서근원은 회인을 이렇게 설명한다.

> '회인'은 논어에 등장하는 용어다. 지배자가 피지배자인 백성에게 사회적 규범 등을 강제로 가르치는 일인 '교민'과는 달리, '회인'은 지배자를 대상으로 하는 교육이다. 그것은 대화를 통해서 스스로 깨닫도록 하는 것이다. 가르치는 사람이 가르칠 내용과 방법과 속도를 미리 정해 놓고 상대로 하여금 그 절차대로 배우도록 하는 일이 아니라, 학생이 기존에 알고 있던 것을 토대로 학생의 방향과 속도와 방법으로 새로운 것을 깨닫도록 하는 것이다. 국가가 하나의 정답을 제시하고, 모든 국민에게 그것을 획일적으로 받아들이도록 가르치는 '교민'으로서의 교육은 민주사회에 적절치 않다. '교민'으로서의 교육은 국민을 주인으로 바라보지 않는다. 이제 '교민'으로서의 교육을 '회인'으로서의 교육으로 전환해야 하며, '회인'으로서의 학교체제를 새롭게 수립해야 한다.[13]

서근원은 이러한 '회인'이라는 개념을 강조하면서, 앞 절에서 살펴본 '배움 공동체'라는 용어의 '배움'이라는 말에도 수동적인 성격이 들어 있으니, 이것 역시 우리가 극복해야 할 '교민' 교육의 연장선이라고 주장한다.

요약하면, '사회'란 '학생이 스스로 깨치도록, 깨닫도록 조력하는 일을 담당한 사람'이다. '아이 눈으로 수업보기'는 바로 이러한 '사회'가 되고자 희망하는 교사가 취할 수 있는 수련방법이다.

'아이 눈으로 수업보기'를 이런 식으로 정의하는 것은 이 개념을 처음 접하는 사람들의 직관과는 상당히 거리가 멀다. 그래서 이 용어가 어렵게 느껴진다. 이를 눈치챈 서근원은 이를 풀어서 '현장의 교사들이 학교의 일상 속에서 동료 교사와 함께 수업 장면 속 학생의 행위를 학생의 관점에서 손쉽게 바라볼 수 있도록 고안된 질적 연구 절차'라고 재정의한다.[14]

2) 누가 주창했는가?

대구카톨릭대학 교직부 교수로 재직 중인 서근원이 삼우초등학교 교사들과 함께 개발하였다. 서근원은 '아이 눈으로 수업보기' 개발 과정을 이렇게 기술하고 있다.

2006년 7월 4일부터 전라북도 완주에 위치한 삼우초등학교 선생님들과 함께 수업을 학생의 관점에서 이해하기 위해서는 어떤 방법이 필요한지를 구체적으로 모색했다. [……] 이 과정에서 만들어진 것이 '삼우 수업대화 모형'이다. 삼우초등학교 선생님들은 이 수업대화 모형을 현장의 선생님들이 쉽게 사용할 수 있도록 간략화하는 작업을 하기도 했다. 그리고 그 뒤를 이어서 삼우초등학교 선생님들과 나는 수업대화 과정을 더 심화해서 수업에서 학생이 무엇을 어떻게 경험하는지를 학생의 관점에서 체계적으로 분석하

고 해석하는 과정으로서 '아이 눈으로 수업보기' 과정을 정리했다.[15]

3) '아이 눈으로 수업보기'에 붙박여 있는 문제의식은 무엇인가?

'아이 눈으로 수업보기' 기저에 깔린 문제의식은 양적인 수업관찰 및 분석 방법을 통해 수업을 개선하려는 노력을 수십 년 동안 기울였으나 그 효과가 크지 않았으므로 새로운 수업관찰 및 분석방법을 모색해야 한다는 것이다.

서근원에 의하면 수업 향상을 목적으로 그동안 학교에서 사용된 수업 관찰 방법은 크게 두 가지로 나뉜다. 하나는 양적관찰 방법이며 다른 하나는 질적관찰 방법이다.

① 양적관찰 방법

양적관찰 방법은 수업관찰 결과를 수치화하여 나타내는 관찰법이다. 대표적인 양적관찰법으로는 체크리스트 관찰법과 선별적 관찰법이 있다.

가) 체크리스트 관찰법

사전에 작성된 체크리스트를 들고 교실 뒤에 앉아 교사의 수업을 관찰하는 방법으로 학교에 가장 널리 사용된다. 체크리스트에 들어가는 항목 몇 개를 예시하면 다음과 같다.

- 교과에 적합한 교수학습 모형을 사용하고 있는가?
- 학생의 학습능력과 학습속도를 고려하고 있는가?
- 학생들의 발언을 경청하고 있는가?
- 학습에 대해 교정적 피드백을 적절히 제공하고 있는가?

• 학습내용에 대한 학생들의 이해 정도를 자주 확인하는가?

위와 같은 문항을 포함하여 체크리스트는 대개 20~25개 정도의 문항으로 구성된다. 관찰자는 이 문항에 5단계(매우 우수, 우수, 보통, 미흡, 매우 미흡)로 평가한다.

나) 선별적 관찰법

선별적 관찰법은 수업의 특정 측면에 초점을 맞추어서 수업을 관찰하는 것이다. 선별적 관찰법은 관찰자가 수업자와 학생의 모든 측면에 초점을 맞추어 수업을 관찰하는 것이 결코 쉽지 않기 때문에 등장했다.

선별적 관찰법에서 수업자가 초점을 맞출 부분으로는 교사의 발문, 학생의 발언, 교사와 학생이 주고받은 언어 유형, 교사와 학생의 상호작용 정도, 교사와 학생이 수업시간에 이동한 동선, 학생의 수업 참여도, 교사가 수업 중에 사용한 학습자료, 수업 중에 이루어진 판서, 수업 분위기 등이다.

지금까지 살펴본 양적관찰 방법의 공통적 약점으로 서근원은 세 가지를 지적한다. 첫째는 양적관찰방법은 관찰자의 관점에서 수업을 본다는 것이다. 이는 결과적으로 관찰자가 수업자를 자신의 잣대로 판단하는 결과를 낳고, 이러한 판단은 수업자를 기분 나쁘게 하여 수업개선으로 이어지기 힘들다는 것이다. 판단하는 사람과 판단 받는 사람 모두 부담스럽기는 마찬가지여서 학교의 수업공개가 형식적으로 흐른다는 것이다. 이런 상황 아래서는 '수업연극'을 하는 교사가 나타나기 마련이다.

둘째는 교사나 학생의 표층적 행동을 주로 관찰한다는 것이다. 그 결과 특정 행동을 하는 학생이나 교사의 심층적인 의도를 알 수 없게 된다.

셋째는 수업을 탈맥락적으로 바라보도록 유도한다는 것이다. 모든 수업은 고유한 맥락 속에서 이루어진다. 진공 속에서 이루어지는 수업은 없다. 그런데 양적관찰법은 수업을 특정 시공간 속에서 딱 잘라서 보게 만든다. 그 결과 학생이 일련의 수업에서 무엇을 경험했는지를 파악할 수 없게 된다.

② 질적관찰 방법

질적관찰 방법은 위에서 설명한 양적관찰법의 한계를 극복하기 위한 것이다. 양적관찰법은 관찰자의 관점에서 수업을 보지만 질적관찰법은 수업자 및 학생의 관점에서 수업을 파악하려고 노력한다.

서근원에 의하면, 교사들이 학교에서 하는 수업 관찰 및 수업 분석이라는 작업 시간에 사용할 수 있는 질적관찰 방법은 존재하지 않는다. 수업 비평이라는 방법이 질적관찰의 한 방법으로 논의되고 있지만, 이것 역시 양적관찰법과 마찬가지로 관찰자의 관점에서 수업을 보기 때문에 진정한 질적관찰법이라고 보기 어렵다고 서근원은 주장한다. 수업 비평은 질적기법을 활용하고 있을 뿐이라는 것이다.

서근원에 의하면, 질적관찰 방법으로는 서근원 자신이 개발한 '아이 눈으로 수업보기'가 유일하다.[16]

4) '아이 눈으로 수업보기'를 실천하기 위해 교사는 뭘 해야 하는가?

서근원에 의하면, '아이 눈으로 수업보기'를 익히려면 최소한 3년이 걸린다.[17] '아이 눈으로 수업을 볼 수 있는 사람'이 된다는 것은 결국 훈련된 질적연구자가 되는 것이기 때문에 이는 강의나 독서를 통해서 도달할 수 없다. 실제 해 보면서 체득해야 한다. 따라서 '아이 눈으로 수업보기'에 관심을 가진 교사는 서근원이나 서근원에게서 배운 사람을 최소한 2주에 한 번 정도 초청하여 이 체득 작업을 3년 정도는 지속해야 한다.

서근원이 제시하는 '아이 눈으로 수업보기' 절차는 크게 12단계로 구성된다.[18] 첫째는 자기 질문을 갖고 수업을 관찰하는 습관형성하기다. 자기 질문을 가지는 것이 중요한 것은 자기 질문이 있어야 관찰자가 자신의 기준을 내려놓고 심판자, 평가자가 아니라 탐구자로서 수업을 보게 되기 때문이다.

둘째는 하나의 수업이 특정한 모습으로 이루어지는데 밀접하게 관련되어 있는 것들을 충분히 파악하려고 노력하는 것이다. 수업은 진공 속에서 이루어지는 것이 아니므로, 관찰자는 수업 전에 지역사회, 학교, 학급, 학생, 학부모, 당일 학생의 수업시간표 등을 자세히 파악해 두어야 한다.

셋째는 수업 시간에 집중적으로 관찰할 학생 한 명을 미리 선정하고 그 학생이 그 날 학습할 내용을 얼마나 알고 있는지를 미리 파악해 두어야 한다. 서근원은 관찰자가 선정한 집중관찰 대상을 '벼리'라고 부른다.

넷째는 수업이 시작되면 관찰자는 벼리를 중심으로 수업 과정을 자세히 기록한다. 이때 기록지를 세 개의 열로 나누어 좌측에는 교사의 언행을, 중앙에는 벼리 학생의 언행을, 우측에는 벼리 주변 학생 또는 교실 내 다른 학생의 언행을 기록한다. 관찰 중에 생기는 의문은 별지에 기록해 두었다가 수업 후에 수업자나 벼리에게 물어본다.

다섯째는 수업기록을 보면서 수업의 전 과정을 머릿속에서 복기한다. 이 과정에서 기록지에 누락된 것이 있으면 추가하고, 부실한 기록은 바로 잡는다. 이 작업은 조용한 장소해서 행하는 것이 좋다.

여섯째는 다섯째 단계에서 완성한 수업기록을 한쪽 분량의 수업과정분석표로 압축한다. 서근원에 의하면, 이 과정에서 관찰자는 자신의 관점에서 수업을 보던 습관에서 서서히 벗어나 학생을 중심으로 학생의 관점에서 수업을 볼 수 있게 된다고 말한다.

일곱째는 관찰자가 수업자에게 수업과정분석표를 보여준다. 이때 수업자가 보충할 사항을 제시하면 관찰자는 이를 반영하여 수업과정분석표를 수정한다. 이 단계는 관찰자와 수업자가 수업내용과 과정을 공동으로 검토하면서 합의하는 단계로서 관찰자의 오류를 줄이기 위한 것이다.

여덟째는 관찰자와 수업자가 함께 수업과정분석표를 살피면서 '벼리'를 기준으로 수업을 몇 개의 장면으로 구분한다. 그리고 각 장면에서 벼리가 어떤 사고나 정서를 경험했을지를 추론한다.

아홉째는 각 수업 장면에서 벼리가 경험했을 법한 것에 대한 추론이 완료되면, 이 중에서 벼리에게 가장 결정적인 경험은 무엇이고 그 경험이 이루어진 상황은 무엇인지를 찾는다. 이 과정을 서근원은 수업의 전체적인 구조를 파악하는 단계라 말한다.

열째는 수업의 전체적 구조 파악이 완료되면, 관찰자와 수업자는 함께 논의할 주제를 선정하고 이를 중심으로 대화하는 시간을 가진다. 논의할 주제는 대개 그 수업의 의미는 무엇인가? 그 수업은 왜 그렇게 이루어졌는가? 관찰자에게 그 수업은 무엇을 깨닫게 했는가? 그 수업의 개선방안을 무엇일까? 등과 같은 것이다. 이 단계에서 관찰자가 특히 주의할 점은 수업자가 심문이나 취조를 당한다는 느낌을 가지지 않도록 하는 것이다.

열한 번째는 관찰자와 수업자가 지금까지의 열 단계를 통해 알게 된 점, 앞으로 더 생각하고 모색해야 할 점을 간결하게 정리하여 서로에게 설명한다.

열두 번째는 관찰자가 앞의 11단계를 거치는 과정에서 보고, 듣고, 생각한 것을 보고서로 작성한다. 서근원은 보고서에 담을 내용으로 일곱 가지를 제안한다.

보고서에는 다음과 같은 내용을 담는다. 첫째, 수업 전에 관찰자가 가지고 있었던 의문과 그런 의문을 가지게 된 배경, 그것이 수업을 이해하고 개선하는 데 어떤 관련이 있는지를 밝힌다. 둘째, 수업을 보기까지의 과정과 수업이 이루어지는 상황, 교사, 벼리를 정리해서 소개한다. 셋째, 벼리의 경험을 중심으로 수업의 과정을 생생하게 기술한다. 넷째, 수업자와 함께 수업의 과정을 분석한 과정과 결과를 요약·소개한다. 다섯째, 수업자와 함께 대화한 내용을 정리한다. 여섯째, 이상의 수업대화 과정을 통해서 알게 된 내용과 이후로 더 생각해야 할 점을 정리한다. 끝으로 글의 전체적인 과정이 관찰자가 처음에 가졌던 질문에 대한 대답 과정이 되도록 한다.[19]

'아이 눈으로 수업보기'에서 보고서를 작성하는 마지막 단계는 매우 중요하다. 관찰자 내부에 존재하는 관찰자의 경험에 사회적 생명을 부여하기 위해서는 언어라는 표상형식을 사용한 보고서를 통해 드러내야 한다.

4. '배움공동체'와 '아이 눈으로 수업보기'의 공통점

'배움공동체'와 '아이 눈으로 수업보기'의 공통점은 20세기 초엽 프랭클린 보비트에게서 비롯된 학교를 공장으로 보는 관점을 비판하면서 이를 극복하는 방안을 찾고 있다는 것이다.[20]

사토 마나부는 프랭클린 보비트의 아이디어를 따르는 교육과정을 '목표·달성·평가' 모델이라 부르고, 자신이 기울이는 노력을 '주제·탐구·표현' 모델이라 부르면서 '배움공동체'를 추구한다는 것은 '목표·달성·평가' 모델에서 벗어나 '주제·탐구·표현' 모델로 전환한다는 뜻이라고 강조한다. 사토 마나부는 이렇게 말한다.

1910년대 교육과정 연구자 보빗(Bobbitt)은 대공장의 일관작업(assembly line)을 유추해서

교육과정 편성과 평가 원리를 개발했다. 그것이 바로 생산성과 효율성을 추구하는 '목표
·달성·평가' 모델이다. 그러나 이제는 학습을 의미 있는 경험으로 조직하는 '주제·탐구·표
현' 모델에 관심을 가져야 한다. 이미 선진국들의 교육과정은 교과서를 통해 전체적인 지
식을 효율적으로 습득하는 것을 목적으로 하는 '목표·달성·평가' 모델에서 탈피해 주제
를 중심으로 활동적이고 협동적인 탐구를 학습 과정에 담는 '주제·탐구·표현' 모델을 적
극 수용하고 있다.[21]

사토 마나부는 '주입의 시대는 끝났다. 배움의 시대로 전환해야 한다'고
주장하는데, 이런 주장의 밑바닥에는 바로 학교를 공장으로 보는 '공학적
교육모델'을 극복해야 한다는 생각이 깃들어 있다. 생산성과 효율성을 추
구하는 '목표·달성·평가' 모델을 따르는 학교에서는 학생들이 자기 자리에
앉아 타인과 교류 없이 홀로 교과서를 외운다. 생리학적 관점에서 볼 때 뇌
세포 시냅스에 변화가 일어나야 암기한 내용이 후에 잘 인출된다. 이를 위
해서 학생은 암기한 내용을 거듭 복습해야 한다. 이런 식의 공부를 사토 마
나부는 '좌학(혼자 교과서를 암기하는 공부)'이라 부른다. '배움공동체'란 바로
이러한 '좌학'에서 벗어나야 한다는 주장을 자세히 풀어 다르게 표현한 것
이다.

'아이 눈으로 수업보기'를 주장하는 서근원도 사토 마나부와 동일한 문제
의식을 공유한다. 서근원은 이렇게 주장한다.

지금까지 우리나라 정부는 학교를 공학적으로 운영하고 있다. 우리나라 학교는 마치
엔지니어가 물건을 만들기 위해서 제품의 모양과 공정을 미리 설계하고, 그 설계에 따라
서 제품을 생산하는 공장과 닮아있다. 우리나라 학교가 이처럼 사회적 선발을 중심으
로 양적이고 공학적인 방식으로 운영되는 한 학생들은 좀 더 높은 사회적 지위를 얻기

위해서 선발의 기준이 되는 점수를 얻으려고 애쓰게 되고, 그 과정에서 인성과 유리된 학력을 경쟁적으로 추구하게 된다.[22]

공학적이고 양적인 학교체제 극복, 이것이 서근원이 '아이 눈으로 수업보기'를 통해 실현하고 싶은 것이다. 이를 위해 서근원은 교민으로서의 교육에서 벗어나 회인으로서의 교육을 실현해야 한다고 주장한다. 이미 앞에서 설명한 것처럼, 교민은 지배자가 피지배자인 백성에게 사회적 규범을 강제로 가르치는 일이다. 이에 반하여 회인은 지배자를 대상으로 하는 것으로 스스로 깨치게 하는 일이다. 교민 역할을 맡은 사람을 교사라 부르고, 회인 역할을 담당한 사람을 사회라 부른다. '아이 눈으로 수업보기'는 바로 우리나라 교사들이 사회로서의 역량을 키우도록 훈련하는 프로그램이다.

'배움공동체'와 '아이 눈으로 수업보기'의 또 하나의 공통점은 이들이 존 듀이와 파울로 프레이리가 지적한 문제에 공감하고 있다는 것이다. 서근원과 사토 마나부의 글을 읽어보면, 이들의 생각이 존 듀이와 닿아 있음을 어렵지 않게 인지·감지할 수 있다. 또한 이 양자 모두는 오늘날의 학교 교육을 '은행저축식' 교육이라 비판한 파울로 프레이리에 대한 응답이기도 하다.

5. 수업혁신 방안으로서 '배움공동체'와 '아이 눈으로 수업보기'의 가능성과 한계

혁신학교에서 바꾸고자 하는 것의 하나가 수업이다. 이 수업혁신을 위해 혁신학교에서는 '배움공동체'나 '아이 눈으로 수업보기' 프로그램을 채택하는 경우가 많다. 혁신학교 교사들이 이와 같은 프로그램을 배워 실천하면 수업이 정말 혁신될까?

'배움공동체'와 '아이 눈으로 수업보기' 중 어느 것을 따르든지 간에 교사들은 일상적인 수업을 공개해야 한다. 이러한 일상 수업 공개 문화의 확산과 정착은 수업의 질을 향상시키는 방향으로 작용할 것이다. 이런 프로그램이 교사의 수업을 향상시켜 결과적으로 학생의 성취도(성적) 향상으로 이어졌다는 실증적 자료는 아직 없다. 손우정의 책 『배움의 공동제』[23]에 제시된, '배움공동체'를 실천한 학교의 변화 사례는 실증적인 데이터가 아니다. 그러나 이러한 프로그램을 실천하는 교사의 교실에서는 학생과 교사의 상호작용이 원활할 것이고, 학생 상호간 경쟁보다는 협동이 장려될 것이다. 교사 또한 학생 개개인의 수업이해도에 더 주의를 기울일 것이다. 다른 말로 하면, 형성평가와 피드백이 활발하게 일어날 것이다. 교사가 수업을 공개하면서 이를 촬영하여 검토하는 작업을 하는 것, 교사가 학생에게 주는 형성평가와 피드백은 학생의 학업성취도에 큰 영향을 미치므로,[24] 이러한 프로그램 실천은 결국 학업성취도 향상으로 귀결될 가능성을 가지고 있다.

그러나, 이 두 프로그램 모두 '프러시아 모델'에 근거한 학교체제 또는 수업방식을 유지하는 선에서 교사의 수업개선을 논의하는 한계를 가지고 있다. 프러시아 모델이란 교사가 교실에서 다수를 상대로 강의를 한 다음, 집에 가서 해 올 숙제를 부과하는 수업방식을 가리킨다. 현재 대부분의 교사는 프러시아 모델에 기초한 수업을 하고 있다. 프러시아 모델에 대한 자세한 설명은 박승배의 「Salman Khan의 학교교육 혁신안에 대한 교육과정학적 분석」을 읽어보기 바란다.[25]

학교는 전통 복원력이 매우 강한 조직이다. 그동안 학교에 등장했던 수많은 혁신안이 그 흔적을 별로 남기지 못하고 사라진 이유는 '프러시아 모델'에 기초한 학교체제를 근본적으로 바꾸려 하지 않고 이를 일부 수선하려 했기 때문이다.

최근 국내 여러 시·도에서 관심을 가지고 있는 '거꾸로 수업'은 시대적 소명을 다한 '프러시아 모델'을 해체할 한 방편으로 인식되고 있다. '거꾸로 수업'이란 교사가 개념을 설명하는 동영상을 만들어서 학생들에게 제공하면 학생들은 이를 집에서 듣고, 학교에 와서는 문제를 풀거나 협동적인 심화활동을 하는 수업방식을 가리킨다.[26] 따라서 '배움공동체'나 '아이 눈으로 수업보기'에 관심을 가진 교사는 '거꾸로 수업'을 실천하는 가운데 이러한 프로그램에 따라 수업을 공개하고 대화할 필요가 있다.

제13장. 폐교위기를 극복한 농촌의 한 작은 학교에 대한 질적 연구

1. 서론

1) 연구목적

본 연구의 목적은 산촌의 한 작은 학교가 폐교위기를 극복하는 과정을 자세히 그리는 것이다. 2012년 2월 28일을 끝으로 전북 진안군 부귀면 세동리에 위치한 장승초등학교는 학교의 문을 닫아야 했다. 그러나 이 학교의 문은 닫히지 않았다. 2014년 4월 1일 현재, 이 학교 재학생은 87명이다. 병설유치원생 14명을 더하면 총 학생 수는 101명이다. 2010년 10월의 총 재학생 수는 13명이었다. 약 3년 만에 74명의 학생이 늘어났다. 이 학교의 학생 수는 왜 갑자기 늘어난 것일까?

이 연구에서는 이 질문에 대한 답을 제시한다. 그러나 이 질문에 답하기에 앞서서 이 연구는 다음과 같은 여러 질문에 답하고자 한다. 진안군 부귀면 면소재지에는 부귀초등학교라는 학교가 이미 존재하는데, 왜 같은 면내에 별도의 초등학교가 설립된 것일까? 별도의 초등학교가 필요할 만큼 이

지역이 번성했던 적이 있다면, 그 이유는 무엇일까? 장승초등학교가 2002년 폐교 예정 학교로 지정될 때 그 이유가 학생 수 감소 때문이었는데, 그럼 장승초등학교가 위치한 마을은 왜 쇠락했을까?

요약하면, 이 연구는 산촌에 존재하는 한 작은 초등학교의 번성과 쇠락, 그리고 부활하는 과정을 살핀다. 이러한 연구는 학생 수 감소로 폐교위기에 직면한 학교를 살리고자 하는 교사들에게 귀중한 참고가 될 것이다.

2) 연구내용

첫째, 장승초등학교의 학생 수 감소과정을 살핀다.
둘째, 장승초등학교의 학생 수가 늘어나는 과정을 살핀다.
셋째, 장승초등학교에서 최근 3년간 일어난 일을 살핀다.

3) 연구방법

이 연구는 질적연구다. 나는 2011년 3월부터 연구대상 학교에 약 3년간 출입하며 학교에서 일어나는 다양한 활동을 관찰하였다. 교장, 교감, 교사, 학부모, 학생도 인터뷰하였다. 학교에서 생산하는 각종 문서도 살폈다. 학교방문 횟수는 평균 2주에 한 번 정도였다. 방문 시 학교에 체류한 시간은 평균 3시간 정도였다. 운동회나 학습발표회 같은 학교 행사 때에는 부족한 일손을 보태기 위하여, 학교 측의 요청에 의하여 비디오나 사진을 촬영하는 역할을 하기도 하였다. 교직원-학부모 합동연수 때는 강사로 초빙되기도 하였다. 연구자인 나의 이러한 학교활동 참여는 교사, 학부모, 학생 모두와 친밀감을 형성하는 계기가 되었다. 요약하면, 나는 지난 3년 동안 장승초등학교의 외부자가 아니라 내부자였다.

2. 장승초의 설립·번성·쇠락

장승초등학교는 전북 진안군 부귀면 신정리에 위치한 조그마한 산골학교다. 장승초가 위치한 부귀면 신정리는 부귀면의 중심지가 아니다. 부귀면의 중심지는 면사무소가 위치한 거석리다. 거석리는 신정리와 약 5킬로미터 떨어져 있다.

일제 강점기에 당시 식민당국은 1면 1보통학교 정책을 세웠다. 이 정책에 따라 1928년 부귀면 소재지에 부귀공립보통학교가 설립되었고, 이 학교가 1941년 4월 1일 부귀공립국민학교로 이름이 변경된다. 광복 이듬해인 1946년 부귀면 세동리에 부귀국민학교 장승분교장이 설치되고, 6·25전쟁 후인 1954년 장승국민학교로 승격된다. 그리고 1959년에 장승국민학교의 위치가 현 위치인 신정리로 이전된다.

부귀면의 중심지인 거석리에서 약 5킬로미터 정도 떨어진 세동리에 1946년 장승초등학교를 세운 이유는 이 근처에서 거주하는 초등학생 수가 증가했기 때문이다. 그럼 왜 부귀면 세동리 지역에 거주하는 인구가 증가하였을까? 이 질문에 대한 답을 찾기 위해서는 장승초등학교가 위치한 지역의 지리적 특성을 살펴야 한다.

북한지역에 개마고원이 있다면 남한에는 진안고원이 있다. 전주의 동쪽에는 노령산맥 줄기가 흐르고 있는데, 이 산맥을 넘으면 해발 700여 미터 높이에 평지가 나온다. 진안고원이다. 전주에서 고원지대에 있는 진안, 진안을 거쳐 무주, 장수, 경상도 지역으로 가기 위해서는, 1960년대까지는 노령산맥의 한 봉우리인 만덕산 북쪽 기슭 편으로 난 곰티재 길을 주로 사용하였다.

[그림 1] 곰티재를 소개한 신문기사(동아일보, 1975년 3월 21일, 금)

곰티재 길의 역사는 매우 깊다. 기록에 의하면([그림 1] 참조), 곰티재는 진안과 완주를 잇는 만덕산 기슭의 오솔길이었다. 이 오솔길을 통해 진안에서 생산되는 당시의 특산품인 목화, 들깨, 진안석기 등이 전주지역으로 반출되었다. 이 오솔길에 100여 년 전인 1910년 '신작로'라는 이름의 현대식 도로가 건설되었다. 13.2킬로미터나 되는 이 고갯길은 굽이가 99개나 된다고 하여 99구비길(실제로는 66개 정도)이라 불리었다.

길이 험하다 보니 크고 작은 교통사고가 많았다. 대표적인 교통사고는 1966년 6월 6일(월) 오후에 일어났다. 51명이 정원인 버스에 71명을 태우고 전주로 향하던 버스가 곰티재를 지나던 중 75도 낭떠러지를 20여 회 굴러 120미터 아래로 떨어졌다. 이 사고로 15명이 죽고 52명이 중경상을 입었다 (경향신문, 1966년 6월 7일(화) 참조). 이 사고의 희생자 중 상당수가 학생들이었다. 현충일 연휴를 맞아 고향집에 갔다가 전주로 돌아오는 학생들이 많이 타고 있었기 때문이다.

학생들의 죽음으로 위험한 곰티재를 대신할 새로운 길을 내야 한다는 여론이 일었다. 여론에 의해 모래재 길 건설이 시작되어 1975년경 완공되었다. 모래재 길은 곰티재 길보다 그 길이가 4킬로미터 줄었고, 전주~진안 운행 소요시간도 10분 정도 단축됐다.

전주에서 진안고원에 이르기 위해 노령산맥을 넘는 곰티재 길과 모래재 길은 한 가지 공통점이 있다. 그것은 바로, 이 두 길의 합류지점이 장승초등학교가 위치한 마을이라는 것이다. 장승초등학교를 중심으로 설명하면, 교문 앞쪽으로는 곰티재 길이 나 있고, 장승초 뒤편으로는 모래재 길이 나 있다.

그러니까 장승초가 위치한 마을은 진안에서 전주로 가는 중요한 길목에 위치해 있는 것이다. 지금과는 달리, 과거 대중교통을 이용하여 진안~전주를 오갈 때 장승초가 위치한 마을은 일종의 휴게소와 정류소 역할을 하였다. 전주에 또는 전주를 통해 다른 고장에 가고자 하는 인근 주민들은 모두 장승초가 위치한 마을로 나와 버스를 탔다. 이런 이유로 장승초가 위치한 마을이 번성했고, 진안군 10개 면 중에서 초등학교가 2개 존재하는 면이 된 것이다.

이렇게 번성하던 장승초 마을이 쇠락의 길로 접어든 것은 자가용 문화가 확산되고, 또한 그 영향으로 새로운 길이 만들어지면서다. 우리 사회에 자가용 문화가 확산된 것은 1988년 서울올림픽을 지나 1990년대에 들어서면서다. 이때부터 장승초 마을은 교통의 중심지 역할을 내준다. 자가용으로 전주~진안 사이를 오가는 사람들은 장승초 마을에 멈추지 않고 바로 전주나 진안 방면으로 가게 된다. 새로운 길이 개설되면서 이런 현상은 깊어진다. 1997년 국도 26번인 소태정 길이 완성되고, 20번 고속도로인 익산~장수 61킬로미터 구간이 2001년 10월 공사에 들어가 만 6년 만인 2007년 10

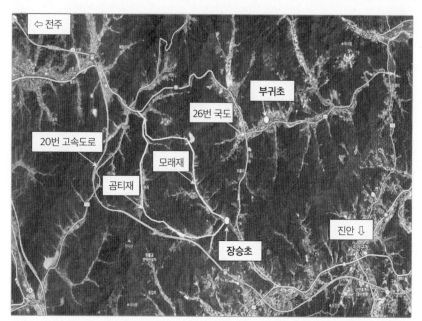

[그림 2] 전주에서 진안고원으로 가는 네 개의 길과 장승초등학교의 위치

월 개통되면서 장승초 마을은 노령산맥의 한 외지 산골마을로 바뀐다([그림 2] 참조). 그 결과, 마을 사람들이 특히 젊은 사람들이 생업을 위해 마을을 떠난다. 젊은 사람들의 이농현상은 전국적인 현상이었지만, 장승초 마을의 쇠락, 그리고 이에 따른 장승초의 왜소화는 이처럼 전주와 진안고원 사이를 오가는 길의 역사와도 아주 관계가 깊다.

장승초 마을의 쇠락으로 인한 장승초등학교의 왜소화는 〈표 1〉에 잘 나타나 있다. 1971년도에는 514명이던 재학생 수가 20년 후인 1991년에는 102명으로 1/5로 줄었고, 이듬해인 1992년에는 전교생이 88명으로 이 학교 역사상 처음으로 재학생 100명 이하의 학교로 바뀐다. 자가용 문화의 확산과 26번 국도의 착공으로 인해 장승초 마을 사람들이 외지로 떠난 탓이다. 이러한 변화는 이 학교의 병설유치원 학생 수의 감소에서도 감지된다. 1992

<표 1> 장승초등학교 학생 수 변화

연도	학생수			학급 수	졸업자 수	연도	학생수			학급 수	졸업자 수
	남	여	계				남	여	계		
1946	46	34	84	1		1981	171	160	331	12	49(19)
1947	90	54	144	2		1982	146	149	295	11	60(38)
1948	132	75	207	3		1983	135	129	264	9	54(22)
1949	103	42	145	3		1984	116	124	240	7	56(37)
1950	51	23	74	2		1985	106	99	205	6	42(18)
1951	47	20	67	2		1986	84	92	176	6	41(17)
1952	62	26	88	3	17(0)	1987	74	86	160	6	25(13)
1953	131	52	184	4	16(3)	1988	61	76	137	6	24(12)
1954	154	108	262	4	21(3)	1989	54	69	123	6	20(13)
1955	127	70	197	5	20(6)	1990	53	57	110	6	21(14)
1956	120	60	180	5	17(6)	1991	49	53	102	6	16(10)
1957	98	66	164	6	20(7)	1992	42	46	88	6	15(4)
1958	122	67	189	6	21(6)	1993	36	51	87	6	13(9)
1959	161	125	286	4	33(12)	1994	34	37	71	6	13(8)
1960	*	*	*	6	26(3)	1995	28	37	65	5	6(3)
1961	205	142	347	6	25(8)	1996	25	34	59	5	11(4)
1962	201	155	356	6	26(8)	1997	23	27	50	5	9(5)
1963	*	*	*	6	42(18)	1998	21	26	47	4	11(7)
1964	*	*	*	*	36(15)	1999	20	18	38	4	*
1965	*	*	*	7	56(27)	2000	21	19	40	3	*
1966	*	*	*	8	51(23)	2001	21	18	39	4	*
1967	*	*	*	9	57(25)	2002	25	23	48	5	*
1968	267	196	463	8	46(22)	2003	24	21	45	6	5(3)
1969	261	219	480	9	50(19)	2004	20	16	36	4	3(3)
1970	267	231	498	10	59(29)	2005	20	18	38	4	6(2)
1971	275	239	514	11	58(30)	2006	16	15	31	4	5(3)
1972	265	216	481	11	81(26)	2007	12	10	22	4	6(4)
1973	247	232	479	11	71(37)	2008	10	5	15	3	2(2)
1974	196	198	394	11	56(17)	2009	13	4	17	3	2(1)
1975	189	201	390	11	61(30)	2010	11	2	13	3	6(1)
1976	195	196	391	11	64(32)	2011	33	26	59	6	6(1)
1977	200	207	407	11	63(31)	2012	37	30	67	6	8(3)
1978	202	208	410	12	66(39)	2013	49	33	82	6	12(7)
1979	185	192	377	12	57(31)	2014	53	34	87	6	9(5)
1980	*	*	*	12	*						

※ 출처: 장승초등학교 연혁지. *표는 기록이 누락된 곳임. ( )는 여학생 수

년 20명이던 유치원생 수가 1993년에는 절반인 10명으로 줄어들었다.[1]

장승초의 학생 수 감소추세는 지속되어 2000년에는 전교생 40명, 총 3학급 규모의 소규모 학교가 된다. 그러자 교육청에서는 정부의 소규모 학교 통폐합 정책에 따라 2002년 장승초를 폐교 대상학교로 지정한다. 이러한 지정은 이 학교의 쇠락을 더욱 재촉한다. 2008년과 2009년에는 졸업자 수가 각 2명에 불과했고, 2010년 가을의 전교생수는 13명에 불과했다. 장승초는 병이 아닌 병에 걸려 소생 불가능했다. 모두가 죽음을 받아들이고 기다렸다. 학교만이 걸리는 학생 수 감소라는 중병에는 백약이 무효였다.

3. 장승초의 부활

2002년 폐교대상 학교로 지정되어 2012년 2월 말 폐교를 앞두고 있던 장승초등학교는 폐교되지 않았다. 2014년 4월 현재 장승초 전교생 수는 87명이다(〈표 2〉 참조). 2010년 9월의 학생현황과 비교해 보면, 전교생 수가 13명에서 87명으로 늘었다. 2010년에는 1학년과 3학년 학생이 단 1명도 없었는데, 2014년에는 각각 15명, 13명이다. 가히 부활이라 부를만하다.

<표 2> 2010년과 2014년 장승초등학교 학생현황 비교

구분 학년			초등학교							유치원
			1	2	3	4	5	6	계	
2014	학급수		1	1	1	1	1	1	6	1
	학생수	남	10	10	7	10	7	9	53	8
		여	5	9	6	5	5	4	34	6
		계	15	19	13	15	12	13	87	14
2010	학급수		0	1	0	1	1	1	4	1
	학생수	남	0	2	0	0	4	5	11	5
		여	0	0	0	1	0	1	2	4
		계	0	2	0	1	4	6	13	9

<표 3> 2010년과 2014년 장승초등학교 교직원 현황 비교

구분		교장	교감	교사	보건교사	유치원	행정실장	사무원	방호원	교무실무사	혁신학교업무지원	계
2014	남	1	0	3	0	0	1	0	1	0	0	6
	여	0	1	4	1	1	0	1	0	1	1	10
	계	1	1	7	1	1	1	1	1	1	1	16
2010	남	1	0	2	0	0	1	0	1	0	0	5
	여	0	0	2	0	1	0	0	0	1	0	4
	계	1	0	4	0	1	1	0	1	1	0	9

※2014년 통계는 2014년 4월 현재이고, 2010년 통계는 2010년 9월 현재임

학생 수 증가는 교직원 수의 증가로 이어졌다. 〈표 3〉에 나타나 있는 것처럼, 2010년 교직원 수는 9명이었으나, 2014년 교직원 수는 16명이다. 7명이 늘었다. 2010년에는 교감도 없었고, 행정실의 직원도 없었다. 교사도 4명에 불과했다. 그런데 2014년에는 교사가 7명이고, 보건교사도 배치되었다.

2010년과 2014년 사이에 어떤 일이 일어난 것일까? 학생과 교직원 수가 이처럼 증가하게 된 직접적인 배경은 무엇일까? 이 질문에 대한 답은 크게 두 가지로 요약할 수 있다. 첫째는 장승초가 위치한 진안지역에 사는 시민단체와 일부 교사들이 협력하여 시작한 작은학교 살리기 운동이다. 둘째는 2010년 가을부터 시작된 혁신학교 운동이다.

1) 작은학교 살리기 운동

학생 수 감소로 인하여 폐교대상 학교가 늘어나자, 이를 안타깝게 여긴 진안지역 일부 시민운동가와 교사들은 모임을 갖고 '떠나는 농촌'을 '돌아오는 농촌'으로 만들 방법을 진지하게 찾기 시작한다. 2010년 봄, 당시 진안중앙초등학교에 근무하던 윤일호 교사와 진안청소년수련관 교사로 근

무하던 시민운동가 신귀종 선생은 당장 폐교될 위기에 처한 진안지역 초등학교 하나를 살려보자는 데 뜻을 같이한다. 폐교위기를 면하려면 무엇보다 학생 수가 늘어야 한다.

이들은 학생 수를 늘리기 위하여 인근 진안지역 학생을 데려오는(모집하는) 것은 바람직하지 않다는 데 의견을 모은다. 이들은 많은 논의 끝에 전주 동부지역에서 학생을 모집하는 것이 가장 현실적이라는 판단을 한다. 전주 동부지역에서 진안까지는 승용차로 30~40분이면 도착하기 때문이다. 그런데 전주 동부지역에서 가장 가까이 위치한 폐교 대상학교가 바로 장승초등학교다. 그래서 이들은 장승초등학교를 한번 살려보자는 데 뜻을 모은다.

장승초 밖의 이러한 작은학교 살리기 움직임과는 별도로, 당시 장승초등학교 이상석 교장과 이승수 교사도 장승초를 살리기 위한 노력을 편다. 당시의 형편을 잘 기억하는 윤일호 선생은 이렇게 회고한다.

2010년 4월에 진안지역 전주교대 동문회가 있었습니다. 저도 참석했는데, 그때 우연히 듣기를 장승초 교장선생님이 장승초를 살리려고 전단지를 만들어 홍보했다고 하더라고요. 한 1,000장 만들어서 [전주 동부지역에 위치한] 아중리 지역 아파트에 주로 뿌렸답니다. 그 말을 듣고, '아, 이 분이 장승초를 살리려는 생각이 있구나'하는 느낌이 들었습니다. 그래서 교장선생님께 여쭈어봤습니다. "교장선생님, 정말 장승초를 살리고 싶으세요?" 그러자 "왜? 윤 선생이 도와주려고?"라고 말씀하시는 거예요. 그래서 제가 "정말 뜻이 있으시면 제가 한 번 생각해 보겠습니다"라고 말씀드렸습니다. 그 후 5월경에 장승초 학운위에 제가 초청받아 갔습니다. 그 자리에서 학운위 위원들이 저에게 좀 도와달라고 부탁하더군요. 그래서 제가 이렇게 말했습니다. "장승초를 살리는 일이 결코 쉬운 일은 아니겠지만, 학부모님들이 적극 도와주시면 제가 앞장서 보겠습니다."[2]

학교 안에서 장승초를 살리려는 노력을 펴던 장승초 이상석 교장은 2010년 9월 1일자로 전주 서신초등학교 공모제 교장이 되어 장승초를 떠난다. 이상석 교장은 2008년 9월 1일에서 2010년 8월 31일까지 2년간 장승초에 근무했으니 떠날 때가 됐다고 판단한 것이다.

2010년 9월 1일자로 부임한 장승초 이명근 교장(제28대 교장)은 전임자의 작은학교 살리기 운동을 인지하지 못하고 장승초로 발령받았다. 그는 1년 반 후인 2012년 2월 28일자로 폐교가 예정된 학교에 발령받았다고 생각했다. 교감도 없고 교사 4명, 그것도 두 명은 2010년 9월 1일자로 신규발령받은 새내기 교사인 학교, 전교생 13명인 학교에 부임한 교장이 할 수 있는 일이 무엇이겠는가? 일 벌이지 않고 조용히 지내다가 다른 학교로 옮겨가는 것, 그것이 이명근 교장의 당시 생각이었다.

장승초 교장이 바뀌었지만 이승수 교사와 윤일호 교사는 작은학교 살리기 차원에서 장승초를 살리려는 노력을 계속한다. 이들은 장승초에서 자동차로 30여 분 거리에 있는 전주 동부지역 주민들을 대상으로 장승초 설명회를 개최한다. 설명회는 10월에서 12월까지 한 달에 한 번씩 열었다. 장소는 전주 동부지역 송천동에 위치한 작은도서관이었다.

2) 혁신학교 지정

2010년 7월 1일 부임한 김승환 전라북도교육감은 혁신학교 운동을 자신의 핵심 정책 중 하나로 실천하기로 마음먹는다. 이를 위해 2010년 8월 26일 총 15인으로 구성된 혁신학교추진위원회를 구성한다. 혁추위에서는 논의와 회의를 거듭한 끝에 2010년 9월 30일 혁신학교 선정계획서를 수립·발표한다.[3]

2010년 11월 22일 혁추위에서 선정하여 발표한 제1기 혁신학교 20개 장승초도 포함된다. 장승초가 혁신학교로 선정될 당시인 2010년 11월 22일에 장승초 내부에는 혁신학교를 추동할 핵심인력이 이승수 교사 단 한 명뿐이었다. 앞에서 이미 서술하였듯이 당시 장승초에는 교감도 없었고, 교사도 단 네 명뿐이었다. 이들 중 둘은 2010년 9월 1일자로 신규발령을 받은 새내기 교사였다.

이런 열악한 학교가 2011년 3월 1일부터 운영될 제1기 혁신학교 20개의 하나로 선정될 수 있었던 것은, 당시 다른 학교에 근무하며 장승초를 살리고자 노력한 윤일호 교사의 노력이 매우 컸다. 당시 진안 중앙초등학교에 근무하던 윤일호 교사는 장승초 이승수 교사와 긴밀하게 협력하여 혁신학교 운영계획서를 작성하여 제출한다. 혁신학교 운영계획서에는 교직원, 학부모, 학교운영위원의 동의가 필요했다. 무엇보다 교장의 동의가 필요했다. 장승초에 근무하지도 않으면서 장승초에 드나들던 윤일호 교사의 열정이 있어 이들의 동의를 쉽게 이끌어낼 수 있었다. 윤일호 교사는 당시를 이렇게 회고한다.

2010년 9월 말 혁신학교 추진계획서가 발표되고, 이어서 혁신학교 선정계획서가 발표되면서 저는 장승초에 자주 갔습니다. 이승수 선생님을 만나기 위해서였죠. 그 학교 김진규 선생이나 이은지 선생은 얼떨떨했을 거예요. 다른 학교에 근무하는 선배가 교무실에 자주 드나드니 이게 뭔 일인가 싶었을 거예요. 교장선생님도 제가 건방지다고 생각하셨을 수 있어요. 그래서 저는 매우 조심했습니다. 선생님과 학부모들 앞에서 저는 이렇게 말했던 기억이 납니다. "저는 현재 진안 중앙초에 근무하고 있습니다. 2012년 2월 말이면 폐교될 이 장승초를 한번 살리고 싶습니다. 살리려면 이 학교가 혁신학교로 선정되어야 합니다. 선정만 되면 내년(2011년) 3월 1일자로 이 학교로 전근 오겠습니다. 저뿐만 아니라 저와 함께 힘을 합할 세 명의 후배도 이 학교로 오겠다고 뜻을 모았습니다. 한번 노력해 봅시다."

장승초 이승수 교사와 중앙초 윤일호 교사의 공동 노력으로 장승초는 혁신학교 응모·운영 계획서를 작성하여 제출한다. 2010년 11월 4일경의 일이다.

2010년 11월 22일 제1기 혁신학교 20개가 발표된다. 장승초도 이 20개에 포함된다. 기록에 의하면,[4] 장승초는 폐교위기 학교 살리기 차원에서 김승환 교육감이 직권으로 혁신학교로 지정한 학교였다. 혁신학교 응모·운영 계획서상에 기록된 장승초의 현황은 초라했다. 교장 1명, 교감 없음, 교사 4명, 학생수 13명. 이런 학교를 교육감이 혁신학교로 지정한 것은 이승수 교사와 윤일호 교사의 문서에는 나타나지 않은 노력과 열정을 고려한 것이다. 당시 혁신학교 선정위원들도 장승초를 선정하도록 의견을 냈다.

2010년 11월 22일 장승초가 혁신학교로 지정되자, 이승수 교사와 윤일호 교사의 학생모집 노력은 한층 탄력을 받는다. 앞 절에서 기술하였듯이 전주 동부권 주민들을 상대로 한 장승초 설명회 때 장승초가 혁신학교로 선정되었다는 사실을 전단지에 인쇄하여 돌린다.

이승수 교사와 윤일호 교사의 노력은 결실을 맺는다. 2010년 12월 29일자로 23명의 학생이 전학온다. 전학생을 학년별로 살펴보면(〈표 4〉 참조), 1학년 6명, 2학년 5명, 3학년 5명, 4학년 5명, 5학년 2명이다. 그리하여, 장승초 총 학생 수는 기존 13명에서 36명이 된다. 2011년 1월 3일자로 3학년 여학생 1명, 4학년 남학생 1명, 5학년 여학생 1명 등 3명이 추가로 전학와서 2011년 1월 4일 현재 총 학생 수는 39명이 된다. 학급도 4학급에서 6학급이 된다.

2011학년도 전라북도교육청지정 혁신학교

장승초등학교 학생모집

아이들의 꿈이 영글어가는 행복한 학교,
장승초등학교로 오세요.
웃음 만발하는 행복한 교육이 시작됩니다.

■ 우리 학교의 특징)

○ 전라북도교육청 지정 혁신학교 운영
  - 특별예산지원(년:1억 내외, 4년간 지원)
○ 학생이 즐겁게 참여하는 수업 운영
  - 80분 블록 시간제 운영
○ 삶을 행복하게 하는 방과후학교 운영
  - 오케스트라, 생태미술, 공예, 한국화,
    요리, 제빵, 목공, 축구 등
○ 삶 체험 활동 운영
  - 텃밭 가꾸기, 농작물 재배 체험,
    문화유적답사, 둘레길 걷기 및 등산
○ 아이들의 놀이공간으로 도서실 운영
  - 도서실에서 편하게 놀고, 책읽고, 공부하는 장소

■ 모집인원)

○ 각 학년별 10명 이내

■ 모집방법)

○ 선착순(학구 내 주소지로 이전)

■ 모집기간)

○ 2010. 12. 20~/ 연중모집

[그림 3] 2010년 12월경 전주 동부지역 주민에게 배포한 장승초 학생모집 안내장

<표 4> 장승초 설명회를 듣고 2010년 12월 29일 장승초에 전학 온 학생 수
(출처: 장승초 학생입퇴학결재부)

		1학년	2학년	3학년	4학년	5학년	6학년	계
2010.10.28 학생수	남	0	2	0	0	4	5	11
	여	0	0	0	1	0	1	2
	계	0	2	0	1	4	6	13
2010.12.29 전학생 수	남	4	4	1	2	1	0	12
	여	2	1	4	3	1	0	11
	계	6	5	5	5	2	0	23
2010.12.30 총 학생수	남	4	6	1	2	5	5	23
	여	2	1	4	4	1	1	13
	계	6	7	5	6	6	6	36

이러한 자료를 기초로 이승수 교사는 전라북도교육청과 진안교육지원청에 2011년 3월 1일자로 최소 4명의 교사를 증원, 배치해 주기를 요청한다.

진안교육지원청에서는 혁신학교로 지정된 장승초의 가능성을 믿고 2011년 3월 1일자로 윤일호 교사와 이우주 교사를 본인들의 희망대로 진안중앙초에서 진안장승초로 전보 발령한다. 전라북도교육청에서는 남원지역에 근무하던 유미리 교사와 장수지역에 근무하던 이선희 교사를 본인들의 희망에 따라 진안군으로 발령하고 진안교육지원청에서는 이 두 교사를 장승초에 발령 배치한다. 그리하여 2011년 3월 1일자로 장승초 교사는 총 7명이 된다.

4. 장승초에서 최근 3년간 일어난 일

장승초는 2010년 11월 22일 전라북도 제1기 혁신학교로 지정되어 2011년 3월부터 혁신학교 운영을 시작한다. 장승초가 혁신학교로 운영되면서 최근 3년간 어떤 일이 일어났을까? 가장 눈에 띄는 변화는 학생 수 증가다. '장승초에 학생 보내면 학생이 대접 받는다'는 입소문이 나면서 학생 수가 꾸준

<표 5> 2011년 3월 초 학생 수

구분 학년	2011			2012			2013		
	남	녀	계	남	녀	계	남	녀	계
1	4	8	12	5	4	9	11	8	19
2	5	2	7	7	7	14	5	5	10
3	10	2	12	5	3	8	8	4	12
4	3	5	8	11	4	15	7	5	12
5	4	5	9	4	5	9	10	4	14
6	5	3	8	5	7	12	4	4	8
계	31	25	56	37	30	67	45	30	75

히 늘었다. 〈표 5〉에 나타난 것처럼, 장승초 학생 수는 2011년 56명, 2012년 76명, 2013년 75명으로 꾸준히 늘었다.

교무실에는 전학을 문의하는 전화가 자주 왔고, 학부모가 학교를 둘러보기 위하여 직접 찾아오는 경우도 많았다. 전학을 희망하는 학부모의 요구를 모두 받아주면 전교생 수가 100명을 훌쩍 넘길 것 같았다. 그러나 장승초 교사들은 학교 시설을 고려해 볼 때, 그들이 설정한 교육철학을 지키기 위해서는 한 반에 최대 15명이 넘지 않아야 한다고 생각한다.

학교가 감당할 수 없을 만큼 커지는 것을 경계하며 장승초 교사들이 지난 3년간 기울인 노력을 요약하면 2011년은 폐교수준 벗어나기, 2012년은 학교 건물 짓기, 2013년은 수업 개선하기다.

1) 2011년에 일어난 일: 폐교수준 벗어나기

흔히 교육과정을 '학생이 학교에서 교사의 지도 하에 경험하는 모든 것'으로 정의한다. 이 정의에 따르면, 2011년은 장승초의 교육과정이 대대적으로 바뀐 해다. 전교생이 13명이던 시절의 교육과정을 그대로 유지할 수는 없었다. 정확히 말하면, 전교생이 13명이었던 시절에는 감히 꿈꾸지 못했던 교육과정을 장승초 교사들은 꿈꾸기 시작한 것이다.

장승초가 폐교수준을 벗어나기 위해 2011년에 기울인 노력은 이승수, 윤일호 교사가 만들어 2010년 12월 전주 동부권 주민들에게 배포한 '장승초등학교 학생모집 안내문'에 잘 나타나 있다. 이 안내문에 제시한 '우리 학교의 특징'은 사실 안내문 배포 당시의 장승초 특징이 아니라, 2011년 3월부터 이렇게 하겠다는 청사진이었다. 추구하고자 하는 미래였다. 계획이었다. 약속이었다. 약속에 따라 2011년은 이 계획을 구체화한다.

① 스스로 서서 서로를 살리는 학교

장승초 교사와 학부모들이 지향하는 학교는 '스스로 서서 서로를 살리는 학교'다. 이 문구는 장승초에서 생산하는 공식 문서와 자료집에서 자주 발견할 수 있다. 교무실에 설치된 현황판에도 새겨져 있다.

'스스로 선다'는 것은, 윤일호 교사의 설명에 의하면, 학생이 자신의 빛깔로 바로 서는 것을 의미한다. 학생이 교사가 설정한 기준에 억지로 맞추는, 맞추는 척하는 것이 아니라, 자신의 소질과 개성을 계발하고 키운다는 것이다. 2011년도 장승교육과정 자료집에는 '스스로 선다'가 이렇게 규정되어 있다.

> 학생들은 저마다 다른 모습으로, 개별적으로 존재하는 독립된 주체이다. 따라서 어떤 교육과정으로도 결과가 정해진 공식에 따라 해답처럼 딱 나올 수는 없다. 또 학습의 성과도 아이들마다 다르다. 어느 아이에게는 100점이 기준이 될 수 있지만, 다른 학생에게는 50점도 대단한 성과가 될 수 있다. 아이들마다 능력을 확인하고, 저마다 어느 수준에 도달했는지 알고, 저마다 어떻게 성장하는지 정확히 보는 것이 중요하다.[5]

이해하기 쉽게, 명료하게 작성된 문장은 분명 아니지만, 위 설명의 핵심은 이렇다. '학생은 각자 서로 다른 소질을 타고난다. 소질이 서로 다른 아이를 가르칠 때는 방법이 달라야 한다. 획일적인 방법으로는 학생의 소질을 제대로 키울 수 없다. 비록 성취도가 상대적으로 낮더라도 어떤 학생에게는 그것이 대단한 성취일 수 있다. 다른 학생과 비교하지 않고 학생 각자의 소질에 따라 자신의 속도로 성장하도록 돕는 것이 매우 중요하다' 한마디로 학생의 소질과 능력의 개인차를 존중하는 것, 그것이 스스로 서게 하는 것이다.

'서로를 살린다'는 것은 '둘레를 살필 수 있는 눈을 가지는 것, 곧 남을 존중하고 배려하는 것'이다. 2011년 장승교육과정 자료집에는 '서로를 살리는'

의 중요성을 이렇게 설명하고 있다.

> 배움으로 아이들은 스스로 설 수 있는 힘을 기르고, 그렇게 배운 것으로 나눔을 알아
> 야 한다. 그것이 곧 서로를 살리는 길이다. [......] 학생이 나름의 개성을 가지고 학습에
> 도 흥미를 가지며 열중할 수 있고, 수학 공식을 학습하거나 시를 배울 때도 무관심하
> 게 대하지 않으며, 무엇엔가 열중하며, 자기의 창조적인 재능을 발전시키고, 저마다
> 취미가 생기며, 이를 바탕으로 내 둘레를 돌아보고 도와주려고 보살펴주려는 데 마음
> 을 써야 한다.[6]

요약하면, 장승초가 지향하는 학교는 학생 각자가 타고난 소질을 계발하면서 동시에 서로의 다름을 존중하고 배려하는 학교다.

② 학생이 즐겁게 참여하는 수업 운영: 80분 블록수업

보통 초등학교 수업 시간은 40분 단위로 구성된다. 그런데 2011년 3월 장승초에서는 40분짜리 2개를 합하여 80분 블록시간제로 운영하기로 한다. 교사가 일방적으로 설명하는 수업을 할 때는 40분 단위의 수업이 좋을 수 있으나, 체험과 실습을 중시하는 수업을 하려면 80분 단위의 수업이 바람직하다고 판단한 것이다. 장승초 교사들이 80분 단위 블록시간제를 운영하는 것은 혁신학교로 전국에 알려진 남한산초등학교를 모방한 것으로 보인다. 남한산초의 어느 교사는 80분 블록수업 시간제를 운영하는 이유를 이렇게 적었다.

> 우리 학교는 일반 학교와는 달리 80분 블록수업 시간제를 운영하며 이를 매우 중요하
> 게 생각한다. [......] 80분의 수업 시간은 단순 지식을 전수하는 수업 방식에서 벗어나 통

합적인 체험활동을 중심으로 수업을 꾸릴 수 있게 해 준다. 교사나 아이들 모두 더욱 느긋하고 여유 있게 교수학습 활동을 전개할 수 있다. 스스로 학습 계획을 설정하여 진행하는 주제 학습을 가능하게 하기도 한다. 긴 수업 시간 때문에 아이들과 교사들이 힘들지 않겠느냐는 우려도 있지만, 전혀 그렇지 않다. 수업 방식 자체가 달라지기 때문이다. 80분 내내 교사가 떠들고 아이들이 수용하는 수업은 초등학교에서 감당하기 힘들다. 당연히 아이들의 움직임과 활동이 중심에 놓이게 된다.[7]

남한산초처럼 장승초 교사들도 교과서 설명식 수업을 극복하려 하였다. 가능한 한 학생이 수업에 직접 참여하는 체험 활동 중심 수업을 지향하였다. 이를 위해 80분 단위의 블록수업을 도입한 것이다.

③ 삶을 행복하게 하는 방과 후 학교 운영

장승초에서는 오케스트라, 생태미술, 서각, 공예, 사물놀이, 한국화, 제과제빵, 목공, 요리 등의 다양한 방과후학교를 운영한다. 여러 가지 이유로 학원에 다닐 수 없는 학생을 위한 배려다.

④ 삶 체험활동 운영

장승초 교사들은 교과서 내용만을 전달하는 수업에서 벗어나야 한다고 생각한다. 이를 위해, 학교에 텃밭을 만들어 학생들이 농작물을 재배하는 체험을 하도록 했다. 학교에서 멀지 않은 곳에 논을 빌려서 6월 초에는 학생 모두 모내기를 했고, 10월 중순에는 추수를 했다. 여름, 가을, 겨울에는 각각 4일 정도의 일정을 잡아 계절학교를 운영했다. 프로그램은 도자기, 바느질, 요리, 서각, 집짓기, 영화만들기, 음악줄넘기, 연극 등 체험을 중시하는 활동으로 구성했다. 여름 방학 때는 지리산 등반을 하기도 했다.

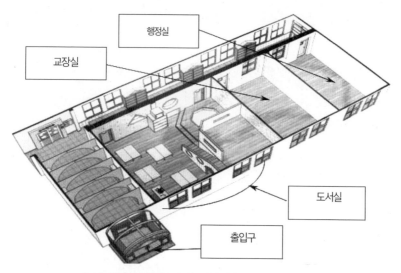

행정실

교장실

도서실

출입구

[그림 4] 교사와 학부모가 협동하여 디자인한 도서실(설계도면)

⑤ 아이들의 놀이공간으로 도서실 운영

장승초는 2012년 2월 말 폐교예정이었기 때문에 2002년 폐교대상 학교로 지정된 후 10여 년 동안 학교 시설에 대한 투자가 전혀 없었다. 장승초가 혁신학교로 지정되면서, 그리고 학생 수가 늘어나면서 이루어진 최초의 시설투자는 바로 도서실을 만든 것이다. 교사와 학부모는 머리를 맞대고 놀이공간과 같은 도서실을 디자인했다. 교실 한 칸을 리모델링하는 수준에서 만들어진 장승초 도서실은 이후 교사들의 희망대로 아이들의 놀이공간이면서, 동시에 통학버스를 기다리는 장소 역할을 한다.

2) 2012년에 일어난 일: 건물 짓기

2010년에 전교생 13명이던 학교가 2011년 56명으로 늘면서 교실을 확보하는 일이 절실했다. 6개 학년 모두가 생활할 수 있는 교실이 있기는 했지

[그림 5] 장승초 교실 및 화장실 증축공사 설계도

[그림 6] 2012년 11월 14일 완공된 장승초 증축 건물

만 10여 년 동안 보수가 전혀 이루어지지 않은 탓에 대대적인 수리가 불가 피했다. 유리창, 출입문, 교실 바닥 등 일부 수리가 가능한 것은 예산의 범 위 내에서 수리해 사용했다. 그러나 단열이 되지 않아 실내가 매우 추웠다. 지역적으로 진안고원은 전주지역과 비교했을 때에 3도에서 5도 정도의 기 온 차가 나는 데다, 장승초 옆으로 흐르는 실개천을 따라 부는 골바람이 바로 교실로 들이닥쳤다.

해결책은 교실 일부를 새로 짓는 것이었다. 이를 위해 2011년 가을 김승 환 교육감이 특별예산 7억을 지원했다. 교육감의 예산지원으로 장승초 교실 짓기는 급물살을 탄다. 장승초 교사들은 새로 지을 교실을 학부모, 학생의 의견을 들어 설계하기로 결정한다. 건물이 들어설 위치도 학부모의 의견을 모아 결정했다. 장승초 지적도를 학부모에게 배부하고 의견을 구했다.

학생, 학부모, 교사들의 의견을 폭넓게 수렴하여 [그림 7]과 같은 건물을 짓기로 한다. 2012년 4월 공사를 시작한 장승초 교실과 화장실 증축공사는 2012년 11월 14일 완공된다. 이 새 건물에는 교실 4칸, 급식실, 화장실이 들어섰다. 바닥에는 집처럼 바닥 난방을 했다. 학생들의 의견에 따라 교실 천장에 다락방도 만들었다.

2012년 11월 완공한 장승초 증축건물은 학교 건축 방식에 큰 반향을 불러일으켰다. 효율성과 학생감시를 중시한 일직선 형태의 학교 건축물을 돌아보게 했다. 새로 지은 교실은 소문이 나 전국 여러 곳에서 견학을 왔다.

3) 2013년에 일어난 일: 수업 개선하기

학생과 학부모의 입장에서 볼 때, 2013년 장승초의 일상은 2012년과 크게 다를 것이 없었다. 그러나 장승초 교사들의 2013년도 초점은 수업을 개선하는 일에 모아졌다. 이를 위해 '아이 눈으로 수업보기' 워크숍을 진행했다.

'아이 눈으로 수업보기'란 수업에서 학생이 무엇을 어떻게 경험하는지를 학생의 관점에서 체계적으로 분석하고 해석하는 과정이다.[8] 서근원은 현장의 교사들이 학교의 일상 속에서 동료 교사와 함께 학생들을 대상으로 질적연구를 손쉽게 수행할 수 있도록 '아이 눈으로 수업보기'라는 질적연구 절차를 개발하였다. 서근원은 교사가 '아이 눈으로 수업보기'의 질적연구 절차에 따라서 수업 장면 속 학생의 행위를 학생의 관점에서 바라보려고 노력하는 과정에서 자신의 기존의 관점과 관행을 되돌아보고 새로운 대안을 스스로 모색하여 실천할 것이라고 주장한다.

'아이 눈으로 수업보기'는 '협동학습'처럼 배워서 써먹는 수업기술이 아니다. 이는 교사의 몸에 밴 수업이 학생에게 어떤 의미를 가지는지를 스스로 성찰하게 돕는 프로그램이다. 언어로는 전달하는 데 한계가 있어 실습을 통해 체득해야 하는 훈련 프로그램이다. 이 훈련 프로그램에 장기간 참여한 교사는 자신의 수업을 학생 입장에서 해석할 수 있는 능력이 배양되고, 이를 토대로 더 나은 수업으로 나아가기 위한 대안을 스스로 모색할 것이라고 서근원은 주장한다.

장승초 교사들은 서근원 교수와 함께 2013년 3월 29일부터 '아이 눈으로 수업보기' 워크숍을 월 2회 실시하였다. 워크숍은 학생이 모두 귀가한 후 시작하여 밤늦게까지 보통 5~6시간이 진행된다. 워크숍을 마친 후 교사들은 매번 글을 작성한다. 이 학교 이선희 교사는 2013년 첫 '아이 눈으로 수업보기' 워크숍 후 이런 글을 남겼다.

〈소연이〉

올해 첫 번째 아이 눈으로 수업보기. 6학년 소연이가 어떻게 공부하고 있는지 살피기로 했다. 우리 반 아이들을 챙기다 보니 시작 시간에 늦었다. 뒤늦게 들어가 보니 선생님들이 소연이 둘레에 앉아 소연이를 중심으로 보는 게 눈에 보인다. [……] 수업을 마치고 기록을 살펴 특징적인 것을 찾아내 함께 살피기로 하는데, 기록이 꼼꼼하지 못하니 이어 나가기가 어렵다. 다른 선생님들 기록과 관찰에서 소연이가 "~해" "~해야지" 하는 말을 자주 쓰는 것을 찾아내고 그걸 중심으로 살피기로 했다. 소연이 말법에 크게 관심 갖지 않았는데 기록을 찾아보니 그런 말이 자주 보인다. 지시하는 말을 자주 쓰는 까닭을 알면 소연이를 더 이해할 수 있겠다.

소연이 인터뷰를 보면서 소연이가 그런 말법을 자주 쓰는 까닭을 추측할 수 있었다. 학습 활동에 흥미를 느끼고, 여러 친구와 의견을 나누는 가운데 자신의 생각을 적극으로 요구하고 있었다. [……] 수업 속에서 소연이가 어떻게 공부하는지 살피면서 아이들과 소연이의 관계도 살피게 됐다. 그 속에서 친구들 사이에 인정받고 싶은 소연이 마음이 보였다. 소연이가 어떻게 공부하는지 살피다 보니 소연이가 보인다.

장승초 교사들이 '아이 눈으로 수업보기' 워크숍에 참여한 경험이 수업개선으로 어떻게 이어질지는 아직 미지수다. 선생님의 수업이 달라졌다고 학생들이 만족스런 표정을 지을지는 아직 모른다. 교사가 가르치는 일에서 이전보다 더 기쁨과 보람을 느끼는지도 아직은 모른다. 기다려 봐야 한다.

5. 요약 및 결론

1) 요약

이 연구의 목적은 산촌의 한 작은학교가 폐교위기를 극복하는 과정을 자세히 그리는 것이었다. 구체적으로는, 2010년 11월 22일 전라북도 제1기 혁신학교로 지정되어 2011년 3월부터 혁신학교 운영을 시작한 전라북도 진안 장승초등학교에서 최근 3년간 어떤 일이 일어났는지를 살피는 것이었다. 이 연구의 결과를 요약하면 다음과 같다.

혁신학교 첫번 째 해인 2011년, 장승초에서 노력한 것은 폐교위기 벗어나기였다. 폐교위기를 벗어나기 위한 노력은 크게 두 가지로 진행되었다. 첫째는 학생 모집이다. 모집 지역은 주로 학교에서 약 30여 분 거리에 위치한 전주 동부권이었다. 둘째는 학교교육과정 개혁이었다. 장승초가 학생에게는 '가고 싶은 학교', 학부모에게는 '보내고 싶은 학교'가 되도록 학교교육과정을 만들었다. 이 과정은 교사의 일방적인 주도로 이루어지지 않고 학부모와 학생의 의견을 폭넓게 수렴하는 방식으로 이루어졌다. 장승초 교사와 학부모는 국가교육과정을 따르는 가운데 체험중심활동을 중요시하였다. 독서활동을 위해 교실을 고쳐 도서실로 만들었다.

혁신학교 두 번째 해인 2012년, 장승초는 건물을 증·개축하는 작업을 했다. 학생 수가 늘어나자 교실이 부족해서 교실 4칸과 급식실을 새로 지었다. 2002년 폐교대상 학교로 지정된 후 시설투자가 전혀 이루어지지 않아 학교에 수리할 곳이 많았다. 우선 단열을 위해 교실의 바닥과 창문을 먼저 고쳤다. 외벽에 페인트도 칠했다. 이 과정에 학부모와 학생이 적극 참여했다. 교실을 새로 지을 때는 구성원 모두가 학교 지적도를 보면서 지혜를 모았다. 학생의 요구를 반영하여 교실에 다락방도 만들었다. 집처럼 바닥에 난방도 했다. 학생의 건강을 생각해 친환경 자재를 사용했다.

혁신학교 세 번째 해인 2013년, 장승초는 폐교 위기를 거의 벗어난 듯했다. 그러자 교사들은 그동안 미루었던 수업 개선 작업에 집중했다. 이를 위해 '아이 눈으로 수업보기' 워크숍을 월 2회 꼴로 진행하였다. '아이 눈으로 수업보기' 워크숍의 효과가 장승초 교사들에게 얼마나 묻어날지는 아직 모른다.

2) 결론

작은 학교를 살리기 위해서는 학생 모집이 가장 큰 관건이다. 농산촌의 작은 학교가 학생 수를 늘릴 수 있는 방안은 크게 두 가지다. 첫째는 비교적 젊은 귀농자를 유인하는 것이다. 둘째는 인근 도시 지역 학생이 전학 오도록 하는 것이다. 첫째 방법은 학교 자체의 노력만으로는 힘들다. 지자체가 나서서 귀농자가 매력을 느낄 만한 정주여건을 조성해야 한다. 두 번째 방법은 학교 자체의 노력으로 가능하다. 그러나 여기에도 문제는 있다. 현행 주민등록법상 주민등록지 이외 학교로 전학하는 것은 불법이다. 쉬운 말로 학구 위반이다. 소위 명문학교로 전학하는 것도 아닌데, 농산촌의 작은 학교로 전학하는 것을 법이 가로막고 있다. 정치권에서 이 문제를 반드시 해결해야 한다. 법이 시대를 따라가지 못하고 있는 전형적인 예가 바로 도시 학생이 가까운 농산촌 학교로 전학하여 통학하는 것을 위장전입으로 규정하는 것이다.

가까운 도시 학생이 농산촌의 작은 학교로 전학하는 이유는 도시 지역 학교가 제공하지 못하는 다양한 교육프로그램 때문이다. 농산촌의 작은 학교는 자연친화적이고 학생중심적인 각종 체험활동을 제공하기에 매우 유리하다. 농작물 재배, 소규모 실습, 노작활동, 예술·체육활동, 전교생이 함께하는 등산 등이 모두 축제처럼, 놀이처럼 진행된다. 도시의 다인수 학급에서 관심을 받지 못하던 학생도 교사의 따뜻한 관심을 받는 기회가 많아진다. 그러다 보니 학생과 학부모의 참여가 적극적이다. 교사의 만족도도 높다.

흔히 농산촌 학교에 자녀를 보내면 몸은 건강해지나 공부가 뒤지는 것 아니냐는 우려가 있다. 농산촌의 작은 학교는 학부모의 이런 우려를 해소해야 한다. 한 가지 해소책은 기초학력이 뒤처지지 않도록 철저히 지도하는 일이다. 기초학력이란 다음 학년에 기초가 되는 내용이다. 1학년 때는 한글 해독 능력을 갖추기, 2학년 때는 구구단을 외우기, 5학년 때는 여러 자리 수의 곱셈과 나눗셈을 마스터하기 등이 바로 기초학력을 게을리하지 않는 것이다. 농산촌의 작은 학교 교사들은 바로 이러한 기초학력을 해당 학년에서 마스터시켜 다음 학년으로 올라가게 해야 한다. 이 길을 따르면 농산촌의 작은 학교를 선호하는 학부모가 늘어날 것이다. 요즘 미국과 우리나라 일부 학교에서 시험하고 있는 '거꾸로 교실' 또는 '거꾸로 수업'의 도입을 농산어촌 교사들이 진지하게 고민할 필요가 있다.[9]

제14장. 전라북도 제1기 혁신학교 성과 분석

1. 서론

1) 연구의 필요성 및 목적

2010년 7월 1일 제16대 전라북도교육감으로 취임한 김승환 교육감의 핵심공약은 혁신학교를 지정·운영하는 것이었다. 이를 위해 취임 약 2개월 후인 2010년 8월 26일 '혁신학교추진위원회'를 구성하고, 이 위원회에 혁신학교 관련 정책에 관한 전권을 위임한다. 이 위원회는 2010년 11월 22일(월) 20개의 혁신학교를 선정 발표한다.[1] 이 20개의 전북 혁신학교(제1기 혁신학교)는 2011년 3월 1일부터 예산지원을 받아 공식적으로 혁신학교 운영을 시작한다.

제1기 혁신학교가 달성하고자 하는 사항은 다섯 가지였다. 첫째, 협의와 소통을 중요시하는 민주적인 학교문화를 만든다. 둘째, 교사가 수업에 전념할 수 있는 학교 구조를 만든다. 셋째, 교과서 중심 교육과정에서 벗어나 교육과정을 다양화한다. 넷째, 학생이 학교에서 의미 있는 지식을 배우도록 교사의 수업을 개선한다. 다섯째, 학교와 학부모와 지역사회 사이의 협력적인 관계를 만든다.

제1기 혁신학교는 지난 3년 동안(2011.3~2014.2) 위의 목표를 어느 정도나 달성하였을까? 이 질문에 답하기 위한 정책연구 두 편이 2013년 하반기에 수행되었다. 하나는 전라북도교육정책연구소에서 수행한 '2013 혁신학교의 학교효과성 분석'이다.[2] 이 연구는 '미래형 학교효과성 측정도구'[3]를 사용하여 전북도내 83개 혁신학교와 29개 일반학교의 학교효과성을 조사한 다음 양 집단의 학교효과성을 비교분석하였다. 이 연구는 '혁신학교가 일반학교보다 학교효과성이 높다'고 결론지었다. 이 연구의 장점은 혁신학교와 일반학교의 학교효과성을 비교한 것이다.

이 연구의 한계는 데이터를 수집하였음에도 불구하고 개별 혁신학교의 학교효과성을 비교분석하지 않은 것이다. 그 이유는 이 연구가 혁신학교에 대한 평가로 비칠 것을 우려했기 때문이다. 전라북도교육청에서는 2010년 가을 혁신학교 운동을 시작하면서 '혁신학교의 단기적 성과'에 연연하지 않겠다는 방침을 세웠다. 이 방침에 따라 전라북도교육청 산하기관인 '전북교육정책연구소'에서는 개별 혁신학교를 평가한다는 오해를 불러일으킬 수 있는 연구를 자제하였다.

제1기 혁신학교에서 지난 3년 동안 일어난 일을 조사한 다른 하나의 연구는 〈전라북도 제1기 혁신학교 종합평가 보고서〉다.[4] 이 보고서는 경기도교육청에서 발간한 두 편의 보고서를 참고하여 작성된 것이다.[5] 제1기 혁신학교의 교사, 학부모, 학생이 지난 3년간 혁신학교를 운영 또는 경험하면서 느낀 변화를 조사하여 학교별로 제시하였다. 이런 점에서 혁신학교 종합평가 보고서는 정태식, 조무현이 2013년에 작성한 혁신학교의 학교효과성 분석 보고서가 가진 한계를 극복한 것이라 할 수 있다. 그러나 이 혁신학교 종합평가 보고서 역시 한계를 지니고 있다. 문항별 양적인 데이터를 제시하지 않고 있어 개별 혁신학교에서 일어난 일을 세밀하게 파악하기 힘들다.

제1기 혁신학교에서 지난 3년 동안 일어난 일을 구체적으로 포착하기 위해서는 위에서 언급한 정책연구보고서가 가진 한계에서 자유로운 연구가 필요하다. 본 연구는, 바로 이러한 필요성을 충족하기 위한 연구다. 요약하면, 본 연구의 목적은 제1기 혁신학교에서 거둔 성과를 양적인 데이터를 활용하여 학교별로 자세히 살피는 것이다.

2. 연구내용

본 연구의 내용은 크게 세 가지다. 첫째, 다음과 같은 여섯 가지 항목에 대한 교사의 인식을 알아본다. ①민주적인 학교문화가 만들어졌는가? ②교사가 수업에 전념할 수 있도록 수업지원체제가 구축되었는가? ③교육과정 운영을 교과서 중심에서 벗어나 다양화하였는가? ④교사는 수업개선 관련 전문역량을 키우기 위해 노력하고 있는가? ⑤학교, 학생, 학부모, 지역사회가 서로 소통하고 협력하는 문화를 만들었는가? ⑥교사로서 현재의 직무에 만족하고 있는가? 둘째, 다음과 같은 두 가지 항목에 대한 학부모의 인식을 알아본다. ①민주적인 학교문화가 만들어졌는가? ②자신의 자녀가 다니는 현 학교에 만족하고 있는가? 셋째, 다음과 같은 두 가지 항목에 대한 학생의 인식을 알아본다. ①수업 시간에 잘 배우도록 선생님이 친절하게 도와주시는가? ②학교생활에 만족하고 있는가?

3. 연구방법

전북교육정책연구소에 근무하는 정태식과 조무현은 교사용 61문항, 학

<표 1> 정태식, 조무현이 사용한 설문지의 지표별 문항 수와 본 연구에서 가공 활용한 문항 수

영역	지표	교사용 정·조	교사용 본 연구	학부모용 정·조	학부모용 본 연구	학생용 정·조	학생용 본 연구
수업활동	미래핵심영역	9 문항		9 문항		9 문항	6 문항
	수업공동체	6 문항		6 문항		6 문항	
	교사역량강화	5 문항	5 문항				
교육과정 운영	교육공동체 교육과정	4 문항	2 문항				
	특색 있는 교육과정	7 문항	5 문항				
학교문화	민주적 협의문화	7 문항	7 문항	6 문항	6 문항		
	수업지원체제 구축	5 문항	5 문항				
학교시스템	교육자치 실현	4 문항	4 문항	4 문항			
	지역사회 협력 네트워크	4 문항	3 문항				
교육만족도	교사 직무만족도	10 문항	8 문항	10 문항	8 문항	10 문항	7 문항
	계	61 문항	39 문항	35 문항	14 문항	25 문항	13 문항

* 이 표에서 '정·조'는 '정태식, 조무현'을 줄인 것임

<표 2> 본 연구에서 활용한 설문 문항에 대한 응답자 수

학교	대상	교사	학부모	학생	계
중등	학교01	12	60	60	132
	학교02	16	39	39	94
	학교03	18	77	78	173
	학교04	9	35	38	82
	학교05	32	62	88	182
	학교06	32	85	88	205
	학교07	36	66	84	186
	학교08	9	48	55	112
초등	학교09	8	13	29	50
	학교10	11	26	36	73
	학교11	25	29	33	87
	학교12	9	11	23	43
	학교13	27	56	58	141
	학교14	9	34	36	79
	학교15	17	37	50	104
	학교16	7	26	33	66
	학교17	7	21	27	55
	학교18	22	43	45	110
	학교19	10	17	23	50
	학교20	9	17	21	47
중등소계		164	472	530	1,166
초등소계		161	330	414	905
총계		325	802	944	2,071

부모용 35문항, 학생용 25문항으로 구성된 설문지를 활용하여 2013년 9월 '혁신학교 효과성'을 측정하였다. 본 연구에서는 정태식, 조무현이 수집하여 1차 가공한 자료를 제공받아 이를 선택적으로 활용하였다.[6] 본 연구에서 활용한 문항 수와 응답자 수는 〈표 1〉, 〈표 2〉와 같다.

본 연구에서 활용한, 정태식, 조무현이 수집한 자료는 5단계 척도(매우 그렇다 5점, 대체로 그렇다 4점, 보통이다 3점, 그렇지 않다 2점, 전혀 그렇지 않다 1점)로 구성되어 있었다. 본 연구에서는 이를 그대로 활용하여 자료를 가공하였다. 그러나 가공된 자료를 해석하여 문장으로 기술할 때는 노상우, 박승배 외 3인의 연구[7]와 마찬가지로, 다음과 기준을 일관되게 적용하여 4.5 이상은 '매우 훌륭', 4.0~4.4는 '대체로 훌륭', 3.5~3.9는 '보통', 3.0~3.4는 '미흡', 2.9 이하는 '아주 미흡'으로 표기하였다.

매우 그렇다(5)		대체로 그렇다(4)		보통이다(3)	그렇지 않다(2)	전혀 그렇지않다(1)
매우 훌륭	대체로 훌륭	보통	미흡		아주 미흡	
4.5이상	4.0~4.4	3.5~3.9	3.0~3.4		2.9이하	

2. 혁신학교 교사, 학부모, 학생의 인식

1) 교사의 인식

① 민주적인 학교문화가 만들어졌는가?

제1기 혁신학교에 민주적인 학교문화가 얼마나 형성되었는지를 7개 문항을 통해 살펴보았다. 결과는 전체평균이 4.26으로서 '민주적인 학교문화'가

<표 3> 민주적인 학교문화 형성도

학교 \ 항목	민주적 의사결정	소통·협력 문화형성	학년 협의회 활성화	교사의견 교육과정 반영도	학교운영 위원회 활성화	교장의 민주리더십	교장에 대한 만족도	평균
중등 학교01	4.08	4.17	3.58	3.92	3.83	4.08	4.25	3.99
학교02	4.13	4.19	3.75	3.94	4.06	4.50	4.75	4.19
학교03	4.17	4.17	4.28	4.17	4.39	4.50	4.56	4.32
학교04	3.89	4.00	3.44	3.33	3.78	3.89	4.33	3.81
학교05	3.78	3.78	3.75	3.69	4.03	3.97	4.06	3.87
학교06	3.66	3.69	3.72	3.63	3.66	4.06	4.00	3.77
학교07	4.19	4.33	4.31	4.08	3.97	4.39	4.50	4.25
학교08	3.44	3.67	3.11	3.78	3.78	4.67	4.67	3.87
초등 학교09	5.00	5.00	4.75	5.00	4.88	4.88	4.88	4.91
학교10	4.09	4.45	4.18	4.27	4.45	3.64	3.55	4.09
학교11	4.76	4.80	4.92	4.88	4.64	4.84	4.84	4.81
학교12	4.22	4.33	4.11	4.11	4.11	4.22	4.33	4.20
학교13	4.37	4.22	4.11	3.96	4.26	4.44	3.78	4.16
학교14	4.56	4.67	4.33	4.67	4.67	4.78	4.33	4.57
학교15	4.59	4.59	4.65	4.59	3.94	3.41	3.53	4.19
학교16	4.29	4.57	4.00	4.71	4.43	4.71	4.57	4.47
학교17	4.43	4.29	4.29	4.43	4.43	4.29	4.29	4.35
학교18	4.18	4.14	4.23	4.32	3.59	4.36	4.36	4.17
학교19	4.60	4.60	4.30	4.70	4.50	4.40	4.70	4.54
학교20	4.78	4.78	4.44	4.56	4.56	4.89	5.00	4.72
중등평균	3.92	4.00	3.74	3.82	3.94	4.26	4.39	4.01
초등평균	4.49	4.54	4.36	4.52	4.37	4.41	4.35	4.43
전체평균	4.26	4.32	4.11	4.24	4.20	4.35	4.36	4.26

비교적 잘 형성되고 있는 것으로 나타났다.

문항별로 살펴보면 민주적 의사결정(문항: 자유로운 토론, 협의를 통해 의사결정이 이루어지고 있다) 문항에서, 중등은 '대체로 훌륭'에 가깝고(평균 3.92), 초등은 '매우 훌륭'에 가깝다(평균 4.49).

소통하고 협력하는 문화 형성도(문항: 우리 학교는 학교구성원의 의견을 존중하며, 협력하는 문화가 형성되어 있다)는, 중등은 '대체로 훌륭(평균 4.00)', 초등은 '매우 훌륭(평균 4.54)'으로 나타났다.

학년협의회 활성화(문항: 우리 학교는 학년협의회 또는 교과협의회가 활성화되어 있다)는, 중등은 '보통' 수준(평균 3.74), 초등은 '대체로 훌륭' 수준(평균 4.36)이다.

교사의견 교육과정 반영도(문항: 교육과정에 교사의 의견이 적극적으로 반영된다)에서, 중등은 대체로 '보통' 수준(평균 3.82), 초등은 대체로 '매우 훌륭' 수준(평균 4.52)이다.

학교운영위원회 활성화(문항: 학교운영위원회는 학생들의 교육을 위해 학교와 상호 협조한다)정도는, 중등은 '대체로 훌륭'에 가깝고, 초등은 '매우 훌륭'에 가깝다.

교장의 민주리더십(문항: 우리 학교 교장은 교사와 같이 고민하고 계획하며 실천하는 학교 운영을 한다) 항목에서, 일부 학교를 제외하고는 '대체로 훌륭'에서 '매우 훌륭' 수준(전체 평균 4.35)이다.

교장에 대한 만족도(문항: 우리 학교 교장선생님은 따뜻하다)에서는, 초·중등 교사 모두 '대체로 훌륭(중등평균 4.39, 초등평균 4.35)'으로 응답했다.

② 교사가 수업에 전념할 수 있도록 수업지원체제가 구축되었는가?

교사가 수업에 전념하도록 지원체제를 구축하는 작업이 진행된 정도는 5개 문항을 통해 파악하였다. 결과는, 초등은 '대체로 훌륭(평균 4.25)', 중등은 아직 '보통' 수준(평균 3.73)이었다. 전반적으로 '대체로 훌륭(전체평균 4.05)' 수준에서 '교사가 수업에 전념할 수 있는 지원체제'가 구축된 것으로 나타났다.

각 문항별로 살펴보면, 업무효율화 노력(문항: 우리 학교는 업무효율화를 위해 적극적으로 노력한다)에서, 중등은 '미흡'과 '대체로 훌륭'으로 양분되는 경향을 보였다. 초등은 12개교 중 10개교에서 '대체로 훌륭' 또는 '매우 훌륭'으로 나타났다.

<표 4> 교사 수업지원체제 구축도

학교	항목	업무 효율화 노력	업무경감 노력	수업집중 환경구축	교육활동 지원체제 구축	관리자의 교사업무 지원	평균
중등	학교01	4.00	4.00	3.67	3.58	3.67	3.78
	학교02	4.44	4.25	3.81	3.94	4.13	4.11
	학교03	4.56	4.00	4.39	4.00	4.06	4.20
	학교04	3.00	3.11	3.00	3.11	3.33	3.11
	학교05	3.38	3.44	3.44	3.50	3.88	3.53
	학교06	3.28	3.34	3.25	3.63	4.22	3.54
	학교07	4.36	3.83	3.86	3.75	4.19	4.00
	학교08	3.44	3.56	3.33	3.67	3.67	3.53
초등	학교09	4.75	4.75	4.88	4.88	5.00	4.85
	학교10	4.18	4.00	3.36	3.64	3.55	3.75
	학교11	4.72	4.80	4.64	4.52	4.52	4.64
	학교12	4.33	4.22	4.11	4.11	4.44	4.24
	학교13	3.93	4.04	3.85	3.70	3.96	3.90
	학교14	4.67	4.78	4.78	4.56	4.67	4.69
	학교15	4.18	4.24	3.94	4.00	4.06	4.08
	학교16	4.29	4.43	4.43	4.00	4.00	4.23
	학교17	3.86	3.86	4.29	4.14	4.14	4.06
	학교18	4.05	3.86	3.77	4.05	4.18	3.98
	학교19	4.00	4.40	4.30	4.30	4.50	4.30
	학교20	4.33	3.89	3.89	4.22	4.78	4.22
중등평균		3.81	3.69	3.59	3.65	3.89	3.73
초등평균		4.27	4.27	4.19	4.18	4.32	4.25
전체평균		4.09	4.04	3.95	3.96	4.15	4.04

업무경감노력(문항: 우리 학교는 불필요한 업무나 행사를 줄이려고 노력하고 있다)에서, 중등은 '보통(평균 3.69)', 초등은 '대체로 훌륭(평균 4.27)' 수준이다.

수업집중 환경 구축(문항: 우리 학교는 업무보다 수업과 수업연구에 집중할 수 있는 학교이다)면에서, 중등은 '미흡'에서 '보통' 수준, 초등은 '보통'에서 '대체로 훌륭' 수준이다.

교육활동 지원체제 구축(문항: 우리 학교는 창의적으로 교육활동을 할 수 있는 지원체제가 있다)면에서, 중등은 '보통' 수준, 초등은 '대체로 훌륭' 수준이다.

관리자의 교사업무 지원(문항: 교장, 교감선생님께서는 학생 및 학부모 상담 등

생활지도를 지원하고 있다)면에서, 중등은 '보통'에서 '대체로 훌륭' 수준(평균 3.89), 초등은 '대체로 훌륭'에서 '매우 훌륭' 수준(평균 4.32)이다.

③ 교육과정 운영을 교과서 중심에서 벗어나 다양화하였는가?

교육과정을 다양화하려는 노력은 7개 문항을 통해 파악하였다. 결과는, '교육과정 다양화'가 중등(평균 3.73)보다는 초등(평균 4.37)에서 훨씬 잘 일어나고 있었다.

<표 5> 교육과정 다양화 정도

학교 \ 항목		학생중심 교육과정	체험활동 중심교육	문화·예술· 감성교육	학부모의 교육과정 편성참여	교육과정 운영의 융통성	배움과 성장이 일어나는 교육과정	서술·논술 평가	평균
중등	학교01	3.88	4.00	3.81	3.50	3.42	3.94	3.69	3.75
	학교02	3.88	4.00	3.81	3.63	3.75	3.94	3.69	3.81
	학교03	4.28	4.11	4.00	3.61	4.17	4.00	3.67	3.98
	학교04	3.67	4.00	3.89	3.22	3.89	3.67	2.78	3.59
	학교05	3.63	3.88	3.72	3.81	3.81	4.03	3.66	3.79
	학교06	3.63	3.66	3.63	3.31	3.50	3.63	3.16	3.50
	학교07	4.03	4.19	3.81	3.75	3.89	4.03	3.58	3.90
	학교08	3.67	3.56	3.33	3.22	3.44	3.89	3.44	3.51
초등	학교09	4.63	4.38	4.38	5.00	4.88	4.50	4.63	4.63
	학교10	4.27	4.00	3.73	4.27	4.27	4.18	3.55	4.04
	학교11	4.60	4.56	4.64	4.20	4.60	4.64	4.68	4.56
	학교12	4.22	4.22	4.22	4.00	4.11	4.22	4.00	4.14
	학교13	4.37	4.22	4.11	4.15	4.22	4.44	3.78	4.18
	학교14	4.67	4.67	4.44	4.22	4.44	4.67	3.78	4.41
	학교15	4.59	4.76	4.35	4.24	4.47	4.35	4.59	4.48
	학교16	4.29	4.71	4.43	4.43	4.43	4.14	3.71	4.31
	학교17	4.43	4.43	4.14	4.43	4.14	4.14	3.57	4.18
	학교18	4.73	4.73	4.64	4.45	4.50	4.68	3.86	4.51
	학교19	4.50	4.50	4.50	4.40	4.40	4.50	4.50	4.47
	학교20	4.56	4.89	4.56	4.33	4.67	4.89	4.11	4.57
중등평균		3.83	3.92	3.75	3.51	3.73	3.89	3.46	3.73
초등평균		4.49	4.51	4.34	4.34	4.43	4.45	4.06	4.37
전체평균		4.22	4.27	4.11	4.01	4.15	4.22	3.82	4.11

문항별로 살펴보면, 학생중심 교육과정 편성도(문항: 교육과정은 실제적인 학생중심 교육과정으로 이루어져 있다)에서, 중등은 대부분 '보통(평균 3.83)', 초등은 대부분 '매우 훌륭(평균 4.49)' 수준이다.

체험활동중심 교육과정 편성(문항: 교육과정은 이론이 아닌 다양한 체험활동 중심으로 구성되어 있다) 항목에서, 중등은 '대체로 훌륭(평균 3.92)', 초등은 '매우 훌륭(평균 4.51)' 수준이다.

문화·예술 감성 신장 교육과정(문항: 문화·예술적 감수성을 키우는 교육과정을 중시한다) 항목에서, 중등은 '보통', 초등은 '대체로 훌륭' 수준이다.

학부모의 교육과정편성 참여도(문항: 교육과정 편성에 학부모와 지역주민의 의견을 반영한다)에서, 중등은 '미흡'에서 '보통', 초등은 '대체로 훌륭' 수준이다.

교육과정 운영의 융통성(문항: 학교 교육과정은 교사와 학생의 필요와 의지에 의해 융통성 있게 운영된다) 항목에서, 중등은 '보통(평균 3.73)', 초등은 '대체로 훌륭(평균 4.43)' 수준이다.

배움과 성장이 일어나는 교육과정(문항: 교육과정을 통해서 학생들은 배움과 성장을 경험한다) 항목에서, 중등은 '보통~대체로 훌륭' 수준(평균 3.89)이고, 초등은 '대체로 훌륭~매우 훌륭' 수준(평균 4.45)이다.

서술·논술평가(문항: 교육과정에서 평가는 서술식·논술식 중심으로 이뤄진다) 항목에서, 중등은 '미흡~보통' 수준(평균 3.46)이고, 초등은 '보통~대체로 훌륭' 수준(평균 4.06)이다.

④ 수업개선 관련 전문역량을 키우기 위해 노력하고 있는가?

교사들이 수업개선 전문역량을 키우기 위해 노력하는 정도는 5개 문항을 통해 파악하였다. 결과는, '수업개선 전문역량 신장 노력도'가, 중등은 '보통', 초등은 '대체로 훌륭'으로 나타났다. 전체적으로는 '대체로 훌륭(전체평균 4.02)' 수준이다.

문항별로 살펴보면, 구성원의 합의에 기초한 연수공동참여(문항: 우리 학교
에서는 구성원의 합의에 의해 같은 연수를 함께 받는다) 항목에서, 중등은 대체로
'보통', 초등은 대체로 '매우 훌륭(6개교)' 또는 '대체로 훌륭(5개교)' 수준이다.

독서모임참여(문항: 우리 학교에는 함께 책 읽는 모임이 운영되고 있다)는 초·중
등 모두 '보통' 수준이다.

교사동아리 활동참여(문항: 자기성장을 위한 교사동아리 활동에 정기적으로 참
여하고 있다)는 중등(평균 3.40)보다는 초등(평균 4.12)에서 잘 이루어지고 있다.

<표 6> 교사의 수업 역량 강화 노력도

학교 \ 항목	구성원의 합의에 기초한 연수공동참여	독서모임 참여	교사동아리 활동 참여	관찰학생 중심 수업협의회	교육과정 평가 정례화	계 (평균)
중등 학교01	3.58	3.50	3.33	3.67	3.50	3.52
학교02	3.56	2.31	3.19	3.75	4.06	3.37
학교03	3.89	3.72	3.39	4.50	4.06	3.91
학교04	3.67	3.33	2.78	2.78	3.22	3.16
학교05	4.22	4.00	3.72	3.66	3.41	3.80
학교06	3.53	3.41	3.16	4.25	3.53	3.58
학교07	4.39	4.19	3.83	4.44	4.03	4.18
학교08	3.56	4.78	3.78	3.11	2.78	3.60
초등 학교09	4.63	5.00	4.88	4.88	5.00	4.88
학교10	3.73	4.00	3.91	4.45	3.73	3.96
학교11	4.60	4.84	4.28	4.84	4.44	4.60
학교12	4.22	4.11	3.78	4.00	3.44	3.91
학교13	4.41	4.37	4.37	4.22	4.11	4.30
학교14	4.44	2.22	3.89	4.67	4.44	3.93
학교15	4.35	4.24	4.00	4.76	4.94	4.46
학교16	4.71	2.43	3.14	4.71	4.71	3.94
학교17	4.14	3.43	4.14	4.43	4.14	4.06
학교18	4.55	4.32	4.55	4.64	4.73	4.56
학교19	4.60	4.60	3.90	4.60	4.40	4.42
학교20	4.56	2.89	4.56	5.00	4.33	4.27
중등평균	3.80	3.66	3.40	3.77	3.57	3.64
초등평균	4.41	3.87	4.12	4.60	4.37	4.27
전체평균	4.17	3.78	3.83	4.27	4.05	4.02

관찰학생중심 수업협의회(문항: 수업공개 후 관찰학생 중심으로 수업협의회를 한다)는 중등은 '보통(평균 3.77)'이나 초등은 '매우 훌륭(평균 4.60)'이다.

교육과정평가 정례화(문항: 교육과정 운영 평가 협의회가 매월 또는 분기별로 열린다)도 중등(평균 3.57)보다는 초등(평균 4.37)에서 잘 이루어지고 있다.

⑤ 학교, 학생, 학부모, 지역사회가 서로 소통하고 협력하는 문화를 만들었는가?

교육 4주체(학교, 학생, 학부모, 지역사회) 사이의 소통과 협력 문화 형성도는 7개 문항으로 살폈다. 이 지표에 대해, 혁신학교 교사는 '대체로 훌륭(평균

<표 7> 소통과 협력문화 형성도

학교	항목	학생/학부모의 참여	학생자치 활성화	학부모 자치 활성화	회의장소 구비	학교철학 비전공유	교사-학부모 동반관계 구축	지역 사회와 협력	평균
중등	학교01	3.25	3.67	3.83	4.08	3.67	3.92	3.50	3.70
	학교02	3.94	4.25	4.06	4.00	3.88	4.00	3.81	3.99
	학교03	4.22	4.56	4.56	4.78	4.17	4.11	3.89	4.33
	학교04	3.56	4.11	4.33	4.00	3.78	3.56	3.56	3.84
	학교05	3.94	3.90	4.16	4.13	3.97	3.90	3.71	3.96
	학교06	3.75	3.97	4.13	4.47	3.84	3.75	3.41	3.90
	학교07	3.86	4.17	4.47	4.53	4.03	4.14	4.11	4.19
	학교08	3.67	3.44	4.00	4.11	3.56	3.56	3.44	3.68
초등	학교09	4.75	5.00	5.00	4.25	4.25	4.25	4.13	4.52
	학교10	3.73	4.36	4.00	3.27	3.73	3.55	3.27	3.70
	학교11	3.96	4.40	4.56	3.32	4.28	4.32	4.20	4.15
	학교12	4.00	4.33	4.33	3.89	4.00	4.00	3.78	4.05
	학교13	4.15	4.37	4.19	3.74	4.19	4.04	3.85	4.08
	학교14	4.56	4.78	4.78	4.89	4.67	4.67	4.56	4.70
	학교15	3.94	4.65	4.29	4.53	4.41	3.71	3.71	4.18
	학교16	3.86	4.00	4.14	4.29	4.43	4.43	4.14	4.18
	학교17	4.43	4.00	4.43	3.43	4.43	4.43	4.14	4.18
	학교18	4.05	4.32	4.68	4.36	4.09	3.82	3.95	4.18
	학교19	4.20	4.60	4.70	3.90	4.50	4.50	4.30	4.39
	학교20	4.33	4.78	4.78	4.33	4.67	4.67	4.44	4.57
중등평균		3.77	4.01	4.19	4.26	3.86	3.87	3.68	3.95
초등평균		4.16	4.47	4.49	4.02	4.30	4.20	4.04	4.24
전체평균		4.01	4.28	4.37	4.11	4.13	4.06	3.90	4.12

4.12)' 수준이라고 응답했다. 그 경향은 중등보다는 초등이 약간 높다.

문항별로 살펴보면, 학생, 학부모의 학교행사 계획수립 참여(문항: 우리 학교는 행사 계획 수립 시 학생, 학부모가 함께 참여한다) 항목에서, 중등은 대부분 '보통(평균 3.77)' 수준, 초등은 대부분 '대체로 훌륭(평균 4.16)' 수준이다

학생자치활동 활성화(문항: 우리 학교는 학생 자치 활동과 학생동아리 활동이 활발하게 이루어지도록 보장하고 지원한다) 항목에서, 초중등 모두 '대체로 훌륭' 수준이다.

학부모 자치활동 활성화(문항: 우리 학교는 학부모회와 학부모동아리 활동이 활발하게 이루어지도록 보장하고 지원한다) 항목에서, 중등은 '대체로 훌륭(평균 4.19)', 초등은 '매우 훌륭(평균 4.49)' 수준이다.

회의장소 구비(문항: 우리 학교는 학생·학부모 회의장소가 확보되어 있다) 항목에서, 중등은 모두 '대체로 훌륭' 또는 '매우 훌륭'. 초등은 3개교가 '미흡', 3개교가 '보통', 6개교가 '대체로 훌륭' 또는 '매우 훌륭' 수준이다. 전반적으로 중등이 초등보다 학부모 활동 공간을 더 잘 확보하고 있다.

학교 철학과 비전 공유(문항: 학교 운영 철학과 비전을 학생, 학부모와 공유하고 있다)항목에서, 중등은 '보통'(평균 3.86)이나, 초등은 '대체로 훌륭'(평균 4.30) 수준이다.

교사-학부모 동반관계 구축도(문항: 학부모와의 파트너십이 구축되어 있다)에서, 중등은 '보통', 초등은 '대체로 훌륭' 수준이다.

지역사회와 협력도(문항: 지역사회 및 시민·사회단체 등과 소통과 협력이 이루어지고 있다)에서, 중등은 '보통' 수준, 초등은 '대체로 훌륭' 수준이다.

⑥ 교사로서 현재의 직무에 만족하고 있는가?

교사의 직무 만족도는 8개 항목으로 파악하였다. 이 지표에 대한 평균

<표 8> 교사의 직무만족도

학교	항목	학교에 대한 만족도	학생에 대한 만족도	교사 효능감	수업 만족도	교사-학생 관계 만족도	동료-동료 관계 만족도	지적 호기심 만족도	교장교감 리더십 만족도	평균
중등	학교01	3.58	4.08	3.92	3.50	3.92	3.83	3.58	4.00	3.80
	학교02	3.88	3.94	3.81	3.31	3.88	3.88	3.81	4.13	3.83
	학교03	4.11	4.39	4.11	3.61	4.39	3.78	4.17	4.44	4.13
	학교04	4.00	4.00	3.89	3.11	4.00	3.89	3.67	4.11	3.83
	학교05	3.74	3.97	3.68	3.55	3.87	3.84	3.61	3.84	3.76
	학교06	3.78	4.03	3.69	3.28	3.91	3.72	3.53	3.91	3.73
	학교07	3.89	3.94	3.86	3.44	4.08	4.14	3.83	4.22	3.92
	학교08	3.56	4.22	4.00	3.67	4.22	4.00	3.67	3.67	3.88
초등	학교09	4.88	4.75	4.88	3.38	4.50	4.88	4.50	4.88	4.58
	학교10	3.91	4.82	4.36	3.45	4.45	4.36	3.82	3.73	4.11
	학교11	4.44	4.08	4.24	3.72	4.20	4.28	4.28	4.48	4.21
	학교12	4.22	4.33	4.11	3.44	4.00	4.00	4.11	4.22	4.05
	학교13	4.26	4.41	4.37	3.85	4.33	4.30	4.00	4.33	4.23
	학교14	4.67	4.56	4.44	4.00	4.78	4.67	4.44	4.44	4.50
	학교15	4.41	4.35	4.35	3.71	4.00	4.47	4.12	3.59	4.13
	학교16	4.29	4.29	4.14	3.86	4.43	4.14	4.14	4.29	4.20
	학교17	4.14	3.71	4.14	3.57	4.00	4.29	4.43	4.43	4.09
	학교18	4.14	4.14	4.32	3.95	4.41	4.18	4.18	4.27	4.20
	학교19	4.40	4.40	4.10	3.60	4.10	4.30	3.50	4.10	4.06
	학교20	4.33	4.44	4.22	4.11	4.56	4.44	4.33	4.44	4.36
중등평균		3.82	4.07	3.87	3.43	4.03	3.88	3.73	4.04	3.86
초등평균		4.34	4.36	4.31	3.72	4.31	4.36	4.21	4.31	4.24
전체평균		4.13	4.24	4.13	3.61	4.20	4.17	4.02	4.20	4.09

은 4.09로서 '대체로 훌륭(대체로 만족)'에 속한다. 전반적으로 중등교사(평균 3.86)보다는 초등교사(평균 4.24)의 직무만족도가 높았다.

문항별로 살펴보면, 학교에 대한 만족도(문항: 나는 우리 학교에서 근무하는 것이 행복하다)는, 중등은 대부분 '보통' 수준이지만, 초등은 대부분 '대체로 훌륭' 수준이다.

학생에 대한 만족도(문항: 나는 우리 학교 아이들이 좋다)는, 중등은 3개교가 '보통', 5개교가 '대체로 훌륭' 수준이다. 초등은 1개교 '보통', 8개교 '대체로 훌륭', 3개교 '매우 훌륭'이다. 평균은 4.24로 '대체로 훌륭' 수준이다.

교사 효능감(문항: 나는 교사로서 학생들에게 의미 있고 영향력이 있는 존재이다) 에서, 중등은 거의 '보통'이나, 초등은 거의 '대체로 훌륭' 수준이다. 초등교사의 효능감이 높다.

수업 만족도(문항: 나는 내 수업에 만족한다)에서, 중등은 '보통'과 '미흡'이 각각 절반이다. 초등은 2개교가 '대체로 훌륭'이고 나머지 10개교는 '보통' 또는 '미흡'이다. 전반적으로 혁신학교 초·중등교사의 자기 수업 만족도는 '보통' 수준이다.

교사-학생 관계 만족도(문항: 나는 아이들과 상호 존중하며 편안한 관계이다)에서, 초등과 중등 모두 '대체로 훌륭' 수준이다.

동료-동료 관계 만족도(문항: 동료 교사들은 나를 인정해주고 격려해준다)에서, 중등은 대부분 '보통'이나 초등은 대부분 '대체로 훌륭' 수준이다.

지적 호기심 만족도(문항: 나는 업무를 수행하는 과정에서 새로운 지식이나 기술을 습득할 기회가 많다)에서, 중등은 대부분 '보통(평균 3.73)', 초등은 대부분 '대체로 훌륭(평균4.21)' 수준이다.

교장과 교감 리더십 만족도(문항: 우리 학교의 교장·교감 선생님은 나의 건의나 불만을 잘 수용한다)는 초·중등 모두 '대체로 훌륭(평균 4.20)' 수준이다.

2) 학부모의 인식

① 민주적인 학교문화가 만들어졌는가?

민주적인 학교문화 형성도는 6개 문항으로 조사하였다. 이 지표에 대한 혁신학교 학부모의 인식은 아직 평균 '보통' 수준이다.

각 문항별로 살펴보면, 학부모회 구성 및 운영의 민주성(문항: 학부모회는 자발적으로 구성되어 민주적으로 운영되고 있다) 항목에서, 중등은 7개교가 '보

<표 9> 학부모의 '민주적인 학교문화 형성' 인식정도

학교 \ 항목		학부모회 구성 및 운영의 민주성	학부모회 참여도/ 소통/협력	민주적 토론문화 형성	학교운영위 활성화	협력적 교육공동체	교장의 공감리더십	평균
중등	학교01	3.60	3.53	3.60	3.70	3.78	3.77	3.66
	학교02	3.64	3.08	3.44	3.69	3.59	4.10	3.59
	학교03	3.79	3.19	3.49	3.66	3.68	3.87	3.61
	학교04	4.00	3.51	3.80	3.94	3.94	4.03	3.87
	학교05	3.79	3.10	3.69	3.76	3.76	4.05	3.69
	학교06	3.80	2.98	3.67	3.68	3.64	3.78	3.59
	학교07	3.79	3.14	3.65	3.77	3.77	3.98	3.68
	학교08	3.77	3.33	3.58	3.67	3.65	4.15	3.69
초등	학교09	3.62	3.23	3.46	3.69	3.31	3.69	3.50
	학교10	3.69	3.38	3.42	3.88	3.88	4.15	3.73
	학교11	3.86	3.07	3.55	3.72	3.79	3.79	3.63
	학교12	4.36	3.36	4.00	4.09	4.18	4.64	4.11
	학교13	3.93	3.25	3.57	3.84	4.02	4.23	3.81
	학교14	4.45	3.21	4.00	4.24	4.36	4.39	4.11
	학교15	3.76	3.11	3.70	3.81	3.97	4.05	3.73
	학교16	3.77	3.12	3.81	3.65	4.00	4.00	3.73
	학교17	4.05	3.57	3.90	4.05	4.10	4.10	3.96
	학교18	4.16	3.37	3.88	3.95	3.86	4.07	3.88
	학교19	4.59	3.71	4.41	4.41	4.65	4.76	4.42
	학교20	4.53	4.29	4.59	4.71	4.59	4.76	4.58
중등평균		3.77	3.23	3.62	3.73	3.73	3.97	3.67
초등평균		4.06	3.39	3.86	4.00	4.06	4.22	3.93
전체평균		3.95	3.33	3.76	3.90	3.93	4.12	3.83

통', 1개교가 '대체로 훌륭' 수준이다. 초등은 2개교가 '매우 훌륭', 4개교가 '대체로 훌륭', 6개교가 '보통' 수준이다.

학부모회 참여와 협력도(문항: 나는 학부모회에 적극 참여하며 상호간에 협력은 잘 이루어지고 있다)에서, 중등은 '아주 미흡' 1개교(13%), '미흡' 5개교 (63%), '보통' 2개교다. 초등은 '미흡' 9개교(75%), '보통' 2개교, '대체로 훌륭' 1개교다.

민주적 토론문화 형성도(문항: 우리 학교는 학교 운영 과정에서 토론·협의 시간 을 자주 갖는다)에서, 중등은 2개교가 '미흡', 6개교(75%)가 '보통' 수준이다.

초등은 '미흡' 2개교, '보통' 6개교(50%), '대체로 훌륭' 4개교(33%)다.

학교운영위 활성화(문항: 학교운영위원회는 학생들의 교육을 위해 학교와 상호 협조한다) 항목에서, 중등은 8개교 모두 '보통' 수준이다. 초등은 7개교(58%)가 '보통', 4개교(33%)가 '대체로 훌륭', 1개교가 '매우 훌륭' 수준이다.

협력적 교육공동체 형성(문항: 우리 학교는 학생·학부모·교사가 협력적이다) 항목에서, 중등은 8개교 모두 '보통' 수준이다. 초등은 1개교 '미흡', 4개교 (33%)가 '보통', 5개교가 '대체로 훌륭', 2개교가 '매우 훌륭' 수준이다.

교장의 공감 리더십(문항: 우리 학교 교장선생님은 따뜻하다) 항목에서, 중등은 4개교가 '보통', 4개교가 '대체로 훌륭' 수준이다. 초등은 2개교가 '보통', 7개교가 '대체로 훌륭', 3개교가 '매우 훌륭' 수준이다.

② 자신의 자녀가 다니는 현 학교에 만족하고 있는가?

자녀가 다니는 학교에 대한 학부모의 만족도는 8개 문항으로 살폈다. 이 지표에 대한 결과는, 초등(평균 4.18)이 중등(평균 3.79)보다 높은 것으로 나타났다.

문항별로 살펴보면, 자녀의 등교태도(문항: 우리 아이는 학교에 가는 것을 즐거워한다)에서, 중등은 '대체로 훌륭' 1개교, '보통' 6개교, '미흡' 1개교이나, 초등은 '매우 훌륭' 2개교, '대체로 훌륭' 9개교, '보통' 1개교다.

교사 만족도(문항: 나는 우리 학교 선생님들이 좋다)에서, 초등은 1개교를 제외하고는 '매우 훌륭' 또는 '대체로 훌륭' 수준이다. 중등은 2개교는 '대체로 훌륭', 6개교는 '보통'으로 응답했다.

수업 만족도(문항: 우리 학교의 교육과정과 수업 방법을 충분히 이해하고 신뢰한다)에서, 초등은 1개교만 '보통'이고 나머지 11개교는 '대체로 훌륭' 수준이다. 중등은 '미흡' 1개교, '보통' 6개교, '대체로 훌륭' 1개교다.

<표 10> 학부모의 학교 만족도

학교	문항	자녀의 등교 태도	교사 만족도	수업 만족도	학교 분위기 만족도	교우 관계 만족도	수업 내용 만족도	교장의 지도력 만족도	교육 환경 만족도	평균
중등	학교01	3.62	3.80	3.85	3.93	3.90	3.83	3.83	3.97	3.82
	학교02	3.31	3.62	3.46	3.41	3.77	3.51	3.62	3.79	3.53
	학교03	3.90	4.04	3.82	3.83	3.94	3.75	3.74	3.83	3.86
	학교04	3.77	3.91	3.63	4.00	4.17	4.09	3.91	3.94	3.93
	학교05	3.97	3.94	3.95	3.87	4.16	3.81	3.76	3.69	3.92
	학교06	3.89	3.73	3.54	3.66	3.98	3.53	3.67	3.78	3.71
	학교07	4.05	4.06	3.80	3.77	4.11	3.83	3.89	4.03	3.93
	학교08	3.56	3.50	3.52	3.50	3.85	3.77	3.69	3.60	3.63
초등	학교09	3.69	3.77	3.62	3.62	3.62	3.54	3.62	3.46	3.64
	학교10	4.19	4.23	4.15	4.08	4.31	4.00	3.88	4.15	4.12
	학교11	4.21	4.17	4.00	4.03	4.17	4.00	3.86	3.83	4.06
	학교12	4.09	4.36	4.18	4.36	4.09	4.27	4.45	3.91	4.26
	학교13	4.16	4.18	4.02	3.95	3.96	4.00	4.05	4.18	4.05
	학교14	4.39	4.42	4.39	4.55	4.39	4.27	4.48	4.03	4.41
	학교15	4.24	4.22	4.05	4.19	4.32	3.89	3.92	3.76	4.12
	학교16	4.31	4.50	4.15	4.15	4.12	3.96	4.00	4.23	4.17
	학교17	4.38	4.14	4.14	4.19	4.19	4.24	4.00	3.33	4.18
	학교18	4.35	4.14	4.14	3.98	4.21	3.95	4.12	3.91	4.13
	학교19	4.76	4.82	4.41	4.59	4.47	4.47	4.53	3.29	4.58
	학교20	4.53	4.47	4.47	4.65	4.24	4.41	4.53	4.59	4.47
중등평균		3.76	3.82	3.70	3.75	3.98	3.77	3.76	3.83	3.79
초등평균		4.28	4.29	4.14	4.19	4.17	4.08	4.12	3.89	4.18
전체평균		4.07	4.10	3.97	4.02	4.10	3.96	3.98	3.87	4.03

학교 분위기 만족도(문항: 자녀가 다니는 학교문화는 따뜻하고 평화롭다)에서, 초등은 3개교에서 '보통', 9개교에서 '대체로 훌륭' 수준이다. 중등은 '미흡' 1개교, '보통' 6개교, '대체로 훌륭' 1개교다.

교우관계 만족도(문항: 내 자녀는 학교 친구들과 협동적이고 좋은 관계를 유지하고 있다)에서, 초등은 2개교에서 '보통', 10개교에서 '대체로 훌륭' 수준이다. 중등은 5개교에서 '보통', 3개교에서 '대체로 훌륭' 수준이다.

수업내용 만족도(문항: 내 자녀는 학교교육을 통하여 새로운 것을 많이 배우고 있다)에서, 초등은 4개교가 '보통'이고, 8개교가 '대체로 훌륭' 수준이다. 중등은 대부분 '보통'이고 1개교만 '대체로 훌륭'으로 응답했다.

교장의 지도력 만족도(문항: 교장의 리더십을 신뢰하고 만족한다)에서, 중등은 8개교 모두 '보통', 초등은 2개교가 '매우 훌륭', 6개교가 '대체로 훌륭', 4개교가 '보통' 수준이다.

교육환경 만족도(문항: 내 자녀 학교는 학생이 공부하는 데 필요한 학습시설을 이용하기 편하다)에서, 초중등 모두 평균 '보통'이다. 중등은 대부분의 학교가 '보통'으로 응답했다. 초등은 '대체로 훌륭' 5개교, '보통' 5개교, '미흡' 2개교였다.

3) 학생의 인식

① 수업 시간에 잘 배우도록 선생님이 친절하게 도와주시는가?

교사의 친절하고 개별화된 학습지도 영역은 6개 문항으로 살폈다. 이 지표에 초·중등학생 모두 '보통'으로 응답했다.

문항별로 살펴보면, 문제해결력 강조(문항: 나는 학습시간에 스스로 문제를 해결할 수 있도록 안내를 받는다) 항목에서, 중등은 '보통'과 '미흡'이 각각 절반이지만, 초등은 2개교(17%)만 '미흡'이고, 나머지 10개교(83%)는 '보통' 또는 '대체로 훌륭' 수준이다.

공감능력 강조(문항: 선생님은 수업 시간에 우리가 서로 잘 듣고, 공감하는 것을 강조하신다) 항목에서, 초등은 5개교(42%)가 '대체로 훌륭', 7개교(58%)가 '보통' 수준이다. 중등은 7개교(88%)가 '보통', 1개교(12%)가 '미흡' 수준이다.

협력적 교우관계 형성지원(문항: 우리는 수업 시간에 협력적인 교우관계를 형성하도록 지원받는다) 항목에서, 중등은 '보통'과 '미흡'이 각각 절반이다. 초등은 '대체로 훌륭' 3개교(25%), '보통' 7개교(58%), '미흡' 2개교(17%)다.

<표 11> 학생이 인식한 교사 친절도

학교 \ 항목	문제해결력 강조	잘 듣고 공감하는 능력 강조	협력적 교우관계 형성지원	교사의 학생별 능력파악	교사의 학생별 감정파악	개인별 학습지도	계 (평균)
중등 학교01	3.43	3.72	3.45	3.47	3.47	3.77	3.55
학교02	3.15	3.38	3.31	3.26	3.05	3.62	3.29
학교03	3.87	3.88	3.96	3.92	3.76	4.08	3.91
학교04	3.79	3.74	3.74	3.82	3.58	3.84	3.75
학교05	3.44	3.56	3.47	3.43	3.33	3.77	3.50
학교06	3.52	3.50	3.47	3.19	3.33	3.73	3.46
학교07	3.60	3.61	3.60	3.43	3.48	3.87	3.60
학교08	3.47	3.51	3.62	3.51	3.38	3.75	3.54
초등 학교09	3.72	3.72	3.62	3.97	3.86	4.34	3.87
학교10	3.36	3.83	3.64	4.08	3.81	4.47	3.87
학교11	3.52	4.12	3.48	3.64	3.73	4.18	3.78
학교12	3.91	4.04	3.83	4.04	3.96	4.26	4.01
학교13	3.62	3.93	3.68	4.08	4.05	4.28	3.94
학교14	4.19	4.19	4.08	4.16	3.95	4.22	4.13
학교15	3.92	3.98	3.76	3.88	3.92	4.20	3.94
학교16	3.48	3.48	3.42	3.55	3.55	3.85	3.56
학교17	3.78	3.93	3.74	3.81	3.74	3.96	3.83
학교18	4.22	4.09	4.07	4.07	4.13	4.53	4.18
학교19	3.83	3.74	3.83	4.26	3.83	4.22	3.95
학교20	4.29	4.67	4.71	4.10	4.43	4.43	4.44
중등평균	3.54	3.61	3.58	3.50	3.42	3.80	3.58
초등평균	3.82	3.98	3.82	3.97	3.91	4.25	3.96
전체평균	3.71	3.83	3.72	3.78	3.72	4.07	3.81

교사의 학생별 능력파악도(문항: 수업 시간에 선생님은 우리들의 개개인의 능력을 잘 파악하고 계신다)에서, 중등은 대개 '미흡'과 '보통' 수준이다. 초등은 '대체로 훌륭' 58%, '보통' 42%다.

교사의 학생별 감정파악도(문항: 선생님은 우리들의 감정을 잘 파악하여 적절하게 지도하신다)에서, 중등은 주로 '미흡'이고 일부 '보통'이다. 초등은 대부분 '보통'이고 일부 '대체로 훌륭'이다.

개인별 학습지도(문항: 선생님은 수업(공부) 시간에 모르는 것을 해결할 수 있도록 잘 도와주신다)에서, 초등은 2개교에서 '보통', 9개교에서 '대체로 훌륭', 1개교에서 '매우 훌륭'으로 응답했다. 중등은 1개교에서 '대체로 훌륭', 7개교에서 '보통'으로 응답했다.

교사의 친절하고 개별화 된 학습지도영역 6개 항목 중에서 개인별 학습지도 항목에 대한 학생의 만족도(4.07)가 타 항목에 대한 만족도(대개 3.71) 보다 높은 편이다.

② 학교생활에 만족하고 있는가?

학생들의 학교생활 만족도는 8개 문항으로 파악하였다. 이 지표에 대한 조사 결과는 '보통' 수준이다. 초등학생이 중·고등학생보다 학교생활에 전반적으로 더 만족하고 있는 것으로 나타났다.

문항별로 살펴보면, 학교만족도(문항: 나는 학교에 가는 것이 즐겁다) 항목에서, '매우 훌륭'한 학교도 있고(초등 14번 학교), '아주 미흡'한 학교도 있다(중등 02번 학교).

중·고등학생의 교사만족도(문항: 우리 학교 선생님들은 내 이야기 잘 들어주고, 고민을 잘 이해해 주신다)는 8개교 중 6개교가 '미흡', 2개교가 '보통' 수준이다.

초등학생의 교사만족도는 12개교 중 4개교가 '대체로 훌륭', 7개교가 '보통', 1개교가 '미흡' 수준이다.

수업만족도(문항: 나는 수업을 통해 조금씩 변화하고 성장하고 있다고 생각한다)에서, 중등은 '보통'과 '미흡'이 각각 절반이고, 초등은 '대체로 훌륭'이 절반, '보통'이 절반이다.

교육관계 만족도(문항: 나는 학교 친구들과 협동적이고 좋은 관계를 유지하고 있다)는 초등과 중등 모두 '보통' 수준으로, 거의 비슷하다.

<표 12> 학생의 학교 만족도

학교 \ 항목		학교 만족도	교사 만족도	수업 만족도	교우관계 만족도	수업내용 만족도	교장교감 만족도	교육환경 만족도	계 (평균)
중등	학교01	3.57	3.40	3.52	3.82	3.63	3.85	3.78	3.65
	학교02	2.90	3.26	3.10	3.67	3.28	3.79	3.69	3.38
	학교03	3.82	3.76	3.76	4.01	3.87	3.99	4.14	3.91
	학교04	3.68	3.89	3.79	4.05	3.79	4.00	4.00	3.89
	학교05	3.73	3.30	3.48	4.03	3.61	3.84	3.65	3.66
	학교06	3.89	3.40	3.55	3.83	3.85	3.76	3.95	3.75
	학교07	3.70	3.43	3.48	3.70	3.68	3.75	3.85	3.66
	학교08	3.71	3.36	3.36	3.78	3.47	3.67	3.49	3.55
초등	학교09	3.62	3.76	3.79	3.90	4.00	4.28	4.07	3.92
	학교10	3.47	3.97	4.03	3.94	4.17	4.56	3.97	4.02
	학교11	3.73	3.55	3.58	3.52	3.73	3.70	3.36	3.60
	학교12	4.04	4.00	4.22	3.74	4.13	4.91	4.04	4.15
	학교13	3.78	3.70	3.73	3.77	4.03	4.03	3.97	3.86
	학교14	4.49	4.05	4.22	4.16	4.27	4.38	4.38	4.28
	학교15	3.75	3.69	3.65	3.78	3.86	3.69	3.73	3.74
	학교16	3.79	3.24	3.36	3.61	3.55	3.73	3.94	3.60
	학교17	3.96	3.85	3.81	3.81	3.85	4.19	3.48	3.85
	학교18	4.38	4.04	4.27	4.44	4.49	4.47	4.02	4.30
	학교19	4.09	3.70	3.91	3.48	4.09	3.91	4.13	3.90
	학교20	4.19	4.29	4.05	3.95	4.29	4.57	4.38	4.25
중등평균		3.62	3.47	3.50	3.86	3.65	3.83	3.82	3.68
초등평균		3.94	3.82	3.88	3.84	4.04	4.20	3.96	3.95
전체평균		3.81	3.68	3.73	3.85	3.88	4.05	3.90	3.84

수업내용 만족도(문항: 나는 학교 수업 시간에 새로운 것을 많이 배우고 있다)는 초등 대부분 '대체로 훌륭'인 반면, 중등은 대부분 '보통'에 속한다.

교장·교감 만족도(문항: 우리 학교 교장, 교감선생님은 우리에게 친절하시다)는 초등이 중등보다 현저히 높다.

교육환경 만족도(문항: 우리 학교는 내가 공부하는 데 필요한 학습시설을 이용하기 편하다)는 초등, 중등 모두 '보통' 수준이다.

3. 요약 및 결론

1) 요약

본 연구에서는, 제1기 혁신학교 교사들이 아래와 같은 6가지 질문에 어떤 인식을 하고 있는지를 파악하고자 하였다.

①민주적인 학교문화가 만들어졌는가?

②교사가 수업에 전념할 수 있도록 수업지원체제가 구축되었는가?

③교육과정 운영을 교과서 중심에서 벗어나 다양화하였는가?

④교사는 수업개선 관련 전문역량을 키우기 위해 노력하고 있는가?

⑤학교, 학생, 학부모, 지역사회가 서로 소통하고 협력하는 문화를 만들었는가?

⑥교사로서 현재의 직무에 만족하고 있는가?

제1기 혁신학교 교사들은, ①번 질문에 대해 초등과 중등 모두 '대체로 훌륭'한 수준(4.26)에서 '민주적인 학교문화'가 형성되었다고 응답했다. ②번 질문에 대해서는, 초등은 '대체로 훌륭'(4.25), 중등은 '보통'(3.73) 수준이라 응답했다. ③번 질문에 대해서는, 초등은 '대체로 훌륭'(4.37), 중등은 '보통'(3.73) 수준이라 응답했다 ④번 질문에 대해서는, 초등은 '대체로 훌륭'(4.27), 중등은 '보통'(3.63) 수준이라 응답했다. ⑤번 질문에 대해서는, 초등은 '대체로 훌륭'(4.24), 중등은 '보통'(3.95) 수준이라 응답했다. ⑥번 질문에 대해서는, 초등은 '대체로 훌륭'(4.24), 중등은 '보통'(3.86) 수준이라 응답했다. 요약하면, 교사들이 인식한 제1기 혁신학교 성과는 초등이 중등보다 높다.

본 연구에서는 또한 제1기 혁신학교 학부모들이 아래와 같은 2가지 질문에 어떤 인식을 하고 있는지를 살펴보고자 하였다.

①민주적인 학교문화가 만들어졌는가?

②자신의 자녀가 다니는 현 학교에 만족하고 있는가?

제1기 혁신학교 학부모들은, ①번 질문에 대해 초등, 중등 모두 '보통' 수준으로 인식하고 있었다. ②번 질문에 대해서는 초등은 '대체로 훌륭(4.18)', 중등은 '보통(3.79)' 수준이라고 응답했다. 요약하면, 학부모가 인식하는 제1기 혁신학교의 '민주적인 학교문화 형성도'는 초·중등 모두 보통수준이고, 학부모의 학교 만족도는 초등이 중등보다 높다.

끝으로 본 연구에서는 또한 제1기 혁신학교 학생들이 아래와 같은 2가지 질문에 어떤 인식을 하고 있는지를 살펴보고자 하였다.

①수업 시간에 잘 배우도록 선생님이 친절하게 도와주시는가?

②학교생활에 만족하고 있는가?

제1기 혁신학교 학생들은, ①번 질문에 대해 초등과 중등 모두 '보통' 수준이라고 인식하고 있었다. ②번 질문에 대해서도, 초등과 중등 모두 '보통' 수준이라고 응답하였다. 요약하면, 학생이 인식하는 혁신학교 교사의 친절도와 학교생활 만족도는 모두 보통 수준이다.

2) 결론

전라북도 제1기 혁신학교는 비교적 잘 뿌리를 내리고 있는 것으로 보인다. 혁신학교 착근도는 중등보다는 초등에서 높게 나타났다. 이는 중등교사의 문화와 관련 있는 것으로 보인다. 초등은 교사들의 출신학교가 '전주교대'로 거의 단일화되어 있어 교사들의 결속력이 높다. 이에 비하여 중등교사들의 출신학교는 다양하여 결속력이 그리 높지 않다. 전북도내 초등교사 대부분이 '전주교대' 출신이라는 사실은 초등교사들의 결속력을 높이지만 동시에 초등학교에서 민주적인 학교문화 형성의 장애물이기도 하다. 학교라는 공식 조직 밖의 선후배 관계가 공식 조직 내에서도 비공식적으로 작동하기 때문이다. 그러나, 최소한 혁신학교로 지정된 학교에서는 선후배 관계가 '한 번 해보자'는 의기투합의 긍정적 요소로 작용하고 있는 것으로 보인다.

혁신학교 교사들은 혁신학교의 대표적인 성과로 '민주적인 학교문화 형성'을 들고 있다. 과거에는, 학교가 '교장의 왕국'이라는 지적이 많았다. 그러나 제1기 혁신학교가 지정·운영되면서 이런 분위기에 변화가 일기 시작했다. 혁신학교를 중심으로 학교가 '교사들의 공화국'으로 바뀌기 시작했고, 이는 일반학교로까지 확산되고 있다. 전북교직계 교장 사이에는 이런 말이 떠돈다. '그 좋던 시절에 교장 한 번 못해보고, 이 좋던 시절에 교사 한 번 못해보고.' 민주적으로 바뀐 교직문화를 단적으로 표현하는 말이다.

혁신학교 교사들은 또한 일단 형성된 '민주적인 학교문화'의 유지에 가장 중요한 사람은 학교장으로 인식하고 있다. 잘 운영되던 혁신학교가 교장이 바뀌면서 과거로 돌아간 사례를 이 연구에서 확인하였다.

민주적인 학교문화 정착도에 대한 교사의 인식과 학부모의 인식 간에는 차이가 있음을 확인하였다. 교사들은 민주적인 학교문화가 '대체로 훌륭'한 수준에서 혁신학교에 뿌리내리고 있다고 보고 있지만, 학부모는 '보통' 수준이라고 인식하고 있다. 학부모는 혁신학교의 문화가 좀 더 민주적으로 바뀌어야 한다고 보고 있다.

'혁신학교 교사 연대', '혁신학교 학부모 연대'와 같은 건강한 조직이 자발적으로 만들어져 활발하게 운영되고 있다. 이 역시 제1기 혁신학교의 큰 성과다. 이러한 연대 조직을 통해 혁신학교 교사들은 성공사례뿐만 아니라 실패사례도 공유하고 있음을 확인하였다. 이는 혁신학교를 넘어 학교혁신으로 나아가는 데 아주 귀중한 밑거름으로 작용하고 있다.

혁신학교에 초창기부터 근무한 교사(또는 학부모)와 새로 전입한 교사(또는 학부모) 사이에 전반적인 혁신학교 운영(예, 수업공개)에 온도 차와 갈등이 존재하기도 한다. 이를 해결하기 위해서는 교사 독서토론 모임, 학부모 도서토론 모임 등이 활성화되어야 한다. '앞바퀴 교사(또는 학부모)'와 '뒷바퀴 교사(또는 학부모)'가 서로를 이해하는 기회를 가져야 한다. 혁신학교 교사 대부분(특히 초등교사)은 몸은 힘들지만, 매우 보람 있는 교직생활을 하고 있다고 인식하고 있다.

제1기 혁신학교의 교무실과 행정실 관계는 원만한 것으로 보인다. 학교에는 '분필'로 묘사되는 교사와 '볼펜'으로 묘사되는 행정직원 사이에 보이지 않는 갈등이 있다. 업무와 권한을 놓고 서로 미루고 다투는 현상이 존재했고, 지금도 존재한다. 제1기 혁신학교에서는 이러한 갈등이 거의 사라진 것으로 보인다. 제1기 혁신학교 행정실장들은 행정실의 존재 이유가 교사의 수업행위를 지원하기 위한 것임을 분명히 하고 있다. 이러한 행정실 직원의 의식변화는 제1기 혁신학교의 중요한 성과에 해당한다.

전라북도교육청에서는 제1기 혁신학교를 지정하면서 교사가 수업에 집중할 수 있도록 행정업무를 줄이는 정책을 폈다. 하지만 혁신학교 교사들은 이 정책의 효과를 크게 체감하고 있지 않다. 행정업무 축소 또는 간소화는 전라북도교육청이 앞으로 풀어야 할 과제다.

제1기 혁신학교 교사들은 '학생중심수업'의 실현하기 위하여 많은 노력을 기울이고 있다. '배움 공동체', '아이 눈으로 수업보기'와 같은 연수에 대부분의 혁신학교 교사가 참여하였다. 그러나, 혁신학교 학생들의 '수업만족도'는 아직 '보통' 수준이다. 교사들은 '이만하면' 과거에 비해 많이 바뀐 것이라고 생각하는데, 학생은 '아직도' 부족하다고 생각한다. '눈높이 불일치'라 부를 수 있는 현상이 제1기 혁신학교에 존재한다. 이 '눈높이 불일치' 현상의 본질을 밝히고 해소책을 제시하는 연구가 필요하다.

제15장. 중학교 교사가 경험한 전북 혁신교육

"인간은 자신이 쳐놓은 의미의 거미줄 망에 매달려 사는 동물이다. 문화는 이런 거미줄 망이며, 이 문화를 분석하는 작업은 의미를 찾기 위한 하나의 해석이다."

― 클리포드 기어츠(Clifford Geertz)

1. 서론

제11장에서 자세히 살핀 것처럼, 2010년 7월 1일 제16대 전라북도교육감으로 취임한 김승환 전북교육감은 그해 가을 혁신학교 정책을 그의 교육정책 중 가장 핵심적인 정책으로 추진하기 시작했다. 이 정책에 따라 2011년 3월, 20개의 제1기 혁신학교가 운영되기 시작하여 2020년 제10기 혁신학교까지 현재 111개의 혁신학교가 운영되고 있다.

지난 10년간 혁신학교 정책이 전북교육계에서 강하게 추진되면서 혁신학교의 성과를 밝히려는 연구물이 나타났고,[1] 혁신학교 정책에 관여한 장학사나 혁신학교를 경험한 교사들이 집필한 책이 다수 출판되었다.[2] 박승배는 전북권 교사들이 자신의 체험을 바탕으로 책을 집필하는 현상이 두드러진 것을 김승환 교육감이 재임기간 동안에 거둔 하나의 업적이라고

평가하였다.[3)]

이러한 연구보고서와 책들은 혁신학교를 확산하고 널리 홍보하는 데 큰 역할을 하였다. 그러나 이들은 혁신교육에 참여한 중학교 교사들의 삶을 생생하게 보여주지는 못하는 한계를 지니고 있다. 혁신교육에 참여한 중학교 교사들은 어떤 계기로 혁신교육에 참여하게 되었을까? 혁신학교를 어떤 학교라고 인식하고 있을까? 학교의 문화와 자신의 수업을 바꾸기 위해 어떤 노력을 하였을까? 무엇보다 그들의 삶에 어떤 변화가 일어났을까? 위에서 열거한 연구물들에는 이러한 질문에 대한 답이 충분히 나와 있지 않다. 이 연구에서는 이러한 질문에 답하고자 한다.

혁신교육을 실천하는 교사들은, 인류학자 클리포드 기어츠의 말을 빌려 표현하면,[4)] 자신이 혁신학교에 쳐놓은 의미의 거미줄 망에 매달려 살아가고 있다. 이 연구에서는 이들이 매달려 사는 거미줄 망을 분석하여 이들을 붙잡고 있는 의미를 찾아내고자 한다. 기어츠의 말처럼, 이 작업의 결과물은 어디까지나 본 연구자의 해석이다.

2. 연구방법 및 연구참여자

이 연구의 방법은 교육평설이다. 교육평설은 연구 참여자의 경험을 자세히 기술하고, 기술한 내용을 독자가 공감하도록 해석하고, 연구 참여자가 경험한 것의 가치를 연구자 나름의 기준에 근거하여 평가하는 비평문 형식을 취한다.[5)]

이 연구의 참여자는 혁신학교에 근무하며 혁신교육을 실천한 중학교 교사 5명이다. 연구 참여자 5명을 간략히 소개하면 다음과 같다. 이름은 모두 가명이다.

○ 이슬비 - 50대 중반의 중학교 여성 교감으로 1985년에 교직에 입직하여 35년째 근무하고 있다. 혁신학교 경험은 교사로 2년, 전문직(장학사)으로 4년, 혁신학교 관리자(교감)로 1년 6개월 정도 하였다.

○ 조수미 - 40대 후반의 중학교 여성 교사로서 1995년에 첫 발령 받아 25년째 교직에 몸담고 있다. 혁신학교 근무연수는 6년이다.

○ 손담비 - 50대 초반의 중학교 여성 교사로서 2000년에 첫 발령 받아 20년째 교직에 몸담고 있다. 혁신학교 근무연수는 8년이다.

○ 강미래 - 40대 초반의 중학교 여성 교사로서 2003년에 첫 발령 받아 17년째 교직에 몸담고 있다. 혁신학교 근무연수는 6년이다.

○ 양소망 - 40대 후반의 중학교 여성 교사로서 2004년에 첫 발령 받아 16년째 교직에 몸담고 있다. 혁신학교 관련 경험은 교사로 약 8년, 전라북도교육청 교육혁신과에 파견된 학습연구년 교사로 1년 정도를 하였다.

연구 참여자와의 면담은 2019년 8월에서 9월 사이에 이루어졌다. 면담에 소요된 시간은 1인당 대략 1시간 40분 정도였다.

면담은 구조화된 면담과 비구조화된 면담 2가지를 모두 사용하였다. 구조화된 면담을 위해서는, 엘리엇 아이즈너(Elliot Eisner)가 지적한, 학교를 개혁하기 위해 주의를 기울여야 5가지 차원 —의도 차원, 구조 차원, 커리큘럼 차원, 수업 차원, 평가 차원— 을 참조하여 문항을 구성하였다.[6] 구조화된 면담을 위해 사전에 준비한 질문은 〈표 1〉과 같다.

〈표 1〉과 같은 질문을 가지고 면담을 하면서 연구 참여자의 답변이 주제에서 벗어나더라도 이를 제지하지 않고 연구 참여자의 의식의 흐름을 최대한 존중하려 노력하였다. 면담과정에서 이야기를 들어가며 처음에 의도하지 않은 질문을 생성하여 묻기도 하였다. 이러한 과정을 통해 본 연구자는 연

〈표 1〉 혁신교육 관련 경험 파악을 위한 질문

순서	영역	질문
1	인적정보	선생님에 대한 소개를 부탁드려도 될까요?—나이, 근무지 및 직위, 연구와 관련된 기타 인적 정보 등
2	이야기 윤곽 잡기	혁신학교 혹은 혁신교육에 참여하면서 가장 인상적인 경험을 말씀해 주세요.—연구주제에 대한 교원의 기억 소환
3	의도 차원	선생님은 어떤 계기로 혁신학교 혹은 혁신교육을 경험하게 되었나요?—혁신학교·혁신교육 참여 동기
4	구조 차원	선생님께서 경험한 혁신학교는 기존 학교체제와 비교했을 때, 어떠한 차이가 있었습니까?—수업시간 및 공간 조정, 학교조직 구성, 행정업무처리, 인사 업무 등
5	학교교육과정 차원	선생님은 과거 혁신학교에 근무할 때, 어떠한 방식으로 교육과정을 재구성하셨나요?—단위학교 및 교실(사) 수준 교육과정 편성 및 운영, 교육과정 다양화
6	수업 차원	선생님은 혁신학교 혹은 혁신교육과 관련하여 어떻게 교실수업을 하셨나요?—교실수업 개선 노력, 인성 및 학력 향상을 위한 교수법 등
7	평가 차원	선생님은 혁신학교에 근무할 때, 어떠한 방식으로 교과 및 학생 평가를 하셨나요?—전라북도 성장평가제, 참 평가, 과정중심 평가, 준거지향 평가
8	혁신정책에 대한 교원들의 자평	학생들이나 학부모는 지난 혁신학교 및 혁신교육에서 어떠한 경험을 했을까요?—학생의 교육적 성장과 학부모의 교육만족도
9	혁신교육의 방향	앞으로 보다 좋은 혁신학교나 혁신교육을 실현하기 위해 무엇을 해야 할까요?—혁신학교의 확산 및 발전, 혁신교육의 지속가능성, 미래교육

구 참여자가 혁신교육을 실천하면서 느낀 보람과 한계를 세밀히 파악하고 자 하였다.

3. 전북 중학교 교사들의 혁신교육 경험에 대한 기술 및 해석

1) 혁신학교 또는 혁신교육 경험계기

교사들이 혁신학교 또는 혁신교육을 경험하는 과정은 크게 세 부류로 나눌 수 있다. 첫째는 혁신학교 내부에 있는 교사의 권유 또는 영입에 의해 혁신학교로 근무지를 옮기는 경우다. 둘째는 어느 학교에 근무하는 동안 그

학교가 혁신학교로 지정되어 혁신교육을 자연스레 경험하는 경우다. 셋째는 집에 가까워 출퇴근이 편해 혁신학교로 옮기는 경우다. 교사들은 제각기 다른 혁신교육 경험계기를 이렇게 말한다.

제가 ○○중학교 교사로 근무하던 시절 교원단체에 가입하여 열심히 활동했습니다. 이런 저를 당시 ○○○ 선생님이 눈여겨보시고 나중에 혁신학교인 ○○중학교로 오라 해서 그리 가게 되었습니다(양소망).

혁신학교라는 말이 나오기 전에 이미 해당 학교에 근무하면서 학교 살리기 운동을 이리저리 하다가 혁신학교 정책이 실시되면서 '우리도 자격이 되는 것 같으니 신청해 보자' 뭐 이렇게 된 거죠(이슬비).

학교를 옮길 때가 돼서 어디로 갈까, 고민하고 있을 때 평소 알고 지내던 선생님과 상의했더니 '여기 오면 교사로서 보람을 느낄 수 있을 거야' 이 말에 '네, 그럼 그리 갈게요' 그랬어요(조수미).

선배가 오라고 해서 혁신교육이 뭔지도 모르고 왔어요. 제가 2006년부터 4년간 이 학교에 근무했던 적이 있는데, 그 기간에 알게 된 선배가 전화로 '○○교과 자리 하나 빈다, 올래?' 그러더라고요. 와보니 혁신학교 하고 있더라고요(손담비).

당시 나이가 30대 초반이었고, 아이들이 어려서 제 손길이 많이 필요해서 집 가까운 ○○중학교로 옮겼습니다. 가보니까 그 학교가 혁신학교라 하더라고요(강미래).

이처럼 교사들은 동료나 선배의 권유나 영입으로 혁신교육을 경험하는 경우가 많다. 대개 6년마다 한 번씩 학교를 옮겨야 하는 중학교 교사들은 평소 친하게 교류하며 지내는 동료나 선배의 조언에 따라 다음 근무지를 선택하는 것으로 보인다.

2) 혁신학교는 '산' 경험을 하는 곳

혁신학교는 그곳에 근무하는 교사들에게 '인상적인' 경험을 제공하는 곳이다. 듀이(Dewey)는 우리가 한 어떤 경험이 거기에서 끝나지 않고 우리 내부에 살아남아서 완성을 향하여 나아가는 경험을 '산' 경험이라 불렀다.[7] 하다가 힘들거나 누가 방해하면 그만 포기해버린 경험과는 확연하게 구분되는, 우리가 하는 다양한 경험을 통합하면서 우리를 성장으로 이끄는 경험이 '산' 경험이다.

혁신교육을 경험한 교사들은 한결같이 자신의 교직 인생이 혁신교육을 경험하기 전과 후로 나뉜다고 말한다. 어느 교사는 혁신학교에 오기 전 학원 강사처럼 수업했고, 학생들이 '선생님, 학원 강사 같아요'라고 말하면 이를 칭찬으로 여겼으나, 혁신학교에서 이러한 생각이 깨졌다고 말한다.

> 옛날에는 교과서를 학생들 머릿속에 넣은 것이 핵심이었죠. 그때는 거의 학원 강사급이었습니다. 그때 학생들이 '선생님은 학원 강사 같아요'라고 말하면 칭찬으로 여겼습니다. 지금도 일부 젊은 선생님들은 그런 말 듣고 좋아하는 선생님이 계세요. 그럼 저는 속으로 '에고, 아직 멀었구나'라고 생각하죠. 지금은 아이들의 영어 구사력이 향상되게끔 수업하려고 노력합니다. 교과서를 벗어나 영어 동화책, 유튜브, 팝송, 인터넷, 디즈니 영화를 수업 시간에 많이 활용합니다(강미래).

어느 선생님은 평생 멘토를 삼을 만한 교사를 혁신학교에서 만났고, 바람직한 교사의 모습, 좋은 수업에 대한 관점, 학생들을 대하는 방식을 혁신학교에서 새로 정립했다고 말한다.

> 보상 없이 숨어서 일하시는 선생님들을 보면서 바람직한 교사의 모습을 정립할 수 있었고, 멘토를 삼을 수 있는 선생님들을 만났습니다. '수업을 할 때는 이렇게 해야겠구나, 아이들을 대할 때는 저렇게 해야겠구나'는 식의 깨달음을 얻는 기회였어요(손담비).

3) 혁신학교와 비 혁신학교의 차이

혁신학교와 비 혁신학교의 차이는 무엇일까? 첫째는 혁신학교에는 억압적이지 않고 자유로운 소통 문화가 존재한다고 교사들은 말한다. 비 혁신학교 근무 시절에는 나이가 어리다고 회의시간에 발언권 자체를 주지 않았는데, 혁신학교에서는 나이에 관계없이 동등하게 대우하는 문화가 매우 신기하기까지 했다고 어느 교사는 말한다.

> 제가 혁신학교인 ○○중학교에 오기 전 근무했던 학교에서는 제 나이가 어려서 회의시간에 발언권 자체가 없어요. 그래서 그 당시 '마흔만 넘어봐라', '가방끈을 키우기 위해 대학원을 다녀야겠다', 이런 생각을 많이 했습니다. 그런데 혁신학교인 ○○중학교에 오니까 제 생각을 자유롭게 말할 수 있는 기회를 주더라고요. 매우 신기했습니다. 혁신학교라서 이렇게 다른가? 하는 생각이 들었습니다(강미래).

둘째는 모든 교사가 주 1회 정례적으로 모인다는 것이다. 어느 교사는 자신이 근무하는 학교가 혁신학교로 지정되고 난 후 일어난 대표적인 변화를 이렇게 말한다.

혁신학교 지정되고 일어난 변화는, 매주 수요일을 모든 교사가 모이는 날로 정해서 도서관에 모였어요. 그래가지고 어떤 주는 특정 주제에 대하여 심도 있는 논의를 했고, 어떤 주에는 책 읽고 그 내용을 이야기하는, 그러니까 독서토론이죠, 이런 문화를 2012년에 혁신학교 되면서 처음 시작을 했죠. 저는 이게 바로 교사학습공동체의 시작이라고 봅니다. 이게 혁신학교 되기 전과 된 후의 가장 큰 변화라 봅니다. 이를 요즘에는 '배움과 성장의 날'이라고 부릅니다(이슬비).

셋째는 혁신학교에서는 모든 교사가 기꺼이 수업을 '연다'는 것이다. 수업을 '연다'는 것은 동료교사 앞에서 공개수업을 하는 것 이상의 의미를 지닌다. 수업을 열면서 중학교 교사들 사이에 존재하던 교실과 교실의 벽, 과목과 과목의 벽, 담임과 담임 사이의 벽이 무너졌고, 교사들 사이에 끈끈한 동료성이 형성된 것으로 보인다.

혁신학교는 선생님들이 자신의 수업을 열게 하는, 공개하게 하는 그릇과 같아요. 혁신학교라는 제도가 있었기 때문에 선생님들이 수업을 열게 되었다고 생각해요. 동료 또는 선배들이 수업을 열어서 그 반에 들어가 관찰하면서 많은 것을 깨닫게 되었어요. '어, 나랑 다르네' 하는 깨달음이죠. 동료나 선배 교사의 수업을 보면서 그 선생님의 교실에서의 삶의 모습, 의사소통 방법, 아이들과의 관계를 볼 수 있었죠. 그전에는 교무실 옆자리에 서로 앉아 있어도 사적인 이야기 좀 나누고, 업무처리 좀 도와주고 그런 관계에 그쳤거든요. 교실에서 어떤 행동을 하는지는 서로 몰랐죠. 그런데 혁신학교가 되고 수업을 서로에게 열면서 교실과 교실의 벽, 담임과 담임 사이의 벽이 무너진 거죠. 그러니까, 그전에는 '내 반 내가 책임진다'는 생각이 강했는데, 수업을 열면서 아이들을 공동으로 지도하는 문화가 서서히 만들어졌죠. '아이의 참된 성장'이라는 공동 목표를 가지고 함께 노력하고 협력하는 진정한 동료로 변했어요(손담비).

또, 교사들은 전라북도교육청에서 '배움과 성장의 날'이라고 이름 붙인 날을 활용하여 수업을 열게 되면서 학생을 관찰할 기회가 많아졌고, 이 과정에서 학생들의 새로운 모습을 보게 되면서 학생을 진정으로 존중하는 문화가 만들어졌다고 말한다.

> 혁신학교는 아무래도 수업을 열고 서로 협의하는 일에 적극적이죠. 그러다 보니 아이를 관찰할 기회가 많아요. 수업을 열면 내 과목에서 잠만 자던 아이가 다른 과목에서는 열심히 참여하는 모습을 보게 되고, 그 결과 그 아이를 달리 보게 돼요. 편견이 사라져요 (양소망).

흔히 혁신학교의 특징으로 '민주적인 학교문화'를 드는데, 이는 비 혁신학교도 쉽게 따라 할 수 있는 것이라고 말한다. 그러나 수업을 '여는' 것은 결코 쉬운 일이 아니어서, 수업을 여느냐의 여부가 혁신학교와 비 혁신학교를 구분하는 기준이 될 것이라고 강조한다.

> 민주적인 회의 문화 이런 거는 쉽게 따라 할 수 있다고 생각해요. 그러나 수업을 보여주는 것은 정말 큰 마음 먹지 않으면 되는 게 아닙니다. 그래서 수업을 공개하면서 서로 협의하는 공동체가 형성되어 있느냐의 여부가 이 학교가 혁신학교냐 아니냐를 결정한다고 봅니다(강미래).

넷째는 혁신학교에는 교사들 간에 협업하는 문화, 함께 공부하는 문화가 발달해 있다는 것이다. 흔히 '전문적교사학습공동체'라 부르는 문화가 혁신학교에는 상대적으로 잘 형성되어 있는 것으로 보인다.

혁신학교라는 타이틀이 붙지 않은 학교는 교사가 수업이나 생활지도로 힘들 때 혼자 각개전투를 하지만, 혁신학교에서는 교실에서 힘들 때 나의 아픔을 함께 고민한다는 것입니다. 나의 아픔을 말할 수 있고, 해결책을 같이 고민하는 문화가 혁신학교에는 잘 형성되어 있습니다. 이런 협업 문화 형성되어 있느냐 아니냐가 혁신학교와 비 혁신학교를 구분 짓는 한 기준이 될 수 있다고 봅니다. 흔히 비 혁신학교 선생님들 만나보면, '혁신학교 선생님만 열심히 합니까? 우리도 열심히 합니다'라고 말씀하십니다. 옳은 말입니다. 비 혁신학교 선생님들도 열심히 하십니다. 다만, 비 혁신학교 교사는 개인으로 열심히 하지만, 혁신학교 교사는 서로 협업하면서 열심히 한다는 것입니다(이슬비).

전문적교사학습공동체는 혁신학교를 운영하면서 학교가 흔들릴 때 학교의 중심을 잡아주는 역할을 하면서, 어려움을 극복하게 하는 힘으로 작용하는 것으로 보인다.

흔히 잘되고 있는 혁신학교라고 알려져 있는 ○○중학교에도 흔들림이 있었어요. 중심을 잡던 선생님이 나가시고 새로운 선생님이 오시는 과정에서 학교 분위기가 흔들리는 것은 자연스런 거지요. 그런데 이를 극복하고 꾸준히 나아갈 수 있는 힘은 전문적교사학습공동체였다고 봐요. 수요일마다 수업도 나누고, 회의도 하고, 독서 토론도 하고, 아이들에 대한 고민도 나누고 하니까 서로서로 격려가 되었던 것 같아요. 전문적교사학습공동체가 지속될 수 있도록, 더 많이 생길 수 있도록 교육청에서 집중적으로 지원하는 것은 혁신학교 또는 혁신교육을 지속하는 데 매우 중요하다고 봅니다(양소망).

교사들의 공부모임인 전문적교사학습공동체는 교사의 성장에 매우 큰 영향을 미치고 있는 것으로 보인다. 전공이 달라 평소 전문적인 대화를 나눌 기회가 없던 중학교 교사들이 공통된 주제를 놓고 서로 대화하고, 연수도 같이 받게 되면서 성장했다고 어느 교사는 고백한다.

혁신학교인 ○○중학교에는 교사를 성장시키는 프로그램이 많았습니다. 책도 같이 읽고, 감정코칭, 비폭력 대화 연수, 모든 연수를 다 받았거든요. 이런 것들을 접하지 않았으면 청소년기 학생들을 많이 이해하지 못했을 것 같고, 교사로서의 나의 정체성, 나의 역할도 제대로 찾지 못했을 것 같아요. ○○중학교에 40대 초반에 가서 5년 근무하며 저 자신이 엄청 성장했어요. 아이들이 행복한 학교는 어떤 학교인가, 아이들은 왜 학교에 와야 하는가, 나는 왜 가르치는가 등에 대하여 처음으로 고민하면서 나를 성찰하는 시기였고, 교사 공동체에 처음으로 몸을 담았던 시기였고, 아이들과의 관계를 어떻게 형성해야 하는가를 고민하는 시기였습니다(강미래).

전문적교사학습공동체는 또한 학생들에게도 아주 긍정적인 영향을 미치고 있는 것으로 보인다. 교사들이 공부하는 모습, 민주적으로 회의하는 모습, 소통하고 협의하는 모습은 학생들에게 바람직한 '잠재적 교육과정'의 역할을 하고 있는 것으로 해석된다. '잠재적 교육과정'이란 교사가 일부러 가르치지 않아도 교사의 모습이나 학교문화를 통해 학생들이 은연중에 배우는 것을 말한다.

선생님들이 모여서 수업공개도 하고 협의회도 하고 그러니까, 이런 소통하고 협력하는 문화를 봐서 그런지 아이들도 무슨 문제가 생기면 목소리 큰 아이의 뜻대로 가는 게 아니라 서로 대화하고, 협의하고, 소통하려고 하고 그러더군요(양소망).

요약하면, 혁신학교에는 비 혁신학교에 비해 상대적으로 민주적인 회의 문화, 수업공개 문화, 전문적교사학습공동체, 협업문화가 잘 발달해 있고,

교사들은 이런 혁신학교문화 속에서 교사로서의 자신의 삶에 지대한 영향을 미치는 '인상적인' 경험을 하고 있다.

4) 교과서를 던지기 위한 몸부림

혁신교육을 경험한 교사들은 '교과서를 던지려고' 노력하였다고 입을 모은다. 교사들은 '교과서 던지기'를 '교과서 내려놓기', '교과서 벗어나기', '교육과정 재구성' 등으로도 부른다. 이러한 말은 '교사는 교육과정을 가르쳐야지 교과서를 가르쳐서는 안 된다'는 자각에서 비롯된 것으로서, 교사가 수업을 할 때 전통적으로 하던 '교과서 진도를 나가는 수업'에서 벗어나는 것을 말한다.

국가가 소위 전문가를 동원하여 만들어주는 교과서는 교육과정을 구현하기 위한 한 수단에 불과한 것인데, 그동안 교사들은 교과서를 마스터하면 된다고 생각하였다. 혁신학교에서는 이러한 고정관념에서 벗어나려고 노력하고 있다고 말한다.

> 자유학기제를 하기 전에 많은 고민을 했습니다. 저는 자유학기제 기간 동안에는 교과서를 던져야 한다고 생각했어요. 자유학기 동안 주제 탐색 수업 34시간을 하기 위해서는 한 학기 고민 이상이 있어야 되더라고요. 2학기 자유학기를 앞두고 여름방학 때는 두려움까지 생겨요. 잘 할 수 있을까, 교과서 던지는 일이 결코 쉬운 일이 아니더라고요. 수업을 공개하는 일이 1주일 고민거리라면, 교과서를 던지는 일은 1개 학기 고민거리였습니다(강미래).

강미래 교사의 고백은 교과서를 벗어나는 일이 교사에게 얼마나 어려운 일인지를 잘 보여준다. '학생참여형 수업'과 '다양한 체험활동'을 권장하기 위해 국가가 만들어 시행하고 있는 자유학기제 동안에도 교사에게 교과서를 벗어나는 일은 결코 쉬운 일이 아니다.

교과서를 벗어나려는 노력은 과목에 따라서 편차가 심하다. 수학이나 영어교과보다는 사회나 국어 등의 교과에서 더 적극적으로 일어나고 있는 것으로 보인다.

저는 개인적으로 애들이 '라이언 킹' 같은 디즈니 애니메이션 보고 영어공부를 했으면 좋겠습니다. 애니메이션 열심히 보면 리스닝 되고, 리스닝 되면 자연스럽게 스피킹 되거든요. 그런데 이게 중학교 수업시간에는 활용하기 쉽지 않습니다. 왜냐하면, 시험을 문법 중심으로 내기 때문입니다. 우리 학교교육의 종착역이랄까, 최종목표가 수능을 통과하는 것이어서, 초등학교 때 듣기, 말하기 중심으로 영어공부를 하다가도 중학교 때부터는 고등문법과 시험에 나오는 어휘를 강조할 수밖에 없습니다. 따라서 저도 교과서를 중심으로 문법과 어휘를 꼼꼼하게 다룰 수밖에 없더라고요(강미래).

수학은 교육과정 재구성 자체가 좀 힘들어요. 수학의 위계 구조상 단원을 그대로 따라야 하게 되어 있거든요. 다만 수업을 할 때 칠판에 문제풀이하며 설명하는 수업보다는 활동지 만들어 나누어주고 아이들이 모둠으로 협력해서 해결하고 앞으로 나와 발표도 하게 하는 등의 노력을 해요(조수미).

우연한 기회에 2015개정 교육과정에 근거한 교과서 집필진에 포함되어 중학교 1~3학년 6개 학기 국어교과서 총 6권을 집필했습니다. 집필진이 한 14명 정도 됐는데, 이분들이 대부분 혁신학교에 근무해가지고 교과서로 거의 수업을 안 하시는 분들이었어요. 우리가 쓴 교과서가 거의 워크북 형태의 교과서였어요. 학생이 활동을 하게 만드는 그런 교과서를 만들었어요. 그래서 이 교과서로 수업하시는 분들은 되게 싫어하시기도 해요. 엄청 귀찮게 하는 교과서인 거죠. 특히 연세 드신 선생님들은 이런 교과서 엄청 싫어하세요. ㅎㅎ(양소망).

혁신업무를 맡았을 때는 업무에 치이다 보니까 교육과정 재구성을 할 엄두를 못 냈어요. 남들에게는 그렇게 하라고 말하면서 저 자신은 그걸 못했던 거죠. 그러다가 혁신업무를 내려놓고 사회과 교사로 돌아오면서 교육과정 재구성을 하게 됐어요. 그러면서 교과서를 벗어나 활동지를 만들어 나누어 주고 모둠 활동을 하게 하는 활동 중심 수업으로 바꾸게 되었어요. 이런 수업을 8년간 지속하다 보니까 사회과 수업자료가 두꺼운 파일 2개 분량이 되더라고요. 출력하지 않고 컴퓨터 파일로 존재하는 것까지 합하면 더 많아요. 그래서 지금은 이걸 해마다 조금씩 바꾸고 개선해서 수업 시간에 활용하고 있어요(손담비).

'교과서 벗어나기'에 과목별로 편차가 발생하는 것이 과목의 성격 탓인지 아니면 교사의 역량 탓인지는 분명치 않다. 중요한 것은 혁신교육을 경험하면서 교사들은 '교과서 설명식 수업'에서 벗어나 '학생참여형 수업'을 하려고 부단히 노력하고 있다는 것이다. 이들은 학습활동지를 만들어 학생에게 나누어 주며 수업을 하거나, 아니면 아예 학습활동지 형태의 교과서를 뜻이 맞는 교사들과 함께 만들어 활용하고 있다.

5) 과정중심평가, 가야 할 먼 길

혁신교육을 하면서 교사들은 평가 방식을 바꾸고자 했다. 교사가 활동중심적인 수업을 했어도 평가가 여전히 선다형 일제고사 형식으로 이루어지면 학생은 여전히 교과서를 암기하는 활동을 계속할 것이기 때문이다. 평가 방식이 교사의 교수활동과 학생의 학습활동에 지대한 영향을 미치고 있음을 잘 알고 있기에 교사들은 이를 개선하자는 데 공감한다. 그러나 현실에서 과정중심평가, 성장평가는 아직 가야 할 길이 멀다. 평가를 잘 바꾸지 못하는 이유를 교사들은 이렇게 말한다.

과정중심평가, 성장평가를 하려고는 하는데, 한계가 있어요. 아이들이 글을 써내면 이걸 읽어서 피드백을 주어야 하는데, 아이들이 다 써내면 5개 반이니까 150명이거든요. 수업을 22시간 들어가고, 업무 있고 해서 150명을 틈틈이 읽는 데 한계가 있어요. 성장평가, 과정중심평가라면 당연히 학생이 쓴 글을 피드백해주고 학생은 글을 다시 쓰고 하는 과정을 밟으면서 제가 학생의 성장을 파악해야 하는데, 현실상 이게 잘 안 되고 있어요. 그래서 고민입니다. 제가 학생의 성장을 파악하기 위해서 어디까지 해야 하는가. 이 지점에 제 고민이 있어요(양소망).

교육과정-수업-평가가 일체화되어 있지는 않다고 봅니다. 과정중심평가의 필요성을 인식은 하고 있으나 구체적 실천도는 그리 높지는 않은 것 같아요. 한 30~40퍼센트 정도 되지 않나 싶어요. 제가 예단하기는 위험한데, 왜 교사들이 과정중심평가를 적극 사용하지 않느냐면요, 첫째는 익숙하지 않아서고, 둘째는 힘들기 때문이 아닌가 싶습니다. 지금 사용하는 수행평가는 십수 년 사용해서 익숙하지만 과정중심평가는 생소하거든요. 과정중심평가를 하려면 매시간 봐줘야 하는데, 그냥 살펴보는 것하고 평가를 염두에 두고 보는 것하고는 많이 다릅니다. 수업 시간에 활동을 했으면 활동지를 걷어서 쉬는 시간에 그때그때 기록을 해 놓아야 하는데, 선생님들이 쉬는 시간에는 쉬려고 하잖아요. 그래서 교사들이 과정중심평가를 잘 사용하지 않는다고 생각합니다(이슬기).

교사들의 말을 요약하면, 과정중심평가, 성장평가는 그렇지 않아도 바쁜 교사를 더 바쁘게, 힘들게 만든다는 것이다.

교사들이 평가를 선뜻 바꾸지 못하는 또 하나의 까닭은 소위 객관적인 기준을 적용하여 한 줄로 세우는 것이 공정하다고 보는 우리 문화다. '평가=등급', '평가=선발'이라고 보는 문화가 우리 사회를 지배하고 있기에 교사들이 평가를 개선하는 일에서 자유롭지 못하다고 어느 교사는 말을 이어간다.

> 수업은 선생님들이 그래도 잘 바꾸시는데 평가는 잘 바꾸지 못하시는 것 같아요. 평가는 결국은 상급학교 진학과 연관시켜야 되니까 줄 세워야 된다, 변별도 높여야 한다, 이런 생각을 해요. 이야기를 나누다 보면 상위 1퍼센트를 위한 평가 관점에서 아직도 벗어나지 못하고 있는 것 같아요(양소망).

6) 용어는 확산, 그러나 체험의 재생산은 아직

전라북도교육청에서 혁신교육을 시작한 지 10년 쯤 됐고, '혁신학교를 넘어 학교혁신'이라는 슬로건이 김승환 교육감 제2기(2014.7~2018.6) 교육정책 중 하나였으니 혁신교육은 널리 확산되었을 법하다. 그러나 혁신교육을 경험한 교사들은 생각이 사뭇 달랐다. 혁신교육을 하면서 사용하는 용어는 확산되었으나 혁신교육의 체험구조까지는 아직 복제되지 못했다는 것이다.

> 일반 학교는 어떨까? 궁금해서 가봤더니, 혁신학교에서 당연하다고 생각되던 것들이 거기서는 전혀 당연하지가 않더라고요. 혁신학교문화가 소중한 것을 일반 학교 가서 알았어요. 수업공개, 교사학습공동체 이런 것들이 일반학교에도 외양은 다 있습니다. 문서상 이런 것들 다 존재해요. 페이퍼 스쿨. 그런데 혁신학교에서는 그런 것들이 정말 제대로 이루어지거든요. 문서보다 실제 일어나는 일이 훨씬 많아요. 혁신학교에는 풍부한 스토리가 있는데, 일반 학교에는 그게 없어요(강미래).

책 읽는 것만 좋아하시는 선생님이 있고, 또 연수만 좋아하시는 선생님이 있어요. 어떤 분은 제 연수를 아홉 번째, 열 번째 듣는 분도 있었어요. 그런 분들에게 제가 '이제는 제 연수 그만 들으시고 선생님이 실천하시고 그 사례를 얘기하면 좋지 않겠어요?'라고 농 담처럼 이야기하는데, 지식만 쌓고 실천하지 않는 것이 문제라 봅니다(양소망).

혁신교육 체험 구조가 제대로 복제 또는 재생산되지 못한 결과 나타나는 현상은, 혁신교육을 경험한 교사들이 '민들레 홀씨'가 되지 못하고 '느티나 무 그늘' 아래로 다시 돌아오는 일이 늘었다는 것이다. 혁신교육을 초창기 부터 경험했던 어느 교사는 이렇게 말한다.

혁신학교 운동 초창기에 세운 목표가 일단 A라는 학교를 혁신학교로 지정하면, 여기에 서 교사들이 훈련을 받을 것이고, 이들이 일정한 시간 후에 다른 학교로 가서, 그곳을 혁신학교처럼 만든다는 것이었죠. 그러니까 민들레 홀씨가 되어 그 새 학교에 뿌리내리 고 꽃을 피우기를 기대한 것입니다. 그런데, 그 새로운 학교에 정착하지 못하고 1~2년 후에 다시 혁신학교로 돌아오는 교사들이 적지 않았습니다. 느티나무 그늘 아래로 돌 아온 것입니다. 물론 일부 교사는 민들레 홀씨 역할을 성공적으로 수행하기도 했습니 다. 그러나 혁신학교처럼 서로 협업하는 문화가 뜻대로 형성되지 않아 힘들어하는 교사 가 적지 않았던 것은 사실입니다(이슬비).

7) 혁신학교는 학력신장에 소홀하다는 풍문에 대한 해명

일반인은 언론을 통해 '혁신학교는 기초학력신장에 소홀하다'는 기사를 자주 접한다. 정말 혁신 중학교에 다니면 성적이 떨어지는 것일까? 이러한 우려 또는 평에 대하여 혁신교육을 경험한 중학교 교사들은 이 질문 자체 가 잘못되었다고 말한다. 전주시내 같은 경우 혁신학교로 지정된 중학교가 낙후된 원도심 지역의 비 선호학교 인데, 이런 학교를 소위 '선호학교'와 비교해 학력저하 운운한다는 것 자체가 말이 되지 않는다는 것이다.

전주 같은 경우 혁신학교로 지정된 중학교는 상대적으로 원도심 지역의 열악한 낙후된 지역의 학교들입니다. 이런 학교를 전주의 다른 학교와 비교하여 학력이 낮네, 높네 하는 것 자체가, 단순비교한다는 것 자체가 오류잖아요(이슬비).

혁신 중학교에 다니는 학생들의 기초학력이 비 혁신학교에 다니는 학생들보다 떨어진다는 말은 처음부터 말이 안 된다고 생각해요. 전주의 경우, 학교 위기를 겪고 있는, 학부모들이 선호하지 않는 학교를 혁신학교로 지정해서 학교를 살리는 것이 우선적인 목표였어요. 따라서 혁신학교 하면서 학교가 '살아났느냐'를 보아야지 비 혁신학교와 비교했을 때 성적이 어떠냐를 보는 것은 넌센스라는 생각입니다(손담비).

혁신교육을 경험한 교사들은 전국단위 성취도 검사에서 점수를 높이는 것은 그리 어렵지 않다고 말한다. 정규교육과정 중단하고 문제 풀이 반복하면 성적은 올라간다는 것이다. 그러나 전라북도교육감은 이런 방법으로 점수를 올리고 싶어 하지 않는다는 것이다. 어느 교사는 이렇게 말한다.

전국단위 성취도 검사에서 점수 높일 방법 교사들은 다 압니다. 시험 앞두고 1~2주 동안 문제만 풀면 성적 올라갑니다. 저도 과거에 이런 방법 써먹었습니다. 교육감이 교장들에게 시험 앞두고 신경 좀 쓰라고 한마디만 하면 점수 팍 올라갈 것입니다. 그런데 교육감이 이런 방법을 쓰지 않는 것이지요(이슬비).

8) 혁신교육에 대한 자평

혁신교육을 경험한 중학교 교사들은 혁신교육이 나름 성과를 거두고 있다고 생각하고 있다. 가장 대표적인 성과로 이들은 민주적 자치공동체와 전문적교사학습공동체가 활성화된 것을 꼽는다.

저는 성과가 있었다고 자평합니다. 혁신학교에 민주적 자치공동체, 전문적교사학습공동체가 활성화된 것은 큰 성과지요. 지난 9년간 혁신학교 정책을 편 결과 성과가 있었다고 말하면, 언론에서는 시큰둥합니다. 혁신학교에 지원한 예산, 비 혁신학교에 지원했어도 그 정도 효과는 났을 거라고 말합니다. 정말 예산 지원만 하면, 돈만 주면 학교가 변할까요? 저는 의문입니다(이슬비).

혁신교육의 또 다른 성과는 모든 아이의 자존감을 키워서 자기 자신과 타인을 존중하는 문화를 학교에 만들었다는 것이다. 달리 표현하면, 혁신학교에서는 '한 줄 세우기'가 아닌 '여러 줄 세우기'를 하는 까닭에 모든 학생이 학교에서 자신이 주인공이 되어 건강하게 성장하고 있다는 것이다. 중학교 때 혁신학교에 다니면서 친구들과 즐겁게 지냈던 기억은 고등학교에 가서 힘들 때 이를 극복하는 힘으로 작용하기도 한다고 어느 교사는 말한다.

혁신학교에서는 아이들이 '공부를 잘하는 아이의 들러리를 서는 일'은 없다고 생각해요. 모든 아이가 자신 삶의 주인으로 성장하고 있다고 생각해요. 나와 타인을 존중하고, 세상을 바라보는 넓은 안목을 3년간 키워서 졸업하지 않나, 이렇게 생각합니다(조수미).

혁신중학교에 다니면 다른 학교에서는 경험할 수 없는 것을 경험할 수 있다고 봅니다. 그것도 자신이 주인공이 되어서요(손담비).

해마다 학부모에게서 빠지지 않고 나오는 질문이 '중학교 때 자유롭게 놀다가 고등학교 가면 적응 못 하는 것 아니냐', 이런 질문입니다. 그럼 저는, 우리 남자아이들은 나중에 커서 군대에 가야 하니, 유치원 때부터 군대식으로 키워야 합니까? 라고 반문합니다. 중학교 때 즐겁게 배우고 행복하게 생활했던 경험이 힘이 된다, 고등학교 가서 힘들 때 중학교에서 친구들과 즐겁게 지냈던 기억으로 이겨낸다, 이렇게 말을 하면 학부모들이 많이 수긍하시는 편입니다(양소망).

혁신학교 또는 혁신교육을 경험한 교사들은 아이들이 비로소 존중받게 되었고, 말이 아닌 체험으로 민주성을 키우고 있다고 고백하기도 한다.

요즘 아이들은 제가 아이를 키워보니까 우리 세대보다 공부 스트레스, 친구 스트레스가 훨씬 많아요. 그런데 거기에다 학교 스트레스까지 오게 되면 큰일이 생긴다고 생각합니다. 그래서 아이들이 편안하게 지낼 수 있는 학교, 아이들을 존중하고 그 정서를 헤아리는 학교, 인권감수성이 형성된 학교가 중요한데, 혁신학교는 바로 이런 학교가 되고 있다고 생각합니다(강미래).

사람은 '보고 배우는 게' 많은 법인데, 우리 세대는 민주주의에 관하여 학창시절 교사를 보고 배운 게 없어요. 민주성을 언어로만 배웠지 몸으로 체득하지 못했어요. 그래서 교실이라는 작은 공간에서 아이들을 만날 때 민주성으로 만나지 못해요. '야, 너 이거 해' '이렇게 하자!'는 식의 강압적 태도가 나도 모르게 나와요. 그런데 혁신학교 하면서 학생을 대하는 제 언어를 성찰하게 됐어요. 요즘에는 '이거 할까?' '이런 거 어떻게 생각해?'라는 식의 용어를 사용합니다. 이런 제 말속에서 학생들은 선생님이 우리를 존중한다는 느낌을 가지게 될 것으로 봅니다. 민주주의를 몸으로 체득하는 것이지요(손담비).

9) 혁신교육을 지속하기 위한 고언

 김승환 교육감의 취임과 시작된 함께 전북 혁신교육은 이제 10년 가까이 되었다. 이 혁신교육이 지속되려면 어떻게 해야 할까? 혁신교육을 경험한 어느 중학교 교사는 이미 형성된 혁신학교의 문화가 소멸되지 않고 유지되게 노력해야 한다면서 그 한 방편으로 학교자치를 강조한다.

 모든 혁신학교는 구성원이 바뀌면서 힘들어하기도 합니다. 특히 관리자(교장, 교감)가 바뀔 때 잘 되던 혁신학교가 삐걱거리는 경우가 적지 않습니다. 이를 극복하는 한 방법이 학교자치입니다. 학교자치가 잘 되어 있으면 관리자가 바뀌어도 혁신교육이 지속되기 쉽습니다. 학교자치는 기 형성된 교사 문화, 학생 문화, 학부모 문화를 유지시켜 줍니다. 교사자치, 학생자치, 학부모 자치는 혁신교육을 지속 가능하게 하는 핵심요인이라 생각합니다(이슬비).

 어느 교사는 혁신학교 수를 늘리기보다 혁신 마인드를 가진 교사, 교감, 교장을 키우는 일에 힘을 쏟아야 한다고 말한다. 특히 혁신 마인드를 가진 교사를 키우는 노력은 교사양성기관에서부터 시작하는 것이 훨씬 효율적일 것이라고 고언한다.

 저는 혁신학교를 양적으로 늘이지 말고, 혁신 리더를 키우는 데 주력하라고 말하고 싶어요. 특히 예비교사가 혁신교육에 대한 마인드를 형성할 수 있도록 양성과정에서부터 신경을 써야 합니다. 임용고시에 합격하여 발령 난 후에 연수로 혁신 마인드를 형성하는 것도 필요하지만 사대 다닐 때 혁신교육에 대하여 배우는 것은 아주 중요합니다. 또한 학교 관리자의 민주적 리더십, 혁신 마인드를 키우는 게 매우 중요하다 생각합니다. 왜냐하면 관리자가 새로 오셔서 '혁신 필요 없으니까 다 집어 치워' 이 한마디면 다 끝나는 것이거든요(손담비).

저도 고민입니다. 전문적교사학습공동체를 통해서 이 혁신학교문화를 이끌어 갈 다음 세대가 키워지지 않을까 생각합니다. 그러려면 뭐랄까 '장학사, 교감, 교장이 되려는 사람은 혁신학교를 경험하여 혁신 마인드를 형성해야 한다', 뭐 이런 거라도 있어야 되지 않을까요?(강미래)

4. 전북 중학교 교사들의 혁신교육 경험에 대한 평가 및 논의

제3장에서는 혁신교육을 실천한 교사들의 경험을 9가지로 나누어 기술하고 해석하였다. 이 9가지는 ①혁신학교 또는 혁신교육 경험계기 ②혁신학교는 '인상적인' 경험을 하는 곳 ③혁신학교가 비 혁신학교와 다른 점 ④교과서를 던지기 위한 몸부림 ⑤과정중심평가, 가야 할 먼 길 ⑥용어는 확산, 그러나 체험의 재생산은 아직 ⑦혁신학교는 학력신장에 소홀하다는 풍문에 대한 해명 ⑧혁신교육에 대한 자평 ⑨혁신교육을 지속하기 위한 고언 등이다.

이 제4장에서는 혁신교육을 실천한 교사들의 이러한 경험의 중요성을 몇 가지로 나누어 평가하고 논의하고자 한다.

첫째, 혁신교육을 실천하면서 중학교 교사들이 체험하는 '인상적인' 경험은 그 교육적 가치가 매우 크다. 혁신학교에서 어느 교사가 한 경험이 일회성 경험으로 끝나지 않고, 그 교사의 마음속에 계속 살아 있으면서 수업을 보는 눈, 학생을 보는 관점을 끊임없이 성찰하는 힘으로 작용하는 것은 혁신교육의 큰 성과로 판단된다.

둘째, 혁신교육을 실천하는 중학교에서 일주일 중 하루를 떼어 '배움과 성장의 날'을 운영하고 있는데, 이는 다양한 효과를 내고 있는 것으로 보인다. 배움과 성장의 날이 있는 까닭에 교사들은 책을 읽고 생각을 교환하며, 특정 주제를 놓고 심층 토론을 하며, 학교의 현안을 허심탄회하게 논의하고, 수업을 열고, 수업에 대해 이야기하게 되었다. 특히 배움과 성장의 날이 있어 가능하게 된 '수업 열기'는 중학교 교사들 사이에 존재하는 두터운 과목의 벽을 허무는 데 크게 기여하고 있는 것으로 보인다. 과목의 벽이 허물어지면서 벽에 가린 학생들의 참모습이 교사에게 보이기 시작했고, 교사는 학생을 이해하고 존중할 수 있게 되었다. 한마디로, '배움과 성장의 날'은 혁신학교에 '민주적 자치공동체'와 '전문적교사학습공동체'가 튼튼하게 뿌리내리는 데 크게 기여한 것으로 평가된다.

셋째, 혁신교육을 실천하면서 교사들이 줄기차게 기울이고 있는 '교과서 벗어나기'는 혁신교육의 또 다른 대표적인 성과로 평가된다. 우리나라 교육사를 살펴보면, '교과서 벗어나기'는 우리 선배교육자들의 오랜 염원이자 숙제였다. 존 듀이(John Dewey)의 생각에 따라 일찍이 우리 교육을 바꾸어보려 노력했던 오천석(1901~1987)은 '교과서 벗어나기'에 대하여 이렇게 말한 바 있다.

민주주의의 교육은 교사와 아동이 협력하여, 그들의 현존 생활에서 교재를 그들 스스로 만들기를 요구한다. 교과서주의 교육은 전체주의국가에서 독재자의 명령에 복종하기에 적당한 어떤 범주의 똑같은 인물을 만들기에 적합한 것이다. 그리하여 미국의 진보적 학교에서는 교과서를 쓰지 아니하며, 쓴다고 하여도 저학년에서 일종의 지도서로 쓰고, 여러 교재의 일종으로 쓴다. [……] 우리나라에서는 종래 교과서를 과도히 중요시하였다. 중요시 정도를 벗어나 신성시하여 왔다. 우리 새 교육의 개척자는 이 그릇된 관념을 고쳐야 한다. 당분간 교과서를 없애지는 못할 것이나, 이것을 교재의 전부로 생각하는 버릇을 버려야 한다[8]

오천석이 1947년에 버려야 한다고 외쳤던 '교과서를 교재의 전부로 생각하는 버릇'을 혁신교육을 실천하는 교사들은 버리려고 노력하고 있다. '교과서 진도 빼기'식 수업을 바꾸려고 부단히 노력하고 있다.

혁신교육을 실천하는 교사들은 최근에는 수업을 바꾸는 일이 단순히 수업의 방법을 바꾸는 일이 아니라 교육과정을 바꾸는 일임을 깨닫고, '수업 나눔'이라는 말 대신에 '교육과정 나눔'이라는 표현이 더 적절하다는 자각에 이르고 있다. 이는 매우 바람직한 현상으로 평가된다. 혁신교육을 실천하는 교사들의 이런 노력은 21세기 인공지능 시대의 교육과 매우 일치한다.

넷째, 혁신교육을 실천하는 교사들은 '교육어'의 중요성에 눈을 뜬 것으로 평가된다. '교육어'란 장상호가 '교육'과 관련하여 창안한 독특한 개념으로서, 학습자의 진정한 배움을 유도하는 언어이다. 교육어는 학습할 내용을 담아 전달하는 그릇과 같은 언어가 아니라 학습 그 자체를 실제 해보도록 유도, 유발하는 언어다. 장상호가 든 교육어의 예는 다음과 같다.[9]

- 그 생각을 말로 표현할 수 있겠니?
- 어떤 새로운 것을 발견할 수 있니?
- 무엇이 잘못되었지?
- 거기에는 어떤 유사성이 있을까?
- 네가 한번 해 볼래?
- 좀 달리 생각해 볼 수는 없을까?
- 그래, 너무 어려우면 수준을 좀 낮춰볼까?

혁신교육을 실천하는 교사들은 장상호가 제안한 '교육어'의 개념을 접하지 않았을 확률이 높지만, 이들은 혁신교육을 실천하는 과정에서 교육어,

즉 학생의 진정한 배움을 돕는 언어를 자신도 모르게 체득하여 사용하고 있는 것으로 평가된다.

다섯째, 중학교에서 혁신교육을 실천한 교사들은 '혁신학교 하면 학생들 성적 떨어진다'는 세간의 지적이 타당하지 않다고 해명하고 있는데, 이들의 해명은 타당한 것으로 판단된다. 이들의 해명을 들어보면, 전주시 혁신 중학교는 그 출발 자체가 원도심 지역의 낙후된 학교, 학부모와 학생이 기피하는 학교를 살리려는 목적으로 시작된 측면이 강하다. 요즘 말로 표현하면 학교 재생 차원에서 혁신 중학교가 지정되었다. 따라서 혁신학교의 성공 여부는 학교 재생에 성공했느냐의 여부지 성적이 향상되었느냐가 아니어야 한다는 것이 이들의 해명이고 항변이다.

성적 향상 여부가 학교를 평가하는 잣대가 되었을 때 나타나는 부작용에 대해서는 그동안 많은 지적이 있었으나 언론에서는 이에 대해 별로 귀를 기울이지 않은 경향이 있다. 미국의 유명한 교육사학자 다이앤 래빗(Diane Ravitch)은 신자유주의를 바탕으로 한 학교정책을 편 후에 어떤 부작용이 미국에 나타났는지를 반성하는 글에서 이렇게 고백하고 있다.

오로지 시험에 의존해서 학생, 교사, 학교장, 학교의 운명을 결정한다면 학교는 발전할 수 없다. 시험이 평가와 책무성의 주요 수단이 될 때, 사람들은 무슨 수를 써서라도 점수를 올려야 한다는 압박에 시달린다. 보상을 받기 위해, 혹은 굴욕적인 상황을 피하기 위해 부정행위를 하는 사람들도 생겨난다. 학교가 응시 대상자를 조정할 수도 있고, 학교구와 주 정부 관료들이 점수 산정 방식을 교묘히 조작할 수도 있다. 학교구와 주 정부는 실제 시험과 유사한 모의시험을 통해 집중적으로 시험에 대비하게 하는데, 이는 조직적인 부정행위에 가깝다. 인센티브를 동원할 때만 올라가는 점수는 무의미하다. 돈을 주고 산 향상은 지속적이지 않을 뿐더러 진정한 교육과는 아무런 상관이 없다.[10]

본 연구에 참여한 어느 교사(이슬비)의 고백도 위 인용문의 내용과 크게 다르지 않다. 우리 교육 당국이 전국 단위 시험에서 학생의 성취도를 근거로 교사나 학교를 평가할 때 교사들이 보일 행동은 위 인용문과 크게 다르지 않을 것이다. 따라서 학교가 진정으로 변하기를 바란다면, 언론에서는 '혁신학교하면 학업성적 떨어진다'와 같은 보도를 자제해야 한다. 독자들도 이런 보도를 접할 때 비판적으로 해독해야 한다. 혁신학교에 다니면서 학생들은 정말 행복한 학교생활을 하고 있는가를 먼저 물어야 한다.

혁신교육을 실천한 교사들이 지난 10여 년 동안 거둔 이상과 같은 성과는 분명 높이 평가할 일임이 분명하다. 그러나 혁신교육의 성과를 평가할 때에 유의할 사항도 없지 않다. 첫째는 혁신교육의 용어는 널리 확산되었으나 혁신교육의 체험까지 동일한 강도로 확산되고 있지는 않다는 것이다. 혁신교육은 체험의 이동이지 언어의 이동이 아니다. 혁신교육에 대한 직접적인 경험 없이 언어의 습득만으로 혁신교육이 이루어지는 것은 아니다. 이점에 관하여 일찍이 듀이는 이렇게 말하였다.

> 단어는 그 의미가 우리 자신과 사물의 직접적인 접촉 안에 먼저 포함되어 있을 때만 하나의 의미를 분리하고 보존할 수 있다. 하나의 사물을 전혀 다룸이 없이 단어 하나만을 통해서 하나의 의미를 제공하려고 시도하는 것은 그 단어에서 지적인 의미화를 탈취하는 것이다.[11]

이러한 듀이의 말을 혁신교육과 관련하여 해석하면, 교사들이 모방해 사용하는 말을 듣고 그 말에 대응하는 체험을 실제 한 것으로 오인해서는 안 된다는 것이다. 듀이가 강조한 '실제 해봄에 의한 배움(Learning by Doing)'은 혁신교육의 진정한 확산에서 매우 중요해 보인다. 혁신교육을 직접 체험하지 않고 언어에 의한 지식만을 가진 교사는 그에게 결핍된 것을 타인에게 채워줄 수 없기 때문이다. 혁신교육이 언어에만 의지할 경우에는 귀에서 입으로, 입에서 귀로 오가는 공허한 언어의 유희만 늘어날 가능성이 매우 높음을 혁신교육의 성과를 해석하는 사람은 유의할 필요가 있다.

둘째는 혁신교육을 실천한 교사들이 '민들레 홀씨'처럼 퍼지지 못하고 '느티나무 그늘'로 돌아오는 현상이 왜 늘고 있는지에 대한 성찰이 필요하다. 민들레 홀씨처럼 퍼진다는 것은 혁신교육을 경험한 교사가 학교를 옮겨서 그 학교에서 혁신교육의 싹을 성공적으로 키운다는 뜻이고, 느티나무 그늘로 돌아온다는 것은 혁신교육을 실천한 사람들이 널리 퍼지지 못하고 끼리끼리 모여 있게 되었다는 뜻이다.

혁신교육이 그 용어와 함께 체험까지 민들레 홀씨처럼 이동하게 하려면 어떻게 해야 하는가? 지난 10년간 놓친 것은 무엇인가? 혁신교육을 실천하는 교사와 장학사는 이 질문을 놓고 풍부한 대화를 나눌 필요가 있다.

혁신교육의 체험구조가 쉽사리 복제되지 못하는 까닭의 하나는 그것이 본질상 키우기 힘든 '정의적 성장'과 관련 있기 때문이다. 일찍이 1964년 크래쓰월(Krathwohl)과 일군의 학자들은 정의적 영역을 수용-반응-가치화-조직화-인격화로 분류하였고,[12] 이를 하우엔슈타인(Hauenstein)은 1998년에 수용-반응-가치화-신념화-행동화로 약간 수정하였다.[13] 이러한 정의적 영역 분류 기준에 따라 어떤 교사가 혁신 교육에 접한 후 성장하는 과정을 정리하면 〈표 2〉와 같다.

한 교사의 혁신교육 체험이 다른 교사에게 쉽게 재생산되지 못하는 까닭을 〈표 2〉를 참조하여 설명하면, 제1단계인 수용 단계에서는 혁신교육을 경험하는 교사의 일상에 큰 변화가 없다. 그저 머릿속으로 고민할 뿐이다. 하지만 제2단계부터는 이야기가 달라진다. 습관화된 자신의 교직 일상에 변

<표 2> 정의적 영역의 단계와 혁신교육 실천교사의 성장과정에서 나타나는 특징

단 계	정의적·행동적 특징
1. 수용	• 민주적 회의문화의 필요성을 느끼기 시작함 • '좋은 수업'에 대한 고민을 시작함 • '학생중심수업'에 대한 고민을 시작함 • '교육과정'에 대한 고민을 시작함 • 참 배움이 일어나는 수업에 대해 고민을 시작함 • 수업공개의 필요성을 느끼기 시작함 • 전문적교사학습공동체의 필요성을 느끼기 시작함 • 자신의 교육철학을 성찰하는 시간을 가지기 시작함 • 아이들을 있는 그대로 바라보는 시선을 가지기 시작함
2. 반응	• 독서토론에 참여하기 시작함 • 학교 안팎의 전문적교사학습공동체에 참여하기 시작함 • 일상적인 수업을 공개하기 시작함 • 교육과정과 관련된 연수에 참여하기 시작함
3. 가치화	• 다른 교사에게 혁신교육의 필요성을 즐겁게 설명함 • 독서토론에 즐겁게 참여함 • 전문적교사학습공동체의 리더로 활동함 • 혁신교육 관련 연수의 강사로 기꺼이 활동함 • 교육과정을 동료교사와 함께 계획하고 적용·실천함 • 교육과정 평가회를 열어 자신을 성찰하고 의미를 찾음 • 전문적교사학습공동체 내에서 성찰한 내용을 글로 표현함
4. 신념화 (조직화)	• 수업개선에 관한 책을 집필함 • 교육과정 재구성에 관한 책을 집필함 • 혁신교육에 관한 책을 집필함 • 실천했던 내용을 정리하여 기록으로 남김 • 교사-학부모-마을이 이어지는 혁신교육 네트워크를 구성하여 운영함 • 혁신교육이 지속 가능하도록 동료교사의 성장을 헌신적으로 도움 • 학교 안팎을 아우르는 마을교육공동체의 구성과 운영에 참여함
5. 행동화 (인격화)	• 주변의 평가와 관련 없이 혁신교육 실천의 길을 묵묵히 걸어감 • 구성원의 변화와 관계없이 혁신교육 교육과정을 지속 운영함 • 앎과 삶이 다르지 않으며 끊임없이 자신을 성찰함

※ 4, 5단계의 괄호( )안은 크래쓰월(Krathwohl) 등이 1964년에 붙인 오리지널 단계 명칭임

화를 주어야 한다. 이를 위해서는 뭔가를 버리고 삶의 패턴을 바꾸어야 한다. 그래도 제2단계까지는 그리 많은 시간과 변화를 요구하는 것이 아니어서, 기존의 삶을 유지하면서 혁신교육을 병행할 수 있기에 어느 정도 따라온다. 그러나 제3단계부터는 이야기가 많이 달라진다. 여기부터는 기존의 삶을 완전히 재편해야 한다. 혁신교육을 중심에 놓고 우선순위를 다시 매겨 기존 활동의 상당 부분을 가지치기해야 한다. 제4단계와 제5단계로 갈수록 이런 작업은 더 큰 강도로 요구된다. 그래서 제3단계 문턱에서 그만 돌아서는 교사가 나온다. 돌아서는 교사가 많은 학교에서 어느 교사가 소신대로 혁신교육을 홀로 실천하기는 쉽지 않은 노릇이다. 혁신교육 실천은 그 성격상 교사 간의 협업과 연대가 절대적으로 필요한 작업이기 때문이다.

교사가 혁신교육을 체험하면서 정의적으로 성장하는 과정은 종교에 입문하여 성장하는 과정과 유사하다. 기독교인이 하나님에 대한 믿음을 키우기 위해 어떤 일을 하는가? 대개 매일 성경을 읽고, 기도하며, 매주 교회에 간다. 성경의 가르침대로 실천하려고 노력하고, 기회를 만들어 전도도 한다. 혁신교육에 입문한 교사가 성장하려면 종교인이 밟는 이런 구도 과정을 체험해야 한다. 그런데 이는 결코 쉬운 일이 아니다. 그래서 밭을 갈다가 뒤돌아 보는 사람이 생긴다.

교장 특히 교육감이 할 일 중 하나는 혁신교육을 실천하는 사람이 뒤돌아 보지 않도록 격려하는 일이다. 실제 이 연구에 참여한 중학교 교사들은 교육감이 자신들의 학교를 방문하여 격려해 주었으면 하는 속마음을 표출하였다. 혁신교육을 실천하는 교사에게 군자의 길 -남이 알아주지 않아도 서운해하지 않음- 을 가라고 요구만 하는 것은 혁신교육의 체험 확산에 걸림돌로 작용하고 있는 것으로 보인다.

5. 결론 및 정책 제언

김승환 교육감의 취임과 함께 시작된 전북 혁신학교는 이제 12년 가까이 되었다. 김승환 교육감 체제 하에서 혁신교육을 경험한 중학교 교사들은 자신의 삶에서 일어난 변화를 바탕으로 김승환 교육감이 정책적으로 펼친 혁신학교 또는 혁신교육의 효과가 크다고 입을 모으고 있다. 동시에 이들은 전북교육계의 혁신교육이 현 교육감이 그 직을 떠난 후에도 과연 지속될 수 있을까를 조심스레 우려하고 있다. 이 마지막 장에서는 이들의 우려의 근원과 이를 해소하려면 어떻게 해야 하는지를 결론 삼아 제시하고자 한다.

혁신학교 운동은 이것이 교육청의 정책으로 추진되기 이전 본디 교사의 자발성에 기초해 시작되었다. 일군의 소위 '운동가'를 중심으로 '위로부터의 개혁'의 한계를 극복하고 아래로부터 학교를 바꾸기 위해 혁신학교 운동이 시작된 것이다. 그러다가 이러한 '운동가'들과 결을 같이하는 인물이 교육감으로 당선되면서 혁신학교 운동은 전북교육청의 공식적인 정책으로 수용되었고 행정의 옷을 입게 되었다.

운동가 중심의 혁신학교 운동이 행정의 옷을 입게 되면서 그리고 시간이 지나면서 학교의 운동가, 실천가들의 상당수가 장학사, 장학관, 교육장 등으로 발탁되어 혁신학교 행정을 담당하기 시작하면서 혁신학교 운동은 한층 탄력을 받아 추진되었고 적지 않은 성과를 거두었다. 대표적인 성과로는 학교문화의 민주화, 학교자치의 활성화, 수업과 커리큘럼을 개선하기 위한 교사들의 성찰과 실천, 학생 존중 문화의 확산 등을 들 수 있다.

혁신학교 운동을 이끌었던 현장의 운동가들이 교육청의 정책 담당자와 학교의 관리자로 자리를 옮기면서 나타난 대표적인 현상은 혁신학교 정책을 수용하여 이를 교실에서 실천할 리더 즉 '앞바퀴' 교사의 부족이다.

바로 이 지점에서 혁신교육을 경험한 교사들은 김승환 교육감이 지난 10여 년 동안 편 혁신학교 정책이 기억의 저편으로 사라질지도 모른다고 우려하고 있다. 혁신교육을 이끌어 갈 교사가 현장에 부족한 터에, 처음에는 '민'이었으나 나중에는 '관'이 되어 혁신교육 정책을 추동하던 혁신교육 1세대마저 퇴직하면 혁신교육이 퇴색할 것 아니냐는 우려다. 일리 있는 우려다.

이러한 우려에서 벗어나기 위해서는 어떻게 해야 하는가? 한마디로 사람을 키워야 한다. 너무 뻔한 답이다. 혁신학교 운동을 이어갈 사람을, 교사를 키우려면 어떻게 해야 하는가? 학교의 문화를 바꾸어야 한다. 학교의 문화를 바꾸려면 어떻게 해야 하는가? 제도를 만들고 실제 활용해야 한다. 교사, 학부모, 학생을 얽어매는 제도가 아닌, 해방하는 제도를 만들고 활용해야 한다. 나는 김승환 교육감이 만든 학생인권조례, 학교자치조례 등이 이러한 제도의 하나라고 믿는다. 실제 이 연구에 참여한 교사들도 그렇게 생각하고 있다.

내부형 교장공모제도, 교장선출보직제도 등도 학교의 문화를 바꾸는 중요한 제도라고 나는 생각한다. 이러한 제도는 현장의 실천가들이 현장에 남아 교직 문화를 바꾸는 데 크게 기여할 것이다. 처음에는 사람이 제도를 만들지만, 나중에는 제도가 사람을 만든다. 혁신적인 제도는 혁신적인 사람을 만든다.

끝으로 중요한 정책 제언 한 가지를 하고 싶다. 어느 교사(손담비)가 지적하였듯이 혁신교육은 교사양성기관에서도 매우 중요하게 다루어져야 한다. 이를 위해서는 중등교사를 양성하는 사범대학 교수들이 현장 교사들과 협업할 수 있도록 교육청에서 지원할 필요가 있다.

사범대학에 근무하는 교수들이 자신들의 제자가 근무하는 중·고등학교에 자주 방문하여 교실 수업을 관찰하고, 교사들과 협력하여 새로운 수업 방법을 시도하는 것은 매우 중요하다. 사범대학 교수들에게 일선 학교는 연구의 아이디어를 얻는 곳이자 연구 결과를 검증하는 유일한 곳이다. 이점에 대하여 듀이는 일찍이 이렇게 말한 바 있다.

> 학교와 교실은 탐구할 문제를 만드는 자료를 제공한다. 학교와 교실은 만들어진 문제를 조사할 수 있는 유일한 원천이다. 학교와 교실은 또한 모든 연구결과의 결론의 가치를 최종적으로 검증하는 장소이기도 하다. 학교와 교실은 교육학 연구의 처음이요 마지막이다.[14]

교사양성기관에 근무하는 교수들과 현장 교사들이 혁신교육을 중심으로 협업할 수 있도록 전라북도교육청에서 예산을 지원하는 일은 결코 예산 낭비가 아니다. 교사양성기관 교수들에게도 현장 교사와의 협업은 시간 낭비가 전혀 아니다. 혁신교육의 지속과 확산을 위해서는 교육행정기관과 교사양성기관 사이의 긴밀한 협업이 매우 필요하다.

과거에는 현재의 씨앗이 들어 있고,
현재에는 과거의 열매가 들어 있다

이 책의 제목은 "한국 학교혁신의 역사"다. 이 책의 초고를 읽은 사람들은 이를 "한국 교육혁신의 역사"로 바꾸는 게 어떠냐고 조심스럽게 말했다. '학교혁신'보다 '교육혁신'이 보다 자연스럽다는 것이다. 나는 이를 정중히 거절했다. 내가 '학교혁신'이라는 용어를 고집한 이유는, 학문적 관점에서 볼 때 교육의 정체는 지금까지 밝혀지지 않았다는 장상호의 주장에 동의하기 때문이다.

교육을 학문적으로 다루는 교육학이 엄연히 존재하는데 이게 무슨 소리냐고 반론하겠지만, 교육은 학문적으로 제대로 탐구되지 않은 영역이라는 게 장상호의 지론이며 나는 이 주장에 동의한다.

장상호에 의하면, 현재의 "교육학"은 교육을 연구하는 학문이 아니다. 현재의 "교육학"은 교육의 정체를 밝히지 않고 철학, 심리학, 사회학, 행정학 등 각종 외래학문의 이론을 병렬적으로 나열할 뿐이다.

왜 이런 일이 벌어졌을까? 이 질문에 답을 얻으려면 1800년대 즉 19세기의 유럽과 미국 등의 서구 상황을 이해해야 한다. 당시 서구에서는 중앙집권적인 근대국가가 탄생하고 있었다. 국민국가(nation state)라는 의식 없이 수백년 동안 살아온 사람들에게 어떻게 하나의 국민국가라는 의식을 심을 수 있을까? 서구는 이 문제를 해결하기 위해 공립학교(public school, 귀족이 아니더라도 누구나 다닐 수 있는 학교)를 만들었다. 그러니까 공립학교는 서로 다른 생각을 가진 일반 국민을 하나로 묶기 위한 문화적 발명품이었다.

학교가 만들어지면서 이곳에 근무할 교사가 필요했다. 처음에는 자원자를 '적절히' 심사하여 교사를 선발했다. 자원자는 대부분 여성이었다. 시간이 지나면서 교사를 하겠다는 여성 자원자가 늘어났다. 교직에 경쟁이 붙으면서 '적절히' 선발하는 관행이 사라지고 교사양성기관을 졸업한 사람에게 자격을 주어 교사를 하도록 했다.

교사양성기관에서는 교사자격증을 수여할 학생들에게 뭔가를 가르쳐야 했다. 우선은 교과지식을 가르쳤다. 그런데 교과지식을 가르치는 것만으로는 왠지 부족한 것 같았다. 그래서 교사가 될 사람들이 알아두면 좋을 만한 지식을 인문사회과학 분야에서 조금씩 가져왔다. 심리학, 사회학, 철학, 행정학, 역사학, 문화인류학 등등에서 조금씩 가져다가 예비교사들에게 가르쳤고, 이를 "pedagogy"(번역하면 "교육학")라 이름 붙였다. 이 "교육학"을 가르치는 사람을 "교육학자"라 불렀고, 이 "교육학자"가 모인 학과를 "교육학과"라 불렀다. 이런 까닭에 "교육학"에는 사회학, 심리학, 철학, 행정학, 문화인류학 등의 소위 '모학문'(mother disciplines)이 존재하게 되었다. 장상호는 소위 "교육학자"들이 가져다 사용하는 이런 '모학문'을 '용병학문'이라 부른다.

현재의 "교육학"은 교육현상을 탐구하는 학문이 아니라 용병학문에 기반한 교직과목의 집합일 뿐이다. 교육학과 비슷하지만 교육학은 아닌 사이비다. 흔히 영어로 학문을 표기할 때는 Biology, Psychology처럼 '~ology'를 붙인다. 그런데 "교육학"은 Educology라는 명칭을 부여받지 못했다. "교육학자"에 해당하는 단어 educologist도 없다. 일부 영어권 문헌에서 educationist라고 쓰고 있지만 대개는 그저 '교사 양성가'라는 의미의 teacher educator라고 표기한다. 그래서 미국의 대표적인 대학의 하나인 University of Chicago에서는 1997년 오래된 역사를 가진 Department of Education(교육학과)을 없앴다. 교육현상을 연구하지 않는 사이비 "교육학"은 대학에 존재해야 할 학문이 아니라고 보았기 때문이다.

장상호는 사이비 "교육학자"와 대중들의 교육관을 크게는 3가지, 자세히는 6가지로 나누어 비판적 논의를 한다.

첫째는 관습적 교육관이다. 이는 학교에서 하는 일이 바로 교육이라고 생각하는 교육관이다. 흔히 대중은 학교를 교육기관, 교사를 교육자, 학생을 피교육자, 학교에서 가르치는 내용을 교육내용 등으로 부른다. 관습적 교육관을 가진 사람들은 '교육이 뭐죠?'라고 물으면, '학교에서 하는 일'이라고 답한다.

둘째는 용병학문적 교육관이다. 용병학문이란 교사양성기관에서 교사자격증을 수여하기 위해 빌려온 타 학문을 말한다. 예를 들면, 철학, 심리학,

행정학, 사회학, 문화인류학 등이 용병학문이다. 장상호에 의하면 용병학문적 교육관을 가진 사람들은 두 가지 오류를 범한다. 첫째는 관습적 교육관이 지칭하는 사태(학교에서 일어나는 일)를 그 용병학문적 관점에서 연구하면서 이를 교육학이라 생각하는 오류를 범한다. 둘째는 그 용병학문의 현상을 교육현상인양 착각하는 오류를 범한다.

셋째는 결과위주의 교육관이다. 이는 무언가 가치 있는 결과를 목표로 내세우고 그것을 실현하는 과정이 교육이라고 생각하는 것을 가리킨다. 인성교육, 전인교육, 다문화교육, 창의력교육 등등이 모두 결과위주의 교육관을 반영하는 용어들이다. 교육을 통해 정말 인성이, 전인이, 창의성이 실현되는지 사실적 근거가 없기에 이들의 주장은 엉터리 약장사의 허풍과 같다고 장상호는 비판한다.

넷째는 과학주의적 교육관이다. 이는 결과위주의 교육관을 보충하기 위한 것으로서, 이 입장에 선 사람들은 특정 목표를 정하고 그 결과를 가져오는 원인을 찾아서 그 수단을 처방하는 방식을 취한다. 정범모(1925~2022)는 교육을 "인간행동의 계획적인 변화"라고 정의하고, "인간행동의 계획적인 변화"에 관한 여러 개념·법칙·이론들을 정립하는 방향으로 교육학이 나아가야 한다고 주장한 적이 있는데, 이러한 정범모의 교육관 역시 과학주의적 교육관에 속한다.

다섯째는 이현령비현령(코에 걸면 코걸이, 귀에 걸면 귀걸이) 교육관이다. 이 입장에는 편의에 따라 "교육"이라는 용어를 이런저런 의미로 적당하게 이용해서 팔아먹으려는 저질 사업가의 근성이 자리하고 있다고 장상호는 지적한다.

여섯째는 유행사조의 교육관이다. 이는 '최신의 것이 옳다'라는 원칙 아래 전통적인 것을 낡았다는 이유로 폐기하고, 새로운 것을 새롭다는 이유로 받아들이는 사람들이 소유하고 있는 교육관이다. 이는 외국에서 유학하고 바로 돌아온 신진학자들이 주로 가지는 교육관이다.

장상호가 주로 비판하는 교육관은 관습적 교육관, 용병학문적 교육관, 결과위주의 교육관이다. 장상호는 이 3가지 교육관과 관련된 용어들이 진정한 '교육'과 관련 없음을 지적하면서 이를 바로잡아야 한다고 주장한다. 장상호는 일반인과 학자들이 "교육"이라는 용어를 분별없이 사용하고 있어 본질을 떠난 말장난과 심각한 의사불소통 현상이 일어난다고 말한다.

장상호는 이러한 의사불소통 현상에서 벗어나려면 "교육"이라는 단어가 들어간 문장을 해체한 후 그 고유한 실질적인 맥락에 적합한 용어로 그것을 개칭하여 대치하라고 주장한다. 예를 들면 아래와 같다.

내가 장상호의 주장에 동의한다고 말했으니 나는 이 책에서 "교육"이라는 단어가 들어간 문장을 해체하고 그 고유한 실질적 맥락에 적합한 용어를 찾아 바꾸어 놓는 게 옳다. 그러나 나는 그리하지 못했다. 왜 못 했냐고? 첫째는 나의 학문적 게으름 때문이고, 둘째는 아직 관습적 교육관, 결과위주의 교육관, 용병학문적 교육관에 친숙한 이 책의 독자와의 소통 때문이다.

이 책의 독자중에는 관습적 교육관, 용병학문적 교육관, 결과위주의 교육관에서 벗어나 장상호가 새롭게 만든 '교육에 대한 그럴듯한 이야기'가 있는지를 궁금해할 사람이 있을지도 모르겠다. 한마디로, "교육이란 무엇인가?"라는 질문에 장상호는 어떤 답을 내놓았느냐는 궁금증이다. 이런 궁금증을 풀어주기 위해 장상호가 만든 '교육에 대한 그럴듯한 이야기'를 내 지력의 범위 안에서 간단히 설명해 보겠다. 아래의 설명은 장상호가 2020년에

잘못된 용어	바른 용어	잘못된 용어	바른 용어
교육제도 →	학교제도	교육시설 →	학교시설
교육현장 →	학교현장	교육기회 →	학교재학기회
초등교육 →	초등학교	교육비리 →	학교비리
교육행정 →	학교행정	교육목표 →	학교가 표방하는 목표
교육개혁 →	학교개혁	교육받은 인간 →	바람직한 인간
교육과정 →	커리큘럼	교육격차 →	성적격차
교육청 →	학교감독청	과학교육 →	과학수업
교육학 →	교직과목	암기교육 →	암기훈련
교육철학 →	교사를 위한 철학적 기초	인성교육	인성고양의 과제
교육심리학 →	교사를 위한 심리학적 기초	창의력 교육 →	창의력을 양성시킬 과제
교육사회학 →	교사를 위한 사회학적 기초	다문화 교육 →	다문화에 대한 이해증진의 과제
교육열 →	상급학교 진학열	교육실습 →	예비교사의 학교현장 적응 실습

펴낸 《교육학의 재건》을 참고한 것이다.

우리는 학교에서 교과를 배우고, 피아노 학원에서는 피아노를 배우고, 태권도 학원에서는 태권도를 배우고, 요리학원에서는 요리를 배운다. 따라서 교육의 소재는 얼핏 '교과' '피아노' '태권도' '요리'라 말할 수 있다. 우리가

교과, 피아노, 태권도, 요리를 소재로 교육을 한다는 말은 정확히 무엇을 의미할까? 하수(수준이 낮은 사람, 후진)와 고수(수준이 높은 사람, 선진)가 일정한 계약을 맺고 서로 배우고 가르치는 것 아닐까? 그렇다면 교육의 소재는, 정확히 말하면, 교과의 '수준', 피아노 '수준', 태권도 '수준', 요리 '수준'이지 '교과' '피아노' '태권도' '요리'는 교육의 소재가 아닌 것 아닐까?

생각이 여기에 미친 장상호는 우리가 참여하고자 하는 어떤 수도계의 '수준' 또는 우리가 도달하기를 원하는 '경지'야 말로 교육의 소재라고 말하면서 이를 '품위'라고 이름 붙인다. 영어로는 level이 아니라 pumwee라 표기하자고 제안한다.

'품위'라는 개념을 생각한 장상호는 '교육'을 "품위의 차이 안에서 품위를 소재로 진행되는 특별한 놀이"로 규정한다. 그리고 이 '교육'을 묘사하기 위하여 불가피하게 낯선 용어를 도입한다.

첫째, 특정 품위를 놓고 앞선 사람을 선진(foregoer), 뒷선 사람을 후진(behinder)이라 한다. 둘째, 선진이 자신의 품위를 전달하는 행위를 하화라하고, 후진이 자신의 품위를 높이려는 행위를 상구라 한다. 셋째, 하화행위를 하는 선진을 하화자라 하고 상구행위를 하는 후진을 상구자라 한다. 넷째, 상구자의 활동을 상구교육이라하고 하화자의 활동을 하화교육이라 한다. 다섯째, 상구교육과 하화교육을 합하여 협동교육이라 한다. 여섯째, 협동교육에는 ①구제의 대상 ②품차의 양해 ③협동의 책무 ④변형의 방향 ⑤환경과의 교섭 ⑥단계별 접속 ⑦품차의 입증 등의 7가지 차원에 걸쳐 후진과 선진이 각각 지켜야 할 내재율이 있다.

첫째, '구제의 대상' 차원에서 상구자와 하화자는 자기와 남 가운데 누구를 보살핌의 대상으로 삼느냐 하는 데 차이를 보인다.

상구자가 지킬 내재율 '자리'는 자신을 구제하지 않고서는 타인을 구제할 수 없다는 자각, 나의 개선은 타인의 좋은 환경이 된다는 자각과 관련되어 있다. 하화자가 지킬 내재율 이타는 후진은 과거의 나였으며 지금의 나와 함께 살아야 할 이웃이라는 자각에서 시작된다. 하화자는 자신의 과품의 감옥에 갇혀 있는 후진이 현재 경험하고 있는 장애, 고통, 공포, 실패의 질곡에서 해방될 수 있기를 기원하면서, 타인의 개선은 좀 더 개선되고 공감할 수 있는 공생의 환경을 확보하는 것이라고 본다.

둘째, '품차의 양해' 차원에서 선진과 후진은 체험의 시간대에서 미래와 과거에 위치하고 있음을 서로 인정해야 한다.

후진은 신비의 가장자리에 있는 선진에 대하여 '존경'의 내재율을, 선진은 과품에 머물고 있는 후진에 대해 '관대'의 내재율을 따라야 한다. '존경'은 몇 겹의 거듭남에 의해서 도달할 미품의 소유자인 선진을 '존경'해야 한다는 것이다. 이때 후진은 선진의 이질성에 대한 손쉬운 해석과 속단, 즉 자신의 품위에서 선진을 판단하는 저압제를 조심해야 한다. '관대'는 선진이 자신의 과품을 상기함으로써 후진이 오류를 범하더라도 그럴 수밖에 없는 속사정을 감안하여 인내하고 용납하고 수용해야 한다는 것이다. 이때 선진은 후진이 말귀를 쉬이 알아듣지 못한다며 후진을 무시하는 고압제를 경계해야 한다.

셋째, '협동의 책무' 차원에서 상구자와 하화자는 품위가 마음과 몸이 고된 것을 참고 나가는 수행을 통해서 얻고 공유됨을 알고 서로 도와야 한다.

상구자가 지켜야 할 내재율 '자조'는 선진이 가진 품위를 후진 자신도 획득할 수 있다는 자신감을 가지고 전심전력 노력하는 것을 의미한다. 현품의 문제 발견, 차상품의 예단, 수준에 맞는 과제의 선택, 시행착오, 실습, 환경의 관리, 시간의 활용 등이 모두 '자조'에 속한다. 하화자가 지켜야 할 내재율 '원조'는 품위를 공여하거나 상구를 대신할 수 없는 상태에서 상대가 자조하도록 돕는 특수한 형태의 봉사를 말한다. 본질적인 것과 비본질적인 것을 변별하게 하는 충고, 조언, 암시, 힌트, 제안, 설명 등이 모두 '원조'에 속한다.

넷째, '변형의 방향' 차원은 품위의 변화는 쌓아지는 것이 아니라 다른 것으로 대체되는 것, 양적으로 하나하나씩 구성되는 것이 아니라 시간을 따라 질적으로 변형되는 것임을 선진과 후진이 아는 것을 의미한다.

후진이 지켜야 할 내재율 '혁신'은 현품의 결함과 한계를 자각하고 그 구속에서 해방되려는 것, 친숙한 것을 버리고 낯선 것을 받아들이는 것, 자신의 현품을 더 높은 품위로 향상하는 도중에 잠시 머무는 간이역으로 생각하는 것을 의미한다. 선진이 지켜야 할 내재율 '보존'은 선진이 자신의 과품을 보존하여 후진이 자신의 경로를 거치도록 도와주는 것, 후진과 자신의 간격만큼의 과거로 되돌아가 자신의 과품과 후진의 현품을 일치시킨 후에 후진의 현품을 자신의 현품으로 유도하는 작업을 수행하는 것을 의미한다.

다섯째, '환경과의 교섭' 차원은 선진에게 명백하고, 평범하고, 익숙하고, 절실하고, 당연하고, 정상적이고, 납득할 만한 환경이 후진에게는 불확실하고, 예외적이고, 낯설고, 소원하고, 무관하고, 부당하고, 비정상적이고, 납득하기 어려운 환경이라는 것과 관련된 차원이다.

상구자가 지켜야 할 내재율 '내화'는 후진이 환경적 도전에 직면했을 때 문제의 근원을 외부에 돌리지 않고 자신에게 부여하는 것, 즉 상구자가 내부적 재조정의 과정을 거치는 것을 가리킨다. 하화자가 지켜야 할 내재율 '외화'는 후진이 현품에 안주할 수 없도록 하는 이질적인 환경을 선진이 제시하는 것, 후진에게 문제가 없음을 문제가 있는 상황으로 유도하는 것을 가리킨다. 선진의 '외화'는 후진의 품위수준을 진단하고 흔들기 위한 하나의 방편이다.

여섯째, '단계별 접속' 차원은 품위의 변화는 갑작스러운 비약이 아니라 작은 문제의 출현과 그 해결의 연장선상에서 이루어지며, 상구자는 선진의 품위와 자신의 품위 사이에 있는 간격을 한 번에 건너뛸 수 없으며, 하화자는 후진을 맞이하여 자신이 거쳤던 상구의 과정을 차례대로 거치도록 후원하는 차원을 말한다.

후진이 지켜야 할 내재율 '순차'는 후진이 먼 산보다는 앞산에 오르기를 추구하면서 점진적으로 자신의 품위를 높이려 노력하는 것을 의미한다. 선진이 지켜야 할 내재율 '하강'은 선진이 자신의 품위를 감추고 후진의 수준에 맞게 내려가는 것을 가리킨다. 선진이 '하강'할 때는 후진에게 새롭지만 너무 새롭지 않게, 시련을 주지만 실패하지 않을 만한 범위 내에서, 마음을 흔들어 놓되 견딜 만하게 적당한 지점까지 내려가야 한다.

일곱째, '품차의 입증' 차원은 품위가 발전하고 있음을 판단하는 최종적인 근거를 찾는 것과 관련된 차원이다.

상구자가 지켜야 할 내재율 '자증'은 품위의 발전에 대한 근거를 자신의 내부의 경험에서 찾는 것을 말한다. "아하 그렇구나"라는 깨달음을 통해 과거의 자신보다 지금이 더 우월하다는 확증을 스스로 가지는 것을 의미한다. 하화자가 지켜야 할 내재율 '타증'은 후진의 상구를 돕는 과정에서 후진이 선진이 가진 품위의 우월성을 자발적으로 인정하도록 유도하는 것을 말한다.

여기까지가 장상호가 만든 '교육에 대한 그럴듯한 이야기'다. 쉽게 이해되지 않을 것이다. 나의 이 짧은 글이 자극이 되어 우리 사회 어디에나 존재하는 '교육'의 참모습을 파악하는 일에 학문적 관심을 가지게 되었다면 장상호가 쓴 《교육학의 재건》을 직접 읽어보기 바란다. 이 책은 교사를 비롯하여 교육의 참모습을 파악하는 일에 관심을 가진 모든 사람에게 큰 도움을 줄 것이다.

참고문헌 및 후주

제1장

1) 오천석(1964). 한국신교육사. 서울: 현대교육총서출판사, p.84-86

2) 오천석(1964). 한국신교육사. 서울: 현대교육총서출판사, p.89.

3) 오천석(1964). 한국신교육사. 서울: 현대교육총서출판사, p.92-93.

4) 오천석(1964). 한국신교육사. 서울: 현대교육총서출판사, p.93-95.

제2장

제2장은 박승배가 한국교육과정학회에서 발간하는 학술지에 게재한 다음 논문을 크게 수정한 것이다. 박승배(2011). 갑오개혁기 교과서에 나타난 교육과정학적 이념 연구: '소학' 교과서를 중심으로, 29(3), 1-22.

1) Bruner, J.(1960). The process of education. Cambridge, MA: Harvard University Press.

2) 유영익(1990). 갑오경장연구. 서울: 일조각, p.178.

3) 예를 들면, 손인수(1987). 한국교육사Ⅱ. 서울: 문음사; 오천석(1964). 한국신교육사. 서울: 현대교육총서출판사; 한기언(1983). 한국교육사. 서울: 박영사.

4) 신용하(2010). 한국 개화사상과 개화운동의 지성사. 서울: 지식산업사; 이광린(1979). 한국개화사상연구. 서울: 일조각.

5) 이종국(2008). 한국의 교과서 변천사. 서울: 대한교과서주식회사, p.24.

6) 민현식(1999). "개화기 한글본 'ᄉ민필지'에 대하여". 국어교육, 100, 357-391; 정은경(1997). "개화기 현채가의 역·저술 및 발행서에 관한 연구". 서지학 연구, 14, 303-334; 채휘균(2004). "개화기 금지 교과서의 유형과 내용 연구". 교육철학, 26, 175-196.

7) 이해명(1991). 개화기 교육개혁 연구. 서울: 을유문화사; 이해명(1999). "개화기 교육과정 개발 연구". 교육과정연구, 17(2), 141-162.

8) 유성선(2003). "한국성리학의'소학'공부론과 전망에 관한 연구". 철학탐구, 15, 5-26; 윤인숙(2010). "소학의 성격과 정치론, 그 적용: 조선전기 사림파의 정치이론과 적용". 사림, 35, 135-154.

9) 윤인숙(2010). "소학의 성격과 정치론, 그 적용: 조선전기 사림파의 정치이론과 적용". 사림, 35, p.135-136 참조.

10) 유성선(2003). "한국성리학의'소학'공부론과 전망에 관한 연구". 철학탐구, 15, p.8 참조.

11) 조현규(2005). "소학의 도덕교육서로서의 문제와 한계". 교육철학, 28, 69-87.

12) 김병희(2010). "율곡의 아동교육론: 격몽요결을 중심으로". 교육철학, 40, p.41.

13) 이종국(2001). 한국의 교과서 출판 변천 연구. 서울: 일진사, p.86.

14) 강진호 편역(2012). 한국개화기 국어교과서 제1권, 《국민소학독본》, p.15.

15) 강진호 편역(2012). 한국개화기 국어교과서 제1권, 《국민소학독본》, p.51-52.

16) 강진호 편역(2012). 한국개화기 국어교과서 제1권, 《국민소학독본》, p.55.

17) 강진호 편역(2012). 한국개화기 국어교과서 제1권, 《국민소학독본》, p.63-64.

18) 강진호 편역(2012). 한국개화기 국어교과서 제1권, 《국민소학독본》, p.57-58.

19) 김원모(1985). "서광범 연구". 동양학, 15, 239-279.

20) 이종국(2001). 한국의 교과서 출판 변천 연구. 서울: 일진사, p.88-91.

21) 이종국(2001). 한국의 교과서 출판 변천 연구. 서울: 일진사, p.88-91.

22) 구자황 편역(2012). 한국개화기 국어교과서 제3권, 《신정심상소학》, p.18.

23) 이 부분에 대한 자세한 논의는 "Schmid, A. (2002). Korea Between Empires 1895-1919. NY: Columbia University Press. 정여울(역)(2007). 제국 그사이의 한국. 서울: 휴머니스트"를 읽어볼 것.

24) 교육과정학적 이념에 대한 자세한 논의는 "박승배(2019). 교육과정학의 이해. 서울: 학지사"를 참조할 것.

25) 다음 논문을 읽어볼 것. 김원모(1985). "서광범 연구". 동양학, 15, 239-279; 김행선(1985). "친미·친러파로서의 이완용 연구". 한성사학, 116-184; 박성래(2003). "한국근대의 서양어 통역사(2)". 국제지역연구, 7(1), 353-382; 신용하(2010). 한국 개화사상과 개화운동의 지성사. 서울: 지식산업사; 유영익(1990). 갑오경장연구. 서울: 일조각, p.178; 이광린(1979). 한국개화사상연구. 서울: 일조각; 조정규(1999). "갑오개혁의 개혁내용과 주체세력의 분석". 한국동북아논총, 12, 299-322; 한철호(1992). "초대 주미전권공사 박정양의 미국관: 미속습유(1888)를 중심으로". 한국학보, 66, 53-91.

26) Schmid, A. (2002). Korea Between Empires 1895-1919. NY: Columbia University Press. 정여울(역)(2007). 제국 그사이의 한국. 서울: 휴머니스트, p.67.

27) Counts, G.(1932). Dare the school build a new social order? NY: The John Day Company.

제3장

제3장은 박승배가 한국교육과정학회에서 발간하는 학술지에 게재한 다음 2편의 논문을 크게 수정한 것이다. 박승배(2012). 갑오개혁기 학부 편찬 교과서 저자가 활용한 문헌 고증, 30(3), 141-164; 박승배(2013). 갑오개혁기 학부 편찬 교과서 저자가 활용한 문헌 고증 Ⅱ, 31(3), 77-94.

1) 김소영(2007). 갑오개혁기(1894-1895) 교과서속의 '국민'. 한국사학보, 29, 171-208.

2) 강진호(2012). '국어'교과서의 탄생과 근대 민족주의. 상허학보, 36, 257-293.

3) 강진호(2012). '국어'교과서의 탄생과 근대 민족주의. 상허학보, 36, p.261.

4) 《국민소학독본》과 일본의 《고등소학독본》의 유사성에 대해서는 위 강진호의 연구를 읽어볼 것

5) 한철호(1992). 초대 주미전권공사 박정양의 미국관: 미속습유(1888)를 중심으로. 한국학보, 66, 53-91.

6) 박정양(1888). 미속습유. 박정양 전집 권30(아세아문화사, 1984).

7) 김소영(2007). 갑오개혁기(1894-1895) 교과서속의 '국민'. 한국사학보, 29, 171-208.

8) 강진호(2012). '국어'교과서의 탄생과 근대 민족주의. 상허학보, 36, p.287.

9) 박승배(2012). 갑오개혁기 학부 교과서 편찬 저자가 활용한 문헌 고증. 교육과정연구, 30(3), 141-164.

10) 권오량·김정렬(2010). 한국영어교육사. 서울: 한국문화사; 박부강(1974). 한국의 영어교육사연구 (1883~1945). 서울대학교 교육대학원 석사학위논문; 김영철(2011). 영어 조선을 깨우다. 서울: 일리.

11) Barnes, A. S.(1883). Barnes' new national readers(Vol. 1-5). N.Y.: A. S. Barnes & Co.; Sanders, C. W.(1858). Sanders' union reader(Vol. 1-6). N.Y.: Ivison & Co.

12) 박부강(1974). 한국의 영어교육사연구(1883~1945). 서울대학교 교육대학원 석사학위논문; 문 용(1976). 구한말의 영어교육고. 영어교육, 12, 1-12.

13) 박부강(1974). 한국의 영어교육사연구(1883~1945). 서울대학교 교육대학원 석사학위논문, p.71.

14) 문용(1976). 구한말의 영어교육고. 영어교육, 12, 7-8.

제4장

제4장은 박승배가 전주교대 초등교육연구원에서 발간하는 학술지에 게재한 다음 논문을 크게 수정한 것이다. 박승배(2013). 갑오개혁기 교과서는 누가 집필했을까?-갑오개혁기 학부 교과서 편찬 책임자 추정 연구. 초등교육연구, 24(1), 217-233.

1) 한국학문헌연구소(1977). 한국개화기교과서총서. 서울: 아세아문화사

2) 김원모(1985). 서광범 연구. 동양학, 15, 239-279; 김행선(1985). 친미·친러파로서의 이완용 연구. 한성사학, 116-184; 유영익(1990). 갑오경장연구. 서울: 일조각.

3) 강진호(2012). '국어'교과서의 탄생과 근대 민족주의. 상허학보, 36, 257-293; 이상근(1987). 월남 이상재 사회사상. 경희사학, 764-788; 전용호(2005). 근대 지식 개념의 형상과 국민소학독본. 우리어문연구, 25, 243-264; 한국민족문화대백과사전. http://encykorea.aks.ac.kr/

4) 월남이상재선생동상건립추진위원회 역음(1985). 월남이상재선생 이야기. 서울: 로출판, p.14-15.

5) Hulbert (1906). The Passing of Korea. London: William Heinemann, p.338; 신복룡 역(2006). 대한제국멸망사. 집문당, p.400.

6) 허동현(1998). 조사시찰단(1881)의 일본견문기록총람. 사총, 48, 23-53.

7) 유영익(2002). 이상재: 기독교 갑옷을 입은 유가 선비로 신대한 건설에 헌신. 한국사 시민강좌

30, 203-223. 서울: 일조각.

8) 월남이상재선생동상건립추진위원회 역음(1985). 월남이상재선생 이야기. 서울: 로출판, p.30.

9) 김행선(1985). 친미·친러파로서의 이완용 연구. 한성사학, 116-184; 한철호(1992). 초대 주미전권
   공사 박정양의 미국관: 미속습유(1888)를 중심으로. 한국학보, 66, 53-91.

10) 월남이상재선생동상건립추진위원회 역음(1985). 월남이상재선생 이야기. 서울: 로출판, p.33-51.

11) 한철호(1992). 초대 주미전권공사 박정양의 미국관: 미속습유(1888)를 중심으로. 한국학보, 66,
   53-91.

12) 유영익(2002). 이상재: 기독교 갑옷을 입은 유가 선비로 신대한 건설에 헌신. 한국사 시민강좌
   30, 203-223. 서울: 일조각.

13) 박정양(1888). 미속습유. (박정양 전집 제30권, 548-644, 서울: 아세아문화사)

14) 이 당시의 자세한 상황은 "신용하(2010). 한국 개화사상과 개화운동의 지성사. 서울: 지식산업
   사"를 참조할 것.

15) 유영익(1990). 갑오경장연구. 서울: 일조각, p.216-217.

제5장

제5장은 박승배가 전주교대 초등교육연구원에서 발간하는 학술지에 게재한 다음 논문을 수정한 것
이다. 박승배(2011). 개화기 교과서 내용 및 편찬 세력에 관한 연구. 초등교육연구, 22(1), 159-177.

1) 한국학문헌연구소(1977). 한국개화기교과서총서 제1권~제20권. 서울: 아세아문화사.

2) Schmid, A. (2002). Korea Between Empires 1895-1919. NY: Columbia University Press. 정여
   울(역)(2007). 제국 그사이의 한국. 서울: 휴머니스트, p.342-347 참조.

3) Schmid, A. (2002). Korea Between Empires 1895-1919. NY: Columbia University Press. 정여
   울(역)(2007). 제국 그사이의 한국. 서울: 휴머니스트, p.356.

4) 한국학문헌연구소(1977). 한국개화기교과서총서 제18권, 255-256, 현대어 표현은 본 필자에 의
   한 것임.

5) 박승배(2011). 갑오개혁기 교과서에 나타난 교육과정학적 이념 연구: '~소학' 교과서를 중심으로.
   2011년 한국교육학회 춘계학술대회 교육과정학분과 자료집, 103-117.

6) 다음과 같은 연구물을 참고하였다. 김원모(1985). "서광범 연구". 동양학, 15, 239-279; 김행선
   (1985). "친미·친러파로서의 이완용 연구". 한성사학, 116-184; 신용하(2010). 한국 개화사상과 개
   화운동의 지성사. 서울: 지식산업사; 이광린(1979). 한국개화사상연구. 서울: 일조각; 이종국(2001).
   한국의 교과서 출판 변천 연구. 서울: 일진사; 이종국(2008). 한국의 교과서 변천사. 서울: 대한교
   과서주식회사; 이해명(1991). 개화기 교육개혁 연구. 서울: 을유문화사; 정은경(1997). "개화기 현채
   가의 역·저술 및 발행서에 관한 연구". 서지학 연구, 14, 303-334; 조정규(1999). "갑오개혁의 개혁
   내용과 주체세력의 분석". 한국동북아논총, 12, 299-322; 한철호(1992). "초대 주미전권공사 박정

양의 미국관: 미속습유(1888)를 중심으로". 한국학보, 66, 53-91.

제6장

제6장은 박승배가 전주교대 초등교육연구원에서 발간하는 학술지에 게재한 다음 논문을 수정한 것이다. 박승배(2019). 해방공간에서 펼친 교수법 개혁 논의에 대한 교육평설. 초등교육연구, 30(2), 455-466.

1) 이 책의 제2장과 제3장을 참조할 것.

2) 박승배(2013). 갑오개혁기 학부 편찬 교과서 편찬자가 활용한 문헌 고증Ⅱ. 교육과정연구, 31(3). 77-94.

3) 홍웅선(1991). 광복후의 신교육 운동. 서울: 대한교과서주식회사.

4) 교육평설에 대해서는 박승배(2013). 교육평설. 경기: 교육과학사; Uhrmacher, P. B., Moroye, C. M., & Flinders, D. J. (2017). Using Educational Criticism and Connoisseurship for Qualitative Research. N.Y.: Routledge를 참고할 것.

5) 심태진(1947). 학습지도법의 근본과제(1). 조선교육, 창간호, 73~80; 윤정석(1947). 현금 초등교육에 가장 적절한 교수법의 기초원리. 조선교육, 창간호, 81~85.

6) 홍웅선(1991). 광복후의 신교육 운동. 서울: 대한교과서식회사, p.42.

7) 심태진(1947). 학습지도법의 근본과제(1). 조선교육, 창간호, p.73.

8) 심태진(1947). 학습지도법의 근본과제(1). 조선교육, 창간호, p.73-74.

9) 심태진(1947). 학습지도법의 근본과제(1). 조선교육, 창간호, p.77.

10) 심태진(1947). 학습지도법의 근본과제(1). 조선교육, 창간호, p.79.

11) 심태진(1947). 학습지도법의 근본과제(1). 조선교육, 창간호, p.80.

12) 윤정석(1947). 현금 초등교육에 가장 적절한 교수법의 기초원리. 조선교육, 창간호, p.83.

13) 윤정석(1947). 현금 초등교육에 가장 적절한 교수법의 기초원리. 조선교육, 창간호, p.84.

14) 윤정석(1947). 현금 초등교육에 가장 적절한 교수법의 기초원리. 조선교육, 창간호, p.85.

15) 박승배(2014). 살만 칸의 학교교육 혁신안에 대한 교육과정학적 분석. 교육과정연구, 32(3). 1-20.

제7장

제7장은 박승배가 한국교육과정학회에서 발간하는 학술지에 게재한 다음 논문을 수정한 것이다. 박승배(2016). 제3차 교육사절단이 제안한 '커리큘럼 지침'의 총론에 대한 교육평설. 교육과정연구, 34(4), 27-47.

1) 김종서·이홍우(1980). 한국의 교육과정에 대한 외국교육학자의 관찰. 교육학 연구, 18(1), 82-95.

2) American Education Team, 1954-1955(1955). Curriculum handbook for the schools of

Korea. Central Education Research Institute, 1955. 서명원(역)(1956). 교육과정 지침. 서울: 중앙
교육연구소.

3) American Education Team, 1954-1955(1955). Curriculum handbook for the schools of Korea. Central Education Research Institute, 1955, p.3.

4) 교육평설에 대해서는 박승배(2013). 교육평설. 경기: 교육과학사; Uhrmacher, P. B., Moroye, C. M., & Flinders, D. J. (2017). Using Educational Criticism and Connoisseurship for Qualitative Research. N.Y.: Routledge를 참고할 것.

5) Peddwell, A. (1939). The Saber-Tooth curriculum. N.Y.: McGraw-Hill. 김복영·김유미(역)(1995). 검치 호랑이 교육과정. 서울: 양서원.

6) American Education Team, 1954-1955(1955). Curriculum handbook for the schools of Korea. Central Education Research Institute, 1955, p.7.

7) Tyler의 커리큘럼 개발 방식을 쉽게 풀이한 설명은 박승배(2019). 교육과정학의 이해(제2판), 파주: 학지사, 제5장을 읽어볼 것.

8) 박승배(2014). 전라북도 제1기 혁신학교 성과 분석. 초등교육연구, 27(4), 27-51.

9) American Education Team, 1954-1955(1955). Curriculum handbook for the schools of Korea. Central Education Research Institute, 1955, p.184-185; 김종서·이홍우(1980). 한국의 교육과정에 대한 외국교육학자의 관찰. 교육학 연구, 18(1), p.88.

10) 오천석(1975). 민주주의 교육의 건설·민주교육을 지향하여(오천석교육사상문집 1) 서울: 광명출판사.

11) 김종서·이홍우(1980). 한국의 교육과정에 대한 외국교육학자의 관찰. 교육학 연구, 18(1), 82-95.

12) American Education Team, 1954-1955(1955). Curriculum handbook for the schools of Korea. Central Education Research Institute, 1955, p.18-19.

제8장

제8장은 박승배가 전주교대 초등교육연구원에서 발간하는 학술지에 게재한 다음 논문을 수정한 것이다. 박승배(2018). 제3차 교육사절단이 제안한 '커리큘럼 지침'의 각론에 대한 교육평설. 초등교육연구, 29(2), 183-198.

1) American Education Team, 1954-1955(1955). Curriculum handbook for the schools of Korea. Central Education Research Institute, 1955, p. .

2) American Education Team, 1954-1955(1955). Curriculum handbook for the schools of Korea. Central Education Research Institute, 1955, p. .

3) American Education Team, 1954-1955(1955). Curriculum handbook for the schools of Korea. Central Education Research Institute, 1955, p. .

4) American Education Team, 1954-1955(1955). Curriculum handbook for the schools of Korea. Central Education Research Institute, 1955, p. .

5) American Education Team, 1954-1955(1955). Curriculum handbook for the schools of Korea. Central Education Research Institute, 1955, p. .

6) 위키백과(https://ko.wikipedia.org). 2018. 12. 21 검색.

7) 오천석(1975). 『민주주의 교육의 건설·민주교육을 지향하여』(오천석교육사상문집 1). 서울: 광명출판사를 참조할 것.

8) 박승배(2016). "제3차 교육사절단이 제안한 '커리큘럼 지침'의 총론에 대한 교육평설." 「교육과정연구」, 34(4), 27-47.

9) 김종서·이홍우(1980). 한국의 교육과정에 대한 외국교육학자의 관찰. 『교육학 연구』, 18(1), 82-95.

제9장

제9장은 박승배가 전주교대 초등교육연구원에서 발간하는 학술지에 게재한 다음 논문을 수정한 것이다. 박승배(2020). 제3차 미국교육사절단원 Donald K. Adams가 기술한 "1945년-1955년의 한국교육"에 대한 교육평설. 초등교육연구, 31(2), 597-618.

1) 교육평설에 대하여는 "박승배(2013). 교육평설. 파주: 교육과학사"를 읽어볼 것.

2) Weidman, J. C. (2019). Donald K. Adams. In Erwin H. Epstein (Ed.), North American Scholars of Comparative Education: Examining the Work and Influence of Notable 20th Century Comparativists. Routledge, NY: New York.

3) Adams, D. K. (1956). Education in Korea 1945~1955. Unpublished doctoral dissertation. The University of Connecticut.

4) Weidman, J. C. (2019). Donald K. Adams. In Erwin H. Epstein (Ed.), North American Scholars of Comparative Education: Examining the Work and Influence of Notable 20th Century Comparativists. Routledge, NY: New York.

5) 아담스의 부고 기사는 다음 웹페이지를 참조하였다.
https://www.post-gazette.com/news/obituaries/2017/06/06/
Donald-K-Don-Adams-obituary-University-of-Pittsburgh/stories/201706060059

6) Adams, D. K. (1956). Education in Korea 1945~1955. Unpublished doctoral dissertation. The University of Connecticut, p.6.

7) Adams, D. K. (1956). Education in Korea 1945~1955. Unpublished doctoral dissertation. The University of Connecticut, p.13.

8) Adams, D. K. (1956). Education in Korea 1945~1955. Unpublished doctoral dissertation. The University of Connecticut, p.16.

9) Hulbert, H.(1909). The Passing of Korea. New York: Doubleday.

10) 임한영(1952). Development of Higher Education in Korea During the Japanese Occupation (1910~1945). Unpublished Doctoral Dissertation. Teachers College, Columbia University.

11) Adams, D. K. (1956). Education in Korea 1945~1955. Unpublished doctoral dissertation. The University of Connecticut, p.57.

12) Adams, D. K. (1956). Education in Korea 1945~1955. Unpublished doctoral dissertation. The University of Connecticut, p.74.

13) Adams, D. K. (1956). Education in Korea 1945~1955. Unpublished doctoral dissertation. The University of Connecticut, p.125.

14) 오천석(1964). 한국신교육사. 서울: 현대교육총서출판사, p.426.

15) Adams, D. K. (1956). Education in Korea 1945~1955. Unpublished doctoral dissertation. The University of Connecticut, p.135~136.

16) Adams, D. K. (1956). Education in Korea 1945~1955. Unpublished doctoral dissertation. The University of Connecticut, p.137.

17) Adams, D. K. (1956). Education in Korea 1945~1955. Unpublished doctoral dissertation. The University of Connecticut, p.213.

18) Adams, D. K. (1956). Education in Korea 1945~1955. Unpublished doctoral dissertation. The University of Connecticut, p.248-249.

19) Adams, D. K. (1956). Education in Korea 1945~1955. Unpublished doctoral dissertation. The University of Connecticut, p.255.

20) Adams, D. K. (1956). Education in Korea 1945~1955. Unpublished doctoral dissertation. The University of Connecticut, p.258-259.

21) Adams, D. K. (1956). Education in Korea 1945~1955. Unpublished doctoral dissertation. The University of Connecticut, p.269-270.

22) Adams, D. K. (1956). Education in Korea 1945~1955. Unpublished doctoral dissertation. The University of Connecticut, p.271.

23) 오천석(1964). 한국신교육사. 서울: 현대교육총서출판사, P.401의 각주 참고

제10장

제10장은 박승배가 한국교육과정학회에서 발간하는 학술지에 게재한 다음 논문을 수정한 것이다. 박승배(2017). 광복이후 27년 동안 John Dewey 교육사상이 우리나라에 도입된 양상에 관한 연구. 교육과정연구, 35(4), 25-46.

1) 예를 들면 다음과 같은 연구들이다. 오천석(1964). 한국신교육사. 서울: 현대교육총서출판사; 유

봉호(1992). 한국교육과정사연구. 서울: 교육과학사; 대한교육연합회(1972). 한국교육 4반세기의 반성. 1972년도 한국교육연감, 35-56.

2) 박승배(2016). 제3차 교육사절단이 제안한 '커리큘럼 지침'의 총론에 대한 교육평설. 교육과정연구, 34(4), 27-47.

3) 한기언(1967). 한국교육에 미친 Dewey 교육사상의 영향. 새교육, 19(8), 68-76.

4) 김종서·이홍우(1980). 한국의 교육과정에 대한 외국교육학자의 관찰. 교육학연구, 18(1), p. 96

5) American Education Team, 1954-1955(1955). Curriculum handbook for the schools of Korea. Seoul: Korean Education Association. 서명원(역)(1956). 교육과정 지침. 서울: 대한교육연합회.

6) 대한교육연합회(1972). 한국교육 4반세기의 반성. 1972년도 한국교육연감, 35-56.

7) 한기언(1967). 한국교육에 미친 Dewey 교육사상의 영향. 새교육, 19(8), 68-76.

8) 오천석(1947). 민주주의 교육의 건설. 오천석교육사상문집 1(1975, 서울: 광명출판사), 1-65.

9) 오천석(1956). John Dewey박사의 생애와 사상. 오천석교육사상문집 1(1975, 서울: 광명출판사), 246-257.

10) 오천석(1956). 민주교육론. 오천석교육사상문집 1(1975, 서울: 광명출판사), 70-83.

11) 오천석(1956). 우리교육은 올바르게 성장하고 있는가? 오천석교육사상문집 1(1975, 서울: 광명출판사), 321-323.

12) 오천석(1956). Dewey의 교육사상과 한국의 교육. 오천석교육사상문집 1(1975, 서울: 광명출판사), 212-227.

13) 오천석(1957). 교사의 연구생활. 오천석교육사상문집 1(1975, 서울: 광명출판사), 258-266.

14) 오천석(1958). 한국교육의 나아갈 길. 오천석교육사상문집 1(1975, 서울: 광명출판사), 96-115.

15) 오천석(1958). 최근 교육사조. 오천석교육사상문집 1(1975, 서울: 광명출판사), 274-293.

16) 오천석(1960). 새해 교육계의 반성. 오천석교육사상문집 1(1975, 서울: 광명출판사), 357-361.

17) 오천석(1960). 민족부흥의 수단으로서의 교육. 오천석교육사상문집 1(1975, 서울: 광명출판사), 174-186.

18) 오천석(1960). 교육개혁의 신념에 대한 재확인. 오천석교육사상문집 1(1975, 서울: 광명출판사), 116-140.

19) 오천석(1960). 주권자를 위한 교육. 오천석교육사상문집 1(1975, 서울: 광명출판사), 84-90.

20) 오천석(1960으로 추정). 생활에 맺어진 교육. 오천석교육사상문집 1(1975, 서울: 광명출판사), 91-95.

21) 오천석(1960으로 추정). 한국교육과 지역사회학교. 오천석교육사상문집 1(1975, 서울: 광명출판사), 238-245.

22) 임한영(1959). John Dewey 교육철학의 비판. 임한영박사유고집(1987, 서울: 법문사), 233-251.

23) 임한영(1962). John Dewey의 사고에 관한 연구. 임한영박사유고집(1987, 서울: 법문사), 109-129.

24) 임한영(1965). John Dewey 교육철학에 입각한 Interaction과 Transaction에 관한 연구. 임한영 박사 유고집(1987, 서울: 법문사), 195-212.

25) 임한영(1967). John Dewey의 생애와 교육사상. 새교육, 19(8), 48-52, 76.

26) 임한영(1968). 듀우이 교육사상의 연구. 서울: 민중서관.

27) 임한영(1970). John Dewey 교육사상을 중심으로 한 가치관의 문제. 임한영박사유고집(1987, 서울:법문사), 416-437.

28) 이돈희(1967). Dewey교육철학의 비판. 새교육, 19(8), 63-67.

29) 김준섭(1967). Dewey의 탐구의 이론. 새교육, 19(8), 53-57.

30) 유영준(1967). Dewey의 심리학. 새교육, 19(8), 58-62.

31) 한기언(1967). 한국교육에 미친 Dewey 교육사상의 영향. 새교육, 19(8), 68-76.

32) 한국교육 4반세기의 반성. 1972년도 한국교육연감, 35-56.

33) 장이욱(1967). John Dewey 선생과 컬럼비아 대학. 새교육, 19(8), 80-81.

34) 오천석(1947). 민주주의 교육의 건설. 오천석교육사상문집 1(1975, 서울: 광명출판사), p.5, 7.

35) 오천석(1947). 민주주의 교육의 건설. 오천석교육사상문집 1(1975, 서울: 광명출판사), p.52.

36) 박승배(2016). 제3차 교육사절단이 제안한 '커리큘럼 지침'의 총론에 대한 교육평설. 교육과정 연구, 34(4), p.41을 참고할 것.

37) 임한영(1968). 듀우이 교육사상의 연구. 서울: 민중서관, p.38.

38) Rorty, R. (1979). Philosophy and the mirror of nature. Princeton: Princeton University Press.

39) 오천석(1956). Dewey의 교육사상과 한국의 교육. 오천석교육사상문집 1(1975, 서울: 광명출판 사), p.216-217.

40) Dewey, J.(1938). Experience and education. Kappa Delta Pi. 박철홍(역)(2002). 아동과 교육 과정·경험과 교육. 서울: 문음사, p.117.

41) 박승배(2016). 제3차 교육사절단이 제안한 '커리큘럼 지침'의 총론에 대한 교육평설. 교육과정연 구, 34(4), p.38 참조.

42) Dewey, J.(1902). The child and curriculum. IL: University of Chicago Press. 박철홍(역)(2002). 아동과 교육과정·경험과 교육. 서울: 문음사.

43) 김재춘(2005). Dewey의 "교과의 심리화"와 "교과의 진보적 조직" 논의가 교육내용의 선정 및 조 직에 주는 시사점 탐색. 교육과정연구, 23(2), 1-15.

44) 오천석(1947). 민주주의 교육의 건설. 오천석교육사상문집 1(1975, 서울: 광명출판사), p.55.

45) 오천석(1947). 민주주의 교육의 건설. 오천석교육사상문집 1(1975, 서울: 광명출판사), p.62.

46) 대한교육연합회(1972). 한국교육 4반세기의 반성. 1972년도 한국교육연감, p.48.

47) 오천석(1960으로 추정). 생활에 맺어진 교육. 오천석교육사상문집 1(1975, 서울: 광명출판사),

92-93.

48) 오천석과 임한영의 삶의 궤적을 알아보려면 다음 문헌을 읽어볼 것. 오천석(1975). 외로운 성
주. 서울: 교육과학사; 이근엽(1988). 고송 임한영의 생애와 사상. 교육철학, 6, 66-79.

49) 한기언(1967). 한국교육에 미친 Dewey 교육사상의 영향. 새교육, 19(8), p.74, 76.

50) 박승배(2015). '커리큘럼 전문가'의 의미 탐색. 교육과정연구, 33(4), 1-17.

제11장

제11장은 박승배가 (사)교육종합연구소에서 발간하는 학술지에 게재한 다음 논문을 수정한 것이
다. 박승배(2012). 전라북도 혁신학교 운동의 태동과정에 대한 연구. 교육종합연구, 10(4), 1-34.

1) 전북새로운학교연구회(2009). 새로운 학교 만들기(혁신학교운동 연구자료1). 미출간 인쇄물.

2) 전북초등학교혁신워크숍 자료집(2010). 미출간 인쇄물.

3) 강의의 내용은 다음 문헌 참조. 서길원(2010). 참교육원리에 기초한 새로운 학교 만들기. 미출간
인쇄물; 이광호(2010). 경기도 혁신학교 경험으로부터 배운다. 미출간 인쇄물.

4) 전라북도교육청(2010). 혁신학교설명회 자료집을 참조할 것.

5) 전라북도교육청(2010). 혁신희망학교설명회 자료집을 참조할 것.

6) 전북혁신학교추진위원회(2010-2011). 혁신학교추진위원회 회의록. 머출간 인쇄물.

7) 작은학교연대(2009). 작은학교 행복한 아이들. 서울: 우리교육.

8) 김성천 외 2인(2011). 학교를 바꾸다. 서울: 우리교육.

9) 전북교육연수원(2010). 2010 혁신학교 맞춤형연수 기본과정(발간등록번호: 전북교육 2010-231).

10) 전북교육연수원(2011). 혁신학교 수업컨설팅 강사요원 직무연수(발간등록번호: 전북교육
2011-022).

11) 이우학교는 중·고등학교과정으로 구성된, 공공성을 추구하는 도시형 사립 대안학교로서, 2003
년 9월에 개교하였다. 위치는 경기도 성남시 분당구에 있다. 공공성을 추구한다는 것은 사립학
교의 주인이 학교를 영리목적으로 활용하는 우리 사학의 관행을 따르지 않겠다는 뜻이다.

12) 새로운 학교 운동을 지향하는 모임과 실천가들의 소통과 나눔과 협력의 네트워크를 구축하여
연구·실천 활동을 활성화하고 고양하는 것을 목적으로 하는 경기도 지역 교사 모임.

13) 서길원(2008). "학교개혁운동의 방향과 과제." 함께여는교육연구소 4기 직무연수 자료집. p.264.

14) 이광호(2008). "새로운 학교의 구상과 실천방향." 함께여는교육연구소 4기 직무연수 자료집.
p.278.

15) 다음 문헌을 참조하였다. 황성원(2003). "셀레스탱 프레네의 삶, 교육관, 수업사례." 교육비평, 여
름호(12호), 329-354; 정훈(2007). "셀레스땡 프레네 학교 협동체의 교육원리: 협력과 민주주의."
교육철학, 38, 207-227; 송순재(2011). "셀레스탱 프레네와 프레네 교육학." 우리교육, 여름호,
210-220.

16) 송순재(2011b). "사유하는 교사." 혁신학교 수업컨설팅 강사요원 직무연수 자료집 (발간등록번호: 전북교육 2011-022), p.212.

17) 황성원(2003). "셀레스탱 프레네의 삶, 교육관, 수업사례." 교육비평, 여름호(12호), p.346-348.

18) 손우정(2011). "배움의 공동체 수업 연구." 혁신학교 수업컨설팅 강사요원 직무연수 자료집(발간등록번호: 전북교육 2011-022), 109-164.

19) 사토 마나부(2008). "학교 재생의 철학: 배움의 공동체의 비전과 원리와 활동 시스템." 함께여는 교육연구소 4기 직무연수 자료집. 1-14.

20) 배움의 공동체에 대한 자세한 안내는 다음 문헌을 참조할 것. 손우정 역(2009). 교육개혁을 디자인 한다. 서울: 학이시습; 손우정(2012). 배움의 공동체. 서울: 해냄; 한대동 외 7인(2009). 배움과 돌봄의 학교공동체. 서울: 학지사.

21) 사토 마나부(2008). "학교 재생의 철학: 배움의 공동체의 비전과 원리와 활동 시스템." 함께여는 교육연구소 4기 직무연수 자료집. 1-14.

22) 사토 마나부(2008). "학교 재생의 철학: 배움의 공동체의 비전과 원리와 활동 시스템." 함께여는 교육연구소 4기 직무연수 자료집. p.1-2.

23) 독일의 학교제도에 대한 자세한 설명은 다음 책을 읽어보기 바란다. 송순재 편(2007). 대학입시와 교육제도의 스펙트럼. 서울: 학지사; 송순재 역(2012). 헬레네랑에 학교. 서울: 착한 책가게; 박성숙(2010). 독일 교육 이야기-꼴찌도 행복한 교실. 서울: 21세기 북스.

24) 송순재(1999). "학교 문화의 내적 쇄신을 위한 한 가지 예-독일 헬레네랑에 종합학교." 신학과 세계, 38, 283~310.

25) 송순재(2011). "사유하는 교사." 혁신학교 수업컨설팅 강사요원 직무연수 자료집 (발간등록번호: 전북교육 2011-022), p.90.

26) '아이 눈으로 수업보기'라는 표현은 방금 위에서 살펴본 것처럼, 야누쉬 코르착의 영향을 받은 송순재의 표현, '아이들의 눈으로 세상을 보는 법'과 매우 유사하다. '아이 눈으로 수업보기'에 대한 자세한 설명은 다음 문헌을 참고할 것. 서근원(2008). "수업 개선의 대안적 방안 탐색: 교육인류학의 수업대화." 아시아교육연구, 9(1), 95-132; 서근원(2011). "아이 눈으로 수업보기." 혁신학교 수업컨설팅 강사요원 직무연수 자료집 자료집(발간등록번호: 전북교육 2011-022), 165-172.

27) 서근원(2011). "아이 눈으로 수업보기." 혁신학교 수업컨설팅 강사요원 직무연수 자료집 자료집 (발간등록번호: 전북교육 2011-022), 169.

28) Dewey, J.(1938). Experience and education. Kappa Delta Pi. 박철홍(역)(2002). 아동과 교육 과정·경험과 교육. 서울: 문음사, p.131-132.

제12장

제12장은 박승배가 전주교대 초등교육연구원에서 발간하는 학술지에 게재한 다음 논문을 수정한

것이다. 박승배(2015). '배움공동체'와 '아이눈으로 수업보기' 비교. 초등교육연구, 26(1), 275-292.

1) 박승배(2012). "전라북도 혁신학교 운동의 태동과정에 대한 연구". 「교육종합연구」, 10(4), 1-34.

2) 손우정 역(2009). 「교육개혁을 디자인 한다」 서울: 학이시습, p.62; 손우정 역(2011). 「수업이 바뀌면 학교가 바뀐다」 서울: 에듀니티, p.234.

3) 손우정 역(2009). 「교육개혁을 디자인 한다」 서울: 학이시습, p.61.

4) 손우정 역(2009). 「교육개혁을 디자인 한다」 서울: 학이시습, p.89; 손우정·김미란 역(2003). 「배움으로부터 도주하는 아이들」 서울: 북코리아, p.63.

5) 손우정·김미란 역(2003). 「배움으로부터 도주하는 아이들」 서울: 북코리아.

6) 손우정 역(2011). 「수업이 바뀌면 학교가 바뀐다」 서울: 에듀니티.

7) 손우정 역(2011). 「수업이 바뀌면 학교가 바뀐다」 서울: 에듀니티, p.107.

8) 손우정 역(2009). 「교육개혁을 디자인 한다」 서울: 학이시습, p.54.

9) 손우정 역(2011). 「수업이 바뀌면 학교가 바뀐다」 서울: 에듀니티, p.112-120.

10) 손우정 역(2011). 「수업이 바뀌면 학교가 바뀐다」 서울: 에듀니티, p.121-129.

11) 서근원(2013). 「수업, 어떻게 볼까?」 서울: 교육과학사, p.49.

12) 서근원(2013). 「수업, 어떻게 볼까?」 서울: 교육과학사, p.45.

13) 서근원(2013). 「수업, 어떻게 볼까?」 서울: 교육과학사, p.35-36.

14) 서근원(2013). 「수업, 어떻게 볼까?」 서울: 교육과학사, p.132.

15) 서근원(2013). 「수업, 어떻게 볼까?」 서울: 교육과학사, p.249.

16) 서근원(2008). "수업개선의 대안적 방안 탐색: 교육인류학의 수업 대화". 「아시아교육연구」, 9(1), 95-132; 서근원(2011). "교육인류학의 수업 이해 과정과 그 의의에 관한 질적 사례 기술 연구". 「교육인류학연구」, 14(1), 77-128.

17) 서근원(2013). 「수업, 어떻게 볼까?」 서울: 교육과학사.

18) 서근원(2013). 「수업, 어떻게 볼까?」 서울: 교육과학사, p.259-280.

19) 서근원(2013). 「수업, 어떻게 볼까?」 서울: 교육과학사, p.279.

20) 학교를 공장으로 보는 관점에 대한 자세한 설명은 "박승배(2019). 「교육과정학의 이해」, 서울: 학지사"를 읽어볼 것.

21) 손우정 역(2009). 「교육개혁을 디자인 한다」 서울: 학이시습, p.97-99.

22) 서근원(2013). 「수업, 어떻게 볼까?」 서울: 교육과학사, p.30-31.

23) 손우정(2012). 「배움의 공동체」 서울: 해냄.

24) Hattie, J. (2008). Visible Learning: A Synthesis of Over 800 Meta-Analyses Relating to Achievement. NY: Routledge.

25) 박승배(2014). "Salman Khan의 학교교육 혁신안에 대한 교육과정학적 분석". 「교육과정연구」, 32(3), 1-20.

26) Bergmann, J. & Sams, A. (2012). Flip Your Classroom: Reach Every Student in Every Class Every Day. Eugene, OR: ISTE. 임진혁·이선경 역(2013), 「당신의 수업을 뒤집어라」 서울: 시공미디어; Khan, S.(2012). The One World Schoolhouse. 김희경·김현경 역(2013), 「나는 공짜로 공부한다」 서울: RHK.

제13장

제13장은 박승배가 (사)교육종합연구소에서 발간하는 학술지에 게재한 다음 논문을 수정한 것이다. 박승배(2014). 폐교위기를 극복한 농촌의 한 작은 학교에 대한 질적 연구. 교육종합연구, 12(2), 79-102.

1) 장승초등학교 연혁지를 참조하였다.

2) 노상우·박승배 외 5인(2011). 전북혁신학교의 착근과정과 확산방안에 대한 질적연구. 전라북도 교육청 용역보고서, p.17-18.

3) 이 부분에 관한 자세한 논의는 이 책 제11장을 읽어보기 바란다.

4) 박승배(2012). 전라북도 혁신학교 운동의 태동과정에 대한 연구. 교육종합연구, 10(4), 1-34.

5) 장승초등학교 2011학년도 교육과정자료집, p.3.

6) 장승초등학교 2011학년도 교육과정자료집, p.4.

7) 작은학교교육연대(2009). 작은학교 행복한 아이들, 서울: 우리교육, p.27-28.

8) 서근원(2013). 수업, 어떻게 볼까? 서울: 교육과학사, p.249.

9) 거꾸로 수업에 대한 자세한 논의는 다음 문헌을 참고할 것. Bergmann, J. & Sams, A. (2012) Flip Your Classroom: Reach Every Student in Every Class Every Day. Eugene, OR: ISTE.; Bretzmann, J. (2013). Flipping 2.0: Practical Strategies for Flipping Your Class. Bretzmann Group LLC.; KBS 파노라마-21세기 교육혁명, 제1편 '거꾸로 교실의 마법'(3월 20일 방송), 제2편 '가르침시대의 종말'.; Khan, S. (2012). The One World Schoolhouse. 김희경·김현경 역 (2013), 나는 공짜로 공부한다. 서울: RHK.; Walsh, K. (2013). Flipped Classroom Workshop in a Book.

제14장

제14장은 박승배가 한국초등교육학회에서 발간하는 학술지에 게재한 다음 논문을 수정한 것이다. 박승배(2014). 전라북도 제1기 혁신학교 성과분석. 초등교육연구, 27(4), 27-51.

1) 이 책의 제11장을 참조할 것. 박승배(2012). 전라북도 혁신학교 운동의 태동과정에 대한 연구. 교육종합연구, 10(4), 1-34.

2) 정태식·조무현(2013). 2013 혁신학교의 학교효과성 분석. 전북교육정책연구소.

3) 정태식·조무현(2013). 미래형 학교효과성 측정도구(개정판). 전북교육정책연구소.

4) 노상우·박승배 외 3인(2013). 전라북도 제1기 혁신학교 종합평가 보고서. 전라북도교육청.

5) 경기교육연구원 정책개발팀(2012). 경기도 혁신학교 성과 분석; 경기도교육청(2013). 2013 전반기 혁신학교 종합평가 보고서.

6) 정태식·조무현(2013). 2013 혁신학교의 학교효과성 분석. 전북교육정책연구소. 참조.

7) 노상우·박승배 외 3인(2013). 전라북도 제1기 혁신학교 종합평가 보고서. 전라북도교육청.

제15장

제15장은 박승배가 (사)교육종합연구소에서 발간하는 학술지에 게재한 다음 논문을 수정한 것이다. 박승배(2020). 중학교 교사가 경험한 전북 혁신교육. 교육종합연구, 18(2), 17-42.

1) 예를들면 다음과 같은 연구가 있다. 박승배(2014). 전라북도 제1기 혁신학교 성과분석. 초등교육연구, 27(4), 27-51.; 박성자·조무현(2014). 2014 혁신학교의 효과성 분석. 교육정책연구 2014-012. 전북교육정책연구소 자료집.(비매품).; 서영민·박성자·조무현(2015). 2015 혁신학교의 효과성 분석. 교육정책연구 2015-011. 전북교육정책연구소 자료집.(비매품).; 서영민·조무현·박성자(2016). 2016 혁신학교의 효과성 분석. 교육정책연구 2016-011. 전북교육정책연구소 자료집.(비매품).

2) 전북도내 교사들이 집필한 책으로는 다음과 같은 책들이 있다. 김길수 외 7인(2014). 참여형 수업연구와 교사의 성장. 서울: 학지사.; 남궁상운 외 4인(2017). 혁신학교의 길, 아이들에게 묻다. 서울: 살림터.; 노현주 외 10인(2014). 주제통합수업. 서울: 살림터.; 박미영 외 15인(2017). 역사수업을 부탁해. 서울: 살림터.; 박일관(2014). 혁신학교 2.0-혁신학교를 넘어 학교혁신으로. 서울: 에듀니티.; 윤일호(2015). 학교가 돌아왔다. 서울: 내일을 여는 책.; 이윤미 외 18인(2019). 꼬물꼬물 거꾸로 역사수업. 서울: 살림터.; 전북교육정책연구소(2015). 해보자! 혁신학교. 전주: 협성출판사 (비매품).

3) 박승배(2018). 제18대 전북교육감에 대한 전북교직원의 요구사항 분석. 교육종합연구, 16(4), 57-77.

4) Geertz, C.(1973). The Interpretation of Cultures. N.Y.: Basic Books.

5) 교육평설에 대한 자세한 설명은 다음 글을 참고할 것. 박승배(2013). 교육평설. 경기: 교육과학사.; Uhrmacher, P. B., Moroye, C. M., & Flinders, D. J. (2017). Using Educational Criticism and Connoisseurship for Qualitative Research. N.Y.: Routledge.

6) Eisner, E. W.(1992). Educational Reform and the Ecology of Schooling. Teachers College Record, 93(4), 610-627.

7) Dewey가 사용한 오리지널 용어는 부정관사 an을 이탤릭체로 표기한 an experience인데, 이를 이 글에서는 '산' 경험으로 번역하였다. '산' 경험에 대해서는 "Dewey, J.(1934). Art as Experience. N.Y.: The Berkley Publishing Group, p.35"를 읽어볼 것.

8) 오천석(1947). 민주주의 교육의 건설. 오천석교육사상문집 1(1975, 서울: 광명출판사), p.52.

9) 장상호(1998). 교육활동으로서의 언어적 소통: 그 한계와 새로운 가능성의 탐색. 교육원리연구, 3(1), p.122.

10) Ravitch, D.(2010). The Death and Life of the Great American School System: How Testing and Choice Are Undermining Education. N.Y.: Basic Books. 윤재원 역(2011). 미국의 공교육 개혁, 그 빛과 그림자. 서울: 지식의 날개, p.334.

11) 듀이의 이 말은 "장상호(1998). 교육활동으로서의 언어적 소통: 그 한계와 새로운 가능성의 탐색. 교육원리연구, 3(1), p.111"에서 재인용한 것이다. 원전은 Dewey, J.(1933). How We Think. Chicago: Henry Regnery Company, p.236에 있다.

12) Krathwohl, D. R., Bloom, B. S., & Masia, B. B.(1964). Taxonomy of Educational Objectives-Book 2 Affective Domain. N.Y.: Longman Inc.

13) Hauenstein, A. D.(1998). A Conceptual Framework for Educational Objectives. N.Y.: University Press of America. 김인식 외 7인 역(2004). 신 교육목표분류학. 경기: 교육과학사.

14) 박승배(2009). 질적연구와 양적연구의 혼합 논리로서 프래그머티즘과 교육학 연구방법에 대한 Dewey의 입장 고찰. 교육과정연구, 27(2), p.75.